"十二五"普通高等教育本科国家级规划教材
普通高等学校体育专业教材
全国高等学校体育教学指导委员会审定

体育游戏

Tiyu Youxi

（第三版）

主　编　于振峰　赵宗跃　孟　刚

高等教育出版社·北京

内容提要

本书为"十二五"普通高等教育本科国家级规划教材,也是我国普通高等院校体育教育专业的必修课程教材。

全书共分两篇计14章,重点阐述了游戏与体育游戏的理论和教学实践,包括我国学校体育游戏发展概况、少年儿童体育游戏教学的特点与策略、体育游戏的创编技法与程序、体育游戏的教学、体育游戏与心理健康、体育游戏与社会适应、篮球类游戏、排球类游戏、足球类游戏、田径类游戏、体操类游戏、武术类游戏、室内类游戏、户外类游戏等内容,符合我国高等院校体育教育专业培养目标的要求,内容全面、图文并茂,具有较强的理论性与实用性。

本书可作为我国高等院校体育教育专业本、专科教材和中等师范学校体育教材,也可作为健身娱乐活动组织与参与者的参考书。

图书在版编目(CIP)数据

体育游戏 / 于振峰,赵宗跃,孟刚主编. -- 3 版. -- 北京:高等教育出版社,2016.8(2023.12重印)
ISBN 978-7-04-046171-8

Ⅰ. ①体… Ⅱ. ①于… ②赵… ③孟… Ⅲ. ①体育游戏-高等学校-教材 Ⅳ. ①G898

中国版本图书馆 CIP 数据核字(2016)第 189359 号

策划编辑 汪 鹂	责任编辑 汪 鹂	封面设计 张志奇	版式设计 于 婕
责任校对 吕红颖	责任印制 高 峰		

出版发行	高等教育出版社	网 址	http://www.hep.edu.cn
社 址	北京市西城区德外大街 4 号		http://www.hep.com.cn
邮政编码	100120	网上订购	http://www.hepmall.com.cn
印 刷	廊坊十环印刷有限公司		http://www.hepmall.com
开 本	787mm×1092mm 1/16		http://www.hepmall.cn
印 张	30.5	版 次	2005 年 7 月第 1 版
字 数	620 千字		2016 年 8 月第 3 版
购书热线	010-58581118	印 次	2023 年 12 月第 12 次印刷
咨询电话	400-810-0598	定 价	58.00 元

本书如有缺页、倒页、脱页等质量问题,请到所购图书销售部门联系调换
版权所有 侵权必究
物 料 号 46171-00

编写说明

体育游戏不仅是学校体育的重要组成部分,而且更是我国国民体育的基础。此部《体育游戏》作为"十二五"普通高等教育本科国家级规划教材,是根据国家教育部2002年颁布的《全国普通高等学校体育课程教学指导纲要》中对新时期高校体育课程的培养目标、教学方法、教学内容、教学时数、课程评价等方面的规定而编写的。本书经过几轮修订,对前两版教材的使用效果进行客观总结,继承了原有教材的优点,借鉴了成功的经验。同时结合近年来我国普通高校"体育游戏"课程教学实践,以及对体育教育人才培养的研究,在吸收近些年国内外《体育游戏》的一些先进的理论与实践内容基础上,经过编写组多次认真讨论与研究,确定了本教材编写要"与时俱进、精益求精、锦上添花、打造新亮点"的指导思想,力求在前两版《体育游戏》教材的基础上求新创高,体现高水平、高质量,以适应未来社会体育和体育教学的需要。

本教材着眼于为社会培养复合型体育专业人才的实际需要,坚持继承与创新、改革与发展;从"体育游戏"教学的实际出发,坚持突出教学性、针对性、实用性、科学性、先进性、时代性;力求从教学体系和教学内容、教学手段与方法上有所突破,尽可能地系统化、科学化、规范化;范围涵盖多个层次、不同人群的游戏内容;达到传统的和民族的,国内的和国外的以及不同项目间游戏的统一;教材突出知识性,蕴含文化传承和赏析,具有示范性和辐射性,使此部教材有力地支持"体育游戏"课程的改革与深入;更好地支持学校和社会"体育游戏"类的人才培养与使用。

本教材由于振峰(首都体育学院)、赵宗跃(河南大学)、孟刚(贵州师范大学)任主编,周明华(洛阳师范学院)、陈玉霞(兰州城市学院)、赵其林(河北师范大学)任副主编;参加编写的编委人员还有(按姓氏笔画为序)宋璐毅、张培峰、张革、张文普、陈媛媛、黄强、谢志强、董顺波、师伟超等。

本教材编写分工如下：于振峰（首都体育学院）负责编写第一、二、三章，赵宗跃（河南大学）负责编写第九章，孟刚（贵州师范大学）负责编写第六章，董顺波（洛阳师范学院）负责编写第七章，周明华（洛阳师范学院）负责编写第八章，赵其林（河北师范大学）、张文普（洛阳师范学院）负责编写第十章，宋璐毅（大连大学）负责编写第十一章的第一、二节，张革（长春师范学院）负责编写第十一章的第三节，谢志强（扬州大学）负责编写第十一章的第四节，陈玉霞（兰州城市学院）负责编写第五章，陈媛媛（华北电力大学）负责编写第四章，黄强（湖北大学）负责编写第十二章，张培峰（海口经济学院）负责编写第十三章，师伟超（海南热带海洋学院）负责编写第十四章，最后由于振峰进行串编、统稿与定稿。

本教材中所有图示均由成都体育学院雷咏时同志绘制，教材在编写过程中，得到首都体育学院、高等教育出版社体育分社的大力支持和帮助，曾参阅并引用了兄弟院校的有关教材和资料，在此一并致谢！

由于编写人员水平、经验和时间所限，书中难免存在不妥或错漏之处，敬请广大读者予以批评指正。

《体育游戏》编写组
2016 年 3 月

目 录

理 论 篇

▶ 第一章　绪论　3

　　第一节　游戏的当代理论　4
　　第二节　游戏与体育游戏　9
　　第三节　体育游戏的分类　11
　　第四节　体育游戏的起源与发展　12
　　第五节　体育游戏的特点　16
　　复习思考题　19

▶ 第二章　少年儿童体育游戏教学的特点与策略　20

　　第一节　儿童体育游戏教学的特点与策略　21
　　第二节　少年体育游戏教学的特点与策略　23
　　复习思考题　24

▶ 第三章　体育游戏的创编技法与程序　25

　　第一节　体育游戏的创编原则　26
　　第二节　体育游戏的创编技法与程序　29
　　第三节　体育游戏组织形式图的画法　34
　　复习思考题　38

▶ 第四章　体育游戏的教学　39

　　第一节　体育游戏教学原则　40

第二节　体育游戏教学的特点与形式　43
第三节　体育游戏的教学方法　45
第四节　体育游戏教学的组织与管理　49
复习思考题　51

▶ 第五章　体育游戏与心理健康　53

第一节　体育游戏与少年儿童心理发展　54
第二节　少年儿童的生理、心理特点及体育游戏教学指导　57
第三节　体育游戏与心理健康　62
复习思考题　73

▶ 第六章　体育游戏与社会适应　74

第一节　社会适应概述　75
第二节　体育游戏与人的社会化　77
第三节　体育游戏与社会适应　81
复习思考题　85

方　法　篇

▶ 第七章　篮球类游戏　89

第一节　移动游戏　90
第二节　传接球游戏　95
第三节　投篮游戏　101
第四节　运球与持球突破游戏　105
第五节　身体素质游戏　112
第六节　集中注意力与放松游戏　119
复习思考题　127

▶ 第八章　排球类游戏　128

第一节　基础活动类游戏　129
第二节　传球类游戏　148
第三节　垫球类游戏　161
第四节　发球类游戏　174
第五节　扣球类游戏　181
第六节　拦网类游戏　187
第七节　综合类对抗游戏　195

复习思考题 202

▶ 第九章　足球类游戏　203

　　第一节　足球基本活动类游戏　204
　　第二节　运球游戏　207
　　第三节　踢球游戏　214
　　第四节　顶球游戏　221
　　第五节　比赛游戏　226
　　复习思考题　230

▶ 第十章　田径类游戏　231

　　第一节　走的游戏　232
　　第二节　跑的游戏　243
　　第三节　跳跃游戏　264
　　第四节　投掷游戏　282
　　复习思考题　302

▶ 第十一章　体操类游戏　303

　　第一节　基础类体操游戏　304
　　第二节　舞蹈游戏　342
　　第三节　实用类体操游戏　350
　　第四节　技术类体操游戏　383
　　复习思考题　397

▶ 第十二章　武术类游戏　399

　　第一节　徒手基础类游戏　400
　　第二节　徒手实用攻防方法类游戏　414
　　第三节　武术器械类游戏　427
　　复习思考题　441

▶ 第十三章　室内类游戏　442

　　复习思考题　459

▶ 第十四章　户外类游戏　460

　　复习思考题　475

▶ 参考文献　476

理 论 篇

第一章 绪 论

内容提要

本章主要阐明了游戏的几种理论流派,游戏和体育游戏的基本概念与特点,简单介绍了体育游戏的分类及体育游戏的起源与发展。

★游戏的当代理论　对精神分析学派的游戏理论、认知发展的游戏理论、社会文化历史学派的游戏理论、游戏的觉醒理论和元交际理论进行了简单介绍。

★游戏与体育游戏　对游戏、体育游戏、教育性游戏、娱乐性游戏、竞赛性游戏等基本概念作了阐述;简单介绍了体育游戏与竞赛性游戏的区别。

★体育游戏的特点　体育游戏具有锻炼身体的价值,具有趣味性,具有一定的规则,具有综合性,具有教化性,目的不是为了创造物质财富,可采用假设与虚构的方法。

☆体育游戏的分类　简单介绍了体育游戏的各种常见的分类方法。

☆体育游戏的起源与发展　简单介绍了体育游戏的起源、我国古代游戏及体育游戏的发展情况。

第一节 游戏的当代理论

一、精神分析学派的游戏理论

在现代西方心理学流派中，精神分析学派是最重视游戏问题的一个派别。精神分析学派关于游戏的理论源自弗洛伊德（Freud S）的思想，弗洛伊德的人格理论奠定了他游戏学说的基础。

（一）弗洛伊德关于游戏的理论

1. 弗洛伊德认为，人格是由三部分组成的，即"本我"、"自我"和"超我"

他认为在个体发展过程中，"本我"和"超我"的对立是逐步达到平衡的。游戏是"自我"调节"本我"与"超我"矛盾的机制，是儿童人格完善的途径。儿童期的行为更多地受"本我"支配，他们盲目地追求本能欲望的满足，而置社会准则于不顾，其活动主要受"唯乐原则"支配。成人又总是以社会准则去要求和控制他，使儿童在现实中常常受到挫折。那么，儿童的这种调节"本我"和"超我"矛盾的平衡机制如何实现呢？弗洛伊德认为，是游戏，即儿童的"自我"获得是在游戏中实现的。在他看来，现实是游戏的对立面。他在区分游戏时，不是看这一活动是不是严肃的，而是看这一活动是不是真实的。正是因为游戏与现实的分离才使儿童避免了现实约束，在游戏这一安全的氛围里，允许"自我"自由地调节"本我"和"超我"的要求，消除二者之间的矛盾冲突，从而实现人格的健全发展。

2. 游戏可以满足儿童现实中不能实现的愿望，受"唯乐原则"的驱使

弗洛伊德认为，过去的游戏理论都力图发现引起儿童游戏的动机，但是它们都没有把"经济的"动机，即由于游戏而能获得愉快放在突出的地位。驱使儿童去游戏的，不是别的，正是心理生活的唯乐原则。唯乐原则在儿童的游戏中，表现为游戏能够满足儿童的愿望，掌握创伤事件和使受压抑的敌意冲动等得到发泄。

（二）精神分析学派的其他观点

佩勒（Peller）在研究儿童游戏的心理过程中提出角色动机说，他认为儿童角色是由模仿的本能所决定的，他发现儿童的许多游戏背后都隐藏着深刻的情结原因。角色选择完全处于内部动机，即多情绪的驱使，模仿自己爱戴的人，可以实现成为这样的人的愿望；模仿自己畏惧的人，可以控制焦虑和创伤；模仿低于自己身份的人，可以享受被现实排斥的稚趣。

蒙尼格（Menninger）提出了宣泄理论，他强调游戏在发泄内在冲动和减轻焦

虑方面的益处，认为在人身上存在着一种本能的攻击性驱力，这种驱力不断寻求表现，游戏是发泄这种攻击性驱力的合法的、为社会所允许的途径。

埃里克森（E. H. Eikon）提出了掌握理论，主要是关于如何通过游戏实现正常的自我发展，其理论基础是弗洛伊德的人格结构说。他不仅强调游戏可以降低焦虑和达成愿望的补偿性满足，而且这种作用多与人格发展联系起来，突出了游戏在自我发展中的作用。

精神分析学派对游戏理论有三大贡献：

第一，精神分析学派把游戏的研究置于人格发展的整体背景之中，这对后来的一些游戏研究者有着重大影响。

第二，精神分析学派对于游戏对儿童健全人格和心理健康乃至成人生活重要性的研究，极大地推动了人格及行为矫正技术，特别是游戏治疗理论及方法的研究与应用。

第三，精神分析学派强调早期经验对健康的成年生活起着重要作用，对于人们重视儿童早期发展与教育，重视想象性的游戏在儿童发展中的价值，具有积极的意义。

二、认知发展的游戏理论

皮亚杰开创了从儿童认知发展的角度研究儿童游戏的新途径，它反对把游戏看做一种本能活动，试图在儿童认知发展的总框架中来考察儿童的游戏，并通过长期的观察和研究提出了认知发展的游戏理论。

（一）儿童认知发展的阶段论

皮亚杰通过大量的观察和实验，把儿童心理认知发展划分为以下4个阶段：

1. 感知运动阶段（0~2岁）

该阶段由于个体尚未掌握语言，认知活动主要通过直接感知和实物操作进行，仅靠感知动作的手段来适应外部环境，他们形成了动作图式的认知结构，该阶段儿童所蕴含的逻辑是动作逻辑。

2. 前运算阶段（2~7岁）

该阶段个体的认知水平已有很大的发展，其智力活动的主要形式是表象思维，即在感知运动的基础上利用实际生活中获得的表象进行思维。个体活动由于缺乏充足的生活经验，再加上思维不够成熟而带有自我中心的片面和非变换性，也往往缺少逻辑性和概括性。因此，皮亚杰认为，在此阶段儿童尚未获得认知运算和运算格式，进行的是半逻辑思维，到该阶段后期，最初的运算图式才开始出现。

3. 具体运算阶段（7~12岁）

该阶段儿童的智慧活动具有了守恒性和可逆性，儿童掌握了群集运算、空间关系、分类和排序等逻辑运算能力。但是，在这个时期的儿童只能把逻辑运算运用到具体的或观察所及的事物上，而不能把逻辑运算扩展到抽象概念之中。

4. 形式运算阶段（12~15岁）

该阶段的儿童不受具体内容的束缚，而是通过假设推理来解答问题，或从前提出发，得出结论。思维的主要特征是把逻辑运算结合成各种系统，并根据可能的转化形式去解决脱离了当前具体事物的观察所提出的有关命题，或根据掌握的资料，作因素分析，进行科学实验，从而发现规律。

（二）认知发展游戏理论的主要观点

1. 游戏的实质是同化超过了顺应

皮亚杰试图在儿童智力发展的总背景中来考察儿童的游戏。在他看来，游戏不是一种独立的活动，而是智力活动的一个方面。但是，在儿童早期，由于认知结构的发展不成熟，所以往往不能够保持同化与顺应之间的协调或平衡。这种不平衡有两种情况：一种是顺应超过同化，即外部影响超过自身能力，表现为主体对客体的模仿；另一种是同化超过顺应，即主体完全不考虑事物的客观特征，而只是为了自我的需要与愿望去活动，去改变现实，将外部事物改造成能适应原有水平和主观意愿的事物。前一种情况是模仿的特征，后一种现象是游戏的特征。所以在皮亚杰看来，一种图式或活动是模仿还是游戏，取决于同化和顺应在图式或活动中所占的比例。可见在认知发展理论中，游戏的实质就是同化超过了顺应。

2. 游戏的发展受认知发展的驱使和制约，并与认知发展的阶段相适应

皮亚杰认为，游戏的发展随认知的发展而变化，呈现出相应的连续性和阶段性，并表现出一定的独立性和偶然性。在认知发展的不同阶段，游戏的发展也有不同的水平。游戏的发展与认识论原理的感知运动期、前运算期和具体运算期的智力水平相对应，他把游戏划分为三种类型或水平：练习性游戏、象征性游戏、规则性游戏。

（1）感知运动期——练习性游戏。此阶段游戏以感知动作的训练为主，因此又称练习性游戏、机能性游戏或感知运动游戏。这种游戏是个体游戏发展的最初形式，是为了获得"机能性快乐"（functional pleasure）而重复所习得的活动。也就是说，游戏的动力源于感觉或运动器官的活动过程中，游戏也大都表现为个体为了获得某种愉快体验而单纯重复某种动作或运动。

（2）前运算期——象征性游戏。此阶段由于表象思维的日渐形成和发展，个体认知图式中开始出现符号功能，并逐步理解一种东西（符号物）能够代表另一种东西（符号化物体）。随之，以假装为特征的象征性游戏日趋成为儿童游戏的主要形式。主要表现为，个体开始把符号物与被符号物所表示的事物联系起来，以物代物，以人代人，以假想的情景和行为反映客观的现实和主观的愿望，并开始由为了功能价值而向为了表象价值而进行游戏。于是，象征性游戏是幼儿游戏的典型游戏，象征性在前运算（自我中心的表征活动）时期成为游戏的基本特征。

（3）具体运算期——规则性游戏。7~12岁是象征性游戏的结束期。在这一阶段，由于个体语言及逻辑运算能力的发展，逐步摆脱自我中心化，个体认知具有守

恒性、可逆性，开始具备群集运算、空间关系、分类和列序等逻辑运算能力，其概括、判断、比较、推理等能力也有了相应的发展。因此，游戏规则的制定、理解和共同遵守及其对规则的执行情况的正确判断和合理评价就成为可能。规则性游戏在个体认知发展的具体运算阶段取代象征性游戏并处于显著地位。

3. 游戏的功能：以同化作用改变现实，满足自我的情感需要

皮亚杰认为，儿童需要游戏，尤其是象征性游戏，是因为儿童难以适应周围的现实世界。因此，儿童不得不经常使自己适应一个不断地从外部影响他的、由年长者的兴趣和习惯组成的社会世界，同时又不得不经常使自己适应一个对他来说理解得很肤浅的物质世界。但是无论怎样去适应，儿童总是不能像成人那样有效地满足他个人情感上的甚至智慧上的需要。为了达到必要的"情感上和智慧上的平衡"，为了"满足他自己的需要"，儿童就开始游戏，在游戏中既没有强制也没有处分，孩子在现实中许多得不到满足的愿望，可以在游戏中得到实现。游戏的主要功能就是通过同化作用来改变现实，以满足自我在情感方面的需要。正如皮亚杰自己所说："游戏所完成的同化作用，绝大多数属于情感方面，游戏是儿童解决情感冲突的一种手段。"可见，皮亚杰在阐述游戏活动的心理机制方面首先看到了游戏与儿童认知发展的关系。然而他在表达游戏的发展功能时，却只看到的是游戏与儿童情感发展的关系。

皮亚杰关于儿童游戏的研究极大地丰富了人们对于儿童游戏的认知发展价值的认识，给人们对儿童游戏研究提供了很大的启示。

启示一：皮亚杰的游戏理论开拓了从儿童认知发展的角度考察儿童游戏的新途径，成为20世纪60年代以后游戏与儿童认知发展关系研究的直接催化剂。

启示二：皮亚杰游戏发展的阶段理论，强调儿童游戏是一种积极、主动的活动，是随着儿童心理的发展不断完善和发展的，极大地扩展了人们对于儿童的智力发展价值的认识，对于传统的游戏与学习的对立观念，无疑是一种巨大的冲击。

启示三：皮亚杰指出在认知发展不平衡或不成熟的阶段中儿童对情感的需要，从而强调了进一步研究游戏对儿童情绪情感发展的价值。

三、社会文化历史学派的游戏理论

社会文化历史学派是苏联的心理学派，也称维列鲁学派。代表人物有维果茨基、列昂节夫、鲁宾斯坦、艾里康宁等。该学派以马克思的辩证唯物主义和历史唯物主义为基础，创造了从根本上区别于西方心理学的游戏理论。他们从不同的角度证实社会文化历史在人的高级心理机能的产生和发展中所起的巨大作用，并将此观点运用于儿童游戏的研究，确立了苏联心理学和教育界关于游戏的基本观点和认识。社会文化历史学派的游戏理论又被称为"活动游戏理论"或"游戏的活动论"，它具有以下几个基本观点：

（一）游戏是学前儿童的主导活动

活动在儿童心理发展中起主导作用，它有助于促进儿童的心理机能不断地由低级向高级的发展。在不同的发展阶段，主导活动的类型不同。在学前期，游戏尤其是有主题的角色游戏，是学前儿童的主导活动。

（二）强调游戏的社会性本质，反对生物本能论

活动游戏理论认为，不论是游戏的社会起源，还是游戏的个体发生，均由社会存在所决定。儿童游戏发展的动力即是他们与其周围环境的相互作用，所以游戏是一种儿童在其生活及受教育的社会中所存在的受制约的活动。

（三）强调儿童与成人的交往在游戏的发生、发展过程中的决定性作用

儿童游戏的需要是在成人的教育与要求下，与成人之间的关系发生改变的情况下产生的。游戏不会自然而然地得到发展，孩子不是生来就会游戏的。没有教育的作用，游戏就不会产生，或者就会停滞不前。儿童游戏方法的掌握、游戏的教育价值和游戏本身的发展，取决于成人对游戏的指导。

四、游戏的觉醒理论与元交际理论

觉醒理论和元交际理论是近20年来在西方国家心理学领域新兴起的两种游戏理论。它们体现了近年来不断发展的心理学及相关学科在游戏研究中的延伸和影响。

（一）内驱力说

游戏的觉醒理论也称内驱力理论，或激活理论。它建立在内驱力学说的基础上，试图通过解释环境刺激和个体行为的关系，来揭示游戏的神经生理机制的假设性理论，理论的实质就是阐明游戏是一种内在动机性行为。

（二）觉醒理论的基本观点

"觉醒"是游戏觉醒理论的核心概论。觉醒是中枢神经系统的机能状态，或机体的一种驱力状态。它与两个因素有关，一是外部刺激或环境刺激，二是机体的内部平衡机制。

伯莱因（Berlyne）最先提出了游戏的觉醒理论，他的观点经埃利斯（Allis）的进一步发展和修正，奠定了该派游戏理论的基础，并成为觉醒理论的基本观点。觉醒理论有两个最基本的观点：① 环境刺激是觉醒的重要源泉。新异刺激，除了对学习提供不可缺少的线索作用之外，还可能刺激机体的神经系统，从而改变机体的驱动力状态。② 机体具有维持平衡过程的自动调节机制。中枢神经系统能够通过一定的行为方式来自动调节觉醒水平，从而维持中枢神经系统的最佳觉醒水平。

当外界刺激作用于感觉器官时，感觉器官对当前刺激进行感知分析。当刺激与过去的感觉经验不一致，即刺激是新异刺激时，就会使主体产生不确定性，因而导致觉醒水平的增高，机体感到紧张。中枢神经系统有维持最佳觉醒水平的要求，最佳觉醒水平使机体感到舒适，于是它就采取一定的行为方式来降低觉醒水平；反

之,当刺激过于单调、贫乏时,机体就会厌烦、疲劳,觉醒水平低于最佳状态,于是机体就会去主动寻求刺激,增加兴奋性,使觉醒水平由低回复到最佳状态。

(三) 游戏的元交际理论

游戏的元交际理论是由贝特森(Bateson)提出的,他运用逻辑学等学科原理来研究游戏,试图揭示游戏的意识与信息交流过程的实质。人类的交际不仅有意义明确的语言交际,而且有意义含蓄的交际,即元交际。元交际依赖于交际双方对于隐喻的信息的辨识和理解。

当一个孩子笑嘻嘻地将水洒向另一个孩子时,他脸上的表情已向对方发出了"这是玩的,不是真的"的信号,对方很快理解了这一信息,两人便玩起打水仗的游戏来。如果那个孩子没有或不能理解这一信息,那么误解就会产生。可见,元交际是一种意义含蓄的交际,表现为不用言传、只能意会的形式。

综上所述,各派现代游戏理论,从不同的立场和角度分别论述了游戏的性质和游戏的功能,大致可以区分出3条主要的线索:一条是偏重认知的线索,以皮亚杰理论为先导,强调认知的发展与游戏的关系;一条是偏重情感的线索,以精神分析理论为先驱,强调情感的成熟与游戏的关系;一条是偏重社会性本质的线索,以苏联活动理念为核心,强调社会实践与游戏的关系。

第二节 游戏与体育游戏

游戏是人类的一种在一定规则约束下进行的娱乐活动。由于它富于趣味性,因此深受人们尤其是儿童及青少年的喜爱。根据组织及参加游戏目的的不同,可以将游戏分成娱乐性游戏、教育性游戏和竞赛性游戏3大类(图1-2-1)。

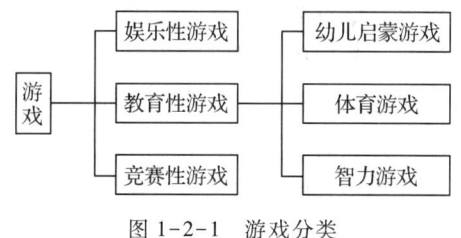

图 1-2-1 游戏分类

一、娱乐性游戏

娱乐性游戏是指以娱乐为主要目的的一类游戏。在游戏中,游戏的组织者与游戏的参加者目的是同一的。组织者的主要目的是为了娱乐群众(游戏的参加者与参观者),而参加者的目的也主要是为了娱乐消遣,达到积极性休息的作用。有时，游戏的组织者就是游戏的参加者，如家庭游戏、儿童自己组织的游戏等。娱乐性游戏一般是不带功利性的，当然，在现代的一些大型电视晚会游戏中，也时常出现游戏的赞助单位出资奖励游戏的胜利者，由于电视的播出对赞助单位或其产品进行某种形式的宣传，而使游戏带上了一定的功利色彩，这是游戏的组织者为了游戏能顺利进行而采取的手段，不是游戏的主要目的。

娱乐性游戏常见的形式有电视游戏、舞台游戏、游园晚会游戏、家庭游戏以及儿童自发组织的游戏等。

二、教育性游戏

教育性游戏是成年人对未成年人进行教育、培养他们各种能力的一种游戏形式。它具有明显的两重性，对于组织者来讲，它是一种有效的教育手段；对于参加者来讲，它则是游戏的一种，是一种具有良好教育功能的游戏。教育性游戏包括以下几种：

（一）幼儿启蒙游戏

以发展幼儿各种基本能力为主要目的的游戏，包括角色游戏、结构游戏、表演游戏及音乐游戏等。

（二）智力游戏

以发展学生智力为主要目的的游戏，包括文字游戏、数字游戏、图形游戏、智力玩具及趣味智力题等。

（三）体育游戏

从以娱乐为主的角度来讲，体育游戏的定义（广义）是：在一定规则约束下，通过身体运动的方式进行的一种娱乐活动。但是，体育游戏在学校体育教育中，是属于教育性游戏的一种，它主要是作为体育教育的一种手段，组织者（教师）组织与运用体育游戏的目的是为了发展学生的体能，增强学生的体质。它的娱乐功能实际上已降为第二位了，因此，体育游戏作为一种体育手段，它的定义是：体育游戏是以体育动作为基本内容，以游戏为形式，以增强体质、娱乐身心为主要目的的特殊的体育活动。体育游戏是学校体育教育的重要内容，尤其是在小学及初中的体育课程教材中，体育游戏内容比重很大。体育游戏还是高等学校体育教育专业学生的一门必修课程，传授体育游戏的基本知识，创编体育游戏的原则、技法与程序，体育游戏的教学方法以及各类体育游戏的实践方法等。

三、竞赛性游戏

竞赛性游戏又称为竞技运动，是活动性游戏（有少量的是智力游戏，如棋类运动等）发展的高级阶段。它是采用以对抗性竞赛的形式，通过最大限度地发挥竞赛者自身体能、智能以及运动技能等方面的潜力，以获得尽可能优异的运动成绩或战胜对手为目的的一类游戏。将竞技运动划归于游戏之中，称它为竞赛性游戏，主要基于以下两点。

第一，从竞技运动的发展史来看，可以考证出竞技运动的绝大多数项目是从游戏（大部分是活动性游戏）发展而来的，如田径的接力项目、所有球类项目等。近代产生的一些运动项目，也是在那些项目的基础上变化而来的，或者是由几个项目组合而成的，如花样滑冰、现代五项等。

第二，竞技运动具有与游戏相同的特点，如都具有趣味性，都是在一定的规则约束下进行的。另外，"sport（竞技运动）原是 clisport 的简写字，原含义是'离开工作'，通过一些有兴趣的游戏转移自己的注意力，使'自己高兴'"。"在美、英、苏、联邦德国和日本的百科全书和体育辞典中，sport 是游戏、娱乐活动，是社会文化不可分割的一部分"（《体育概论》第 17 页，北京：人民体育出版社，1989.）。

随着现代竞技运动的发展，竞技水平的不断提高，艰苦枯燥的大强度训练逐渐冲淡了游戏的趣味和娱乐功能，再加上职业运动员的出现，大额奖金的介入，也完全改变了游戏的非功利性质。

竞赛性游戏与体育游戏虽然都主要是以身体运动的方式进行的，但它们之间已有很大的区别。

（1）游戏的目的不同。体育游戏的目的是为了增强学生体质或者是为了娱乐，而竞赛性游戏的目的是为了战胜对手或为了取得优异的成绩。

（2）游戏的条件及规则的稳定性不同。体育游戏的场地、器材、人数及规则是比较灵活的，不统一、不稳定的，游戏的组织者可以因各种具体条件的不同而灵活掌握；而竞赛性游戏的场地、器材、人数及规则都有严格统一的规定，并且是相对稳定的，不能随便修改。

（3）竞赛性游戏具有较为复杂的技术与战术，参加者要有相应的训练；而体育游戏的技术、战术则比较简单。

（4）竞赛性游戏的规则与成绩是得到社会承认的，而体育游戏则不是。

（5）体育游戏一般不具有功利性，参加者都是业余的，而竞赛性游戏则常具有明显的功利性，参加者以职业为主。

第三节　体育游戏的分类

体育游戏是一种综合性的体育手段，它在内容、形式、作用以及参加对象上都具有综合性。体育游戏的综合性决定了它的分类方法的多样性。常见的分类方法有以下几种：

按运动项目进行分类：有篮球游戏、排球游戏、足球游戏、田径游戏、体操游戏、武术游戏等。

按游戏进行的形式分类：有接力游戏、追逐游戏、角斗游戏、攻防争夺游戏、传递抛接游戏、集体竞快游戏等。

按身体素质进行分类：有速度游戏、力量游戏、灵敏游戏、耐力游戏等。

按基本活动技能进行分类：有奔跑游戏、跳跃游戏、投掷游戏、攀爬游戏等。

按游戏参加者的年龄分类：有幼儿游戏、儿童少年游戏、青年游戏、中老年游戏等。

分类的目的是为了运用的方便，目前我国学校体育教学中，体育课的结构一般是按 4 个部分（开始部分、准备部分、基本部分及结束部分）或者 3 个部分（将开始部分纳入到准备部分中）进行的。以这种结构模式为基础，本书将体育游戏分为集中注意力游戏、活动性游戏、放松游戏、室内体育游戏以及户外游戏 5 大类（图 1-3-1），前 3 类游戏分别适合于体育课教学的开始部分、准备及基本部分、结束部分采用。室内体育游戏及户外体育游戏，分别适合于雨天室内体育课与在野外活动时采用。在这 5 大类的子系统中，再按游戏的形式分类。由于体育游戏本身的综合性，各种单一的分类法都不是很严谨的，在运用时也不方便，本书所采用的这种综合分类方法，从某种角度上讲也不严谨，但却在很大程度上方便了教学。

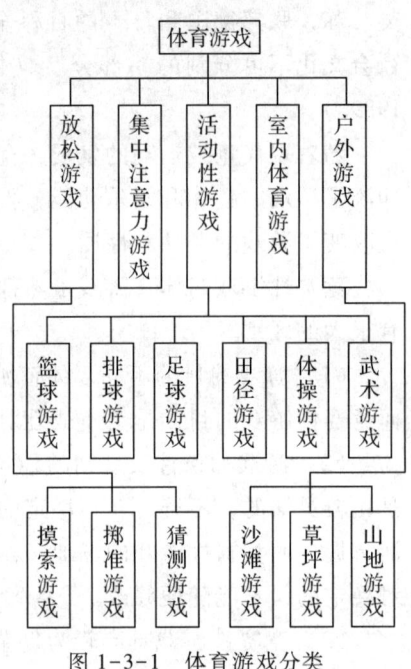

图 1-3-1　体育游戏分类

第四节　体育游戏的起源与发展

一、体育游戏的起源

游戏是人类的一种具有悠久历史的娱乐活动，它是在人类社会发展的进程中由于需要而产生的。需要是人对一定客观事物需求的表现，它是人类一切活动的动因，表现为愿望、意向、兴趣，而成为行动的一种直接原因。19 世纪德国伟大的哲学家黑格尔说过："对利益的深入考察，使我们深信，人们的行为都决定于他们的需要，他们的情欲，他们的利益，他们的性格和才能，因此，只有这些需要、情欲、利益才是这幕剧的动机，只有它们才起着主要的作用"（周西宽等著，《体育学》，第37页，四川教育出版社，1988）。人类的需要是现实的，是与整个社会发展水平相适应，受到社会的经济、政治以及意识形态等因素的制约与影响的。随着社会的发展，人类的需要也不断由低级向高级发展，美国当代心理学家马斯洛把人的需要由低到高归纳为生理的、安全的、社交的、心理的以及自我实现的5个层次，并认为在低层次的需要得到满足之后，必然会提出高一层次的需要，并会付诸行动，努力去实现这些需要。

游戏是人类特殊形式的活动，早在人类的原始时代就已出现。在原始社会里，由于生产工具简陋，生产力低下，人类祖先为了维持生存、延续种族的需要，几乎要付出全部的时间与精力。游戏作为娱乐活动的一种形式，并不是原始人经常的活动，最早出现的游戏，主要并不是他们出于娱乐的需要，而是出于教育未成年人的需要。原始人在漫长的年代里，在生产、狩猎、军事活动以及日常生活中，积累了大量的知识与经验，生产力得到发展，生产技能日趋多样化、复杂化，这样也就对生产的主体——人的素质提出了更高的要求，于是便出现了原始的教育。在原始时代，由于没有学校、文字、书籍等，成年人教育未成年人的方式不外乎有：① 直接在生产或生活实践中进行教育。② 利用游戏、竞技、舞蹈、歌唱、记事符号等进行教育。

无疑，在这些原始的教育方式中，游戏是**最受儿童欢迎的方式**。成年人利用游戏向未成年人传授打猎、捕鱼、采集、军事作战以及家事操作等的方法与经验，未成年人在游戏中，模仿成年人的活动，既学习了很多有用的知识与经验，也从游戏中得到了快乐。例如，"1945年还处于原始社会末期的我国大兴安岭西北麓原始森林中过着狩猎生活的鄂温克人"，为了培养他们的后代"适应这种狩猎生活，从小孩起就进行教育……在儿童和少年当中经常进行'打罕游戏'、'打熊游戏'"（《体育概论》第30—31页，北京：人民体育出版社，1989）。

在原始时代，除了在教育未成年人时采用游戏的形式外，另外在宗教祭祀和氏族的一些欢庆活动中也常常采用舞蹈、歌唱及游戏的形式。

其后，由于生产力的进一步发展，人的生存需要（如衣、食、住、安全等）得到基本的满足，自然而然地产生了比生存需要还高一层次的需要。例如，对更加丰富的物质生活的需要；对友谊、爱情的需要；对抒发内心情感的需要；对娱乐活动的需要等。在满足这些需要时，游戏也是一种重要的方式，从流传至今的许多民间游戏中可见一斑。例如，维吾尔、哈萨克族游戏"姑娘追""刁羊"；侗族游戏"飞花传情"；苗族、水族游戏"打毛毽"；黎族游戏"打狗归坡"等都属于这一类（《体育词典》第605—616页，上海：上海辞书出版社，1984）。

远古时代的游戏与身体运动有着不可分割的关系。最初出现的萌芽式的体育很多都是以游戏的形式出现，而最初出现的游戏又大多是与身体运动相联系的。因为一方面，在远古的原始时代，人们的智力水平很低，与智力相关的游戏难以产生；另一方面，原始时代的生产基本上都是一些笨重的体力劳动。在军事上，除了简单的标枪、弓箭等武器之外，也多为奔跑追逐、徒手攻防格斗。因此，作为反映原始人活动的游戏，也基本上是以身体运动为主的游戏，或者说是萌芽形式的体育游戏。这些萌芽形式的体育游戏，开始基本上都是对原始人的生产劳动、军事作战以及生活的一种模仿，正如俄国普列汉诺夫（1856—1928年）在《论艺术》一书中所说的："儿童的游戏，就是对成年人工作的模仿"。当然，这种模仿并不是现实生活的再现，而是以现实生活的活动为素材，用游戏的形式表现出来的。

二、我国古代的游戏

我国最早考证的游戏是西安半坡出土的新石器时代的石球，这种石球与北京民间的踢石球游戏所用的石球很相像，因此有人认为那时就有踢石球的游戏。我国经考证的游戏主要有两支：

（一）文献中记载的仕大夫的休闲游戏

我国古代的文献中记载了大量的、各种形式的游戏，这些游戏多数是体育游戏，也多数是作为士大夫等统治阶级休闲时娱乐的游戏。例如，投壶、捶丸、蹴鞠、木射、角抵、射虎等。在这些游戏中，有些纯属娱乐性的游戏，如投壶、捶丸等，身体活动量较小；另有与战争及狩猎有关的游戏，如角抵、射虎等，一般活动量较大。

（二）流传至今的民间游戏

我国古代的游戏除了文献中记载的士大夫玩的休闲游戏之外，大量的还是市井乡村历代流传的民间游戏，这些游戏虽然也有少量的为一些文献所记载，如手鞠、击壤等，但大都是在民间自生自灭，只有一些优秀的、特别吸引人的游戏，具有较强的生命力并流传下来。例如，儿童追逐游戏"官兵抓强盗"，蒙古族投掷游戏"布鲁"，朝鲜族游戏"顶瓮竞走"等。

三、体育游戏的发展

古代的体育游戏中，有的是一代一代地流传下来，给人们带来欢乐，虽然经过漫长的岁月，仍然没有多大的变化。但更多的游戏却是在历史的长河中不断地改进和发展，其形式渐渐脱离对于生产生活的简单模仿，游戏的情节性逐步减少，而趣味性、竞争性则逐步增加，游戏的规则也逐步严密。

由于社会的需要，体育游戏的发展逐步分为学校体育游戏和竞赛性游戏两类。

（一）学校体育游戏

学校体育游戏是教育性游戏的一个重要组成部分。教育者在长期的办学中，逐步地体会到体育教育对于学生健康成长的重要性，而在体育教育中，游戏又是一种有效的、深受学生欢迎的形式。因此在现代学校教育中，尤其是小学及初中的体育教学中，普遍地将体育游戏作为体育教学的重要手段，将体育游戏改变为游戏体育。教师们利用游戏这种手段，引导学生参加各种身体活动，增强他们的体质；在游戏中培养学生的优良品德；运用游戏的形式提高学生身体的基本活动能力以及学习体育动作技术。为了达到这些目的，体育教师将一些民间游戏改编成适合于学生们做的体育游戏；另外，也根据体育教学的目的任务以及教学内容，创编成各种形式的游戏，并逐步地积累形成了一套由各种类型游戏组成的学校体育游戏。这些游戏集趣味性与锻炼性于一体，能吸引学生主动地投入到体育活动中去；这些游戏既能增强学生的身体素质，又能使他们在游戏中学习体育动作技术；这些游戏都有一定的规则，但这些规则具有一定的灵活性，运用者可根据具体情况进行修改或补充。

体育游戏早在清末就已在学校体育中出现，1902年在清政府颁布的《奏定学堂章程》中规定："各级各类学堂均开设体操课（体育课）……体操一科，幼稚者以游戏、体操发育其身体；稍长者以兵式体操严整其纪律"（《中国近代体育史》第33—35页，北京：人民体育出版社，1985）。1906年，清廷学部通令全国各省，于省城师范学堂"附设5个月毕业的体操专修科，授以体操、游戏、教育、生理、教授法等，以养成小学体操教习"（《中国近代体育史》第37页，北京：人民体育出版社，1985）。那时已将游戏作为师范体育专业学生的必修课了。在清末民初的学校运动会上，体育游戏也占很重要的地位。例如，1907年在南京举行的江南第一次联合运动会上，游戏比赛项目就有：夺旗竞走（赛跑）、三足竞走、障碍物竞走、笔算竞走、"球战"、"恢复路权"、"要塞占领"、"陆地行舟"、"列国争球"等（《中国近代体育史》第45页，北京：人民体育出版社，1985）。

在国民党统治时期的中国中小学体育教学中，体育游戏也占了重要的地位，如在小学体育教学内容中，"按颁布标准分游戏、韵律活动、体操、运动4类和其他活动"。"游戏类包括：故事游戏、追逐游戏、竞争游戏、球类游戏和杂项游戏"（《中国近代体育史》第115页，北京：人民体育出版社，1985）。

新中国成立后，体育游戏在学校体育教学中也占很大的比重。例如，1956年制定的第一部中小学体育教学大纲中，规定教材只有基本体操与游戏两大类，以每学年授课时数为68学时计，游戏在低、中、高年级中分别占46、34、22学时，其比重分别为68%、50%、32%。在重新编订及修改的大纲中，体育游戏在教材中始终占了很大的比例，并在配套的中小学体育教材中，也有专门的游戏教材。根据各级学校体育教学中的游戏教学的需要，国家教育部（原国家教委）又于1986年将体育游戏列为高等学校体育教育专业学生的一门专业必修课。近十几年来，由于教学的需要，我国已先后出版了一些体育游戏实践方法的书籍，有的书对游戏理论进行了探讨，这无疑对于学校体育游戏的发展起着促进作用。但是，与其他学科相比较，体育游戏无论在实践上还是理论上都还只是迈开了第一步，在系统性、科学性上都还有待进一步探讨。

在国外的学校教育中，也很重视游戏的作用。例如，古希腊的唯心主义哲学家、教育家柏拉图（公元前 427—前 347 年），在他的身心调和论的教育设计中提出："3~6 岁的儿童在国家所委派的教导员的指导下，在游戏场进行游戏，7~12 岁的儿童进国立学校，学习阅读、书写、计算、音乐和歌唱"。18 世纪法国的启蒙思想家、哲学家、教育家和文学家卢梭（1715—1771 年），也"主张在教育上要顺应儿童的本性，让他们的身心自由发展。他强调儿童应'经由游戏、运动、手工艺与直接熟习自然的方式学习'"。现代西方国家体育课教学内容的安排上，游戏也占了重要的地位。例如，对美国、日本等 8 个国家体育课教学内容的统计中，有 5 个国家将游戏列在其中，而日本在现代的体育教学中推行"快乐体育"，游戏更是必不可少的内容。

（二）竞赛性游戏

竞赛性游戏又称为竞技运动，它是体育游戏发展的高级阶段。它将一些对参加者具有持久吸引力的民间体育游戏，逐步以游戏形式及游戏规则加以完善、严密，并增加它的竞争性，从而得到社会的公认而形成的。

第五节　体育游戏的特点

一、具有锻炼身体的价值

这是体育游戏不同于智力游戏的地方。体育游戏本来就是通过身体运动的方式进行的，这种进行方式与体力劳动一样，本身对人体便具有某种锻炼价值，而在实施中，游戏的创编与组织者又有意识地采用各种不同手段与形式，赋予游戏以某些特定的锻炼价值，以便通过游戏达到预定的锻炼学生身体、增强体质的目的。

在体育游戏中，有一部分游戏的运动负荷量较小，如集中注意力游戏、放松游戏等，这是由它们的目的任务所决定的。但是，这些游戏主要还是以身体运动的形式出现，因而总是有一定的运动负荷量，有一定的锻炼身体的价值。有些与体育有关的游戏，但主要是通过智力活动来完成的，例如，以体育名词术语及人物为谜底的谜语，则只能算是智力游戏，而不能列入体育游戏。锻炼身体的价值是区分体育游戏还是智力游戏的关键，也是体育游戏的本质特点之一。

二、具有趣味性特点

辞源中说：游戏乃"玩物适情之事也"。游戏是有趣的玩耍一类的事情，它能使人在精神上得到某种欢娱，能满足人们对于娱乐的需求，因而，尽管它并不能直接创造物质财富，但还是能吸引各种不同对象主动参加。体育游戏作为游戏的一种，必须具有趣味性，如果没有趣味性则不能称之为体育游戏，而只能称之为体育练习或身体练习。趣味性也是体育游戏的本质特点之一。

三、具有一定的规则

人类的各种活动都是适应人类的需要而产生的，娱乐活动，即平时人们所讲的"玩"，就是人类的一种很重要的、精神上的需要。游戏是"玩"的一种，是一种有规则的玩，或者说是在一定规则约束下的玩。体育游戏是游戏的一种，也有一定的规则。没有规则的游戏只能称之为玩，不能称之为游戏。例如，小孩的"玩泥巴"、"玩水"。

由于规则能够约束犯规行为，维护游戏的安全，保证双方的公平竞争，引导游戏的技术与战术向正确的方向发展，因而游戏的规则在游戏的发展中起着非常重要的作用。

游戏的规则是随着游戏水平的高低而变化的，越低级的游戏，其规则越不稳定，甚至没有明显的规则。例如，幼儿的角色游戏就没有明显的规则，幼儿在游戏中，只依照他们已有的生活经验基础上的准则来进行游戏。例如，做"买东西"的游戏，他们不是随便拿走东西，而要用一张纸当做"钱"交给扮作售货员的同伴，然后才拿走"买"的东西，他们之所以这样做，是因为他们跟大人上街买东西时，知道"买东西要给钱"这个准则。在大一点的儿童或青少年参加的体育游戏中，就有了明显的规则，因而能使游戏在一定的约束下进行，也能通过游戏达到某种既定目的。但这类游戏的规则还具有一定的灵活性，游戏的组织者可以随时因各种条件的不同重新制定或修改规则。游戏发展到高级阶段，规则进一步合理与严密，从而使游戏能吸引更多的人参加，这种游戏的方法与规则也就会逐步得到社会的承认，从而使规则具有某种相对稳定性。这类游戏称为竞赛性游戏，又称为竞技运动。

四、具有综合性特点

体育游戏的综合性特点主要体现在：① 几乎任何体育项目的练习都可作为体育游戏的素材。② 几乎任何体育项目都可以将体育游戏作为教学与训练的手段。③ 体育游戏既能培养与提高身体的基本活动能力，又能运用它学习与提高运动技能、技术及战术。

可以说，在已知的体育手段中，体育游戏是综合性最强的一种特殊的体育手段。

五、具有教化性特点

体育游戏在未成年人全面发展的教育中具有积极的作用和重要的意义。在游戏中，游戏者必须遵守游戏规则，控制、约束自己的行为，这种体验有助于游戏者形成行为的社会定势，内化社会行为规范。体育游戏中的群体活动、角色的扮演、转换与互动，也满足了少年儿童社会归属或团体归属的欲望，对他们掌握人际交往技能，形成健康的人格，发展社会适应能力等都具有独特的功效。体育游戏本身具有的竞赛性和结果的不确定性等特征，可以激发游戏者的进取心和自尊心，培养他们的道德感和责任感，促进他们健康个性心理的形成与发展。体育游戏总能为少年儿童创造一种合作、竞争，同时又相互鼓励、彼此理解的环境，在这种生动活泼、和谐友好的气氛中，少年儿童的个性与社会性得到高度发展。

六、直接目的不是为了创造物质财富

体育游戏的组织者与参加者，他们的目的是不相同的，游戏的组织者的直接目的是为了锻炼学生的身体，增强学生体质；而作为游戏参加者的学生来讲，他们的直接目的是为了娱乐，为了经历与体验愉快的游戏过程，为了满足精神上的某种需要。但不论是游戏的组织者还是参加者，他们的共同点都不是为了在游戏中创造物质财富。

七、可采用假设与虚构的方法

"游戏是真实生活的反映，却并不是真实的生活，它是在假想的情境下反映真实生活的活动。一般人所谓'游戏'或'儿戏'，都是指'不当真'的活动"（幼儿园教材《游戏》第11—12页，北京：人民教育出版社，1982）。在幼儿的角色游戏中，经常运用假设与虚构的方法，赋予游戏以某种故事情节，幼儿在游戏中模仿大人的活动，或者将自己装扮成某种动物或其他角色，因而在游戏中尝到解脱自我、变成"别人"的欣喜。另外，幼儿通过模仿各种社会角色，学会处理人际关系，适应社会生活，对儿童的个体社会化，有重要的作用。

在体育游戏中，由于参加者年龄的增大，智力的增长，对角色游戏逐渐失去了兴趣，但假设与虚构的方法仍是创编体育游戏的方法之一。假设，就是将一事物认定为另一事物，即"张冠李戴"；虚构，则是用语言或符号编造出当时游戏场合中并不存在的事物，即"无中生有"。在体育游戏中采用假设与虚构有两个作用：一是通过假设与虚构的情节，对少年儿童进行思想品德教育，如搬人游戏命名为"救护伤员"就属这一类；二是通过假设与虚构的情节来增加游戏的趣味性，如将走过平衡木假设成"过独木桥"等。

在体育游戏中运用假设与虚构的方法一般有：①人物假设：参加游戏的学生假扮成其他的人物、动物及器物。②器物假设：将体育器材或其他游戏教具假设成其他器物、人物及动物。③动作假设：将人的动作或手势假设成其他动作、器物或情况。④信号假设：用光或声的信号表示各种假设的情况。⑤符号虚构：将用石灰及粉笔在地上画的线条及几何符号，表示各种不存在的地形地貌、器物及人

物。⑥ 语言虚构：用语言虚构各种游戏场地上并不存在的东西，如"左边是高山"、"右边是悬崖"等。

复习思考题

1. 名词解释：
游戏　　体育游戏　　教育性游戏　　竞赛性游戏
2. 精神分析学派对游戏理论有哪些贡献？
3. 通过学习皮亚杰认知发展游戏理论，我们从中得到什么启发？对体育游戏理论的研究有何表现力？
4. 简述体育游戏的特点。
5. 根据组织及参加游戏目的的不同，可将游戏分成哪几类？
6. 体育游戏与竞赛性游戏有何区别？
7. 常见的体育游戏分类方法有哪几种？

第二章 少年儿童体育游戏教学的特点与策略

内容提要

本章简要阐明教育对象由于年龄的不同而具有不同的特点，这些不同之处具体表现在解剖、生理以及心理等方面。在体育游戏教学中应根据不同年龄学生的特点，选用合适的游戏教材，采用恰当的教学方法，安排适宜的运动负荷量。

第一节　儿童体育游戏教学的特点与策略

儿童期是指从出生至十一二岁这一年龄阶段，根据年龄与教育特点又可将儿童分为两个年龄阶段，其中从六七岁至十一二岁这一阶段称为小学儿童期。本节所述儿童期主要是指小学儿童期。儿童体育游戏的教学有以下特点：

一、教学内容

儿童在学龄前虽然在几年的生活中对于人体基本活动能力的动作有了一定程度的掌握，但由于年龄小，受到体力与智力上的限制，对于一些较为复杂的、较难的动作还是难以较好地掌握。因此，学龄期儿童体育游戏教学的任务，除了锻炼身体、增强体质之外，还有培养基本活动能力的任务，为他们日后掌握生活技能、生产劳动技能以及学习体育动作技术、战术奠定基础。因此，在安排教学内容时，应以走、跑、跳、投掷、攀登、爬越、钻越、追捕、躲逃等身体基本活动能力的动作为主。在小学高年级的游戏中，可适当采用一些简单的体育运动技术作为游戏的素材。例如，田径的起跑，篮球的传接球、运球，简单的体操动作等。另外，在儿童时期，还可适当进行力量练习，以提高神经系统对肌肉运动单位的动员能力，改善肌肉协调工作的能力，并为日后的锻炼奠定基础，但强度不宜过大。

二、教学形式

儿童的体育游戏形式变化多样、趣味性较强。儿童大脑皮质的兴奋和抑制不均衡，兴奋点易转移，因此注意力不易集中。在儿童的注意中，有意注意正在开始发展，无意注意还占着主导地位。游戏的形式如果变化多样、趣味性强，才能引导儿童的无意注意的指向与集中，使游戏教学取得较好的效果。

在小学低年级的游戏中，还可适当地采用一些具有表演情节的游戏，中、高年级可采用一些具有情节的分队竞赛游戏。这些情节对于此阶段年龄的孩子具有较强的吸引力。小学中、高年级的男孩还特别喜欢那些能表现他们的体力、敏捷、机智与主动精神的球类游戏及对抗竞赛游戏；女孩除喜欢对抗竞赛游戏之外，还特别喜欢一些优美协调的、韵律感强的，或者平衡一类动作的游戏。

在教学过程中，教师要注意小学生的这些爱好，适当地投其所好，才会取得较好的教学效果。教师在选用教学形式时，切忌以大人的心理来衡量儿童的爱好，很多在大人看来毫无趣味可言的游戏，小孩却玩得津津有味。

三、教学方法

（一）多采用直观的方法

儿童的思维以形象思维方式为主，抽象逻辑思维发展的水平还较低，年龄越小的孩子越是这样。因此在游戏教学时，应多采用直观的教学方法，这样效果较好。在使儿童了解游戏的路线时，多采用示范或图解的方法；在讲解的语言上，多采用形象的语言，并配合一定的手势等。

（二）语言要生动形象

儿童自我控制能力差，注意力易分散，无意注意比有意注意更能持久与集中。因此，在儿童的游戏教学中讲解应简短，只要能使儿童明白游戏的做法就行了。讲解的方式也要适合于儿童的年龄特点，要生动形象，多采用启发式、提问式的方法，以启发儿童开动脑筋，在游戏中培养他们的智力，同时也有助于集中他们的注意力。

四、教学注意事项

在组织儿童做体育游戏时，要注意以下几点：

（一）不宜采用以下各种练习

1. 负重过多的练习及时间较长的静力性练习

儿童的骨骼正处于生长旺盛的时期，骨组织内有机物较多，无机盐较少，骨松质较多，骨密质较薄，骨骼富于弹性，骨的硬度小，不易骨折，但容易发生变形。长时间的站立和负重，容易影响下肢骨的发育，甚至造成下肢骨的弯曲变形及产生扁平脚。

2. 经常需要憋气、肌肉过分紧张以及运动负荷过大的练习

儿童的心血管系统发育不完善，心缩力弱，心率快，每搏输出量与每分输出量比成年人小，儿童在运动时主要靠增加心率来增加输出量，不适宜大运动负荷量的练习。因此，在组织儿童做体育游戏时，运动负荷量不宜过大，时间不宜过长；不宜过多做经常需要憋气的练习、紧张性练习、静力性练习，以免心脏长时间负担过重，得不到恢复，造成心脏过度疲劳甚至损害。

3. 较长时间的耐力练习

儿童的胸廓狭小，呼吸肌力量弱，呼吸表浅，肺活量较小，呼吸频率较快，在进行激烈运动时，血乳酸含量的增长比成年人明显，说明无氧代谢供能的能力较低。因此，不宜进行时间过长的耐力练习，而应多采用以发展有氧代谢为主的练习。

（二）游戏的规则要少而简单

游戏是一种有规则的娱乐活动，游戏的规则是随着游戏本身的发展而发展的。学龄前幼儿的一些游戏还没有明显的规则，大一点的学龄前儿童的游戏，也只有极

简单的规则。学龄期儿童，虽然比学龄前儿童大了几岁，但思维理解力还比较低，注意力也容易分散。因此，游戏规则也应比较简单，容易为他们所理解和执行。

第二节　少年体育游戏教学的特点与策略

少年是指十一二岁至十七八岁这一年龄阶段，是由童年过渡到青年阶段，也称为青春期，学龄期相当于初中阶段。少年期既带有儿童的幼稚，又具有青年人成熟的特征，是一个充满矛盾、很不稳定的时期。在生理上，性发育为本时期的特点，第二性征日趋明显，女孩在十三四岁开始有月经。这时期生长发育和新陈代谢过程加剧，对不同事物有广泛的兴趣，但知识尚未成熟，情绪亦不稳定。独立性和运动功能不断增强，对外界的敏感性亦在不断增高，开始对异性产生爱恋情感。少年体育游戏的教学有以下特点：

一、教学内容

少年对于人体基本活动能力动作、比较简单的动作一般掌握都较好，但对其中较为复杂的动作，如攀登、投掷、追逐等动作掌握则不是很熟练。因此，在少年的体育游戏教学中，人体基本活动能力的动作还应占一定的分量，在游戏中应继续培养他们的这种能力。少年时期是奠定体育运动技术基础的黄金时期，既能为他们今后学习与提高运动技术服务，也能使他们掌握一种锻炼身体的方法，在体育游戏教学中，应将学习体育运动的基本技术动作放在重要地位；还可安排一定的力量练习，但强度不宜过大。少年期肌肉发育的速度落后于骨骼的发育，小肌肉、下肢肌、伸肌又落后于大肌肉、上肢肌、屈肌的发育，因此动作常显得不够精确，下肢活动的灵活性和协调性较差，在游戏中应多安排一些培养灵敏性、协调性的练习。

二、教学形式

少年时期由于体力与智力的增长，运动技能的提高，已能胜任一些竞争激烈或带技巧性的游戏，这时期的男孩除喜爱较为激烈的分队竞赛游戏、球类游戏外，还喜欢那些需要克服一定困难或带有一定惊险性的游戏，因为这些游戏有较强的刺激性，能表现他们的机智勇敢；女孩则由于性的发育，在生理、心理上与男孩逐步有了明显的区别，她们除喜欢那些不那么"野"的分队竞赛游戏之外，还喜欢一些带韵律性的、动作比较优美细腻的游戏；少年时期由于年龄的增长，对那些儿童时代的情节表演游戏已没有什么兴趣了，但是，在游戏中适当采用一些假设与虚构的方法来渲染游戏的气氛，增加游戏的趣味性，还是为少年所欢迎的。

三、教学注意事项

在组织少年时期的体育游戏时，要注意以下几点：

第一，少年时期由于各器官系统的发育还不够完善，因此在游戏中还不适宜做负重过多的练习，大强度的力量练习，较长时间的静力性练习或耐力练习，较长时间的激烈运动等。

第二，女孩从十二三岁开始来月经，在月经期间，不宜做剧烈的运动。

第三，少年时期随着年龄的增长，在智力上已能适应较为严密的游戏规则。规则的严密既能保证游戏的正常进行、易于评判，也能增加游戏的趣味性，但规则的条文不应太多太复杂。

第四，少年时期参加体育游戏一般都是从兴趣出发，自己喜欢的游戏，常常会不顾一切地尽情去玩，缺少自我控制的能力；而对于自己不喜欢的游戏，则不愿意参加。教师在组织游戏时，应注意这些情况，并采用适当的方法控制游戏的运动负荷量或选用有趣味的手段组织学生做好游戏。

复习思考题

1. 在组织儿童做体育游戏时，要注意什么问题？
2. 在组织少年做体育游戏时，要注意什么问题？

第三章
体育游戏的创编技法与程序

本章较系统地阐述了创编体育游戏时所要遵循的主要原则;论述了体育游戏的创编技法、程序及书写格式;简明地介绍了体育游戏组织形式图的画法。

★体育游戏的创编原则　锻炼性原则,趣味性原则,针对性原则。

★体育游戏的创编技法　变化法,组合法,移植法,程序法,提炼法。

★体育游戏的创编程序　明确游戏的目的任务,选择游戏的素材,确定游戏的方法,制定游戏的规则,确定游戏的名称,提出游戏的教学建议。

☆体育游戏的书写格式

☆体育游戏组织形式图的画法　符号图图例,体育游戏组织形式图画图顺序,体育动作简图的画法。

在体育教学中，体育教师常采用体育游戏作为重要的教学手段，这些游戏可以从书本上直接选用，也可以根据所在学校的学生、场地、器材等具体情况将书本上的游戏进行改编，还可以由体育教师自己创编出更符合需要的游戏。

创编体育游戏要遵循创编原则。体育游戏的创编原则是人们在创编与运用体育游戏的实践中逐步总结、积累、概括出来的，是创编体育游戏必须遵循的准则。遵照这些原则，将使创编的游戏更具科学性与实效性。

创编体育游戏，还要掌握一定的创编技法和遵循一定的程序，采用正确的创编技法，遵循合理的程序，能使创编工作顺利快捷，创编出来的游戏也比较规范。

第一节　体育游戏的创编原则

一、锻炼性原则

创编的游戏应具有锻炼身体、增强体质的作用。体育游戏是体育手段的一种，它必须具备体育的健身功能，通过游戏能达到锻炼学生身体、增强学生体质的目的。锻炼性原则是创编体育游戏时应遵循的主要原则之一。在体育游戏中可以通过以下各种方式来贯彻锻炼性原则：

第一，以走、跑、跳、投掷、攀登、爬越、钻越、搬运、追捕、躲闪等人体基本活动能力的动作作为素材创编体育游戏。在游戏中既能培养学生基本活动能力，又能很好地锻炼学生身体，还可以为学生学习体育技术打下基础。此外，这些练习本身就具有一定的趣味性，是创编体育游戏的良好素材。

第二，以某些竞技体育基本动作技术为素材创编体育游戏，在游戏中既能学习与提高动作技术，又能有效地锻炼学生的身体。竞技体育是中学体育教学中的重要内容，是学生锻炼身体的主要手段之一，也是提高学生运动技术水平、培养运动员的途径。竞技体育中由于有些练习比较单调、枯燥，又需反复多次的练习，中学生往往凭兴趣出发，注意力不能持久，因此练习效果往往不佳。以这些练习作为素材创编成游戏，一般学生做这些技术动作游戏都很投入，练习效果较好，学生也能在学习技术与战术的同时达到锻炼身体的目的。

在以竞技体育的动作技术为素材的游戏中，学生由于兴奋性过高或者一心求胜，往往不注意动作的质量。因此，教师在组织游戏时要特别强调动作的规格，或者在游戏规则中采用一定的方法保证动作的规格。

第三，以球类基本战术为素材创编游戏，使学生在熟练战术的同时达到锻炼身体的目的。球类战术练习是球类运动教学中的重要内容，学生在做这些练习时常常难以弄清人与球的移动路线,因此要反复练习才能熟练掌握。运用游戏作为练习的形式,可以免去练习的枯燥,即使反复多次,学生也乐此不疲。在反复的练习中,既学会了战术动作,也可以达到锻炼身体的目的。

第四,以力量素质练习为素材创编游戏,使学生在游戏中锻炼身体、发展力量素质。在课的基本部分的后部进行力量素质练习,因为枯燥无味,练起来又比较艰苦,因此中学生一般都不愿意练。如果将力量素质练习作为素材创编成游戏,使学生在热烈竞赛的气氛中做练习,在好胜心与集体荣誉感的双重动力的驱使下就会尽全力投入,认真地做好这些练习,达到锻炼身体、发展力量素质的目的。

二、趣味性原则

创编的游戏应具有一定的趣味性,在游戏中能使学生感到愉快、有意思,能吸引学生主动参加到游戏中去。趣味性原则也是创编体育游戏时应遵循的主要原则之一。增加体育游戏的趣味性,可以从以下几个方面入手:

(一)增加游戏的竞争因素

任何竞争都能不同程度地使人处于紧张状态,因而能激发人的活力,调动人的潜在力量。但竞争不一定都是愉快的,体育游戏的竞争却是一种愉快的竞争,参加者在游戏竞争中胜利了、成功了,会享受到胜利成功的欢乐;如果失败了,也不会有任何思想负担。这种愉快的竞争是体育游戏趣味性的重要来源,在一定程度上讲,游戏的竞争越激烈,它的趣味性就越强。体育练习中的一些单调枯燥的练习,如果运用竞争的游戏形式来进行,常常能收到出人意料的好效果。

(二)采用新颖的动作

在体育游戏的创编与教学中,设计与采用一些与日常习惯不同的或者相反的动作,一些难以协调的动作,可以增加游戏的趣味性。例如,"鸭子赛跑"的游戏,用两腿夹住球跑步的动作、在"仰爬接力"的游戏中的仰身用四肢爬行的动作等。从条件反射的角度来说,"喜新厌旧"是人的天性,同样的刺激重复的次数多了,会引起大脑皮质的抑制。与此相反,新颖的刺激则会引起大脑皮质的兴奋与无意注意的指向与集中,这就是新颖动作使人感到有趣的原因。另外,新颖动作还能激发人们跃跃欲试的心情,从而积极地投入到游戏活动中去;能使游戏者在这种不习惯,有时还显得有点笨拙的姿态中欢欣雀跃;也能使游戏者在完成动作之后,尝到首次成功的喜悦。

(三)适当采用一些惊险性的动作

惊险动作能有效地"刺激"与吸引学生,能使人出于自我保护的本能而出现紧张、兴奋及集中注意力。另外,少年儿童在惊险动作中更能表现他们勇敢果断的优良品质,从而在心理上得到满足,精神上获得欢愉。因此,在体育游戏中适当采用一些惊险动作无疑会增加游戏的趣味性。当然,这些惊险动作应该是恰当的、适度的、有惊无险的,要辅以一定的安全措施,以保证安全为前提。例如,走平衡木、爬水平梯、翻越肋木架、荡绳过障碍等。

（四）适当提高动作的难度

游戏中所采用的练习如果不具有新颖性，一般可采用提高动作的难度来增加趣味性，从少年儿童学习动作时的心理状态看，游戏中所采用的动作如果太容易，会使人觉得做起来没意思，而太难了又会使人丧失信心，只有那些有适当难度，参加者经过自己努力才能够完成的动作，才会使人从中获得一种满足感。而体育游戏所采用的动作一般都是较简单的动作，没有什么复杂的技术与战术。因此，有时应采用限制条件、提出要求等方法来适当加大动作的难度，以增加游戏的趣味性。例如，在接力赛跑中增加各种障碍、追逐游戏中用单脚跳等。

此外，在游戏中采用一些特殊的使人逗笑的规则，采用一些有趣的赏罚方法以及在低年级的游戏中加入故事情节、采用一些形象化的动作，都可以增加游戏的趣味性。

三、针对性原则

创编游戏要有明确的目的性、针对性，要根据需要有的放矢地进行创编。有些体育教师认为，在体育课中做游戏只是为了让学生玩得高兴、愿意上体育课，因此在创编或选用游戏时，并不注重游戏的针对性。当然，体育游戏可以活跃课堂气氛，调动学生参加体育锻炼的积极性与主动性，但这只是体育游戏的任务之一。此外，体育游戏还具有其他方面的任务，要全面地完成这些任务，在创编与选用游戏时，则必须遵循针对性原则。贯彻针对性原则应注意以下几个方面：

（一）要以教学任务为依据

体育游戏是体育手段的一种，它总的任务是锻炼学生身体，增强学生体质。但除此之外，它还应当为完成每堂体育课的具体任务服务。例如，安排在课的开始部分的游戏是为了集中学生的注意力；安排在准备部分的游戏是为了热身，使学生身体得到一般发展；安排在课的结束部分的游戏，或是为了发展学生的某种身体素质，或是为了身心上的放松；学习篮球的传接球，可以创编以传接球动作为素材的传递抛接游戏；而为了发展学生的奔跑能力，则可以采用接力游戏的形式等。

（二）要针对学生实际

在游戏的内容安排及游戏所采用的形式上，都应考虑学生的具体情况，包括学生的年龄、性别以及体质情况等。这样创编的游戏才会更加适用。

（三）要考虑气候、场地、器材情况及其他有影响的因素

冬天游戏的运动负荷量可大些，而炎热的夏天如果运动负荷量过大，则容易中暑。

创编体育游戏除了要遵循以上 3 项原则，还应注意启发性原则、科学性原则、安全性原则与教育性原则等。在游戏的内容及规则上能启发学生开动脑筋，以利于在游戏中培养学生的智力因素；在游戏动作的设计、规则的制定以及场地器材的选

择上，保证游戏的安全。此外，在低年级的游戏中，经常采用某些故事情节来增加游戏的趣味性，这些故事情节以及游戏的名称都要注意它们的教育性，要防止一些封建迷信、色情暴力等内容损害与污染少年儿童纯洁的心灵。

第二节 体育游戏的创编技法与程序

掌握了体育游戏的创编原则，会使创编游戏工作在正确的原则指导下进行，从而使创编的游戏不会出现明显错误与缺陷。正确掌握体育游戏的创编技法与程序，则可使创编游戏工作进行得快捷、顺利，创编的游戏比较规范。

一、体育游戏的创编技法

（一）变化法

在体育游戏的教材中，教师可选择一些易于变化的游戏，进行触类旁通、举一反三的改造与发挥，创编出新的游戏。如田径类的接力跑游戏，根据其特点，稍加变化与改造，即可创编出运球接力、负重接力、钻跨障碍游戏等新体育游戏。

（二）组合法

根据体育游戏的创编原则，运用排列组合的原理，将不同类型的体育游戏进行组合，或将其他运动手段、体育动作与游戏形式进行组合，便可创编出新的体育游戏。

（三）移植法

将生活劳动中较为常见与实用的动作情形，从内容到组织形式以及方法手段，进行移植改造，创编出新的体育游戏。如"抗洪救灾"的搬运沙袋，可采用搬运重物接力比快的游戏方式，移植在体育教学中，使游戏更具有新颖性和教育意义。

（四）程序法

按照一定的逻辑程序进行创编。

（1）目的任务。根据设想和条件以及已有资料，明确创编游戏的目的和任务。

（2）设计规划。经过严密构思，选定内容与素材，确定格式与程序，设计游戏的基本模型。

（3）验证修改。通过反复实验、推敲，修改完善，验证游戏的科学性、实效性与可行性。

（4）书写。按游戏名称、目的、场地器材、方法、规则及教学建议等规范书写格式进行编写。

（五）提炼法

将少年儿童时期玩耍的民间游戏、乡土游戏和地域性游戏进行去粗取精，经过提炼而创编出新的体育游戏。

此外，体育游戏的创编还有思维法、实验法、模仿法、简化法等很多技法，也可借鉴竞技运动的一些创新技法。

二、体育游戏的创编程序

（一）明确游戏的目的与任务

作为体育游戏的参加者，他们一般都是为了体验愉快的游戏过程而参加游戏的。但作为游戏的组织者来讲，体育游戏是体育教育的一种手段，其目的是锻炼学生身体，增强学生体质，这个目的是通过各个具体的游戏来达到的。而一个具体的游戏，一般还需要完成某种具体的任务。例如，集中学生注意力、做准备活动、学习某种运动技术或战术、发展学生的某项专门素质等，都可作为某个游戏的具体任务。创编体育游戏时，首先应明确游戏的目的与任务，这样才能使创编工作做到有的放矢。

（二）选择游戏的素材

明确了游戏的目的与任务之后，即可动手选择游戏的素材了，游戏素材的选择应针对游戏的任务来进行。如集中注意力游戏所采用的练习，运动量要小一些；放松游戏，主要是精神上的放松，趣味性要浓一些；发展学生的腿部力量，可以采用跑、跳等动作作为游戏的素材；为学习或复习专项技术服务的游戏则应以专项技术动作为素材。有时可以将课上的几项任务巧妙地糅合到一个游戏中去完成。例如，一个任务是集中学生注意力，另一个任务是复习队列练习中的向左转、向右转。这时如采用"先算后转"的游戏，则可在一个游戏中同时完成两个任务。

体育游戏主要是以发展学生体力为主的游戏，因此它所采用的素材应体现体力活动的特征，这些体力活动应以体育动作为主，但不限于体育动作。以下所列的一些体力活动的内容都可作为体育游戏的素材：

第一，身体基本活动能力的动作，如走、跑、跳、支撑、悬垂、攀登、爬行、钻越、追捕、躲闪、搬运等。

第二，队列动作，如原地转向、报数、下蹲、起立等。

第三，竞技运动动作，如球类中的运球、传球、田径中的接棒、起跑，体操中的跳绳、前滚翻、跳跃、分腿腾越等。

第四，简单的球类战术练习动作。

第五，日常生活与劳动中的某些动作，如使用筷子的动作，搬运同伴或重物等。

第六，模仿性动作，模仿动物的动作，如兔跳、象行、鸭子走路等，模仿机械，如汽车、吊车、飞机等，模仿军事作战等。

第七，其他动作，如舞蹈、杂技中的某些动作等。

以上这些动作有些可以直接用作游戏的素材，有些则应经过加工改造后才能成为游戏的素材。除了以上这些动作之外，还可以自己创造一些新颖的、有趣的动作作为游戏的素材。

（三）确定游戏的方法

游戏的方法包括游戏的准备、游戏的进行形式、游戏的队形及变化、游戏的活动路线与活动范围、接替方法与动作要求等。

1. 游戏的准备

包括游戏所需要的教具及其安放方法、场地的规格、游戏的分队方法及队形站位等。

2. 游戏的进行形式

游戏的进行形式有接力、追逐、角力、争夺、攻防、传递抛接、集体竞快、摸索、掷准、比远、猜测等。创编者要根据游戏的任务与素材的特点来选取合适的形式。例如，发展学生的奔跑速度可采用接力游戏的形式；发展学生灵敏性可采用追逐游戏的形式；发展学生的上肢力量可采用角力游戏或素质接力游戏的形式等。

3. 游戏的队形

一般有纵队、横队、圆形、疏散（分散）式队形及指定的其他队形。

纵队一般用于接力游戏与传递游戏；横队一般适用于传递抛接游戏以及集中注意力的队列游戏，面向的二列横队常用于角力游戏、攻防游戏；圆形用于追逐游戏、攻防游戏；疏散式队形常用于追逐游戏及角力游戏；放射形用于圆周形的游戏；三角形用于球类和三角对抗等游戏。

4. 游戏的路线

在接力游戏与集体竞快游戏中，常常要说明游戏时学生运动的路线。游戏的路线一般有以下三种：

（1）穿梭式（迎面接力）。即同一队学生分两组相隔一定距离面对面站立，游戏时每个学生跑单程，接替后站在对面一路学生的后面。

（2）来回式。每队学生成一路（或根据需要站成数路），每个学生跑双程，即跑过去后，绕过回转点再跑回来与后一名学生接替。

（3）围绕式。接力的学生环绕一定的图形，如圆形、方形、三角形、"8"字形等，跑一周后与下一个人接替。

5. 游戏的接替方法

接替方法是指在接力游戏及追逐游戏中，后一个学生接替前一个学生做动作的时机或信号。接替方法一般有交物法、接触法及过线法三种：

（1）交物法是用接力棒、手帕或其他物品作为信号进行接替。在接替时，一般是前面人直接交给接替人，但有时也采用前面人将接替物交给纵队的最后一人，再向前传给接替人的方法进行接替，这种变换的接替方法可以防止后面人抢跑犯规。

（2）接触法是前后两个学生以身体接触的方式进行接替，接力游戏中一般常常采用手掌相击的方法进行接替；追逐游戏中则拍击任何部位都可以。

（3）过线法是前一个学生跑回越过起跑线后，后一个学生进行接替。

（四）制定游戏的规则

游戏的规则既是游戏顺利进行的保证，也是评定游戏胜负的重要依据。在制定规则时，要注意以下几点：

1. 明确合理与犯规、成功与失败的界限

在创编游戏时，对于一个游戏动作可能有多少种做法，事先要进行琢磨、试验，因为有些动作做法不同，其难易程度也是不同的。为了竞赛的公平性，应在规则中明确哪种做法是合理的，哪种做法是犯规的；什么情况算失败，什么情况算成功。当然，如果几种做法难易程度相差不大，则可不必划分为合理与犯规，可让学生在游戏中开动脑筋，找出容易的做法，以取得游戏的胜利。

2. 明确对犯规者（或犯规队）的处理办法

一般来讲，对犯规者可采用以下几种处理办法：

（1）犯规者取得的成绩无效。例如，在打击游戏中，参加者如果是采用犯规的方法击中的，击中无效。

（2）对犯规者（队）扣分或降级。例如，在游戏中采用计分的方法定胜负，可采用对犯规者扣分或对犯规队降级的办法处理。

（3）犯规队名次列于最后。在奔跑接力游戏中，凡起跑犯规的队，名次均列最后。如所有的队都有犯规行为，则不评名次。这是因为起跑犯规不但与次数有关，而且与距离有关，无法判别犯规的轻重。

（4）罚犯规者退出比赛。在某些对抗竞赛的游戏中，可采用罚犯规者退出比赛的方法来削弱犯规队的实力。

3. 要有一定灵活性

规则不要定得太死，要留有余地，让学生发挥他们的思维与创造力。规则的条文不要过多或过于复杂，一般有2~4条即可。

（五）确定游戏的名称

确定游戏的名称就是给游戏命名，给游戏命名的方法有两种：

第一种是直接命名，有以下4种方式：

（1）以游戏的内容命名，如"障碍赛跑"。

（2）以游戏的形式命名，如"迎面接力"。

（3）以游戏的内容加上形式命名，如"跳绳跑接力"。

（4）以游戏的规则命名，如"成双不拍"。

第二种是拟喻命名。拟喻命名是假设与虚构在游戏命名上的运用，它以游戏的内容或形式的主要特征为依据，采用模拟与比喻的方法，赋予某种带情节的名称。这种名称带有一定的教育意义或者趣味性，如"推小车""黄河、长江"等。

在给体育游戏命名时，要注意以下几个问题：

第一，游戏的名称要简单易懂。不要采用一些冷僻、难认、难记及难懂的字、词或成语。一个游戏名称的字数不要太多，一般以2~7个字为宜。

第二，游戏的名称要名实相符。给游戏直接命名时，要注意名实相符，游戏的名称要能反映游戏的主要特征。

第三，游戏的内容与形式要相关。在用拟喻命名时，要使名称与游戏的内容或形式上有某种程度的相关性，不要牵强附会。例如，将平衡木假设为"独木桥"，二者在形态结构上就具有相似性。如果将放在一条直线上但不连接的几块纸板假设成"独木桥"，就不具这种相似性了；如将它假设成浅河中的"垫脚石"则较适宜。此外，所拟名称或借用的成语，尽量不用带贬义的词或成语。

（六）提出游戏的教学建议

游戏的教学建议包括以下内容：

（1）游戏的适用范围，如年龄大小，对气候、场地和器材的要求等。

（2）在游戏中可能会出现的安全与其他方面的问题，以及预防办法或解决措施。

（3）游戏的其他做法，加大或减少游戏难度与运动负荷量的方法。

（4）其他注意事项。

（七）体育游戏的书写格式

体育游戏较全面的书写格式，可分为名称、目的、场地与器材、方法、规则及教学建议，再配以组织形式图。简单的可以只写出名称、方法及规则3项。

（示例）矮人赛跑

目的：发展学生的下肢力量。

器材：实心球2个。

方法：在场地上画两条相距15米的平行线作为起点线。将学生分成人数相等的两队；各队又分成甲、乙两组，各成纵队面向站在两条起点线后；队与队间隔3米。

游戏开始，各队甲组排头持半蹲姿势，并用胸、腿将实心球夹住，放开手做好准备。发令后，夹住球迅速跑向本队乙组处，把球交给乙组排头后站到乙组队尾。乙组排头按同样方法跑出，直至全队做完，以先完成的队为胜（图3-2-1）。

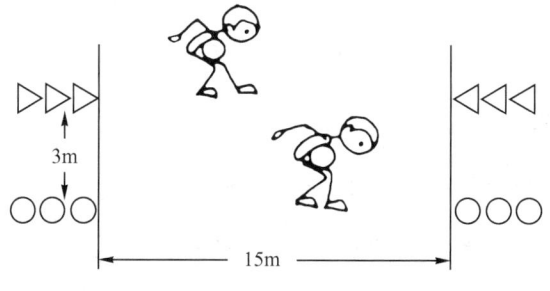

图 3-2-1 矮人赛跑

规则：
1. 起跑和换人时，必须在起点线进行。
2. 跑动中不得用手扶球，球若落地必须在原地将球夹好后方能前进。

教学建议：
1. 此游戏可用曲线跑的方法增加难度。
2. 游戏的距离，可根据学生实际情况进行调整，实心球可用排球代替。

第三节　体育游戏组织形式图的画法

体育游戏由于在队形、动作及路线上均复杂多变，因此在创编体育游戏时，除用文字书写外，一般都配以游戏的组织形式图，以帮助对游戏方法的理解。

体育游戏组织形式图有轮廓图、简图与符号图等多种。轮廓图由于难画，游戏书籍中采用较少，采用较多的是简图与符号图。一般用符号图表示学生的站位、队形及运动路线，用体育动作简图表示游戏中的一些特殊动作。这样既容易画，又有较强的表现力。下面介绍用符号图与简图表示的体育游戏组织形式图的画法。

一、符号图图例

符号图是一种运用各种几何符号来表示游戏中学生的站位、移动方向与路线的示意图。这种图很容易画，不需要美术基础，也不需要专门学习，只要先识别各种符号的意义就行了。下面的图例就是用于识别游戏中的各种动作的符号。

（一）人的符号

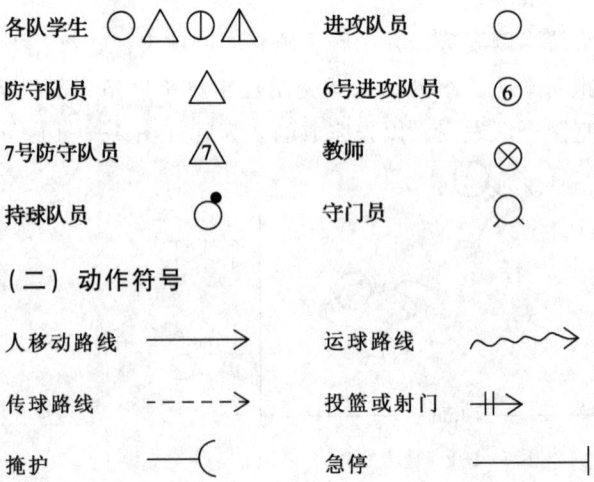

（二）动作符号

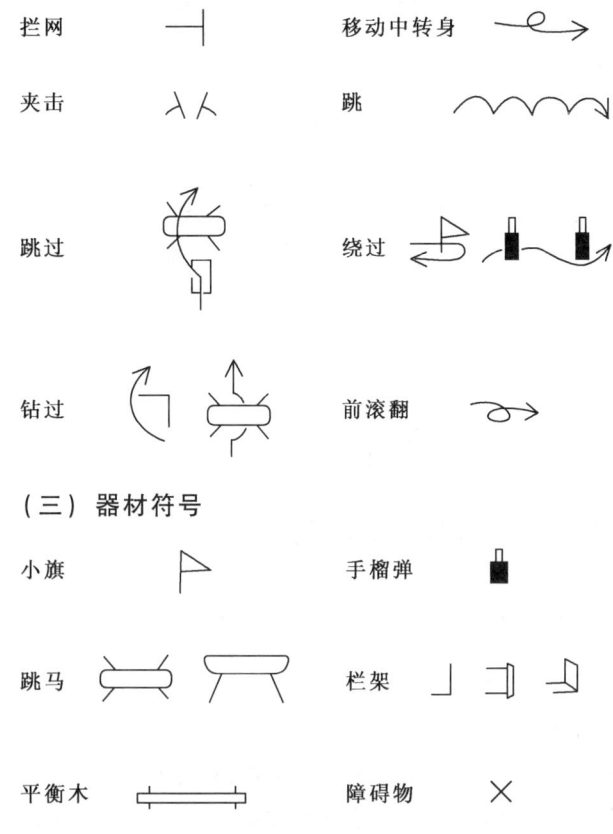

二、体育游戏组织形式图画图顺序

（一）画出场地与器材位置

场地用俯视图画，包括场地的各种标志点、线，如范围线（圆形线、方形线等）、限制线、起点及起点线、中点及中线、终点及终点线、回转点（包括回转点的标志物）等。

器材一般也用俯视图画，但有些器材（如插着的小旗）用俯视图难以表现，则可用正视图或侧视图表示（图3-3-1之1）。

（二）画出学生站立的位置

学生用符号图表示，如是分队游戏，可分别用"①△①△"几个符号表示各队学生。有的游戏有带头人的，则可用"△"表示带头人，用"①"表示其他学生。游戏中需要教师参与的，用符号"⊗"表示教师（图3-3-1之2）。

（三）画出游戏进行的路线

游戏进行的路线一般是指接力游戏与集体竞快游戏的路线。游戏的路线用箭头线表示（图3-3-1之3）。

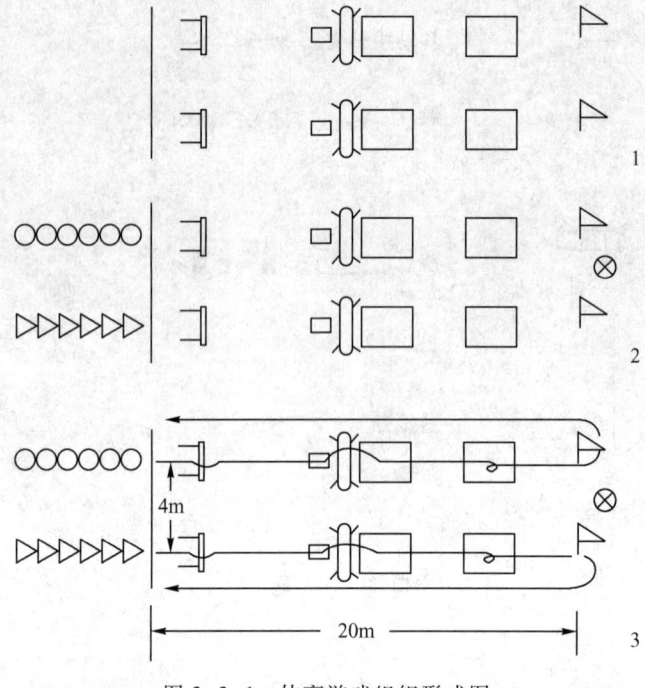

图 3-3-1 体育游戏组织形式图

（四）画出游戏中的特殊动作

在体育游戏中有一些特殊的动作，在用符号表示的组织形式图中无法表示，这时最好除文字叙述之外，再用体育动作简图画出该动作来，使人一看就知道是什么动作（图 3-3-2）。

图 3-3-2 体育动作简图

三、体育动作简图的画法

体育动作简图是一种用于体育教学中的简易示意图，它有多种。这里介绍的是一种适合于画体育游戏动作的简图——稻草人图的画法。

（一）头的画法

稻草人图是以儿童体型为依据设计的，身高与头长的比例为 6∶1~4∶1，头型接近圆形。

1. 正面图头部的画法

（1）用笔随手画一个圆（图 3-3-3 之 1）。

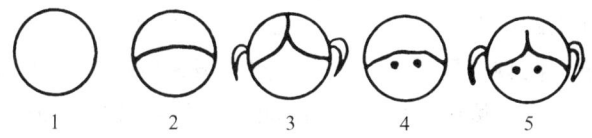

图 3-3-3　正面图头部的画法

（2）从左至右画一条向上弯的弧线，男孩的发线（图 3-3-3 之 2），如画女孩的发线则画一"人"字形，再在头两侧画两条弯曲的发辫（图 3-3-3 之 3）。

（3）在发线下画两个圆点，便是眼睛（图 3-3-3 之 4、5）。

2. 侧面头部的画法

（1）用笔随手画一个圆（图 3-3-4 之 1）。

（2）在圆内画一条如图 3-3-4 之 2 的斜向的曲线，如是面向右方，这条曲线右高左低；如面向左方，这条曲线左高右低，（这条线是男孩侧面图头部的发线）；画女孩则画一条如图 3-3-4 之 3 的曲线，头后画一条弯曲的发辫。

（3）在发线高的一侧的下方画一个圆点，便是眼睛（图 3-3-4 之 4、5）。

图 3-3-4　侧面图头部的画法

3. 斜面图头部的画法

（1）用笔随手画一个圆（图 3-3-5 之 1）。

（2）在圆内画一条如图 3-3-5 之 2 左平右斜的曲线（男孩斜面图头部的发线）；女孩则画一条如图 3-3-5 之 3 的"人"字形的曲线，并画一条弯曲的发辫。

（3）在发线高的一侧下方画两个圆点，一点约在圆中心处，另一点靠近圆弧，便是眼睛（图 3-3-5 之 4、5）。

图 3-3-5　斜面图头部的画法

（二）躯干的画法

稻草人图的躯干在正面图、侧面图以及斜面图中都是一样的，都是以一个长椭圆表示，两头一样大，其形状很像一段灌肠，躯干上端以一条单线与头相连（图 3-3-6）；女孩则在躯干下端加画一个三角形的裙子（图 3-3-6 之 4）。

（三）腿与脚的画法

腿以单线表示，正面图两条腿都从躯干下端画出，站立时两腿分开约半个头宽（图 3-3-7 之 1）；斜面图的腿线应将近侧一条画得比远侧一条长一点（图 3-3-7 之 3）；侧面图的腿从躯干正下方画出，稍向后斜（图 3-3-7 之 2）。稻草人图的脚像一个形状不很规则的面包，也有点像卡通画中"米老鼠""蓝精灵"穿的大头鞋。正面图站立时，两脚略呈八字形分开；侧面图脚与腿成直角；斜面图的近侧脚有点与正三角形相似，远侧脚与侧面图的脚相同。3种图的脚的画法见图3-3-7。

图3-3-6 躯干的画法

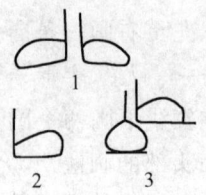

图3-3-7 腿与脚的画法

（四）臂与手的画法

臂以单线表示，约两个头长。正面图的手臂线从躯干上端两侧画出，站立时下垂的手臂线在肘关节处自然弯曲；侧面图的手臂线从躯干上端中间画出；斜面图的近侧手臂线也从躯干上端一侧画出，但比正面图的手臂线更靠近躯干，远侧手臂只画出下面未被遮住的一段。稻草人图的手用一个近似半圆的形态表示，形状有点像个茄子或芒果（图3-3-8）。

图3-3-8 臂与手的画法

复习思考题

1. 创编体育游戏应遵循什么原则？
2. 在创编体育游戏时，可以用什么方法增加游戏的趣味性？
3. 在创编体育游戏时，可采用哪些形式来贯彻锻炼性原则？
4. 在创编体育游戏时，可采用哪些主要技法？
5. 简述体育游戏的创编程序。
6. 创编体育游戏的常用素材有哪些？
7. 在接力游戏中，常用的游戏路线有哪几种？
8. 制定体育游戏规则时要注意什么问题？

第四章
体育游戏的教学

　　本章阐明了体育游戏教学的有关问题:

　　★体育游戏的教学原则　在体育游戏的教学中,除应遵循体育教学的一般原则之外,还应遵循教师主导性原则、教育性原则、锻炼性原则、娱乐性原则及安全性原则。

　　★体育游戏教学的特点与形式　体育游戏教学有以下特点:学生具有主动性、积极性,教学任务多样性;体力活动与智力活动相结合;讲解与组织工作较难。体育游戏教学的形式有以下几种:集中注意力游戏,准备活动游戏,体育技术游戏,体育战术游戏,力量素质游戏及放松游戏。

　　★体育游戏的教学方法　包括游戏的准备工作、游戏的讲解与示范、游戏的裁判与赏罚以及游戏的结束工作中的各种具体方法与注意事项。

　　★体育游戏教学的组织与管理　包括游戏的分队、选择领头人以及体育游戏课中的指导与管理方法。

体育游戏是学校体育教育的重要手段，它是根据课程标准所规定的目的、任务和要求，在教师的指导下，采用游戏的手段，使学生掌握体育知识、技术、技能，以增强体质，提高能力，培养良好的思想品德和意志品质并从中获得自娱的教育过程。

为了搞好体育游戏的教学，体育教师应遵循体育游戏的教学原则，熟悉体育游戏的教学与少年儿童身心发展的特点，熟练地掌握与运用适合于体育游戏的教学方法。

第一节 体育游戏教学原则

教学原则是教学工作中应遵循的基本准则，是长期的教学实践经验的总结和概括，是教学工作客观规律的反映。在教学中正确地理解与运用教学原则，可以提高教学质量，加快教学过程。体育教学应遵循的基本准则是体育教学原则。体育游戏的教学除了要遵循体育教学的一般原则，还应遵循自身的特殊原则。这些原则有教师主导性原则、教育性原则、锻炼性原则和娱乐性原则。

一、教师主导性原则

教师主导性原则主要是指教师在课中的驾驭引导及指导的作用。它体现在以下几个方面：

第一，在游戏中有效地组织、调动学生队伍，以适应游戏的需要；对游戏中出现的不正常的行为进行管理，以保证游戏的正常进行。

第二，指导学生正确地进行游戏，纠正游戏中的错误。

第三，制造、激励游戏欢快紧张的气氛。体育游戏虽然是体育手段的一种，但同时也是一种游戏，游戏是一种娱乐，它必须在轻松愉快的气氛中才能乐起来。一个好的游戏，在游戏中，会自然而然地产生欢快、紧张、热烈的气氛。但在很多情况下，还是需要教师有意识地去制造或加浓这种气氛，以使学生们在游戏中更加投入，玩得更愉快，取得更好的锻炼效果。制造合适的游戏气氛是游戏教学中的一种教学艺术，有经验的教师通常用下列方法来达到这个目的。

1. 鼓动

鼓动是教师本人或动员学生用口号、语言以及掌声的方式鼓励、督促做游戏的学生更加努力，取得更好的成绩。在体育比赛中，啦啦队常用的方法就是鼓动。鼓动也是在体育游戏中常用的一种有效的制造气氛的方法。鼓动能有效地从精神上激励与支持学生更好地完成游戏动作。但鼓动有一个副作用就是太吵闹，常影响别班的上课。另外，在一些带技术性动作的游戏中，鼓动常会使一些学生产生急躁情绪，导致技术动作变形，而达不到技术练习的目的。因此鼓动应根据情况灵活运用。

2. 奖罚

游戏的奖与罚虽然都是游戏式的，但也可在一定程度上制造或增加游戏紧张激烈的气氛。

3. 假设与虚构

在一些游戏中，教师可用假设与虚构的方法，制造出一些情节，并进行夸大形容，以制造游戏的紧张欢乐气氛。例如，在摸索游戏"过独木桥"中，学生虽然是从两条粉笔线中间走过，但教师将它假设成一座"独木桥"，两边是"万丈悬崖"，掉下去会"粉身碎骨"，通过这样一渲染，学生走起来就会小心翼翼了。

4. 教师参与

教师与学生一同做游戏，同奖同罚，学生感到与老师平起平坐，做游戏时，要想方设法胜过老师，所以常常格外卖力。看到老师失败被罚时，既有点幸灾乐祸，又感到老师没有架子，很愿意跟老师玩游戏。

此外，教师在游戏中诙谐的语言，甚至适当的调侃都能起到制造、渲染游戏气氛的作用。

第四，掌握游戏结束的时机。一个游戏做多少次或者做多长时间最为合适，要靠教师从运动负荷量、学生的情绪、所花时间长短等各种情况进行综合考虑，然后选择适宜的时机结束游戏。

二、教育性原则

教育性原则是教学普遍遵循的原则之一。教育含德育、智育与体育。这里的教育性原则是专指德育，在游戏教学中贯彻教育性原则是要求教师在教学中不要忽视学生的思想品德教育。在体育游戏教学中，教师应将游戏教学与思想品德教育巧妙地结合起来。

游戏是少年儿童喜爱的活动，他们在游戏中感到轻松愉快，具有最佳的心境，而人往往是在心情愉快的时候，最容易接受别人的意见和劝告。因此，在愉快的游戏中对学生进行教育，效果常常较好。在游戏教学中可以对学生进行以下几方面的德育教育：

（一）进行遵守规则、纪律的教育

中小学生一般认为做游戏是玩，大多不重视遵守游戏的规则，从而常常导致游戏难以进行。教师应在游戏中严格执行规则，使学生逐步养成遵守规则、遵守纪律的习惯。这样既对于以后游戏的顺利进行有好处，也能培养学生的遵纪守法的良好品德。

（二）进行集体主义的教育

体育游戏中有很大一部分是分队游戏，分队游戏都是依靠集体力量取胜。在做分队游戏时，教师应有意识地启发学生个人服从集体，团结协作，群策群力地去取得游戏的胜利，在游戏中潜移默化地对学生进行集体主义教育。

（三）进行意志品质的教育

在体育游戏中，有些游戏需要学生越过障碍，有些游戏有较大的难度，有些游戏有一定的危险性，有些游戏则需要学生在运用体力的同时，还要运用智力方能取胜等。这些游戏对于培养学生的机智、果断、勇敢、顽强、克服困难、适应环境等各种优良品质有很大好处。

在体育游戏教学中贯彻教育性原则要注意两个问题：一是教师要重视在教学中对学生进行思想品德教育，从思想上真正建立思想品德教育是游戏教学的一个重要任务的观念，从而在教学中重视发掘教材内容的思想性，并善于利用教学中的各种机会进行教育。二是要注意教育方式的灵活自然，切忌生搬硬套、牵强附会，失去生动活泼的特点，否则学生难以接受，游戏也会玩得索然无味。

三、锻炼性原则

体育游戏与智力游戏都属于教育性游戏，但二者的目的是不完全相同的。智力游戏的主要目的是为了发展学生的智力，而体育游戏虽然也包含一定的智力因素，但它的主要目的是为了发展学生的体力、锻炼学生的身体、增强学生的体质。在体育游戏的教学中，体育教师一定要注意贯彻锻炼性原则，娱乐是手段，锻炼是目的。在选择游戏以及在组织游戏教学时，都要考虑游戏运动负荷量的大小及对学生的锻炼作用。不要满足于带领学生们玩玩就行了，也不要为学生的兴趣、情绪所左右，而忽略了锻炼学生身体的任务。

四、娱乐性原则

体育游戏的教学尽管不是以娱乐为目的，但娱乐却是在体育游戏中的一个不可缺少的因素。如果一个游戏没有娱乐功能，学生就不愿意参加，即使为了服从老师的指挥而参加，他们也"玩"不起劲来，达不到应有的锻炼效果。因此，在体育游戏的教学中，教师应设法在游戏中增加游戏的趣味性，保证游戏的娱乐功能，从而也间接地保证了游戏的锻炼性。

五、安全性原则

安全第一是对体育教育工作中各项具体活动的普遍要求，在体育游戏的组织教学中更应强化安全第一的观念。体育游戏具有竞争、竞技和竞赛等特点，有一定的激烈程度和完成难度，学生参与欲望强，投入程度高，因此，学生在游戏中往往会"忘乎所以"，会不同程度地产生一些情感波动，再加上有允许自由发挥来完成游戏的余地，所以，学生完成游戏的过程有可能相同，也可能不相同，教师也就无法完全预料游戏过程中会发生什么情况。因此，要求教师在安排游戏时，必须把准备工作做得周到仔细，以防患于未然。比如，在游戏的教具使用和装备上，要考虑全面，使之在任何情况下都安然无恙；整个游戏的空间、场所、环境没有任何尖锐的棱角和坚硬的器具，不会产生撞击刺伤情况，不会因摔跤而造成伤害。

第二节 体育游戏教学的特点与形式

一、体育游戏教学的特点

体育游戏的教学是体育教学的一个组成部分，它与体育教学一样，主要是通过身体运动的形式进行的，但体育游戏教学也有它本身的特点。

（一）学生具有主动积极性

一般来说，中小学生在体育课中都愿意做体育游戏。对于其他体育练习，总是有些学生喜欢，有些却不喜欢。例如，踢足球，很多男孩喜欢，但很多女孩却认为"太野蛮"，不愿意"玩"；打篮球在中学是比较受学生们欢迎的，也有些学生不喜欢篮球而喜欢体操等。但游戏就不同，它总是受到学生们的欢迎，不管是男学生还是女学生，他们在游戏中不怕苦、不怕累，欢快地尽情地玩着。教学中常常遇到的问题是学生没有学习的主动积极性，教师要设法去教育学生，启发调动他们的主动积极性。而游戏教学学生却具有主动积极性，这是游戏教学得天独厚的有利条件，也是体育游戏成为一种有效的体育手段的重要原因。由于学生具有主动积极性，教师可以在教学中将精力多花在教学的其他环节上，从而提高了教学质量。

（二）教学任务的多样性

体育教学有三项任务：一是增强体质；二是掌握体育知识、技术、技能；三是进行思想品德教育。体育游戏的教学除了上述任务外，还要完成：一是每次课要有具体任务，例如，集中注意力游戏要完成集中学生注意力的任务，在准备活动中的游戏要完成热身的任务等；二是娱乐学生的任务。教师组织做游戏其主要目的虽然不是为了学生的娱乐，但是娱乐却是达到完成其他任务的一座桥梁，要完成游戏教学的其他任务，必须要兼顾游戏的娱乐性。

因此，在体育游戏的教学中，教师必须分清各项教学任务的主次，做到统筹兼顾。

（三）体力活动和智力活动相结合

体育游戏的教学与其他的体育教学相比更强调体力与智力活动的结合与统一，

这是由体育游戏本身的特点所决定的。

1. 体育游戏是一种综合性的体育活动

一般来说，一个体育项目都有一个固定的模式，练习者经过一段时间的适应可以形成自然动作，而体育游戏则是综合了各种体育项目的动作、人体基本活动能力的动作，甚至生产劳动、军事作战以及模仿各种动物的动作等。动作的综合性使得学生在完成动作时难以形成动力定型，必须要经常想一想才做得出来。

2. 体育游戏的规则是经常在变化的

其他体育项目的规则是相对稳定的，学生们在练习时容易记忆、容易适应，而体育游戏的规则是随着条件的不同而经常变化的，学生们在游戏中必须将体力活动与智力活动紧密结合才能适应这种变化。

3. 体育游戏包含有智力性

在许多体育游戏中，游戏本身就包含有一定的智力因素，学生在练习时必须将二者结合起来才能很好地完成。因此，体育游戏既能有效地锻炼学生的身体，同时也能较好地发展学生的智力。

（四）讲解与组织工作较难

体育游戏虽然没有很复杂的技术与战术，教学示范相对来讲较为容易，但体育游戏教学的组织工作与讲解则相对较难。讲解难主要是由于在做游戏时，学生很兴奋，声音嘈杂，讲解时学生难以听清；另外，游戏多以比赛的形式出现，讲解必须一次讲清楚，不能在比赛中途停下来补充；游戏的做法经常变化，有时游戏的路线也较为复杂，相对来讲，比较难以讲清。组织工作难是由于游戏的队形多变且难以调动，此外是学生在做游戏时很兴奋，容易激动，好胜心又强，容易发生意外事情。因此，教师在游戏教学中，必须讲解清楚，在备课时筹划好组织教学措施，以应付教学过程中出现的问题。

二、体育游戏教学的形式

体育游戏教学的形式是与体育教学的任务尤其是每次课的具体任务紧密相关的。常见的体育游戏教学形式有以下几种：

（一）集中注意力游戏

其目的是集中学生的注意力，为上课做好准备。常采用趣味性较强，或要求协调性较高，或需要一定智力活动配合的练习。运动负荷较小，安排在课的开始部分。

（二）准备活动游戏

其目的是热身，采用的练习有人体基本活动能力的动作，体育技术动作以及球类战术练习等。运动负荷中等，安排在课的准备部分。

（三）体育技术游戏

是指以各种体育项目的基本技术动作为素材的游戏。例如，篮球的传运球、田径的起跑等，其主要目的是复习这些动作技术。一般安排在课的准备部分或基本部分。

（四）体育战术游戏

是指以某些体育项目的基本战术为素材的游戏。例如，篮球战术游戏、足球战术游戏等。其主要目的是复习与熟练这些战术动作，一般安排在课的准备部分与基本部分。

（五）力量素质游戏

其目的是增强学生的某项力量素质，一般采用分队接力或个人赛的形式。例如，俯卧撑接力、跳绳单飞接力等，一般安排在课的基本部分后部。

（六）放松游戏

目的是使学生运动后在身心上达到放松，由运动状态过渡到安静状态。一般常采用趣味性较强、运动负荷小的练习，安排在课的结束部分。

第三节 体育游戏的教学方法

一、游戏的准备工作

游戏的准备工作主要包括有场地、教具与助手3个方面的准备。

（一）场地

体育游戏需要一定的场地，场地的大小根据参加人数的多少及游戏活动范围的大小而定。体育游戏中，除一部分球类专项游戏及少数其他游戏可以运用现成的体育场地外，很多游戏都需要课前准备画场地。准备游戏场地时要注意以下几点：

1. 要注意场地的安全性

场地地面要平整，不要在碎石多或表面有沙的硬地上，以及有水或结冰的地面上做奔跑游戏，以免学生在游戏中摔倒受伤；场地的边界离建筑物要有一定的距离，以免学生撞伤。

2. 场地的界线要清晰

游戏场地的各种界线牵涉到游戏中犯规及游戏胜负的评判，因此游戏场地上的各种点、线（如边界线、起点与起点线、终点与终点线、中线、回转点等）都要画清楚，尤其是在草地上做游戏时，灰线易被草遮住，更要设法画清楚些。

3. 游戏场地离教室要远一些

因为做体育游戏时，学生难免喧闹，为避免影响其他班级的课堂教学，选择游戏场地时要离教室远一些。

（二）教具

游戏的教具应该在课前计划、准备并安放好，不应在做游戏时才临时去找教具。游戏不像其他的体育项目有专门的器材与教具，而是大部分教具都要体育教师自己设法解决。体育游戏的教具可以从以下几个途径得到：

1. 利用其他体育项目的教具

如各种球、标枪、栏架、手榴弹、跳箱、平衡木、垫子、跳高架、接力棒、体操棒、跳绳、藤圈等。

2. 收集各种废弃物作为游戏教具

如各种纸箱、瓦楞纸板、包装泡沫塑料、饮料瓶罐、包装绳、塑料袋、废报纸、汽车与自行车的旧外胎、竹竿等。这些生活废弃物既容易找，又不用花钱，有些可以直接用作游戏教具，有的稍加工后即可作为教具，是一种因陋就简的好办法。

3. 购买

游戏中有些需要用作教具的东西，无法从以上途径得到，但可以在市场上买到的，应先购置回来准备随时应用。如玩具娃娃、气球、毛巾、小剪刀、小塑料桶、塑料飞碟、松紧带、小皮球及各种面具等。

4. 教师自己动手做教具

有些游戏教具，既无法从各种途径找到现成的，在市场上也买不到，需要教师自己动手制作，如各种式样和颜色的小旗、竹套圈等。

5. 发动学生准备

有些在游戏中需要数量较多而中学生又能自己做的教具，可以发动学生自己动手做，这样既解决了教具的问题，还可以培养中学生自己动手的能力。如小沙包、毽子等。

（三）助手

有些游戏场地器材的布置工作较多，有些游戏需要一个或几个人当裁判，教师一个人常常顾不过来，需要一个或几个助手帮忙。最好也在课前将助手找好，并将他们在游戏中要做的事情或裁判的方法对他们交代清楚。游戏的助手可以从以下几种学生中选择：伤、病的见习生；班长、体育委员、各组组长；做分队游戏时，某些队多出的一人。

二、游戏的讲解与示范

讲解是体育游戏教学中的一个难点，体育游戏的讲解应简练、清楚，在讲解时要注意以下几点：

（一）站位正确

教师讲解时应站在学生都能听得清与看得见的地方；做分队接力游戏时，应先将几路纵队转成面向内的横队，教师站在中间讲解，一般不要站在纵队前面讲解，尤其是纵队较长时；如是圆圈队形，教师应站在圆弧线上或跨前一、两步处讲解，而不应站在圆心处讲解。

（二）讲解前要集中学生注意力

因为做游戏是学生们最开心的事，他们往往很兴奋，跃跃欲试，期待着游戏中紧张愉快的竞争，互相商量着如何去取得游戏的胜利。由于他们的注意力全集中在上述方面，不自觉地对于教师的讲解失去注意力。因此，在讲解前，必须设法集中学生的注意力，以免部分人没听清而影响整个游戏的进行。有时由于学生声音嘈杂，一时又制止不了，这时教师可停下来不讲话，学生会停止喧闹。

（三）尽量一次讲清楚

由于体育游戏开始后不能中途停下来再讲，因此要求教师在游戏进行之前，尽可能一次性地将游戏的方法及规则充分讲清楚。简单的游戏路线与规则讲一次就行了，复杂一点的要重复一次，直至完全搞清楚后才开始。在接力游戏中，尤其要让几个排头搞清楚游戏的路线后才能开始，因为排头清楚了，后面的学生即使不清楚，也可跟着排头做；而如果排头弄错了，后面的学生都会跟着错。

（四）讲解的顺序

体育游戏的讲解可按以下顺序进行：游戏的名称→游戏的队形分布→游戏的方法（过程）→游戏的规则与要求。讲解重点是后两项。

讲解之后，教师本人或者由一个学生示范一次，使学生对于游戏的路线、动作规格、回转点以及接替方法等更加明确。

游戏的示范，是用直观的方法，使学生进一步明确游戏的方法及动作要求；此外，还要以娴熟的、有趣的动作激发学生的情绪，吸引学生积极参加到游戏中来。

游戏的示范动作，在技术上一般不是很复杂，要求也不是很高，但涉及人体的基本活动能力、身体素质练习、体育动作技术、球类基本战术以及模仿军事作战、生产劳动、各种动物的姿态等几乎应有尽有，尤其是为了增加游戏的趣味性，经常采用一些新颖的、难以协调的动作，如"鸭子赛跑""抓耳抓鼻""仰爬接力"等。因此要求教师知识丰富，技术全面，协调性较好，才能胜任游戏的各种示范动作。

三、游戏的裁判与赏罚

体育游戏的裁判与赏罚要注意以下几个问题：

（一）裁判必须严格认真

在游戏中严格地执行规则，既可保证游戏的正常进行，又是对学生进行自觉遵守规则、遵守纪律的一种教育。游戏规则不可定得过多过死，但裁判工作则一定要认真严格，违反规则的一定要按规则处罚或判为失败，如果放松一个犯规，违反规则的现象则会接踵而来，整个游戏就无法进行或无法裁判。

（二）裁判必须公正

担任游戏的裁判员必须公正无私，不能偏袒哪一边。教师挑选学生帮助做裁判时，要注意挑选那些公正负责的学生担任。一般来讲，不要让本队的学生检查本队的犯规情况，而采取各队学生交叉检查较好。

（三）游戏的赏罚是游戏式的

在游戏中采用一定的赏罚手段，可以动员学生更加认真地投入游戏，但赏罚不必太认真，尤其是罚，一定不可严肃认真，而应采取游戏式的、玩笑式的方法来进行。这样的方式不伤学生的自尊心，学生容易接受。另外，在罚的内容上，也要掌握分寸，不可用带侮辱性的惩罚，如叫学生学狗叫、叫学生从跳马下钻过去等。

以下列举一些赏罚方法供参考：

（1）罚负队学生向胜队学生鞠躬或敬礼。
（2）罚负队学生向胜队学生做一个任意指定角度的鞠躬。
（3）罚负队学生背上胜队学生走到集合地点。
（4）罚负队学生背上胜队学生原地转3圈。
（5）罚负队学生归还器材。
（6）罚负队学生每人做3次俯卧撑。
（7）罚失败的学生面向大家笑3声。
（8）罚失败的学生表演一个10秒的短小节目。
（9）罚失败的学生唱一"句"歌。
（10）罚做错动作的学生用右手捏住左耳原地转一圈。
（11）罚做错动作的学生用右手捏住左耳继续做以后的动作，如果后面的动作做对了，则可将手放下，如还是没有做对，则继续捏住耳朵，一直到做对为止。
（12）罚做错动作的学生闭上一只眼睛做以后的动作，一直到做对为止。
（13）罚做错动作的学生原地下蹲3次。
（14）罚做错动作的学生用右手打左手3下。
（15）罚做错动作的学生用左脚踩右脚一次。

四、游戏的结束工作

游戏的结束工作主要有游戏小结与收拾器材两项工作。

游戏的小结在游戏后及时进行，小结应以表扬为主，表扬那些在游戏中遵守纪律、勇敢顽强、机智敏捷的队或个人；对于失败的队与个人，指出他们在技术上、相互配合上及其他方面的问题，鼓励他们争取下次游戏取得好成绩。另外，如果在游戏中出现犯规现象，教师应在小结中适当予以批评，进行教育。

游戏结束后，教师要布置学生收拾、归还器材，一般以各组轮流的方式较好。

第四节 体育游戏教学的组织与管理

在体育游戏的教学中，组织管理工作的好坏，会影响到游戏的锻炼效果、游戏的安全、游戏的裁判工作以及学生们之间的团结。因此，在游戏中加强游戏的组织管理工作是搞好游戏教学的一个重要方面。

体育游戏教学中的组织管理工作除了一般的整队调队之外，主要还有游戏的分队、选择带头人以及课中的指导与管理工作。

一、游戏的分队

有些游戏是分队比赛的，如接力游戏、集体竞快游戏和追逐游戏。游戏分队比赛时要注意以下事项：

（一）人数相等

各队的人数要相等是分队比赛时最重要的一条。分队后如果人数不等有以下几种处理办法：

（1）少一人的队排头多做一次，如果只有一个队少一人，也可教师参与比赛。

（2）从多一人的几个队中各抽出一个较公正负责的人协助当裁判。

（二）实力相当

从学生的身高、体重、体力、技术等几个方面考虑，各队的实力要相近。

（三）男女分开

因为在游戏中，男女实力相差较大，因此一般不宜男生队与女生队比赛，而应男队与男队比，女队与女队比。如果班上女生（或男生）较少，难以分队比赛，则可男女搭配组队，但各队男女人数比例应大致相同。

（四）人数恰当

在分队游戏中，每队人数多少比较恰当，要从游戏的强度大小、气温高低、学生年龄大小等因素综合考虑。例如，冬天气温低，做游戏时每队人数就不宜太多，否则学生长时间才轮到一次会感到越做越冷。这时可多分几队，每队人数少一些。一般情况，每队 10~15 人比较恰当。分队方法有：

1. 固定分队

教师根据学生的身高、体重、技术水平等相近原则，将学生分成几个实力大致相同的队，选出队长并相对固定下来。这种分队方法的优点：一是实力比较均等；二是一次分好固定后，不必每次再分队。

2. 按自然组分队

若班上原来的各自然组实力大致相等,即可按自然组分队;如各组实力有一定的差距,但差距不大,则可在自然组的基础上,进行个别调整。

3．报数分队

先按高矮站队,然后报数分队。报数方法:如分3队,则1~3报数,凡报1数为一队,2数为一队,3数为一队。这样进行分队,如果是做一般的游戏,实力大致是相等的,但如果做技术性较强的专项游戏,如篮球游戏的实力就不一定相等,教师可在报数分队的基础上,进行个别调整,使其实力相当。

二、选择领头人

领头人又称为引导人、带头人,是游戏开始时领头做游戏的人,或者是在游戏中担任主角的人,如在接力游戏中各队的第一人、在追逐游戏中担任追捕的人等。

领头人挑选得好不好,直接影响到游戏的成功与否。一般要挑选那些比较机敏、负责的人当领头人较好。挑选领头人的方法有以下几种:

(一) 教师指定

教师对要做的游戏和学生情况都很清楚,因此由教师指定领头人是一种较好的方法,如游戏比较复杂,教师可选择一名组织能力较强、思路较敏捷的学生作为头人;追逐游戏要选择一名体力较好、速度较快的学生作为领头人,这样可以使游戏顺利进行。

(二) 学生推选

分队游戏时,一般都由各队学生自己推选各队的领头人。学生自己推选领头人的优点是:学生之间对于各人的能力比较清楚,推选的人往往比较恰当。

(三) 学生自荐

在一些对领头人要求不是很高的游戏中,可由学生自荐当领头人,这种方法可以培养学生的胆量和在公共场所出面活动的能力。

(四) 学生轮流担任

除第一次由教师指定外,以后可由胜者或败者,如在追逐游戏中被抓住的人作领头人。

三、体育游戏课中的指导与管理

课程中的指导与管理是体育游戏教学的一个重要方面,教师在课中应善于及时发现问题、正确指导、妥善处理,以保证游戏的正常、顺利进行。

(一) 及时按规则处理犯规现象

犯规是体育游戏中经常出现的现象。由于学生们在做游戏时一般都认为是在玩,因此对于游戏规则并不像对待其他规则那样重视,而常有犯规出现。对于游戏中的犯规,如果不及时按规则严格处理,犯规现象就会蔓延开来,致使游戏的裁判无法判决,甚至游戏也无法进行。有经验的教师对于游戏中的犯规从一开始严格处理，使学生知道"犯规必究"，从而养成不轻易犯规的习惯，这对于游戏教学的顺利进行是十分重要的。

在接力游戏中，学生常用少做一次的方法来"赢"别的队，如果教师事先叫一个助手专门登记各队所做的次数，就可有效地防止这种犯规行为。

（二）及时制止课中争吵现象

在游戏课上，学生们由于自尊心强，又很兴奋，往往控制不了自己的情绪，经常会因为一点小事而争吵，甚至动手打架。对于这一类事件的处理教师应先制止住争吵，设法调和双方的矛盾；对于双方各自的说法一般不要表态，需要表态和解决的问题等下课以后再处理，这样就不会因争吵而影响上课。

（三）立即处理游戏中出现的不安全现象

在做体育游戏时，有时会因为游戏动作的设计不够周密或者因游戏器材出现问题，而发生伤害事故。此时教师应果断地停止游戏，直到问题解决后再重新开始。

（四）防止游戏的学生进入其他班上课的场地

做追逐游戏时，如同时有几个班上体育课，要限制学生的追逐范围，以防止学生进入其他班的上课场地，尤其是其他班在进行铅球等投掷项目时，更要防止学生因进入投掷场地而被误伤。

（五）适时地结束游戏

适时地结束游戏应从两个方面来考虑：一是锻炼效果；二是娱乐效果。从锻炼效果来讲，并不是运动负荷量愈大愈好，而是要适可而止。游戏的运动负荷量小了，对学生的锻炼作用不大，但运动负荷量过大，对学生的身体也有损害，并且会影响后面的课程。对于有趣的游戏，学生往往会不顾一切地尽情玩下去，一直到精疲力竭为止，教师应根据课的任务，学生的年龄、体质，气候等各方面的情况适时地结束游戏。从娱乐效果来讲，一方面要考虑学生的兴趣与情绪，但也不要为学生的情绪所左右。在一般的情况下，游戏的次数或时间应按原课时计划执行。如果学生兴趣很浓，情绪很高，在不影响教学任务完成的情况下，可适当增加游戏的次数或时间，但不要做到尽兴为止，而要"留有余味"，学生感到"意犹未尽"，否则，以后再做这个游戏，学生就没有兴趣了。

游戏的次数或时间：接力游戏、角力游戏以及集体竞快游戏是以次数计算的，一般是"三局两胜"或"五局三胜"。追逐游戏及其他游戏一般是以时间来计算的，在计时的分队游戏中，教师在组织时要注意各队时间应大致相等。

复习思考题

1. 简述体育游戏教学中应遵循的教学原则。
2. 为什么在体育游戏教学中对学生进行德育教育能取得较好的效果？
3. 试述体育游戏的教学特点。
4. 体育游戏教学可采用哪些形式？

5. 体育游戏教学的准备工作包括哪些方面？
6. 体育游戏的讲解要注意什么问题？
7. 游戏分队时要注意什么问题？
8. 选择领头人有哪几种方法？

第五章
体育游戏与心理健康

  本章较系统地阐述了体育游戏与少年儿童的心理发展；简明阐述了少年儿童的生理、心理特点及体育游戏教学的指导；从体育（与健康）课程标准的角度论述了体育游戏与心理健康问题。

  ★体育游戏与少年儿童心理发展　体育游戏在少年儿童认知发展中的作用，体育游戏在少年儿童情绪情感中的作用，体育游戏在少年儿童意志中的作用。

  ★少年儿童的生理、心理特点及体育游戏教学指导　少年儿童的生理特点及体育游戏教学指导，少年儿童心理特点及体育游戏教学指导。

  ★体育游戏与心理健康　心理健康的概念与标准，体育游戏对心理健康的积极作用，体育游戏与体育（与健康）课程标准。

  ☆体育游戏与心理健康教学案例　投准游戏、争分夺秒游戏、赛龙舟游戏、牧羊人游戏。

第一节 体育游戏与少年儿童心理发展

体育游戏是少年儿童健康成长过程中的重要活动内容，它对于少年儿童身心发展具有不可替代的重要价值。

一、体育游戏在少年儿童认知发展中的作用

（一）体育游戏促进少年儿童感知能力的发展

感知觉是少年儿童认识外界事物、增长知识的主要途径。对处于直觉动作思维阶段的幼儿，是用形象、声音、色彩以及动作来进行思考的，因而需要用各种感官去接触事物，进行直接的感知，才能对事物留下特定的印象。因此说游戏就是一种通过操作物体来感知事物的过程。在游戏中，少年儿童接触到各种性质的物体，并运用各种感官参与其中，通过眼看、耳听、手摸，了解各种事物的特性，大大加强了感官的感受性，促进了感知能力的提高，同时丰富了知识经验。体育游戏具有丰富的感知刺激，如场地、器材、运动形式、动作、音乐、节奏等，对少年儿童的感知发展具有特殊的功能。

（二）体育游戏促进少年儿童思维能力的发展

人们会在面临问题的时候进行思考，在不断解决问题的过程中，思维才会发展。在体育游戏情境中发生的问题，更容易激发少年儿童的思维积极性。为了游戏的发展，他们能玩中生智，找出更多解决问题的方法，从而有助于思维能力的提高。如在投"纸飞机"游戏中学习肩上挥臂的投掷动作，让学生展开充分的联想，利用两人、四人、小组、全班组合，还可邀请客人"开飞机"等合作游戏，激发学生的思维及活动兴趣。

（三）体育游戏促进少年儿童想象能力的发展

在生活中可以看到，少年儿童的想象力比成人的想象力更加丰富、更加新奇（因为成人的知识较广，不免处处受到现实常规的约束），这与少年儿童的主要活动是游戏有关，因为游戏就是假想。事实上，少年儿童比成人更富于想象是因为幼儿知识经验缺乏，其想象不受常理约束，不受事实规范，他的想象来去无碍，具有更大的随意性。然而他们的想象力水平并不比成人高，表现为他们的想象具有极大的无意性、不稳定性和任意夸张性等。少年儿童的想象力是逐渐在游戏中发展起来的。

（四）体育游戏促进少年儿童的注意能力的发展

体育游戏是一种身体操作活动，各类游戏都有它共同的特点和要求，不是要求

快速，就是要求准确，或是要求完美，其竞争性、娱乐性、规则性极大地吸引着少年儿童，这些活动特点对少年儿童的注意力都有特殊的要求。自身要处于快速准确、完美的运动之中，既离不开感觉、思维，更离不开注意能力的集中。如"一条龙报数""黄河、长江"等集中注意力游戏，不仅提高了学生的注意力，而且对他们的反应能力、爆发力、灵活性、下肢力量都有较大帮助。

二、体育游戏在少年儿童情绪情感中的作用

情绪情感是以主体的愿望、需要等倾向为中介的一种心理现象，它最能表达人的内心状态，可以说是人的心理状态的晴雨计。情绪情感也是人心理活动中动力机制的重要组成部分，它可以发动组织与干扰人的认知过程，影响人对待生活的态度。情绪情感还与人的心理健康水平关系密切，积极的情绪情感保障着人们的心理健康，使人们能够体验与享受人生的意义与快乐。

儿童在生活中获得的各种情绪情感体验对成年以后心理生活的健康及人格的完善程度都有至关重要的影响。体育游戏作为少年儿童学习生活中的重要内容，不仅给少年儿童以快乐与满足，而且对于少年儿童情绪情感的发展具有积极的意义。

（一）体育游戏有助于少年儿童对积极情绪情感的体验

体育游戏是一种轻松、愉快、充满情趣和富有竞争性的活动，它给少年儿童以快乐，使他们在游戏中经常体验积极的情绪情感。如"迎奥运""拼摆五环图"等情节情感性游戏，既能培养少年儿童团结协作、顽强拼搏的优良品质，又能弘扬奥运精神；如在"老鹰捉小鸡"游戏中，扮演鸡妈妈的幼儿体验着妈妈对孩子的关心和爱护，用自己的身躯保护孩子，教会孩子躲闪。因此，在体育游戏中，少年儿童既经历着紧张，体会着紧张后的放松，又体验着各种情绪情感，不断学习表达和控制情感的不同方式，而且丰富情绪情感体验，对儿童产生潜移默化的影响，发展他们的友好、同情、责任心、爱憎分明等积极的情感。

（二）体育游戏有助于青少年儿童消除消极的情绪情感

人在生活中不仅有正向的、积极的情绪情感，也有负向的、消极的情绪情感。人的各种消极的情绪情感（如生气、愤怒、绝望、悲哀）如果长期受到压抑而得不到释放，就会影响人的心理健康。而体育游戏为少年儿童提供了表达自己各种情绪的机会。以弗洛伊德为代表的精神分析学派认为游戏是幼儿精神发泄的重要途径，可以补偿现实生活中不能满足的愿望，可以缓解心理紧张，减少忧虑。游戏可消除少年儿童生活情境中产生的忧虑和紧张感，使他们向自信和愉快的情感过渡。皮亚杰把游戏看作幼儿自我表达的工具，它可以使幼儿通过同化作用来改造现实，满足自我在情感方面的需要，是幼儿解决认知与情感之间冲突的一种手段。辛格认为想象游戏的主要优点在于它能提供一个新的刺激场，这种刺激场是幼儿凭想象和回忆创造出来的心理场，它能使幼儿逃避不愉快的现实环境和气氛，使他们产生愉快、肯定的情绪体验，改变受挫的情绪状态，从而间接实现对行为的控制。因而，

游戏特别是体育游戏确实可以帮助幼儿降低焦虑和紧张,具有情绪的修复功能。也正因为游戏有助于幼儿宣泄消极情绪,有助于幼儿消除或缓和不愉快的体验,才被认为具有治疗的作用。

(三) 体育游戏有助于发展少年儿童的高级社会性情感

体育游戏作为一种充满情绪情感色彩的少年儿童基本活动,可以发展他们的道德感、美感和理智感。

道德感主要指人评价自己和别人的行为是否符合社会道德行为标准时所产生的内心体验。体育游戏是对现实生活的反映,角色的行为无不表现了道德行为。体育游戏充满着公平、公正,在规则约束下,让少年儿童在游戏中体验着道德情感。同时,游戏的开展需要同伴之间的协作、谅解和帮助。游戏中能力弱的孩子常常需要能力强的孩子帮助,这种帮助是被游戏需要所促发的。被帮助的孩子会体验到友好,表示感激之情,助人的行为得到肯定,使孩子体验到一种满足。此外,分组竞赛的游戏,还会发展集体的荣誉感和责任心。可见,友爱、同情、荣誉等许多道德情感的体验是产生于体育游戏之中的。

三、体育游戏在少年儿童意志中的作用

意志是人格因素的重要方面,在生活中行动的自觉性、果断性、自制性、坚毅性等意志品质,是少年儿童社会性构成的重要方面。儿童的意志行动尚未发展起来,行动的自觉性差,自控力弱,坚持性不够,但在体育游戏中却表现出较高水平的意志行为,所以体育游戏能培养和锻炼少年儿童的意志品质。

体育游戏对少年儿童有极大吸引力,在体育游戏中,少年儿童乐于抑制自己其他愿望,使自己的行动服从游戏的要求,遵守规则,在角色游戏中,角色本身包含着行为准则和榜样,少年儿童扮演角色的过程就是锻炼意志的过程。正是因为如此,儿童在游戏条件下,能够抗拒诱惑,延迟满足。

苏联心理学家马努依连柯曾做过"哨兵站岗"的实验。要求幼儿在空手情况下,保持哨兵持枪的姿势。有两种情境:一种非游戏情境——其他小朋友在一边玩,让他在一边以哨兵持枪的姿势站着;另一种情境——实验者以游戏方式向他提出要求,告诉他其他小朋友是工人,他们正在包装糖果,你来当哨兵,为保护工厂而站岗。结果表明,游戏情境下,幼儿当哨兵站立不动的时间远远超过非游戏情境下哨兵站立不动的时间。

四、体育游戏在少年儿童行为中的作用

儿童为什么游戏?几乎所有游戏理论都以儿童的需要为解释依据。关于儿童游戏的需要,有人认为是由于儿童要解决渴望参加成人的社会实践活动与实现能力之间的矛盾,于是扮演成人的角色、模仿成人的生活进行游戏。这种观点来自于精神分析理论的创始人弗洛伊德。他认为儿童渴望快快长大成人,做大人所能做的事

情，这是人生来就有的原始欲望，具有生物性。苏联心理学家则认为儿童游戏的需要具有社会性质，是在环境和教育要求影响下形成的。以上两种观点都是以角色游戏作为研究对象来解释儿童游戏的动因，有一定的局限性。从身心发展的需要角度看，儿童首先出现的是自然性的需要，然后才是社会性的需要。儿童对游戏的需要是生物性和社会性的统一。儿童游戏的产生和发展同样也是先天因素和后天因素相结合的结果。就儿童身心发展的各个方面和全部过程而言，体育游戏之所以成为儿童的基本活动，是因为体育游戏满足了儿童身心发展的基本需要，能给他们以快乐。

首先，体育游戏是以身体活动为特点，在游戏活动中有明确的客观指标和质量标准，如速度、远度、高度、重量、准确度等，可比性和竞争性很强，因此，体育游戏活动是典型的成就情境，对培养少年儿童的成就动机具有极重要的意义。

其次，体育游戏中能够获得成功和失败的情感体验，特别是竞赛性游戏，是培养青少年儿童自信心的很重要的活动形式之一。社会心理学、动机心理学家班杜拉提出自我效能理论，它是指一个人对自己能否成功地完成一项任务所持的信心和期望，以及对自己成功地完成一项任务所具备潜能的认识。班杜拉认为，自我效能感是人类行为过程中的一种强大力量，它在控制和调节行为方面有不可估量的价值。因此自信心对行为的选择、努力的程度、持续的时间都有很大的影响。

可见，体育游戏过程中的动机实现能够满足儿童身心的需要，从而使体育游戏成为少年儿童身心发展的源泉之一。

综上所述，体育游戏不仅满足少年儿童身心发展的各种需要，而且对少年儿童身体、智力、社会性和情绪情感等各方面的发展具有积极的促进作用。因此，体育游戏对儿童幸福和快乐的成长有重要意义。

第二节　少年儿童的生理、心理特点及体育游戏教学指导

一、少年儿童的生理特点及体育游戏教学指导

人的一生从出生到死亡既是一个连续的统一过程也有其阶段性。儿童、少年与青年是根据人体成长过程中各年龄阶段身体生长发育的特点划分的。儿童期为六七岁至十一二岁；少年为十一二岁至十七八岁；青春期为十七八岁至二十三四岁。这三个时期是人生发育的关键时期。

（一）儿童生理特点及体育游戏教学指导

儿童时期的生理特点如下：

1. 骨骼正处于生长发育阶段

在进行体育游戏教学时，应充分考虑这一时期儿童骨骼关节生长发育的特点，应注意在活动中让学生保持正确的运动姿势，全面提高学生的基本活动能力，促进骨骼生长。要避免长时间单纯进行非对称性的练习和静力练习，避免过量负重练习；在进行对抗游戏时，应控制一定强度和时间，做到适量、适度。同时在游戏中应提出严格要求，进行组织纪律性教育，防止伤害事故的发生。

2. 肌肉含水分多

这一时期儿童肌肉含蛋白质和无机物较少，水分较多，肌肉娇嫩柔软，因此儿童的肌肉力量和耐力远不如成人，容易产生疲劳，但是恢复起来比成人快。这个时期不应急于练肌肉力量，可多采用伸展练习发展力量，在教学中应合理安排游戏的运动与休息时间，避免强度大、持续时间长的游戏。

3. 心脏重量和容量较小

这一时期的儿童心肌还在不断发育中，收缩力弱，运动时主要依靠收缩次数增加血流量，心跳频率比较快，因此心脏就容易疲劳。在体育游戏教学时，教师要控制好运动量和强度，憋气和静力性游戏不宜过多。

4. 胸廓狭小

儿童肺容量小气量狭窄，呼吸时弹性阻力和气道阻力都大，呼吸深度浅。由于儿童新陈代谢旺盛，呼吸兴奋性高，安静状态下呼吸频率较快，通过运动锻炼，能较好地促进呼吸系统的发育，提高其呼吸功能。在体育游戏过程中应根据儿童呼吸快、浅、低的特点，尽量避免长时间高强度的耐力游戏和憋气练习，应采用以有氧活动为主的游戏内容（如球类游戏等）。

5. 神经系统兴奋性高

表现为活泼好动，注意力不易集中，学习和掌握动作较快，但兴奋容易扩散，动作不协调、不准确，神经系统的工作能力低，持续时间短，易疲劳。但由于神经过程的灵活性高，物质代谢旺盛，合成速度快，所以恢复也快。儿童时期第一信号系统的活动占重要地位，主要靠直观形象建立条件反射。在体育游戏中，学生常常没等教师讲完就跃跃欲试或提前进入游戏状态，这是由典型的儿童兴奋与抑制不均衡所致，教师应积极引导。教学中应多选形象有趣、生动活泼的游戏内容，多采用直观的、变换的、多样化、情境化的手法。在游戏时间上与强度上应做到适度，避免造成过度疲劳。

6. 身体素质发展的主要特点

（1）力量素质发展。7~12岁儿童的力量是随着运动量的增强而增强，并逐渐提高的。女童腹肌力量的发展主要在这一阶段，可在12岁大致达到最高水平。

（2）速度素质的发展。速度素质在所有素质的发展中最早开始，因此这个时期是发展速度素质的重要时期。

（3）耐力素质的发展。儿童有氧耐力素质的形成较其他素质晚一些，但对一般耐力也有一定适应能力，强度不大的有氧训练对正在进入青春期的儿童有一定的益处。

（4）灵敏素质的发展。儿童期灵敏素质是随着年龄而增长的，动作分化能力在7~12岁增长最快，因此儿童时期通过训练来发展灵敏素质可取得较好效果。

（5）柔韧素质的发展。柔韧素质在儿童期变化小，基本趋于稳定状态，因此儿童期应打好柔韧素质基础。

身体素质是从事一般体育运动的基础，在体育游戏中，运动技能技巧的运用和成功，需要一定的身体素质为基础，反过来将发展身体素质内容纳入体育游戏教学又能促进学生身体素质的全面提高。

（二）少年生理特点及体育游戏教学指导

少年时期是人体成熟前迅速发展的阶段，青春发育期会使中学生形态、生理等方面发生突然性的变化。体育游戏教学应根据这一时期的特点，做到心中有数，有的放矢。

进入青春期的少年，由于性开始成熟，会引起身体的系列变化，出现第二性征。这一时期男女生的性别差异明显，运动能力的差异也逐渐形成。在进行体育游戏教学时，教师应根据生理特点分别对待，如男女分组教学，在安排游戏强度和难度等方面要考虑性别差异及能力差异。

（1）少年的骨骼正处在快速增长阶段，骨骼硬化过程尚未完成，不易骨折且极易变形。因此在体育游戏教学中，应发展他们身体的灵敏素质，培养其灵活性，避免由于骨骼增长快，而肌肉和神经调节暂时跟不上所造成的运动不灵活、不协调或笨拙现象。

（2）这一阶段由于肌肉发展晚于骨骼的发展，骨头快速增长，而肌肉处于纵向生长时期，肌肉横断面积小，肌纤维较细，肌肉收缩的有效成分少，因而肌肉不如成人。因此在体育游戏教学中，应侧重他们肢体的伸展练习，有计划地加强小肌肉群的训练和协调性练习，提高肌肉的协调性和准确性。

（3）少年的心脏发育仍不完善，虽然心脏的重量大幅度提高，每搏输出量增加，但距成人水平仍有一定差距。针对出现青少年性高血压的学生，教师应控制好游戏的运动量，以有氧活动为主，增加心脏容积，减少憋气用力的游戏练习。

（4）少年的呼吸系统较儿童时期有了较大的发展，而且由于骨骼的快速增长，胸廓增长、胸腔和气道变大，肺活量和肺通气量明显提高。因此，在体育游戏教学中，要多采用以有氧活动为主的内容，促进少年呼吸系统的发育，提高呼吸功能。另外在游戏中还需要注意风向，避免迎风运动。

（5）少年的神经系统，特别是大脑皮层发生了巨大变化，抑制过程加强，兴奋和抑制逐渐趋于平衡。因此，在体育游戏教学中，既要采用形象直观的方法，又要选择有一定知识性的游戏内容，以培养学生的思维能力。需要注意的是：少年进入青春期，由于内分泌腺活动的变化，可能会使神经系统的稳定性暂时下降，少女更为明显，表现为动作不协调。但只要经过一段时间后，动作的协调性又会得到发展。

（6）少年身体素质发展特点。

① 力量素质的发展：男子上肢力量的发展：15岁、16岁引体向上增长速度最快，到18岁可达到最高水平。女子腰腹力量在12岁可达到高峰，13~18岁处于停止或下降。在少年力量素质训练中，应特别注意发展肩带、腹背肌和盆腔肌肉的力量。

② 速度素质的发展：速度素质的快速发展，在儿童时期就已经开始，特别是反应速度。进入少年后，仍有一段快速发展期，14岁后速度的发展就缓慢下降。14~18岁女子的均值曲线基本处于停止状态。根据速度素质的年龄特质，儿童、少年时期是发展速度的最佳时期。

③ 耐力素质的发展：有氧耐力较其他素质提高要晚一些。可根据少年的年龄特点，逐渐提高有氧耐力。

④ 灵敏素质的发展：少年初期是发展灵敏素质的最佳时期，通过训练可取得较好的效果。

⑤ 柔韧素质的发展：在少年期进行柔韧素质练习，可起到事半功倍的效果。

少年时期，是人生成长的关键时期。由于青春期的到来，少年的生理和心理上会出现许多变化，尤其是女子多善静厌动，体育活动不足，身体锻炼不够，会出现身体素质下降的趋向。在体育游戏教学中，教师要根据学生的生理特征，特别是青春发育期的特点，发挥体育游戏教学的功能，全面有效地发展学生的身体素质。

二、少年儿童心理特点及体育游戏教学指导

（一）儿童心理特点与体育游戏教学指导

（1）儿童的心理特点表现为活泼、好动，玩什么都有趣味，对什么都感到新鲜，容易产生兴趣，也容易转移。好模仿，但注意力较难集中，情绪易于变化，形象思维占优势，有较强依赖性，喜欢集体活动，不分男女界限；喜欢作强者或领头人，有时不能正确估计自己的能力。因此，在体育游戏教学中不仅要发展他们的身体素质，而且要对他们的言行进行正确引导。游戏教学，要培养他们自觉遵守纪律，互相关心，团结友善的优良品质，内容安排要丰富多彩，形式多样，教材搭配要得当，使全身都能得到相应锻炼。要使学生既锻炼了身体，又开动了脑筋；既学习了体育知识技术，又培养了思想品质；既需要克服困难，锻炼意志，又要体验到参加游戏的愉悦。

（2）儿童的自我控制力差，注意力的分配也差，而且较容易冲动。为了保证安全，在选择游戏时要尽量选用徒手游戏，少安排利用器械的游戏（尽量安排简

单便于操作的器械或替代物)。在教法上,应该以直观、形象的教学方法为主,通过生动、形象的讲解,并加以示范,使之明白游戏的规则要求与做法。儿童的模仿力强而抽象思维能力弱,如只讲解不加以完整的示范或图示,很可能出现混乱现象。在游戏中,对学生好的表现要及时表扬,对差的表现要及时给予纠正。游戏不仅要发展儿童的身体,同时要善于启发学生的思维,促进其智力的发展。

(二) 少年心理特点及体育游戏教学指导

少年时期的心理特点表现为:

(1) 少年思维能力有显著的发展。首先,表现在抽象逻辑思维已占相对优势,但思维中具体形象成分仍起重要的作用。其次,表现在思维的独立性和判断力有所发展,他们开始喜欢提出各种各样的问题要求问答。如在游戏前可采用表象法、提问法、情景法,以引起学生思维,满足他们的好奇心。

(2) 少年时期的兴趣范围扩大,并开始分化。他们有强烈的求知欲,这不仅仅表现在课堂上,学校里,而且开始关心国内国际的体育新闻和重大的体育赛事。对于优秀的运动员明星更是津津乐道,甚至当做偶像来崇拜。对体育活动的兴趣已不像儿童那样对玩什么都感兴趣,而是带有一定的选择性,对专项运动各有所爱。

(3) 少年时期的情感丰富,易于冲动,且表现强烈而鲜明,在体育活动与竞赛中尤为突出。他们可以因为比赛的顺利而感到兴奋、满意,为集体和个人取得好的成绩而信心十足和狂喜;也可为比赛的挫折或失败而急躁、烦恼或泄气、绝望;还可因裁判的不公正而争吵、动怒等。

(4) 少年时期的意志品质也有明显发展,具有小大人的特点。他们非常敬佩和喜欢模仿坚强人物不怕困难、不畏艰险、勇敢果断的意志品质;他们敢于做较难而惊险的动作,尤其在有观众时更是如此;愿意承担较大的运动量,但常常高估自己的力量和能力。

(5) 少年时期一方面由于生理发展和个性的成熟,另一方面由于和成人关系的改变(如成人对他们的平等态度和信任等),使他们感到自己已经成熟,不再是孩子而是大人了,"成熟感"是少年个性结构中新的中心因素。与"成熟感"紧密相连的心理特点是少年的自尊心,他们希望别人尊重自己的权利和义务,个性尊严,独立和平等;要求信任和友谊,要求与成人建立新型的同志、朋友式的关系。因此,在体育游戏的教学中,教师应多采用参与式教学方法,与他们做朋友,同时应该加强对他们的正确指导和监督,加强集体主义精神的教育,培养他们克服困难、团结互助、积极向上、见义勇为的精神,使之正确地对待个人与集体、胜利与失败。要运用一定的规则,培养他们的自制力和自觉性,不断克服儿童时期的那种幼稚性、冲动性和依赖性等特性。

(6) 少年时期的身心发展水平已逐渐适合于某种运动项目的作业及游戏的教学内容,并可以结合田径、球类、体操等运动项目进行。由于性成熟期带来的生理、心理的变化，男女生的游戏组织形式和作业应有所区别。男生可多安排力量性和惊险的游戏，而女生则可更多地采取结合音乐、舞蹈等有韵律的柔软而协调的动作。游戏内容总的趋势应该是模仿性游戏明显减少，向竞争性游戏过渡；游戏的难度和运动强度也应该逐渐增加，但他们的运动能力毕竟不如青年，所以还是要掌握好运动量，不能安排长时间紧张的大运动量游戏。游戏也不像儿童时期那样简单，变化应更加复杂。需要游戏参加者随时改变自己的行为，敏捷地思考，分析具体条件，预见行动的后果并采取适当的对策。与此同时，也要求教师利用游戏启发学生的思维，促进智力发展。这一时期，可以适当地安排利用器械的游戏，但必须搞好安全措施。场地器材要进行安全与卫生检查，投掷游戏要规定投与拾的方法或按统一的口令进行等。

少年比儿童具有更大的独立性和强烈的自尊心，在体育游戏教学与锻炼中，他们希望自己能组织一些活动和比赛，有时甚至别出心裁，标新立异。教师应予以适当的支持和鼓励，也可以放手让他们组织一些活动和比赛，以发展他们独立思考和组织工作的能力。但是，必须看到，由于少年认识的片面性和缺乏正确的判断力，有时他们会过分地甚至错误地强调独立性，从而忽视教师的指导或不遵守纪律，这会给体育游戏教学和组织工作带来一定的困难。教师应根据少年身心发展的特点，因势利导，在充分发挥其主动性、积极性的同时，有目的、有计划地指导他们克服和改变一些不良心理状态。

第三节　体育游戏与心理健康

一、心理健康概述

（一）心理健康的定义

从广义上讲，心理健康是一种高效而满意的、持续的心理状态。从狭义上讲，心理健康是指人的基本心理活动的过程完整、和谐，即认知、情感、意志、行为、人格健全和协调一致，能适应社会并与社会保持同步。少年儿童的心理变化是一个渐进而复杂的过程，特别是少年期。学生心理处于一个心理"断乳期"，面对突如其来的生理变化，往往不知所措和焦虑不安。这个时期，更是培养少年儿童健康心理的重要时期。大量的研究表明，长期的身体锻炼对心理健康具有促进作用。少年儿童应学会获得体育锻炼的健心效用，为养成健康心理而努力。

（二）心理健康的标准

心理健康是智力发展和脑功能健全的标志，是确立正确的人生观和培养优良心

理品质的基础。综合国内外有关专家的研究,心理健康的标准主要包括智力发育正常、人格健全、有良好的心理承受能力与和谐的人际关系。

(1) 智力发展正常。智力是指一个人的观察力、判断力、分析力、注意力、想象力、思维力、记忆力和实践活动能力的综合体现。智力正常且能正常发挥的人,往往表现出强烈的求知欲望,乐于学习、积极探索,有意识地培养自己的观察、思维、想象、判断、记忆等能力,并在认识活动、实践活动中充分发挥作用。

(2) 人格完整。人格是指个体比较稳定的心理特征的总和。人格完整就是指有健全的人格,其基本特征是自我意识清醒,有自知之明,能正确把握自己、支配自己,积极进取;有强烈的责任感,对生活充满信心和希望。

(3) 良好的心理承受能力。表现为具有坚强的意志和坚忍的毅力,善于控制和调节自己的情绪,胜不骄、败不馁,快乐有度、悲伤有束,在各种环境下保持稳定的心态。

(4) 和谐的人际关系。表现为乐于与人交往、保持独立完整的人格,不卑不亢;能正确地对待他人和社会,在交往中善于取长补短、宽以待人、乐于助人,形成良好的人际关系。

二、体育游戏对心理健康的积极作用

体育游戏对心理健康的作用,过去人们认识并不多。1992年,国际运动心理学学会发表了名为《身体健康与心理效应》的声明,充分肯定了体育锻炼对健康心理的积极作用,这种积极作用是多方面且明显的。

(一) 调节改善情绪

情绪是人对客观事物的一种心理反应。人生活在错综复杂的社会中,经常会因学习、工作、人际关系等产生紧张、忧虑、压抑、悲痛等不良情绪反应。体育游戏则是改善不良情绪的一种非常适当的方法。体育游戏活动过程中由于大脑处于较强的活动状态,体温升高以及脑内啡肽释放原因,可以转移个体不愉快的意识、情绪和行为,摆脱痛苦和烦劳,振作精神。当今少年儿童将面临学业考试,以及家庭、学校、社会的各种压力,很容易产生沮丧、抑郁、焦虑、紧张等不良情绪,经常参加体育游戏可使紧张情绪得到缓解,焦虑反应降低,改善不良的情绪状态。

(二) 促进智力发展

体育游戏可促进大脑的发育和改善神经系统的生理功能、作用,使游戏者的注意、反应、思维、记忆和想象等能力得到提高。另外体育游戏所引起的一些非智力成分的良好变化,如情绪稳定、性格开朗、疲劳感下降等均对智力的提高有重要的促进作用。

(三) 有助于人格的完善

体育游戏是一种身体活动,在这一过程中人体会碰到各种困难,如生理惰性、气候变化、动作难度、畏惧心理、疲劳以及损伤等,体育游戏在克服这些困难的同时，可以培养坚忍顽强的意志品质，增强承受挫折的能力，有助于个体形成积极进取、乐观向上的生活态度。

（四）确立良好的自我概念

自我概念是个体主观上对自己的身体、思想和感情的整体评价，它是由许许多多的自我认识所组成的，如"我是什么人""我喜欢什么""我不喜欢什么"等。自我概念与身体表象（指头脑中形成的身体图像）和身体自尊（个体对自己运动能力及身体外貌、身体抵抗力和健康状况的评价）有关。无论是男性还是女性，对身体表象的不满意会使个体自尊变低，并产生不安全感和抑郁症状。研究表明，肌肉力量与身体自尊、情绪稳定、外向性格和自信心形成正相关，加强力量训练会使个体的自我概念显著增强。坚持体育锻炼可使人体质强壮，精力充沛，有效地提高人的身体表象和个体自尊，有助于确立良好的自我概念。

（五）增强社会交往能力

现代社会社会化的进程愈演愈烈，一方面在工作中的团队精神及协同合作要求越来越高；另一方面社会的发展、生活节奏的加快，特别是网络时代的来临，使许多生活在大城市的人越来越缺乏直接的社会交往机会。体育游戏是由各种角色、形式、结构、规则组成的身体活动，是一个增加人与人接触的最好平台，可使个体忘却烦劳痛苦，消除孤独感；同时能有效地促进与他人协作能力的养成，提高心理素质，提高对现代社会发展的适应性。

三、体育游戏与"体育与健康"课程标准

中共中央、国务院在《关于深化教育改革，全面推进素质教育的决定》中指出："健康体魄是青少年为祖国和人民服务的基本前提，是中华民族旺盛生命力的体现。学校教育要树立健康第一的指导思想，切实加强体育工作"。《全日制义务教育普通高级中学体育（1~6年级）、体育与健康（7~12年级）课程标准（实验稿）》（以下简称《标准》）正是在这一思想的指导下制订的。《标准》突出强调要尊重教师和学生对教学内容的选择性，注重教学评价的多样性，使课程有利于激发学生的运动兴趣，养成坚持体育锻炼的习惯，形成勇敢顽强和坚忍不拔的意志品质，促进学生在身体、心理和社会适应能力等方面健康、和谐地发展，从而为提高国民的整体健康水平发挥重要作用。体育游戏在《标准》中如何体现其教育功能和教育价值，如何发挥在培养少年儿童身体、心理和社会适应能力等方面的积极作用，正是广大体育教育工作者值得研究和思考的问题。

"体育与健康"课程根据三维健康观、体育的特点以及国际体育发展的趋势，确立了课程标准，拓宽了课程内容，划分了5个学习领域，并根据领域目标构建了课程的内容框架体系。从理论上讲，5个领域涵盖的内容应该很多，但从学生的身心发展特点考虑，每个领域分别精选了一些对学生的学习和发展具有重要影响的目标和内容。体育游戏与"心理健康"领域目标包括以下几个方面：

（一）了解体育活动对心理健康的作用，认识身心发展的关系

《标准》强调学生要体验体育活动中的心理感受（水平二），体验身体健康状况变化的心理感受（水平三），了解心理健康对身体健康的作用（水平四），自觉通过体育活动改善心理状态（水平五）以及自觉运用所学知识技能促进身心协调发展（水平六）等。

通过体育游戏活动有助于学生意识到人的身体活动和身体状况对人的心理会产生影响，同时意识到通过身体活动能调节人的心理状态，进而理解身心之间的关系。

（二）在体育活动中表现出自尊和自信

《标准》强调学生在体育活动中具有展示自我的愿望和行为（水平二），正确对待生长发育和运动能力弱可能带来的心理问题（水平三），通过体育活动树立自尊和自信（水平四），在体育活动中努力获得成功感（水平五），以及表现出积极进取的生活态度（水平六）等。

在体育游戏教学中，要增强学生的自尊和自信，就要促进学生在体育活动中努力展示自我，给学生（特别是给体育差生）多创造成功的机会。教师不要过分营造相互比较的课堂氛围，要鼓励学生作自我比较，使每一个学生感受和体验到自己的进步和发展。

（三）学会通过体育活动等方法调控情绪

《标准》强调学生体验在体育活动中的情绪变化（水平一），观察同伴在体育活动中的情绪表现（水平二），知道通过体育活动等方法调节情绪（水平三），学会其他调节情绪的方法（水平四），在体育活动中表现出调控情绪的意愿和行为（水平五），以及自觉运用适宜的方法调控自己的情绪（水平六）等。

体育游戏活动可以使人产生愉快感、转移注意力、释放消极情绪等，当学生学习压力大或碰到不顺心的事情时，可以投身到体育游戏中去。如果体育游戏能与其他调节情绪的方法相结合，则调节情绪的效果更好。

（四）形成克服困难的坚强意志品质

《标准》强调学生要在一定的困难条件下进行体育活动（水平二），敢于进行难度较大的体育活动（水平三），根据自己的运动能力设置体育学习目标（水平四），在具有挑战性的运动情境中，体验战胜困难带来的乐趣（水平五），以及在体育活动、学习和生活中自觉表现出勇敢顽强的意志品质等（水平六）。

体育游戏活动充满着各种主客观困难，在教学中教师要注意创设一些专门的困难情境，以培养学生坚强的意志品质。意志行为与目的性是分不开的，学生参与体育游戏活动的目的和目标越明确，积极性就会越高，无论发生什么情况或遭受什么挫折，都会克服困难，勇往直前，不达目的，绝不罢休。只有这样，学生才能体会到苦中有乐，乐在其中。轻轻松松地进行体育游戏，既不会培养学生坚强的意志品质，也不会使学生从中体验到乐趣。

四、体育游戏与心理健康教学案例

案例1

在体育活动中体验成功与进步

【学习阶段】水平一

【教与学目标】体验个人的进步与成功，在自主学习中寻找愉快感。

【教与学内容】投准游戏

1. 游戏方法与规则

在投掷沙包练习中，改变传统的练习模式，为学生提供7块练习场地，学生根据测试中出现的不同问题，自己选择练习场地与练习方法，经过练习再进行测试，对自己选择的练习作出评价。通过反复的选择练习、测试，学生不断提高自我判断能力和投掷成绩，体验到自主练习中带来的成功乐趣，增强学生的自信心。此外还可在7块场地练习中，专门为爱动脑筋、喜欢创新的学生提供一个自由选择的场地，让他们根据自己的特点，找到更适合自己的练习方法，从而满足他们的创新欲望，从创新中体验成功。每块场地投准三次，方可更换场地，并找一个最能体验成功的练习场地进行比赛，自觉遵守规则。

2. 游戏目的

体验自主学习中进步与成功的愉快感受。

3. 提示与要求

通过学生自主学习，使学生寻找与自己能力相符的活动方式，从中体验进步感、愉快感和创新感。教师应注意检查学生运用规则情况。

【教与学步骤】

1. 教师讲解活动要求及练习程序。
2. 学生自主选择场地，根据规则进行游戏。
3. 教师检查学生选择的场地和方法是否使其体验到进步或成功。
4. 组织学生互相评比，看谁找到了适合自己的活动场地，并在活动中有创新意识。
5. 让学生谈谈用自己的活动方式体验进步和成功时的心情。
6. 教师检查学生自主学习中遵守规则情况。
7. 教师讲评。在体育活动中，同学们获得进步和成功的体验时，就会有满足、愉悦、舒畅的感受，这种感受是促进大家积极参加体育活动的动力，这就是情绪力量。

【教与学方法】

1. 教师采用情境教学法，激发学生参与体育活动的情绪，如在活动前讲述

《龟兔赛跑》的故事。

2. 教师采用游戏法，使学生在游戏活动中寻找快乐，体验进步。

3. 教师采用成功展示法，有意创设学生能够体验进步与成功的活动内容，增强学生的成功感和强烈的活动欲望。

4. 让学生采用自我比较法，通过与自己原来的成绩相比，感受自我进步或成功。

【教学建议】

1. 在教学中给学生提供多种活动游戏，让学生体验并获得进步与成功的运动愉快感。

2. 在教学中，注意观察学生的情绪体验，并及时评价学生的活动结果，强化学生的进步和成功感，使其具有更进一步努力的信心。

3. 用提问方式了解学生获得进步与成功时的心情。

4. 在教学中指导学生学会鼓励自己和鼓励他人，与同伴共同进步。

5. 发挥学生在自主学习中发挥作用。

【学习建议】

1. 指导学生选择自己能获得进步或成功的活动内容。

2. 让学生学会自我体验。

3. 指导学生学会观察他人的进步。

4. 使学生学会鼓励自己，每进步或成功一次，都会说："我真棒！"

5. 发挥同学们在自主学习中的作用。

【主题学习评价】

1. 评价内容

（1）体育活动带来了什么样的心情，它对你心理健康有什么好处？

（2）学生努力的程度和进步幅度。

（3）体育活动的兴趣。

2. 评价方法

（1）通过体育活动了解学生的心理感受如何，如高兴，愉快，满足。

（2）简单肯定的评语，并标出下次课的目标。

（3）学生活动表现的反馈，教师的感受，目标是否达到。

【本案例特点】

通过本案例使学生体验运动过程中进步与成功后的心理感受，从而使学生获得运动愉快感，培养学生的体育学习兴趣，为学生心理发展创造良好的环境。

案例2

克服困难的体育活动

【学习阶段】水平二

【教与学目标】克服身体在剧烈运动中的不适感，培养学生果断、自制的意志品质。

【教与学内容】争分夺秒游戏

1. 游戏方法与规则

每组5人，听口令同时从一侧的线后出发，跑到另一侧的线端，并从放置的篮中取出一个乒乓球，然后跑回出发地，将球放进在此处的篮中。从出发时开始计时，1分钟游戏结束，比较在1分钟时间内"夺回宝"的数量计算得分，多者为胜。规则：每次只能取回一个球，且必须放回到出发地的篮中。

2. 游戏目的

通过游戏活动，使学生体验在剧烈活动中，身体有轻微不适的感受，并能积极克服，从而培养学生克服困难的意志品质。

3. 提示与要求

教师可根据学生体验到困难的程度，及时调整游戏练习次数，让每位同学体验到身体不适感为止。

【教与学步骤】

1. 教师首先利用表象法，让大家想象红军过雪山、爬草地、把握战机的故事情境。

2. 讲述游戏的目的、方法、规则及要求。

3. 让学生说出在抢夺时，自己身体有哪些反应，如呼吸急促、两腿酸疼。

4. 学生相互交流，并讨论果断、自制在活动中有什么作用。

5. 教师小结。在体育游戏中比时间、比速度，学生必须要有向自己挑战的心理准备。果断就是抢抓时间和机会，是机敏的表现；自制就是为达到目的而克服疲劳、厌倦、羞涩、畏惧的意志行动。

【教与学方法】

1. 教师向学生展示意志对行为影响的图片（图片法）。

2. 用情境法，使学生体验优秀运动员克服困难及身体疲劳的心理感受，如长跑、举重。

3. 学生自述自己克服困难的心理过程，如坚持不住时想到了退缩，然后用暗示方式说"我一定坚持、再坚持"等。

4. 竞赛法、游戏法、提问法、讨论法交替进行。

【教学建议】

1. 首先让学生了解意志的含义就是克服困难，在体育活动中充满着各种困难，需要大家去克服。

2. 让学生懂得意志与行动是分不开的，激发学生在实际行动中培养克服困难和应对挫折的自觉性、果断性、坚持性和自制力的良好动机。

3. 创设困难情境，让学生在困难条件下体验意志的心理感受，如焦躁感、难受感、自信感等。

4. 指导学生克服困难时，尽可能观察到同伴如何克服困难，进行学习模仿，减轻心理压力。

5. 对学生进行心理训练，如自我暗示、增强信心、放松练习等。

【学习建议】

1. 学生能清楚描述自己在困难条件下进行体育活动时的心理感受。如很难坚持，感到头晕眼花；一点力气也没有；真想马上停下来等。

2. 指导学生勇敢面对困难，并能自觉、主动去克服心理不适。

3. 学生通过自我体验和观察同伴，学会在困难时积极思维、寻找方法，帮助自己去更好地克服困难。如有些同学面对困难情境时盲目、慌乱、措手不及，这都是习惯性无能的表现，学生必须学会克服自身内部的困难，才能克服外部困难。

4. 学会自我暗示的方法，增强克服困难的动力。

【主题学习评价】

1. 评价内容

（1）在活动中让学生对自己克服困难时的心理感受进行评价，如我心里感到难受，但我坚持下来了，或我有无法坚持到底的感受等。

（2）学生自评在克服困难时的表现，并鉴定自己与同伴的意志力差别。

（3）学生能制订自己克服困难的活动计划。

2. 评价方法

（1）采用自我评价法，评价自己在困难条件下进行体育活动的心理感受，如难受感、焦躁感、忍耐感、取胜感、意志感等。

（2）观察同伴在克服困难时的心理表现，采用他人评价的方法。

（3）衡量一个人意志力的强弱和克服困难的程度，采用教师、他人、自我评价相结合的方法进行综合评价。

（4）采用小组讨论，集体评价克服困难对每位同学成长的意义。

【本案例特点】

通过本案例使学生在体育游戏中体验到克服困难时的难受感、忍耐感和坚持感，以及体验与同伴的意志差别感，树立自信，培养学生坚强的意志品质。

案例3

团结协作的集体情绪体验

【学习阶段】水平三

【教与学目标】体验在集体成员中，身体变化时情绪的表现，培养学生团结协作的集体精神。

【教与学内容】赛龙舟游戏

1. 游戏方法与规则

在场地上画两条相距15~20米的平行线，分别作为起点线和终点线。取等长竹竿4~8根，绑绳若干条。将游戏者分成人数相等的2~4队，每队排成一路纵队，同队队员在左腿和右腿外侧分别用一根竹竿绑连在一起，后面人的双手搭在前面人的双肩上，组成一条龙舟，站在起点线后，竹竿和人均不得过线。游戏开始，发令后，各队队员同时迈同侧步向终点线前进，可由一人指挥。以最先完全越过终点线（以竹竿和人全部过线为准）的队为胜。规则：发令前各队不得踏线或抢跑；行进途中绑绳如松开，应原地不动重新绑好后才能继续前进；必须全队队员和竹竿完全过线，才可结束。

2. 游戏目的

体验集体情绪状态下，身体的协调一致，培养学生团结协作的精神，发展腿部力量。

3. 提示与要求

每只龙舟以4~8人组成为宜；各队选一人为指挥，发出统一的口令，按照节拍前进，也可改为向后后退走或单腿跳跃前进，增加活动难度，体验不同情绪。

【教与学步骤】

1. 教师进行故事情境的表象活动，如问学生：同学们，你看到过一年一度"赛龙舟"比赛吗？让大家想象龙舟比赛紧张、激烈的场面。

2. 教师讲解游戏活动的目的、规则、方法与要求。

3. 教师指导学生体验行动步调一致，在练习中所需的情绪状态和简单技巧，并说明积极的情绪是行动协调一致的前提。

4. 学生体验观察同伴的不同情绪，进行自我情绪的调控，充分体验健康情绪下的活动效率。

5. 学生小组讨论，互相交流本组比赛时大家的情绪表现。如成功后、失败后、紧张时、落后时等。

6. 学生进行身体和情绪的自我调整，消除紧张，树立信心。

【教与学方法】

1. 利用情境法，让学生体验和表达自己的各种情绪。

2. 采用讨论法，让学生学会鉴别哪些是积极情绪，哪些是消极情绪。

3. 采用竞赛法，让学生体验身体变化时的情感体验。

4. 学生自评、自述自我情绪表现过程。

【教学建议】

1. 首先让学生了解情绪的含义和身体健康与情绪的关系。

2. 通过体育活动，使学生体验良好的情绪状态下身体的力量感、速度感、灵活感、和谐感，使学生懂得情绪的增力效应。

3. 指导学生在活动中出现不良情绪时，如何应对和消除。

4. 有意使学生在困难中体验成功感和挫折感，培养学生健康情绪。

【学习建议】

1. 学生讨论时，简单描述在集体协作中情绪的各种表现。

2. 指导学生在良好的情绪下，学会优化自己的心理环境，如寻找愉快感、体验成功感、能力感等。

3. 学生通过自我体验和观察体验，学会自我调控情绪的简单方法。如身体不适时，进行积极的自我暗示或放松，情绪激动或焦虑时，进行表情调节等。

【主题学习评价】

1. 评价内容

（1）学生在体育活动中，身体健康变化时有哪些情绪体验？

（2）学生能说出，情绪与身体活动的增力、减力效应是什么。

（3）学生积极健康的情绪表现特征是什么？

2. 评价方法

（1）对学生积极情绪和消极情绪，采用自我评价进行评定。

（2）对学生增力和减力情绪，采用教师、同伴和自我评价相结合的方法进行评定。

（3）采用集体、小组和好朋友讨论方法，评价在活动和比赛中健康情绪的表现，形成良好的课堂气氛，促进学生的集体健康意识。

【本案例特点】

在体育游戏中，学生通过体验身体变化时的增力情绪和减力情绪，以及体验集体情绪下的身体活动感、动作流畅感和协同感，懂得情绪对身体活动效率的影响，从而培养学生健康的情绪和良好的心境，促进学生的健康水平。

案例 4

愉快的体育活动

【学习阶段】水平四

【教与学目标】使学生了解愉快的体育活动对健康的影响；运动愉快的获得对人们坚持体育锻炼的影响；选择适合自己的活动方式，学会调控自我，达到身心健康。

【教与学内容】牧羊人游戏

1. 游戏方法与规则

体操棍、排球、足球若干个，每人或每队一条跑道，在跑道30米处设圈，练习者持体操棍赶"羊"直到达终点，每次2~3只。只能用棍端触"羊"，如"羊"跑出界则用棍赶回本道，不能扰乱他人的"羊群"。首先将自己的"羊"赶入羊圈者为胜者；

2. 游戏目的

激发参加者练习的积极性，培养学生适应、协调能力和克服困难的精神。

3. 提示与要求

通过游戏活动，使学生体验在愉快、合作和困难条件下练习时的愉悦心情，培养学生团结、合作和克服困难的意志品质。

【教与学步骤】

1. 教师先做情境表象描述，大家想想《草原英雄小姐妹》的故事，暴风骤雨，小羊被吹散，小姐妹是如何克服困难，把小羊赶回家的。

2. 教师讲解游戏规则方法及要求。

3. 比赛结束后，教师讲评并选出两名同学谈谈赶羊时的心情。

4. 根据学生练习程度，提出练习要求，增加练习难度，让同学说说合作赶羊的心理感受，如一人赶2只羊，两人赶4只羊，多人赶8～10只羊，小羊数量不断递增。

5. 教师根据教学条件，设置比赛阻碍，如设置坑、树让学生在困难条件下练习。

【教与学方法】

1. 采用提问式，激发学生积极参加体育活动的欲望。

2. 师生共同交流，讨论体育活动后的愉快感受。

3. 学生进行自述，体验运动过程。

4. 竞赛法、游戏法和情境法交替进行。

【教学建议】

1. 让学生了解运动愉快感产生的原因。研究结果表明，适当的体育活动能使大脑释放一种多肽物质，该物质能使学生产生运动愉快感，具有悦体效应。

2. 让学生懂得通过获得运动愉快感，能促进自己的身心健康，特别是对个性发展，起到积极的作用。如运动中的愉快合作，友善、融洽的人际关系，克服困难、团结向上的集体主义精神，以及挑战自我的自主学习，都对学生的心理发展产生积极影响。

3. 指导学生学会选择适合自己的活动内容和方式，主动寻找体验运动愉快感的环境。如选择自己喜爱的活动内容，找自己兴趣相投的同伴等。

4. 指导学生制定自己的活动方案，注意活动目标要小，可达到体验体育活动的坚持性。要根据运动愉快感获得的程度，调整活动方案。

5. 开设体育"超市"，提供愉快的感知环境和材料，让学生自主学习，使每位同学体验运动愉快感。

【本案例特点】

通过变换游戏形式，增加游戏的难度，使学生寻找运动愉快感，体验游戏中与同伴合作时的友善、和谐、融洽的人际关系，以及克服困难、团结向上的集体主义

精神，从而培养学生敢于挑战、完善自我的人格意识。

复习思考题

1. 试论体育游戏在少年儿童心理发展过程中的作用。
2. 根据少年儿童生理、心理特点，教师在游戏教学中应注意什么问题？
3. 根据"体育与健康"课程标准，请制定1~4水平心理健康体育游戏课程方案。
4. 什么是心理健康？心理健康的标准是什么？

第六章
体育游戏与社会适应

内容提要

本章较系统地阐释了社会适应的概念、指标和标准,简明论述了发展学生社会适应能力的意义和存在的主要问题;较详细地论述了体育游戏与人的社会化之关系;从"体育与健康"课程标准的角度简要阐述了体育游戏与社会适应问题。

★社会适应概述 社会适应的概念、指标和标准,发展学生社会适应能力的意义和存在的主要问题。

★体育游戏与人的社会化 社会化的概念和社会化过程的划分,社会化与个性发展,体育游戏对个体社会化的积极作用;体育游戏可以规范道德行为方式,促进价值观念内化,培养竞争合作意识;可以满足合群需求,促进人际交往,完善个性特征;可以促进社会角色的体验,形成自我意识,培养社会化品质。

★体育游戏与社会适应 社会适应学习领域目标的内容与意义,对学生社会适应能力培养的教学指导。

☆体育游戏与社会适应教学案例 接力游戏、集体合作跑游戏、过障碍游戏、"东方橄榄球"——抢花炮游戏。

第一节 社会适应概述

一、社会适应的概念

适应是生物在生存竞争中适应环境条件而形成一定性状的现象,是在遭遇特殊生存压力下的适应变化的行为。社会适应主要指人在社会生活中的角色适应,包括职业角色、家庭角色以及婚姻、家庭、工作、学习、娱乐中的角色转换与人际关系等的适应。社会适应良好,不仅要以生理健康、心理健康和道德健康作为基础,而且要具有较强的社会交往能力、工作能力和广博的科学文化知识;不仅能适应复杂的社会环境变化,能胜任个人在社会生活中的各种角色,能与他人保持正常的人际关系,能为他人所理解,为社会所接受,行为符合社会规范,而且能创造性地取得成就贡献于社会,达到自我成就、自我实现。社会适应良好是健康的最高境界。

社会适应是一个毕生的过程,或者说,个体一生不断面临新的情境,当个体遇到新的情境时,一般有三种基本适应方式。

方式1:问题解决——改变环境使之适合个体自身的需要。

方式2:接受情境——个体改变自己的态度、价值观,接受和遵从新情境的社会规范及准则,主动地做出与社会相符合的行为。

方式3:心理防御——个体采用心理防御机制掩盖由新情境的要求与个体需要上的矛盾产生的压力和焦虑的来源。

二、社会适应能力的指标和标准

(一)社会适应能力的指标

指标1:自理能力。包括几乎全部使自己能为社会所接受的日常生活技能和习惯,如饮食、穿戴等。

指标2:沟通能力。即表达和理解他人的能力,如语言等。

指标3:社会化。包括和他人共同生活及合作必需的技能,在儿童一般为游戏与做出社会反应的能力,在青少年则为合作与顺应社会行为规范的能力、社会成熟度等。

指标4:职业。包括大多数使自己成为有用之人的能力,主要为各种运动技巧如手指的精细动作、运动平衡及工作技能,在学生则表现为在学校和社会生活上的学习能力、社会能力等。

（二）社会适应能力的标准

社会适应能力的标准与心理健康的标准有许多重合的地方，在心理健康的诸多定义中，最普遍的一种观点就是以是否适应环境来划分健康与否，或一个人是否健康就看其行为与环境是否协调，人际关系是否恰当，是否合乎社会要求。有专家甚至提出心理健康最本质的特征就是社会适应良好。社会适应的重要性由此可见一斑。

良好的社会适应能力应包括：

（1）生理的发育和心理的发展满足自理能力的需要。
（2）个体的社会化过程正常，具备适宜的人格基础。
（3）能够与他人保持良好的人际关系。
（4）能够与现实环境保持良好的接触，并适应环境。
（5）热爱生活、热爱集体，具有一定的社会责任感。
（6）有较好的处事能力，保持乐观积极的心理状态。
（7）有一定的自信心和自主性，并能较好地控制行为。
（8）把握社会交往的最佳时机，保持一种良好心境。

三、发展社会适应能力的意义和社会适应存在的主要问题

（一）发展社会适应能力的意义

成功和良好的社会适应可使个体在社会中，特别是在学习、工作、生活、维持家庭以及社会人际关系中不断发挥作用并充分体验到舒适感和满意感。

发展社会适应能力具有以下重要意义：

（1）预防心理疾病，维护心理健康。
（2）发展智力和非智力因素，促进综合能力发展。
（3）提高伦理修养，塑造良好德行。
（4）培养积极主动性，发展个性，完善人格。
（5）形成良好行为规范，培养社会化品质。

（二）社会适应存在的主要问题

学生在社会适应方面存在的问题主要表现在以下几个方面：

（1）美好理想与现实矛盾的适应。
（2）渴望得到他人理解与心理闭锁的适应。
（3）享受意识过强与劳动观念淡薄的适应。
（4）独立性日益增强与依赖心理的适应。
（5）理智控制乏力与情绪起伏变化的适应。
（6）进取心较强与努力程度较弱的适应。
（7）信息视野扩大与鉴别能力不足的适应。
（8）乐于助人与行为方式不当的适应。

（9）角色认同与角色错位的适应。
（10）自我中心与他人合作不够的适应。

第二节　体育游戏与人的社会化

一、社会化的概念与过程

（一）社会化的概念

社会化是指个体在特定的人类社会物质文化生活中，通过与社会环境的相互作用，由生物人转变为社会人并逐渐适应社会生活的过程。

从社会文化角度看，社会化是使某一社会及其文化得以延续的手段，任何一个社会无不通过各种方法，力图促使它的每一个成员发展成为符合该社会要求的人。

从社会心理角度看，一个人的一生主要是个性形成、发展和成熟的过程，社会化正是确立个性的过程。

从社会结构看，人的社会存在都是以一定的社会角色出现的。因此，人的社会化的本质就是角色承担的过程。每个人在这一过程中逐渐了解自己在群体和社会结构中的地位和价值，学会顺利扮演这一角色的本领，熟知自己应该承担的义务。

从个体——社会角度看，个体与社会是相联系而存在的。社会是由若干个个体组成的，是人与人相互作用的产物。没有人，社会便不成其为社会；离开社会，人也不成其为人。生活在一定社会中的个体要生存、发展，必须要适应社会生活，参与社会生活。经由这一社会化过程，社会文化得以积累和延续，社会结构得以维持和发展，人的个性得以形成和完善，个体也习得人类生活的基本知识和劳动技能，获得自身的生活目标和价值观，了解自己的社会地位和角色，掌握一定的社会行为规范，并逐渐地成为一名合格的社会成员。可见，社会化不仅是社会适应的一个重要指标，更是人的一种本质需要。

社会化的内容极其广泛，主要包括传递社会文化，指点生活进取目标，掌握基本知识技能，规范社会道德行为，培养适当社会角色，形成自我意识，内化价值观念和完善人格等。

（二）社会化的过程

生物人向社会人转化的过程大体上可分为三个阶段。

第一阶段：早期社会化。人的社会化的初步完成阶段，指儿童与青少年时期的社会化，这是人一生社会化的基础。

第二阶段：继续社会化。早期社会化完成后，并不意味着个体社会化的结束，尤其是现代社会的急剧变化、科学技术的飞速发展、学校教育的局限以及个体进取精神的增强等，都使得继续社会化变得必不可少。这一阶段的社会化指个体从青年经由中年到老年的社会化，主要包括适应变化中的生活环境，逐步熟悉和胜任自己承担的社会角色，学会承担新角色和丰富夕阳生活等。

第三阶段：再社会化。指对在早期社会化与继续社会化中未能取得社会成员资格的人，通过强制或补偿教育的方式进行再教化的过程，目的是改变这些人已形成与社会文化要求不相一致的人格，使其接受符合多数人利益的社会规范、价值观念与行为方式。

二、社会化与个性发展

个性亦称人格，指一个人在其生理素质和个性心理特征的基础上，在一定社会历史条件下，通过社会生活的实践锻炼与陶冶，逐渐形成的观念、态度、习惯和行为，是一个人比较稳定的生理、心理素质和社会行为特征的总和。

人的个性不是人的本性，也并非社会环境的消极产物。人的个性是个体在掌握社会经验和改造周围现实活动中，通过动机、兴趣、理想、信念等内心世界的活动体现出来的，是个体社会行为内部相对稳定的动力系统和倾向性，它为人的社会行为提供一个稳固和一致的反应模式，支配着社会行为的独特表现，影响着社会行为的意义、方式和结果。

社会化与个性发展是同一过程的两个方面，二者是统一的。从社会心理学角度看，人的个性的形成与发展，是一个漫长的社会历史时期，在此过程中，不仅使原本一无所知的生物个体获得了社会生活资格，而且形成了带有社会印记的个性。换言之，人的成长过程不仅是一个生物过程，更是一个社会化过程，人之所以为人，就在于他所必须具备的社会化个性，而这一切正是在个体与社会这两种力量相互作用过程中得以发展的。人并非生就而成，人的遗传素质仅为其个性的形成与发展提供了某种可能性，提供了生物人发展成社会人的多种潜能，个体要成为一名合格的社会成员，还必须在接受社会影响或教化的同时，进行积极的、带有特殊色彩的吸收、思考、再现和内化，使之融合于个体自我意识中，形成适应社会环境的内在倾向性和行为方式而有用于社会。社会化对个性发展的影响，主要体现在宏观的社会层面和微观的生活情境层面，前者是个性发展的宏观背景，如价值观念、道德标准等，后者是个性发展的微观机制，如不同的生活经历、与人独特的人际关系等，受此层面影响，人们对社会的刺激或要求所做出的应答性反应各不相同，也就形成了同一社会形态下，人的个性呈现千差万别的个体特征。个性的形成与发展过程持续而有阶段，在每一发展阶段，都包含着个体与外界环境相适应的个性与发展的一般规律和发展任务，如果发展任务解决得好，就形成理想的个性，解决得不好，则形成与理想个性相反的另一种个性。前一阶段的发展状况影响着后一阶段个性的形成，这种动态渐进性构成了一个完整的社会化过程。

三、体育游戏对个体社会化的积极作用

体育游戏与处在自身社会化重要时期的青少年一代社会适应的发展密切相关，特别是在自我意识、社会交往、意志品质、移情与利他性、社会认知等"非智力因素"方面具有重要的价值与功效。

（一）体育游戏可规范道德行为方式，促进价值观念内化，培养竞争合作意识

体育游戏是一种规则游戏，规则不仅构成了游戏的节奏，创造着游戏井然有序的形式，同时，也调节和约束着游戏者的行为及彼此关系，从而使游戏得以公正、安全、顺利进行，具有一种法律意义。游戏规则是建立在公正和道德判断基础上的，它融合了不同群体和个体，甚至是不同民族的伦理标准和共性，因而，在消除偏见、克服狭隘、实现对话、互动沟通和规范行为等诸多方面，均能达到较高程度的一致性，尤其是对个体道德性潜移默化的影响极为显著。人们参与游戏，就必须严格遵守规则，否则，可能会受到取消继续参与资格的制裁，也可能转换成对本人的屈辱感、良心斥责等心理压迫形式的惩戒。因而，在游戏中，为使其能公平进行，同时，也不至于因为自己的过失或疏忽给游戏带来损害而受到处罚与指责，游戏者就必须自觉服从裁判的裁决，心甘情愿地接受来自群体的约束，认真遵守群体规范，执行和内化各种游戏规则，克制自己爆发的有悖规则的各种情感冲动，并学会用这种方式使自己的行为服从于意识。正是游戏规则，使青少年儿童在游戏中，养成了行为的积极性与克制力之间的分寸感，懂得了游戏中自我顺从的必要性。游戏者由此逐步认识和理解着规则，养成遵守规则的习惯，体会社会规范的存在，加深对社会约束力的理解，并在直观条件下，形成对社会道德价值的初步知觉，而这一系列体验，则在一定程度上迁移到现实生活中去，直接或潜移默化地影响着他们在现实生活中对社会道德行为规范的意识及其社会行为方式的形成。

（二）体育游戏可满足合群需求，促进人际交往，完善个性特征

体育游戏同时也是一种群体性活动。游戏群体是青少年儿童在家庭之外所接触的一个十分重要的初级群体，是他们进行社会互动、人际交往以及借以学习生活知识和技能并得到个性发展最重要的社会群体之一。人对社会的适应从本质上说就是自身对他人的适应，能够成功地与人交往、与人沟通是人与社会适应最直接最客观的体现。游戏群体因对其成员的社会化极少带有强制性，加之固有的娱乐性、开放性等特点，而成为青少年儿童最感兴趣、最容易产生较高心理认同感的群体。从社会心理学角度看，青少年儿童一般都具有强烈的合群需要和能动的合群能力，在人的发展中，这种"合群性"驱使其踊跃地介入各种群体活动。因为只有在这种开放的环境之中，他们才更容易与伙伴之间建立融洽的人际关系，才更可能意识到自我，发现自我，感觉到自己在群体中的地位、作用以及与他们的关系，尤其是能最大限度地表现自己个性的各个方面及丰富的感情和复杂的情绪。青少年儿童参加游戏，彼此沟通互动，不仅有效地扩大其交往范围及其与周围的关系，增加个体从外界获取各种于己有意义的信息和机会，而且，在游戏中产生的良好情绪及其体验，有助于克服他们独立于家庭之外，步入社会所伴随产生的孤独、焦虑、恐惧、内疚和自卑等不良心理。同时，他们比较自然地了解并逐渐形成了尊重、理解、谦让、协商、竞争、合作、共处、互助、友谊、信任、宽容、忍让、体谅、荣誉、责任、和谐、公平、公正、自尊、自重、自爱、自信、自强等优秀品质和健康的个性特征，而这一切对他们适应社会竞争、胜任社会角色都有着深远的意义。

（三）体育游戏可促进社会角色的体验，形成自我意识，培养社会化品质

个体社会化的实质是对社会角色的尝试与体验，社会角色的获得，既是社会化的目的，又是其结果。任何体育游戏活动，无不由一定的游戏角色以及角色之间的互动所构成，这些角色不仅具有游戏中所特有的含义，往往也包含了某种现实社会角色的符号或模拟意义。在游戏中通过扮演不同的角色，有助于促进青少年儿童的去中心化过程，有助于促进他们从他人角度看问题能力的提高，有助于他们学习各种角色的技能、技巧和优良行为、品质，了解社会对不同角色的期待，理解角色的多样性和稳定性，培养角色的心理习惯和角色认同感，从而更好地接受社会、适应社会。在社会角色体验中，为使他人能理解自己的表演和行为的真实含义，个体就必须遵循角色的特定规范并按其要求的社会行为模式进行相应的行为表现，这既是角色扮演的前提，又是一种角色顺利进入社会的保证。角色扮演同时也是社会互动得以进行的基本条件，伙伴之间之所以能交往互动，正是他们能够辨析和理解他人所使用的交往符号的意义并通过角色而预知对方的反应，当伙伴彼此都具备了洞察他人态度和行为意向的基本能力，知道了别人与自己的不同，学会了理解别人，并能够用社会这面镜子，从他人的角度看待自己，意味着自我的形成。由自我意识凝聚而形成的自我，是个体对自身进行审视和反省所产生的观念系统，它不仅是个性形成的前提，也是其内核，没有自我便无所谓个性，自我的同一性造就了健康的个性。在体育游戏的角色扮演中，伙伴除以语言传达思想、理念和情感外，更多的是通过身体姿势的变化或身体的整体性运动，表达主体的模仿、节律、和谐和示范等，这种以非语言符号为特征的互动形式，使在不同文化背景参与下的个体有了更大范围的表现力和发现自我的可能性。

社会角色是完成社会活动必要的社会形式和个人的行为方式，通过游戏群体活动中不同角色的扮演，青少年儿童懂得了社会角色是与人们的某种社会地位、身份相一致的一系列权利、义务、职责的规范与行为模式，这种体验十分有助于他们步入社会后成功地履行各种不同角色，同时，他们的社会适应和个性品质在此过程中也得到了高度发展。

第三节 体育游戏与社会适应

一、社会适应学习领域目标的内容与意义

体育（与健康）课程将学习内容划分为 5 个学习领域：运动参与、运动技能、身体健康、心理健康和社会适应。5 个学习领域由两条主线组成：一条是运动主线，包括运动参与和运动技能；另一条主线是健康主线，包括身体健康、心理健康和社会适应。社会适应领域的学习目标是：建立和谐的人际关系，具有良好的合作精神和体育道德；学会获取现代社会中体育（与健康）知识的方法。

学生的社会适应能力可以通过各种手段获得发展，体育课程学习是最重要途径之一。因此，体育（与健康）课程的学习将帮助学生逐步理解和习惯在一定的社会规范中生活，根据社会规范的要求来约束和调整自己的行为，理解个人健康与群体健康的密切关系，强化自我、群体和社会的责任感，合作精神与竞争意识，对他人的尊重和关心，以及良好的体育道德和团队精神。概括而言，体育（与健康）课程标准将社会适应列为独立的一个学习领域，其意义主要在于：有助于强化学生的规范意识，增强学生调控自己行为和态度的能力；有助于提高学生的探索、创新精神和心理承受能力以及有助于培养学生的集体荣誉感和社会责任感。

二、对学生社会适应能力培养的指导

（一）充分发挥体育游戏的教养与教化作用，全面提高学生社会适应能力

1. 不同学段对社会适应学习领域的要求

小学阶段：帮助学生了解一般的游戏规则，逐渐理解与服从有关的行为规范，学会有序的竞争以及尊重和关心他人，并表现出一定的合作行为。

初中阶段：重视学生对运动等不同角色和体育道德行为的识别，注重培养学生对媒体中体育（与健康）信息作出简单评价的能力。

高中阶段：关注学生形成良好的体育道德和合作精神，增强学生对社会的责任感，使其学会通过多种途径，获取现代社会中体育（与健康）知识的方法。

2. 全面关注学生的行为表现，重视教学过程

教师不仅要关注学生学习结果，更要关注学生的学习过程，尤其是他们的学习态度、体育价值观、对各种规范的理解和认同以及体育道德观等。

3. 树立大体育课程观，加强与社会、家庭合作

教师要善于挖掘体育课程资源，提供开放、多样的体育教学内容和形式，让学

生有一个弹性的学习空间可进行选择。同时，拓展与延伸体育课程，通过体育家庭作业、"亲子活动日"以及参与社会体育活动和健身辅导等，提高学生的社会适应能力。

（二）注意抑制与体育游戏有关的负性社会暗示，形成正确的价值取向和行为准则

体育游戏具有很强的竞赛性，这就要求参与者在游戏过程中必须尽其所能，通过自己的身体运动去争取胜利。然而，由于少年儿童身体发展存在非同步性，在游戏中夺冠往往又具有极强的排他性，致使大部分参与者以失败而告终，这种结果可能通过暗示替代作用，使学生形成错误的自我观念，导致自我否定的极端心理，如"我没有运动天赋""我太笨"等。这是因为中小学生正处于暗示性较高的阶段，他们自我意识发展不完善，自我评价能力较低，遇事较少分析与批判，因此在游戏中很容易接受游戏中的这种负性社会暗示，继而有可能影响其社会适应能力的提高以及个性的健康发展。

在某些"追拍—击打—躲闪"等为主的游戏中，对那些旨在取胜的"工具性攻击行为"，游戏规则为其留出了一个允许出现的范围，即是说，"攻击侵犯"这种非法社会行为在一定范围内被合法化了。在游戏教学中，如果教师对这种"攻击侵犯"行为重视不够或界定解释不当，就有可能给少年儿童一个负性社会暗示："攻击侵犯"是符合社会规范的行为，而这种价值取向也可能被其迁移到其他社会情境之中。

为促使少年儿童的社会化正常进行，有效地发展学生的社会适应能力，教师在教学中应采取切实可行的调控方法和策略，抑制体育游戏的负性社会暗示。如引导学生正视游戏成败，树立正确对待游戏结果的态度，让学生明白失败是暂时的，而且仅限于这项游戏；虽然未取胜，但不比别人差等。同时，为避免学生对失败结果进行个人倾向归因，教师在组织选用游戏时，应尽量多考虑相互配合协同进行的集体性游戏，并强调集体努力、合作配合以及互助互利等对获取的重要意义，最大限度地发挥体育游戏良好社会暗示的功能。此外，务必使学生了解"工具性攻击"的严格使用范围，并及时抑制那些超出社会行为规范的"攻击侵犯"行为。

三、体育游戏与社会适应教学案例

案例1

接 力 游 戏

【学习目标】在进行迎面接力比赛的游戏时，引导学生自己制定规则。为了让学生自觉遵守游戏规则，在课堂教学设计时，教师在比赛前不要求学生如何做，而

是让学生通过比赛发现、体会、改进和规范体育游戏比赛的规则,从而引导学生了解公平竞争的体育原则,培养学生自觉遵守游戏规则的习惯。

【教学设计】为了使学生能多次体验比赛,以便不断完善、改进和规范比赛的规则,在设置练习时尽量缩短跑的距离,以每次跑的距离少于20米为宜。

【教学组织】根据以前的比赛规则进行迎面往返接力比赛。

【教学实录】

(第一次比赛结束)

师:(宣布比赛的名次)同学们,你们认为这次比赛公平吗?

生:不公平。

师:为什么?

生:某某同学没有打手就跑了,某某同学抢跑……

师:好,下一次比赛时必须打手后再跑且不能抢跑,同学们有没有意见?

生:没有。

(第二次比赛开始)

(教师宣布比赛成绩)

师:同学们认为这次比赛公平吗?为什么?

生:不公平。有些同学是在同伴没有跑到终点时,就跑出去了,再拍的手,还有的同学没有跑到标志就跑回来了。

师:那应该怎么办?

生:必须跑到终点,打手后才能跑,而且要绕过标志物。

师:好,在下一次的比赛中,我们必须要遵守我们自己制定的游戏规则进行比赛。看哪一组能获得比赛的胜利。比赛开始。(教师宣布比赛成绩)你们对这次比赛结果满意吗?为什么?

生:不公平,某某同学还是抢跑……

师:那怎么办?

生:传递接力棒,而且必须在规定的接力区进行传接棒。

师:那我们就用传递接力棒进行比赛。同学们要在互相监督,遵守我们自己制定的比赛规则的同时,争创佳绩。我告诉同学们一个"秘诀",改进和提高传接棒的技术,是取胜的关键。

评析:这节课不但调动学生参与运动的积极性,而且还让学生了解了为什么体育游戏要公平竞争的原则,学生对游戏规则也有了初步的认识,同时,学生在参与中体能也得到了锻炼,技能也得到了提高。

案例 2

集体合作跑

【学习目标】在体育活动和游戏过程中培养合作意识和行为，与他人合作共同完成学习任务。

【学习内容】集体合作跑。

【学习步骤】

① 教师讲解，练习的基本形式是以小组为单位的各种合作跑。

② 第一次练习。各小组分成甲乙两队，成一路纵队，轮流练习。甲队练习时乙队帮，用绳子将参加者的左、右脚捆在一起，甲队每人双手扶在前面人肩上，领头第一人除外，各小组甲队同时出发，看哪队能先跑完半个篮球场。甲乙两队互换位置，继续练习。

③ 第二次练习。各组方法同前，但换成横队（10~12米）。

④ 第三次练习——开火车（变异一，由"跑"转成"跳"）。各小组成一路纵队，小组的每一个参与者，右手扶在前面参与者的肩膀上，左脚向前直腿抬起，前面人用左手搂住后面人的左腿，成一路纵队单脚站立姿势，听口令后出发，必须保持队伍的整齐，坚持"跳"完规定距离。

⑤ 第四次练习（变异二）。同上练习，各小组全体蹲立，两手扶住前面人的腰，听口令后出发，采取同节奏的蹲跳方式，行进的距离为12~15米。

小组讨论：成功的关键是什么？（合作、默契、节奏、速度等）

评析：这既是一堂合作交往课，也是一节体能发展课，其教学目标既包括发展学生的灵敏性与协调性，也包括增强学生的合作意识，同时也发展了学生的体能和技能。在这一游戏活动中，每一个学生都必须参与活动，而且在活动中占据一个同等重要的位置，担负着同样的任务，最后能体现出同样的价值。

案例 3

过 障 碍

【学习目标】增强个人的自尊与自信。

【学习内容】过障碍。

【教具】垫子、体操凳、跨栏架、跳箱盖。

【学习步骤】

① 老师要求学生自己动手布置一条"勇敢者的路"，障碍顺序自己定，4种障碍分别是走过体操凳、钻过跨栏架、跳过跳箱盖和滚过体操垫。

② 第一次练习：各小组每个学生挑一个自己最有把握通过的障碍物做尝试

练习。

③ 第二次练习：选两个障碍物做尝试练习。

④ 第三次练习：选 3 个障碍物（留一个最难通过的）做尝试练习。

⑤ 第四次练习：越过 4 个障碍物。

评析：学生在障碍跑中遇到的主要问题其实是他们自己的心理障碍，面对具有不同难度的障碍，学生表现出不同程度的恐惧，正是让学生通过越过难度不同的障碍来克服心里的恐惧，从而获得自尊与自信，提高社会适应能力和健康水平。

案例 4

"东方橄榄球"——抢花炮

【活动目的】通过抢花炮运动，发展学生奔跑能力，掌握抢花炮技巧和增强对抗意识，培养机智灵活、勇敢、顽强、敢于拼搏和团结协作的精神。

【活动准备】利用自然地形进行，如学校操场，在场地边角设置若干炮台区（与队数相等），场地中心为发炮点，自制花炮一个。

【活动方法】将学生分成若干队，先让其中一队为主队，负责游戏的组织与裁判工作，每个炮台区派一个队员接花炮。采用裁判抛炮的方法进入比赛，各队开始争抢，抢到花炮的一方可通过奔跑传递、交手、掩护、抱人、拉人等技术将花炮迅速递给本炮台区的主队队员。其他各队队员也应该努力进行争夺，阻止其将花炮送进炮台区。抢得花炮并将其送交给本炮台区内主队队员者为胜一炮。然后由该队替换原主队，活动继续进行。也可以用时间作为限制，在规定时间内抢到花炮次数多者为胜。

【活动规则】可采取各种技术抢花炮，但不可打人、踢人，违者取消比赛资格。

【评析】抢花炮是我国少数民族传统体育项目之一。通过抢花炮游戏教学活动，可以展现一个民族的风貌，培养学生重视我国民族古老文化的意识。把这项活动引入课堂，既丰富了课堂教学内容，又加强了各民族之间的团结，同时也是锻炼学生走向社会、接触社会、认识社会、适应社会的极好途径。

复习思考题

1. 什么叫社会适应？社会适应能力的指标和标准是什么？
2. 发展社会适应能力有什么意义？
3. 如何理解社会化这一概念的内涵？
4. 试论体育游戏对个体社会化的积极作用。
5. "体育与健康"课程标准将社会适应列为独立的一个学习领域有何意义？社会适应领域的学习目标是什么？

方法篇

第七章
篮球类游戏

 内容提要

本章根据篮球运动的特点和篮球类游戏在实际中的运用，收集、整理与创编了移动、传接球、投篮、运球与持球突破、身体素质和集中注意力与放松游戏 6 种类型，共 80 个篮球游戏，以满足篮球教学、训练和大众篮球运动实践中的需要。

第一节 移 动 游 戏

1. 前后反追逐

游戏目的：发展学生在快速跑动中的急停、转身的能力。

场地器材：篮球场 1 个。

游戏方法：如图 7-1-1 所示，学生前后相隔 2~3 米分散站立于球场的边线和端线上，游戏开始，学生按顺时针方向快跑，后者抓前者，听教师鸣哨后马上急停转身前者变后者反追逐；再听哨声后又还原追逐；如此反复进行。计算各人被抓住的次数，被抓住次数多者为输者。

图 7-1-1　前后反追逐

游戏规则：

（1）游戏者必须沿球场的边线、端线跑动，不得跑成"圆圈"，否则按犯规处理。

（2）只有"抓住"对方才算有效。

（3）凡犯规者必须退出比赛，直到下一轮开始才能重新参加。

教学建议：

（1）参加游戏的人数多，可分组进行追逐。

（2）参加游戏的人数少，可在半个篮球场沿线追逐。

2."大渔网"

游戏目的：发展灵敏素质，培养协同配合能力。

场地器材：篮球场 1 个。

游戏方法：学生分散在篮球场内，先指定两名学生担任"渔网"，其他人在场内可以任意跑动。游戏开始，担任"渔网"的两名学生手拉手在场内跑动，并设法用手触及其他人，被触到者加入"渔网"队伍，如此"渔网"逐渐扩大，直至将场上的人网完，游戏结束。

游戏规则:
(1)"渔网"不得松散,如松手触到人不算。
(2)不得离开球场跑动,被迫出界视为触到。

教学建议:"渔网"可固定2人或3人,在规定的时间内当"渔网"次数多者为输。

3."关门"

游戏目的:提高防守技术,培养学生配合意识。

场地器材:篮球场一个,在场地上画几个与中圈等大的圆,篮球若干个。

游戏方法:如图7-1-2所示,在每个圆心放一个固定不动的篮球,每组分防守4人和进攻3人站于圈外。游戏开始,在两分钟时间内,攻方利用身体假动作、转身、急停及各种脚步动作设法进入圆圈触摸球,而防守则通过快速的移动及相邻两人的关门配合不让对方进入圆内摸球,规定时间内计攻方进入圆圈触摸球的次数。时间到,两队交换位置游戏重新开始。最后以两队比较,摸球次数多的队为胜。

图7-1-2 关门

游戏规则:
(1)防守只能依靠快速的移动用身体来防守对方进攻,不能用手拉对手。
(2)进攻方不能有推人动作。

教学建议:进攻和防守的人数可适当增加或减少,但防守区至少比进攻多一人。

4.快跑摸高

游戏目的:提高学生的弹跳力,练习急停和转身的技术动作。

场地器材:篮球场1个,篮球2个。

游戏方法:如图7-1-3所示,把学生分为人数相等的两队,各成纵队站于端线外,中线处分别放置两个篮球。游戏开始,两队排头迅速起跑至中线急停用手摸地上篮球后返回,在篮板下跳

图7-1-3 快跑摸高

起摸篮板两次,再拍击本组第二位同学的手交接,自己站队尾。先轮完的队为胜。

游戏规则:

(1) 交接时,击掌后才能起跑,否则退回起点重新开始。

(2) 摸高时只能摸到篮网的学生要连续起跳3次再接力,摸不到篮网的学生在篮下尽力纵跳4次后再接力。

教学建议:

(1) 起跳前的跑动距离和方式可改变。

(2) 起跳方式可改为单脚、双脚或单、双脚交替,触摸方式可改为单手触摸和双手触摸。

5. 曲线跑比赛

游戏目的:发展学生跑的能力,培养集体协作精神。

场地器材:篮球场1个,障碍架若干个。

游戏方法:如图7-1-4所示,球场的两条端线分别为起跑线和终点线,两线间每隔5米放一个障碍架。把学生分成人数相等的两队,成纵队面向场内站于起跑线外,后面的人拉住前面人的手。教师发出游戏开始的信号后,两队迅速起动,全队成曲线跑动,依次沿曲线绕过所有的障碍架跑向终点线。以队尾先过终点线的队为胜。

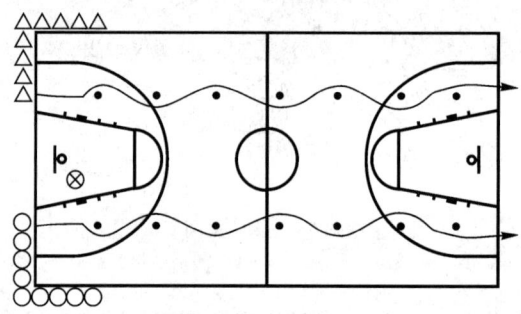

图7-1-4 曲线跑比赛

游戏规则:

(1) 曲线跑时不得碰击障碍架,否则把碰倒的障碍架放回原处再继续前进。

(2) 跑动过程中队伍不得散开或颠倒顺序,否则必须在原地重新集合好后方能继续前进。

教学建议:

(1) 障碍架的数量可根据情况增减。

(2) 障碍架可用篮球或实心球等代替。

(3) 参加游戏的人数多时,可多分几个队,用计分办法决胜负。

6. 圆圈接力

游戏目的:训练学生的侧身跑技术和发展快速跑动能力。

场地器材:篮球场1个。以球场中圈的中点为圆心,7米为半径画一个大圆圈，在圈内的 4 个方向各画一条长 2 米的横线。

游戏方法：如图 7-1-5 所示，把学生分为人数相等的 4 个队，各成纵队站立于圆圈内的横线后。游戏开始，4 个队排头迅速起动，沿顺时针方向绕圆圈做侧身快跑回到出发点时，击本队第二人的手，第二人以同样方法做侧身快跑，如此反复进行，直到全队每人做一次，先完成的队为胜。

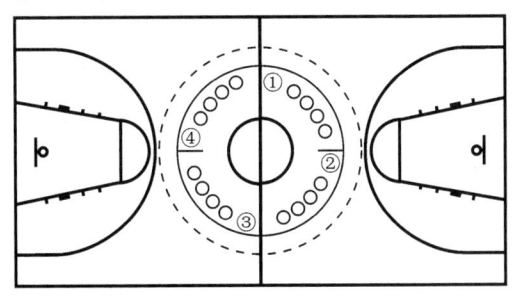

图 7-1-5　圆圈接力

游戏规则：

（1）只能沿圆圈跑不得踩线，否则判其重跑一次。

（2）如要超越对方，必须从对方的左侧超越，否则判其返回原出发点重新开始。

（3）必须由前一人向后一人击掌才能起动，否则返回出发点重新进行。

7. 跑"垒"接力

游戏目的：提高学生快速跑动中急停、转身和变向的能力。

场地器材：篮球场半个，篮球 4 个。把篮球场的半个场地视作垒棒球场地，其 4 个角则视为垒棒球的 4 个"垒"，以各个角为圆心，约 50 厘米为半径画一条半弧为"踩垒点"。

游戏方法：如图 7-1-6 所示，把学生分成人数相等的 4 个队，分别站立于 4 个"垒"的后面约 2 米处，成纵队面向场内站立；各队排头各持 1 个篮球并以一脚踩"垒"准备起跑。教师鸣哨后各组排头按逆（或顺）时针方向持球快跑，直到跑完 4 个"垒"，回到原"垒"位把球交下一个队员继续同样的跑动，直到全队轮完；先轮完的队为胜。

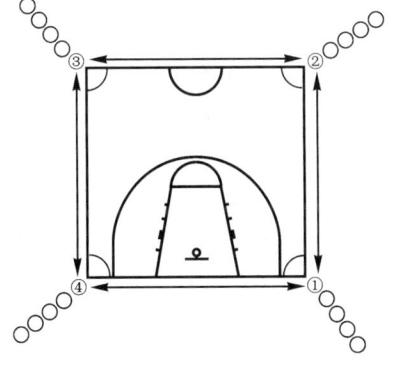

图 7-1-6　跑"垒"接力

游戏规则：

（1）跑"垒"的人必须在每个"垒"前做急停、或转身、或变向跑动作，并把 4 个"垒"都踏完，不得漏踏；如果要超越前面的人，必须从外围绕过去，不得从内线穿插过去。

（2）没有轮到的队员都要在"垒"线外，不得妨碍跑"垒"人的跑动。

(3) 接力用的球必须手递手交接，不得抛掷传递。

(4) 中途掉球允许捡起来继续比赛。

(5) 凡违反上述规则 1~3 条者，判其重跑一次。

8. 空中碰篮板

游戏目的：提高学生弹跳能力。

场地器材：篮球场 1 个，篮球 2 个。

游戏方法：把学生分为人数相等的甲、乙两队，各成纵队面向篮板站立于球篮下方两侧，排头队员各手持一球。游戏开始，两队持球队员立即把球碰向篮板，并马上跑离篮下返回本队队尾；当球从篮板上反弹回来时，第二名队员立即上一步跳起在空中接住球，同时再次把球碰向篮板，自己返回本队队尾，以同样方法进行，直到规定时间到，计算双方跳起连续托球碰板的成功次数，成功次数多者为胜。

游戏规则：

(1) 次数的计算以球不落地为准，若球落地则前面所算的次数全部作废，重新计算新的次数。

(2) 必须跳起在空中接球并将球碰板，否则视为失败，重新计算次数。

(3) 必须按顺序进行，不得替代，否则视为该队失败。

9. 追持球人

游戏目的：提高学生脚步移动的灵活性。

场地器材：篮球场 1 个，篮球 2 个。

游戏方法：球场的界线以内区域为抢球区。把学生分为人数相等的两队，分散在全场范围内。游戏开始，双方在中圈跳球，得球的队员可以抱着球跑躲避对方的追拍，此时场内的守方队员则一起去追拍持球人，持球人若被守方队员用手触及身体任何部位时，即为被捉到，此时游戏暂停，被捉到的人把球交给用手触摸到他的人，同时退出场外；新的持球人又再次同样进行。若持球人在跑动时判断到自己有可能被捉到的危险时，他可以及时把球传给本方同伴，此时其他人再去追拍新的持球人，方法同前。在规定时间内，计算双方在场上学生数多的队为胜队。

游戏规则：

(1) 持球人不得跑出球场范围以外的地区，否则罚其出场。

(2) 防守不得犯规，全队累计 2 次犯规，罚出场 1 人。

教学建议：教师或见习生担任裁判员。

10. 抢球

游戏目的：提高学生的攻、防能力。

场地器材：篮球场 1 个，篮球 1 个。

游戏方法：把篮球放在球场半场的罚球圈内，再把学生分为人数相等的甲、乙两队。一队为进攻队，分散站立于半场的边线、中线和端线外；另一队为防守队，分散在半场范围内。游戏开始，进攻队通过各种步法移动，避开防守进入罚球圈抢球，若抢到球并顺利把球抛给半场外的同伴手中，得1分；防守队则运用各种步法进行防守，不让对方抢到球，若进攻队员被抓住，则罚出比赛；若攻方把球抢到并向外传时，防守队员可及时抢断该球，并把它放回原处；直到规定时间到，双方互换攻守，最后以积分多的队为胜。

游戏规则：

（1）进攻队员必须从半场外设法进入场内抢球，若在此过程中被对方抓到，必须退出比赛，否则判其失1分。

（2）防守队员只能在半场界线内的区域防守对方，不得踩线或身体的任何部位伸出界外，否则算对方直接得1分。

（3）防守队员只有抓住对方队员才算有效，仅仅触及对方无效；进攻队员在被对方抓住时不得挣脱，否则算被对方抓住。

（4）双方均不得用手推、脚绊、身体顶等手段进行攻防，否则罚其出场。

教学建议：可以将球增加为2~3个，提高游戏难度。

第二节 传接球游戏

1. 迎面传接球

游戏目的：提高原地传接球的能力。

场地器材：篮球场1个，篮球2个。

游戏方法：如图7-2-1所示，将学生分成3人一组，队员①和③在罚球线延长线后，②在端线外，①持球。游戏开始，队员①传球给②，并从一侧跑到②后面，②接球后传给③，也从侧边跑到③后面，如此往返传、接球，在规定时间内传接球次数多者为胜。

游戏规则：传球出手时不得踩线，不能边传边跑。传球方法可用双手胸前，双手头上以及反弹、体侧传球。

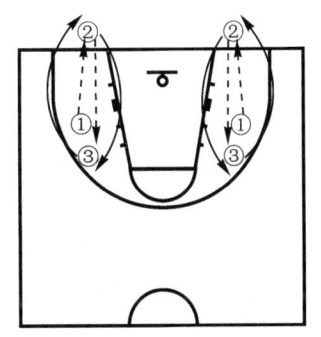

图7-2-1 迎面传接球

教学建议：可规定传球方式和增减传球距离。

2. 换位传接球

游戏目的：提高移动中传接球技术。

场地器材：篮球场1个，篮球若干个。

游戏方法：如图7-2-2所示，把学生按4人一组分成若干组，每组两个球，4人站立，相邻两人间隔3米左右，与另两人相距3~5米。游戏开始，①、②将球传给③、④，跑动换位接③、④的回传球，③、④传球后也互相换位接①、②的回传球，如此进行，在规定时间内传球次数多的组为胜。

游戏规则：传球计数，一传一接为一次，出现传接球失误不算数。

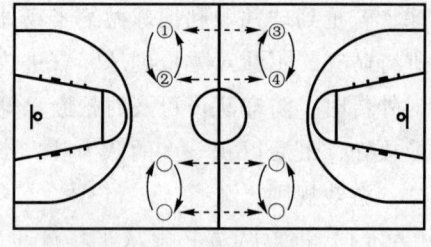

图 7-2-2　换位传接球

教学建议：

（1）跑动距离和传接球距离可变化。

（2）教师可要求学生在游戏中大声报出本组的传球次数。

3. 传球追逐

游戏目的：提高学生快速传、接球能力。

场地器材：篮球场1个，篮球2个。

游戏方法：如图7-2-3所示，把学生分为人数相等的两队，相互交错站成一个圆圈，圆圈的直径为10~12米，每队各出一人手持一球背对背站立在圆圈中央。游戏开始，圆圈中的队员按同一方向传球给本队每一个人，该队的每个队员接球后又把球回传给圈中人，连续进行，两队所传的球互相追逐，超越对方的队为胜。

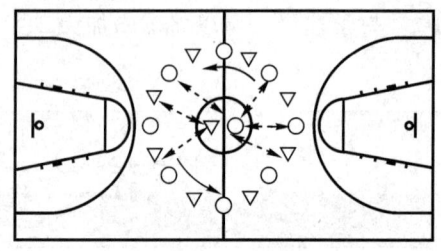

图 7-2-3　传球追逐

游戏规则：

（1）圈中人只能在中圈内移动并逐一把球传给本队同伴。

（2）任何人不得故意干扰对方传球，否则算失败。

（3）传球失误或违例均算该队失败。

教学建议：可规定传球方式。

4. 传球比多

游戏目的：提高学生在对抗中快速传、接球的能力。

场地器材：篮球场1个，篮球1个。

游戏方法：把学生分为人数相等的两队，比赛以中圈跳球开始，在整个篮球场内，得球一方在同队队员之间连续传接球15次不被对方抢断，即为得1分；如传接球未到规定次数而被对方抢断或自己失误，则取消已传次数，直到该队重新获得球再从头计起；在规定时间内得分多的队获胜。

游戏规则：

（1）有球一方只能传球，不得运、投、带球走，否则算违例。由对方发球重新开始比赛。

（2）抢断球时不得有犯规动作，否则断到球无效，球交予对方在犯规处重新开始比赛。

（3）同队两人间传、接球不得连续进行，否则所传违例。

（4）同队之间传、接球已超过规定次数，而球尚未被对方抢断去，可继续传接得分。

教学建议：

（1）根据游戏者的水平规定传接球的次数。

（2）也可不规定具体传接球次数，而改规定时间内传接球次数多的队为胜。

5. 打"龙尾"

游戏目的：提高学生快速传接球的准确性，培养其灵巧、敏捷和迅速反应的能力。

场地器材：篮球场1个，篮球1个。

游戏方法：把学生分为人数相等的甲、乙两队，甲队首先围成一个直径为10～12米的圆圈，乙队在圆圈内排成纵队，后面的人抱着前面的人的腰组成"龙"，排头的队员为"龙头"，排尾的队员为"龙尾"。游戏开始，圈外的人相互传球，捕捉时机用排球掷"龙尾"，"龙头"则带领全队迅速奔跑、躲闪或用手挡、打来球，以保护"龙尾"不被球击中；若"龙尾"被击中则到排头担任"龙头"，圈外的人再继续快速传球以打断"龙尾"；直到规定时间到，计算被击中的"龙尾"人数；然后与圈外的甲队互换角色，再进行同样的时间后，游戏暂停，计算双方被击中的"龙尾"数，数量少者为胜。

游戏规则：

（1）圈外人不得缩小圆圈的直径以进入圈内打"龙尾"，否则打中无效。

（2）只准打"龙尾"腰部以下的部位，否则打中无效。

（3）圈内的"龙"必须保持纵队队形，不能断开，"龙尾"也不能缩在队伍内，否则算被对方打中。

教学建议：

（1）如参加的人数多，可把学生分为3个或更多的队轮流进行。

（2）也可采用在规定时间内被击中的人数少的队为胜的方法。

6. 两人传三球

游戏目的：提高学生传球技术和快速反应能力。

场地器材：篮球场1个，每两人3个篮球。

游戏方法：把学生分为两人一组，相距4～5米，面对面站立。两人用3个球做原地的单手体侧传接球，要让球不停运转直到规定时间到，累加其传球次数，次数多的组为胜。

游戏规则：

（1）计算传球次数以开始手持两球的队员传球次数为准。

（2）3个球要始终保持运转，不能有明显停顿。

（3）传球失误时从失误处继续累加下去。

教学建议：

（1）此游戏适用于有一定技术水平的学生进行，传接球技术动作尚未规范时不宜采用。

（2）可根据球的数量，几个组同时开始或一个一个组进行。

7. 两传一抢

游戏目的：使学生掌握隐蔽传球技术，提高传接球动作速率。

场地器材：篮球场1个，每3人1个篮球。

游戏方法：如图7-2-4所示，把学生分为3人一组，其中两人为传球人，相距3米左右相对而立，第三人站在两人中间为抢球者。游戏开始，两传球人以各种方式相互传接球，不让中间的抢球者抢到球；位于中间的防守者则以快速的来回移动抢截两传球人传出的球，如果其中一个传球人的球被防守者手摸到，则两人互换角色继续进行。

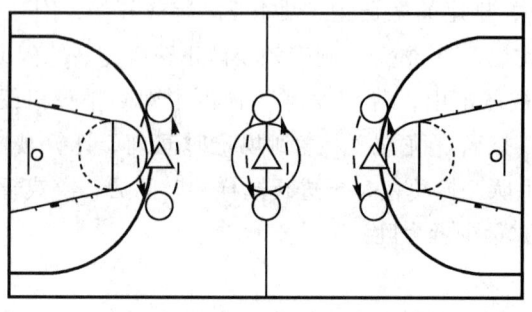

图7-2-4 两传一抢

游戏规则：

（1）两传球人不得拉大传球距离，接球后中轴脚不得移动，违者算失误。

（2）不得传高吊球，否则算失误。

教学建议：此游戏可演变为：三传二抢、五传三抢和六传四抢，其规则可适当变动。

8. 传球触人

游戏目的：提高快速传接球的能力和灵活性。

场地器材：篮球场1个，篮球1个。

游戏方法：参加游戏者分散在场内任意跑动，指定两人传球，在不准走步、运球的情况下，传球人通过传球去追逐并及时用球去触及场上跑动的人，被触到者参加到传球人的行列，最后看谁没被触到，没有被触到者为胜。

游戏规则：

（1）徒手队员不准超出规定的场地线，否则算被触到。

（2）传球人只能用传球去"触及"徒手队员，否则无效。

教学建议：

（1）可根据参加的人数决定开始时的传球人数。

（2）场地范围在开始时可先在半场内进行，以后随着传球人的增加可扩大至全场。

9. 传球接力

游戏目的：使学生掌握传接球动作方法。

场地器材：篮球场1个，篮球4个。

游戏方法：如图7-2-5所示，把学生分为人数相等的4个队，分别站立在半场的两边线、端线、中线后，4队均面向场内站立，每队各由一人手持一球面向本队站立于罚球圈内。游戏开始，圈中的队员按规定动作把球给本队第1人后，即跑回本队队尾，接球者马上起动把球运至圈内，再按同样的规定动作把球传给本队第3人，自己回到队尾，如此循环下去直至全队每人做一次，先做完的队为胜。

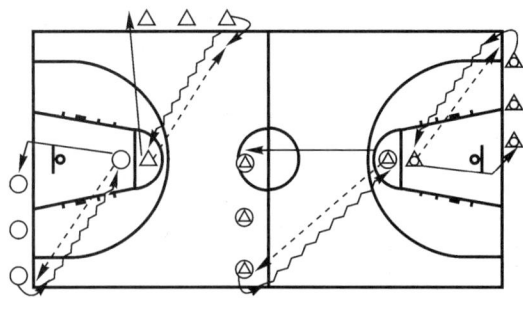

图7-2-5 传球接力

游戏规则：

（1）传球或接球都不能越线，否则犯规者必须重做一次。

（2）传接球失误，由失误的两人回到原处重做一次。

教学建议：可规定不同的传球方式进行此游戏。

10. 活动篮筐

游戏目的：提高观察判断和快速移动中传接球技术。

场地器材：篮球场1个，篮球1个。

游戏方法：把学生分成人数相等的两队，每队指定两人手拉手成一个圆形，作为"活动篮筐"，它可在场内任意移动。比赛从中圈跳球开始，获球方为进攻，进攻一方设法把球投入对方"活动篮筐"内得1分；防守一方积极抢球并反击；在规定时间内得分多的一队获胜。

游戏规则：

（1）做"活动篮筐"的两人不得撒手或缩成一团，必须保持圆形并用移动的方式不让对方投中，否则算对方得1分。

（2）进攻队员只准传球，不准运球或投篮或故意打篮板。

（3）出现违例、犯规或投中篮，均由对方在就近界线外掷界外球继续比赛。

教学建议：游戏分短时间多轮进行（或单位时间内计算投篮次数），每轮结束攻守调换。

11. 角篮球

游戏目的：提高学生在快速移动中传、接球技术的准确性和运用能力。

场地器材：篮球场1个，篮球1个。在球场两对角处，分别各画两条平行线成为大三角形，其中内线与外线相距约1米，该角视为"禁区"。

游戏方法：如图7-2-6所示，把学生分为人数相等的两队，每队8人，每队选出两人分别交错站立在对角上。游戏开始，双方中圈跳球，得球方通过相互传接球组织进攻，力求把球"投"给站在角上"禁区"内的本方队员，在该角上的对方队员则可用各种防守方法协助本队同伴不让有球一方把球"投"给该角上的对手。在角上的队员每得一球记1分，得分后由对方掷端线界外球继续比赛。如果球被对方在角上的队员获得则由得球队员在原地（场角）掷球继续比赛；如果球在进攻过程中被对方截获，则由守转攻继续比赛。在规定时间内以得分多的队为胜。

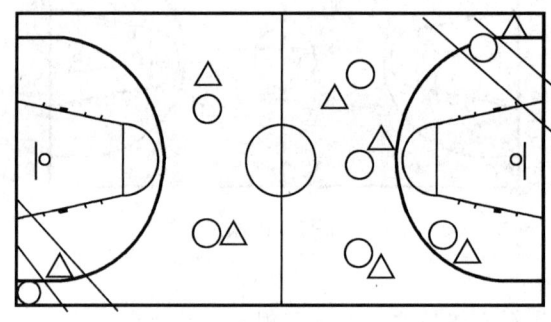

图 7-2-6　角篮球

游戏规则：

（1）只准传球，不得运球，否则球交对方掷任意球继续比赛。

（2）除规定在场角上的队员外，双方任何队员不得进入划定的"禁区"，否则攻防双方得分或得球无效。

（3）有球一方在角上的队员只要接到从场内"投"来的球均有效，但若从球场界线外把球"投"给该队队员则判其违例，由对方掷界外球继续比赛。

（4）不准用推、拉、拦、绊、抱等动作阻拦对方以获球，否则判其犯规。

（5）凡出现违例，判由对方在违例地点掷任意球继续比赛；凡出现犯规，直接判给对方1分后，由犯规队掷界外球继续比赛。

教学建议：

（1）在角上队员可以设为两人双手相握成"篮圈"进行比赛的方法。

（2）如参加人数多，可多分几支队轮流进行比赛。

第三节 投篮游戏

1. 罚球比赛

游戏目的：提高学生原地投篮技术动作的质量和命中率。

场地器材：篮球场 1 个，篮球 2 个。

游戏方法：把学生分成人数相等的两队，两队面向球篮成纵队站立于罚球线后，排头各手持一个篮球。游戏开始，各队从排头开始依次罚球，无论投中与否都由投篮队员自己去抢篮板球传给下一个队员，如此循环下去，直到完成规定的投中个数，先完成的队为胜。

游戏规则：按篮球比赛的罚球规则执行。

教学建议：可规定全队每人投篮出手次数或时间，累计投中个数，投中个数多的队为胜。

2. 上篮积分赛

游戏目的：提高上篮命中率。

场地器材：篮球场 1 个，篮球 2 个。

游戏方法：如图 7-3-1 所示，将所有学生分为两组，一组持球站于中线与边线交接处。另一组站于罚球线上。游戏开始，持球同学传球至罚球线同学，起动接回传球上篮，上篮结束到罚球线，罚球线上的同学跟进抢篮板，抢完篮板持球站到中线。上篮投中得 2 分，不中要补中，补中得 1 分，在规定时间内先得到 50 分的队为胜。

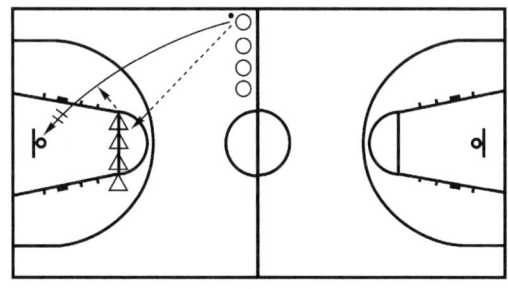

图 7-3-1　上篮积分赛

游戏规则：接球后直接上篮，不得运球，否则投中的球无效重做。

教学建议：上篮方式可规定为低手上篮或高手上篮。

3. 抢投 30 分

游戏目的：提高学生快速投篮的能力。

场地器材：篮球场1个，篮球4个。

游戏方法：把学生分为人数相等的4个队，每两队用一副篮筐，各队在距篮圈5米的45°纵队站好，排头各持一球。游戏开始，各队从排头起做原地跳投一次，罚球一次，都是自投自抢，无论投中与否，都把球传给下一个队员，依次按同样方法进行，按跳投投中得2分、罚球投中得1分的分值累计，直到投满30分，以完成的快慢排列名次。

游戏规则：

（1）严格限制投篮距离，跳投时的起跳点不能越过规定范围。

（2）不得故意干扰对方投篮。

教学建议：根据学生的水平，可对投篮距离提出不同的要求或规定。

4. 3分领先赛

游戏目的：锻炼学生心理素质，提高3分命中率。

场地器材：篮球场1个，篮球若干个。

游戏方法：把学生分为人数相等的两队，在两个零度角三分线外投篮，比赛的顺序是甲1、乙1、甲2、乙2……一方领先进5个球为胜。

游戏规则：队员按顺序进行比赛，中途不得交换位置。

教学建议：

（1）投篮点可改变，如在45°处、弧顶处。

（2）可要求各队大声报出本队投中数，给对方增加心理压力，同时鼓励本队加油。

5. 投篮升级比赛

游戏目的：帮助学生在不同角度不同距离的投篮中改进动作，提高投篮的命中率。

场地器材：篮球场1个，篮球2个。

游戏方法：如图7-3-2所示，在距投篮区5.5米处，设0°、45°、60°、90° 4个投篮点。把学生分为人数相等的两队，分别成纵队站立于左、右两边的0°角上，排头各持一球。游戏开始，两队自排头起依次按规定要求进行投篮，逐一投完4个点，将球交给第二名同学，以此类推先投完的队为胜。

游戏规则：必须投中才能到下一个点投篮。

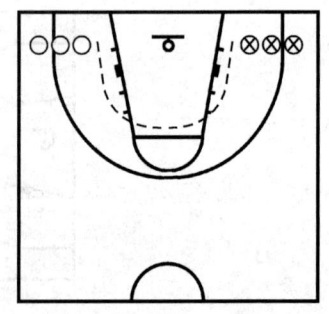

图 7-3-2 投篮升级比赛

教学建议：

（1）可按规定时间，计投篮中得多的队为胜。

（2）每局结束，双方互换场地。

6. 换球上篮接力

游戏目的：提高学生快速跑动中运球上篮的能力。

场地器材：篮球场 1 个，篮球 4 个。

游戏方法：如图 7-3-3 所示，把两个篮球分别放在中线上。把学生分为人数相等的两队，分别成横队面向场内站在两端线外，排头持一个球。游戏开始，两队排头运球快跑至中线，放下手中的球，捡起地上的球快速运球上篮，投中后按原路线运回中线、换球并回运至起点处将球交给下一个队员，按同样的方法依次进行，直到全队每人做完一次，先完成的队为胜。

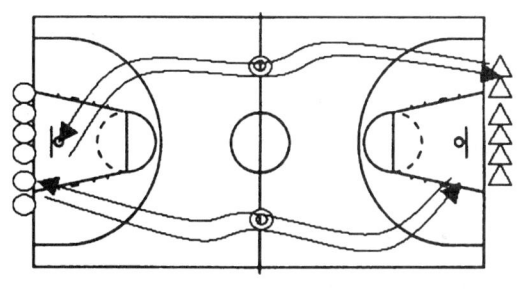

图 7-3-3　换球上篮接力

游戏规则：

（1）在端线手递手交接球后才能起动，否则此次运球上篮无效，该队员应在本队最后重做一次。

（2）每次投篮必须投中才能返回，可采用任何方法补中。

教学建议：

（1）可投篮后直接运回将球交接。

（2）可将上篮改为运球至罚球线投篮，不进补中。

7. 投得快投得准

游戏目的：提高学生快速移动中接球上篮能力。

场地器材：篮球场 1 个，篮球 4 个。

游戏方法：如图 7-3-4 所示，将球场按纵轴分为两部分，队员分为人数相等的两队，各自在本队的半场中线角上站队，每队派一名队员在篮下手拿一球，准备传球。游戏开始，①❶运球出罚球线并长传给②和❷上篮。②和❷接到球直接上篮

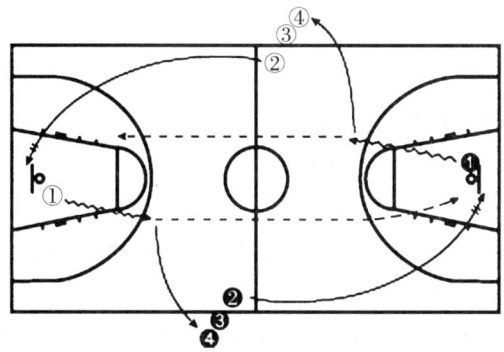

图 7-3-4　投得快投得准

投中得2分，接球后运球上篮投中得1分，传球出界扣2分。①❶传球后到本队队尾排队。②和❷投篮后，不论投中与否，都要自抢篮板并运球出罚球线，长传给③和❸上篮，然后到本队队尾排队。依次进行，先得到30分的队为胜。

游戏规则：

（1）长传球时传球队员不能超过罚球弧顶。

（2）长传球出界时，上篮队员需把球捡回，但不能再投篮，只能到篮下开始运、传球。

教学建议：

（1）视学生具体情况，可降低游戏难度，不规定运球手和投篮手等。

（2）可提高游戏难度，规定具体的上篮方式。

8. 连续接球急停跳投

游戏目的：提高学生跳投的命中率。

场地器材：篮球场1个，篮球每人1个，标志物2个。

游戏方法：如图7-3-5所示，在半场的三分线内与端线相距约2米处放一标志物，把学生分为人数相等的甲、乙两队，各成纵队面向球篮站立于三分线外的左、右两侧，排头不持球，其余的队员每人持一球。游戏开始，各队排头向同侧标志物的方向做侧身跑，跑至标志物外接同伴传来的球急停跳投，无论投中与否均去抢篮板球排回本队队尾。如此连续不断进行，直到规定时间到，命中次数多的队为胜，或先完成规定命中次数的队为胜。

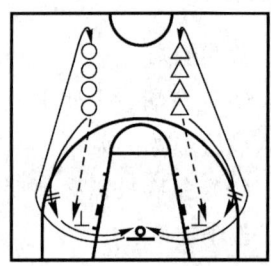

图7-3-5 连续接球急停跳投

游戏规则：

（1）必须依次传、投，超越顺序者投中无效。

（2）必须在标志物外跳投，在标志物内投中无效。

（3）传接球失误，由失误者把球捡回再排列到队尾，不得原地再投，否则投中无效。

教学建议：

（1）可采取三局两胜制进行比赛，每局完后，双方互换场地。

（2）可在两个半场内同时进行比赛。

（3）也可降低难度规定为原地投篮。

9. 攻守投篮

游戏目的：提高学生灵敏性、应变能力和培养配合意识。

场地器材：篮球场1个，篮球2个。

游戏方法：将学生分为人数相等的两队，每队8人，双方各有一名队员手持球站在本方半场的端线外准备发球。游戏开始，当裁判员鸣笛后，各自发球开始比赛，两队同时在场上传球、运球、突破，力求将球投入对方篮内得分；同时又要设法阻截和防止对方将球投进本方篮内，并积极抢断对方的球，组织反攻。在规定时间内，以进球多者为胜。

游戏规则：比赛中出现犯规、违例、传球出界等情况时，均判对方在犯规违例方的半场发界外球。

教学建议：

（1）裁判员 2~4 人。

（2）本游戏运动量较大，时间不宜过长。

第四节　运球与持球突破游戏

1. 运球追逐

游戏目的：提高运球技术。

场地器材：篮球场 1 个，篮球 6 个。

游戏方法：如图 7-4-1 所示，学生两人一组，每人一球，按图示路线相互追逐，追上得 1 分。然后恢复到原来位置上，换另一只手运球追逐，这样重复练习。在规定的时间内，得分多者为胜。

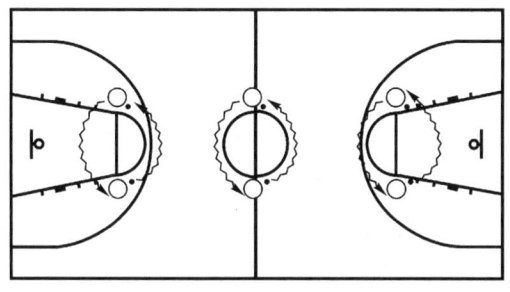

图 7-4-1　运球追逐

游戏规则：

（1）运球者只能在圈外运球追逐，不得踩线或进入圈内；凡出现一次踩线就算被对方拍到一次；凡进入圈内者算被前后两人各追拍到一次。

（2）必须用规定手运球，否则拍到前方者无效。

（3）运球失误时必须把球捡起来在失误处继续，此时拍到前方人无效。

教学建议：参加游戏的人数少，可只分两队进行对抗；参加游戏的人数多，可在球场的其他地方画几个同样大小的圆圈同时进行。

2. "三国演义"

游戏目的：提高运球变向技术。

场地器材：篮球场1个，篮球3个。

游戏方法：如图7-4-2所示，把学生分为人数相等的3组，每组排头各持一球站于直径约5米的大圆边线上，指定各组分别为吴、蜀和魏，游戏开始，各国"士卒"沿蜀→吴→魏的路线运球，经对方营寨时，脚踏营地的线，才能冲向下一营地，经另两营地后返回本营。球交下一位同学，第二次比赛开始。每一次比赛，最后到本营的同学判输，并被送到速度最快的队里，以此进行，其中一组没有士卒时游戏结束，该组受罚。

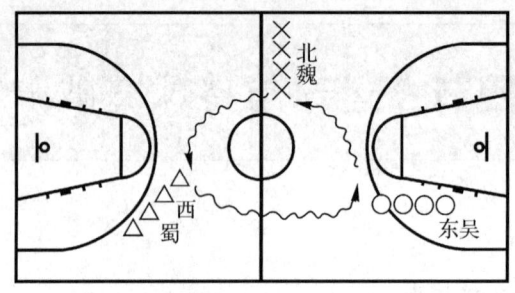

图7-4-2 "三国演义"

游戏规则：

（1）到营地脚必须踏线，否则返回重做。

（2）手递手交球，不得传球，违规判输。

教学建议：可增加游戏的组数。

3. "春种秋收"

游戏目的：发展学生在快速运球中控制球的能力。

场地器材：篮球场1个，篮球2个，灌水的矿泉水瓶6个。

游戏方法：如图7-4-3所示，将每3个矿泉水瓶沿一直线分别间隔一定的距离放于场内，将学生分为人数相等的两队，成纵队面向场地站于端线后，排头持球。游戏开始，排头快速起动向对面端线运球，途中依次把3个瓶子推倒，运至对面端线后返回，再依次把3个瓶子扶起，至端线后将球交给下一位同学，以此类推，每人一次，先做完的队为胜。

图7-4-3 "春种秋收"

游戏规则：

（1）推瓶或扶瓶时，另一只手必须同时做低运球，不能持球。

（2）返回至端线后用双手低手传球的方式将球传给下一位同学。

教学建议：可运球至障碍物处做急停急起。

4. 对抗出局

游戏目的：提高学生对抗中的运球能力。

场地器材：篮球场1个，篮球若干个。

游戏方法：学生分为每两人一组，一人一球，同时在场内3个圆圈内运球。游戏开始，在控制好自己的球的情况下，两队员用肩膀互相挤推，力争把对方挤出圆圈，在规定时间内，将对方挤出圆圈次数多的同学为胜，另一人受罚。

游戏规则：

（1）只能用肩膀挤推，不能用手。

（2）在对抗过程中，若队员运球失控，判出圆圈一次。

教学建议：分组时要注意学生身高、体重和技术基本均等。

5. 运球绕场跑

游戏目的：提高快速运球能力。

场地器材：篮球场1个，篮球2个，障碍架4个。

游戏方法：如图7-4-4所示，将队员分成4个小组按图中所示的队形站好。各组1号拿球，听到哨声后沿逆时针方向运球绕场地跑，跑完一圈后把球交给2号，2号也运球绕一圈把球交给3号，以此类推，看哪个队先完成接力赛。

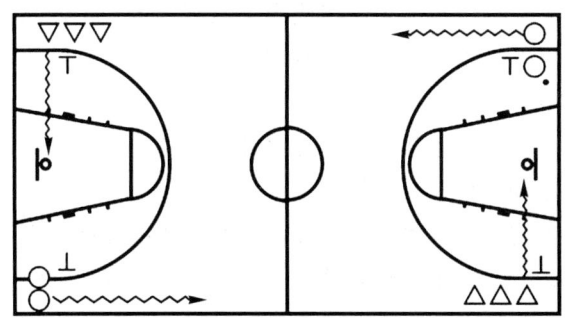

图7-4-4 运球绕场跑

游戏规则：必须运球绕障碍架跑，否则返回重做。

教学建议：此游戏可要求队员跑圈运球投篮和规定运球方式与运球手等进行。

6. 运球相互拍打

游戏目的：帮助学生熟悉球性，提高控制球和保护球的能力。

场地器材：篮球场1个，篮球每人1个。

游戏方法：全体学生人手一球分散于半场（或三分线以内）内，自己运球并随时伸手拍打周围同伴的球，同时注意保护好自己的球不被别的同伴拍打。凡拍打

到同伴的球者得 1 分，被同伴拍打到一次失 1 分，持续 3 分钟后统计各人得分，分数多者获胜。

游戏规则：

（1）只准在规定区域内相互拍打，否则算自动退出比赛。

（2）累计分多者为胜。

教学建议：

（1）可进行几个 3 分钟，以提高游戏难度。

（2）可在计算个人得分同时计算全队得分，全队得分高者获胜。

7. "死"球变活球

游戏目的：发展学生手指、手腕拍按球的能力。

场地器材：篮球场 1 个，篮球每人 1 个。

游戏方法：把学生分成人数相等的两队成横排相对而立，每人面前地上放一个篮球。游戏开始，两排学生同时下蹲用最快速度把放在地上的"死"球拍"活"成原地高运球姿势站立，在规定时间内站起来的人数多的队为胜。

游戏规则：

（1）只能用手指、手腕的力量快速拍按球，使球变"活"，不得把球拿起来。

（2）个人完成，同队队员间不得帮忙救"活"球。

（3）不得以任何方式干扰对方拍"活"球。

（4）违反上述规定者为犯规，凡犯规者罚其把球连续拍"活"3 次后才计成绩。

教学建议：如果参加游戏的人数多或无法做到每人一个篮球，可把参加游戏的人分成若干个小组，每个组的人数与现有的球数相同，采用淘汰的方法进行对抗。

8. 运球沿线追拍

游戏目的：提高学生行进间快速运球以及运球急停、转身的能力。

场地器材：篮球场 1 个，篮球每人 1 个。

游戏方法：学生均匀地分散站立在球场的两条边线和两条端线上，每人手持一个篮球。游戏开始，全体学生按顺时针方向沿球场的界线运球快跑，后面的队员力求抓住前面一人。当听到教师鸣哨后马上运球急停、转身，沿球场界线做逆时针方向运球快跑，原来在后面的队员变成在前面的队员，反抓原来在后面的人。如此反复进行，以被抓到次数少者为胜。

游戏规则：

（1）不管向哪个方向跑动，都只能沿球场的界线进行，否则算被抓到。

（2）只要是后面的人的手触摸到前面的人即为被捉到。

（3）若后面的人捉到前面的同伴而又运球失误时，捉住无效。

教学建议：

（1）如果人多球少，可分为几队轮换进行。

(2) 如果参加的学生人数多，可把球场上的各个圆圈都用上进行同样的比赛。

9. 迎面运球接力

游戏目的：使学生掌握行进间运球技术，提高运球速度。

场地器材：篮球场1个，篮球2个。

游戏方法：把学生分为人数相等的甲、乙两队，每队又分为A、B两小组，两队的两组成纵队面向场内分列于两端线后迎面站立。两队的A组排头先持一球。游戏开始，持球队员首先用行进间高运球方法把球运至对侧端线，手递手把球交给本队B组第一人，然后自己排到该组末尾；B组第一人接球后又迅速直线运球至对侧端线把球手递手交本队A组第二人，如此循环直到全队每人轮完一次，先轮完的队为胜。

游戏规则：

(1) A、B组交接时只能用手递手交球的方法，否则为犯规。

(2) 运球失误时必须把球捡回失误处重新再运，否则为犯规。

(3) 凡犯规者必须再进行一次运球接力，否则该队名次列后。

10. 变向运球接力

游戏目的：提高学生快速移动中变向运球的能力。

场地器材：篮球场1个，篮球2个。

游戏方法：如图7-4-5所示，把学生分成人数相等的两队，分别面向场内站在同一端线的两个场角上，排头各持一球。游戏开始，从排头起每个队员依次在障碍物处做体前变向换手运球，快速变向运球，返回时仍按原路线和原方法进行，并以手递手的方式把球交本队的下一同伴，直至全队每人轮完一次，以速度快的队为胜。

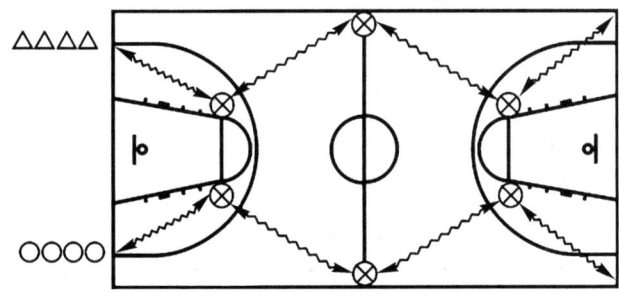

图 7-4-5 变向运球接力

游戏规则：

(1) 运球中必须有一只脚踏入罚球圈或踏到边线中点或前场场角，方能继续向预定方向运球前进，否则判为犯规。

(2) 交接球必须手递手进行，否则判为犯规。

(3) 凡被判犯规者其所跑次数无效，判其在本队最后重跑一次。

教学建议：可规定不同的运球方法进行此游戏。

11. 运球突破接力

游戏目的：针对性地提高学生的运球技术。

场地器材：篮球场1个，篮球2个，标志物4个。

游戏方法：如图7-4-6所示，在场地的两个半场的左右两侧各放一个标志物，把学生分为人数相等的两队，面向标志物在同一端线后成一路纵队站立，排头各手持一个篮球。游戏开始，从排头起每个队员按图示路线依次把球运至立柱前以规定动作做运球突破，返回时按原路线和动作进行，并以手递手方式将球交给下一个队员，直至全队每人轮一次，最先轮完的队为胜。

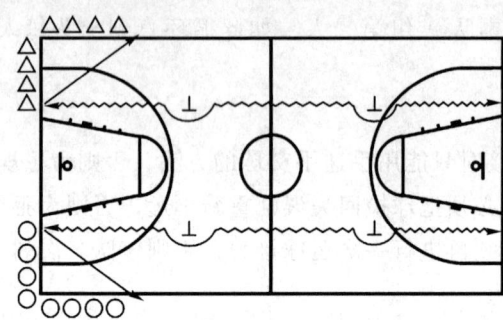

图7-4-6 运球突破接力

游戏规则：

（1）必须按规定要求在立柱前运球突破，否则判为犯规。

（2）必须以手递手的方式把球交给下一个队员，否则判为犯规。

（3）运球至前场后必须有一脚踩端线才能返回，否则判为犯规。

（4）犯规者的运球被视为无效运球，必须重跑一次。

教学建议：可有意识规定多个不同的运球动作组合起来进行游戏。

12. 运球见线折回跑

游戏目的：发展学生在快速运球中变换动作和控制球的能力。

场地器材：篮球场1个，篮球2个。

游戏方法：如图7-4-7所示，把学生分成人数相等的两队，位于端线纵队面向场内站立，排头持一球。游戏开始，两队分别从排头开始，依次运球到罚球线返

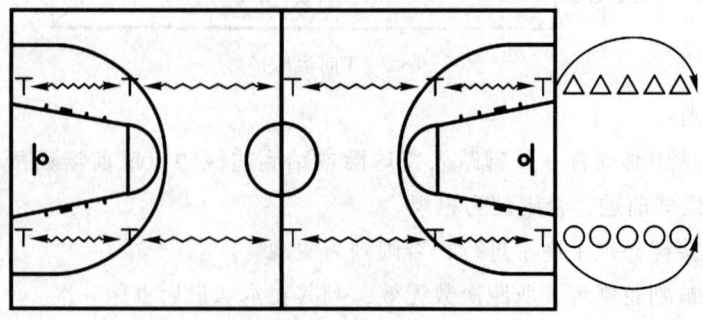

图7-4-7 运球见线折回跑

回，脚踩端线转身继续运到中线返回，同样方法运球到前场罚球线和前场端线返回原出发点，用手递手的方式把球交给下一个同伴。如此循环直到全队每人轮完一次，先轮完的队伍胜。

游戏规则：

（1）必须在定点线踩线返回。

（2）运球返回原起点处时，必须用手递手方式把球交给下一个队员，否则无效。

（3）运球中出现失误时，必须从失误处重新开始，否则无效。

（4）所有被判"无效"的运球都必须重跑一次。

教学建议：根据学生情况，减少折返次数。

13. 运两球接力

游戏目的：发展和提高学生控制球的能力。

场地器材：篮球场1个，篮球4个。

游戏方法：把学生分为人数相等的两队，各队成纵队站在同一端线外面向场内，排头手持两个球。游戏开始，排头队员左、右手各运一个球到中线，然后把两个球放在地上地滚球推回，推球时手不离球、球不离地。返回端线把球交给下一个队员，照上述方法继续进行，直至全队做完，以速度快的队为胜。

游戏规则：

（1）运球时，如有一球滚离，必须拾回滚离处继续运两球，实际运球距离不能减少。

（2）必须有一脚踩中线才能返回。

（3）返回推球时双手均不能离球，两球均不能离地。

（4）如违反上述三点之一者即为犯规，判其重运一次。

教学建议：此游戏适用于有一定运球基础的学生。

14. "有轨电车"追逐

游戏目的：提高学生在快速运球中随时变向的能力，养成抬头运球的习惯。

场地器材：篮球场1个，两人1个篮球。

游戏方法：事先约定球场上所有的线构成"电车轨道"，所有的两线交接点都是"电车轨道"的拐弯点，即场上所有的线（罚球区的分位线除外）都是通过这引起拐弯点相通的。场上3个圆圈为"停车场"，但每个"停车场"每次只能停一辆"电车"。把学生分为人数相等的两队。先指定甲队为"电车"，每人手持一个球分散在球场的所有线上任意运球移动；乙队为追逐者，先指派两人各持一个球准备追逐"电车"。游戏开始，甲方队员运球沿线快跑，遇乙方队员堵截时可从拐弯点转到另一条线上，或到"停车场"上稍作休息，以避免乙方把球打掉。乙方队员则快速运球追逐或夹击堵截甲方运球队员，追上者轻拍对方或把球打掉可得1分；若对方进入"停车场"则不得继续追拍；若"停车场"内有一辆以上的

"车"，则可进入"停车场"内追拍圆圈中的任何一个人，拍到一个得 1 分，除非在进入"停车场"时，多余的"车"迅速离去。其他情况下被对方拍击到的"电车"都被视为该车"抛锚"而退到场外。如此连续进行，直到规定时间到，双方互换角色进行同样时间的追逐，最后计算双方得分或"抛锚"的"电车"数，得分多的或"抛锚"的"车"数少的队为胜。

游戏规则：

（1）无论追逐者还是被追者，都只能沿球场上的线跑动，若被追者违例算对方得 1 分；若追逐者违例则追上无效，并从已有得分中扣 1 分。

（2）运球失误，允许在失误处重新开始。

教学建议：可改用徒手练习此游戏。

第五节 身体素质游戏

1. 跳越绳球

游戏目的：培养学生的灵巧、协调及反应判断能力。

场地器材：篮球场 1 个，篮球、篮网各 1 个，长绳 1 条。

游戏方法：把篮球放进篮网内，绑上长绳。学生在球场上围成一个圆圈，相互间相隔约一臂距离，面向圆心站立。游戏开始，教师位于圆中心手持绳子一端，把球抢起平行于地面轮转飞行，球离地 20~30 厘米，速度快慢由教师掌握。当球经过时，立于圆圈上的队员必须跳起让球通过，若被球碰到或被绳子缠住者为失败。

游戏规则：

（1）如因绳子抢得过高而被球碰到脚或被绳子缠住不算失败。

（2）如因要躲避球而离开圆圈，则算失败。

（3）凡被判失败的队员须做一次"抢球人"，直到为下一个失败者所取代，方可进入圆圈内重新练习。

教学建议：

（1）如无合适的长绳可用—稍长的竹竿代替。

（2）可把圆圈上的队员分为若干队，计算在规定时间内各队的失败人数，以失败人数少的队判出"团体名次"定胜负。

2. 你抓我救

游戏目的：提高学生的跑动速度和灵敏、反应、躲闪能力。

场地器材：篮球场 1 个。

游戏方法：制定球场的中圈为"禁区"，选出参加游戏的学生 5 人为追逐者，其余人将在场内任意跑动并把被抓到的被追逐者送到"禁区"内。没有被抓到的被追逐者可设法避开守在"禁区"旁边的追逐者去营救"禁区"内的同伴。直到所有被追逐者全被抓完送进"禁区",或"禁区"内的被追逐者全被救完为止。另换一批追逐者和被追逐者继续游戏。

游戏规则:

(1) 在"禁区"外的被追逐者用手击"禁区"内的人的手掌为营救成功。

(2) 若在"禁区"外的人在营救"禁区"内的同伴时又被追逐者抓到,同样要到"禁区"内等待营救。

(3) 被送到"禁区"内的人不得自行"离开"。

(4) 追逐者只有抓住被追逐者才有效,仅仅拍到无效。

教学建议:

(1) 该游戏可采用快跑、竞走或单脚跳等方式进行追逐。

(2) 还可分成人数相等的两队,双方出同等人数的人为追逐者去追对方,在规定时间内计算某方余下在"禁区"内的人数的多少决定全队胜负,余下多者的队为负。

3. 追捕

游戏目的:提高学生的移动速度和灵活性。

场地器材:篮球场1个。

游戏方法:游戏者全部分散在球场上任意跑动,指定其中两人为追捕手。教师鸣哨后游戏开始,凡被追捕手触及的人必须用一手按住被触及的部位继续跑动,避开追捕手的触及。如果他第二次被触及,就用另一只手按住第二次被触及的部位继续跑动。在第三次被触及时他就要退出场外,等到第二个人退出场外的人一起组成新的追捕手(组),再去追捕其他人。在新的追捕手上场时,被原追捕手触及的人即可"解放",一手或双手可不再按住被触及的部位进行跑动,但若被新的追捕手触及则仍需要按住被触及的部位。如此循环直至规定游戏时间到为止。

游戏规则:

(1) 追捕手的手触及被追捕队员为有效,不得推人、抓人、拍打人,否则罚其连续再追捕两人后方可替换。

(2) 以球场为界,跑出球场算自动离场,按被第三次触及处理。

4. 追球比赛

游戏目的:提高学生的反应和起动速度,提高观察能力。

场地器材:篮球场1个,篮球1个。

游戏方法:把学生分为人数相等的两队,分别站于球场的两边线上,各队报数后每人记住自己的号数。游戏开始教师把篮球投向篮板,同时高叫"×号",两队的"×号"队员立即起动跑出接篮板球;如果是甲队的"×号"队员先接住球则先得1分,同时该队员立即持球跑到该队队尾并依次由后向前把球传至排头。与此同时对方未抢到篮板球的"×号"队员则徒手绕过本队队尾跑道排头处；如果甲队的传球先到则甲队再得1分，以2∶0结束这一回合。如果是双方几乎同时到达又难以分清先后，则双方不得分，甲队则以1∶0结束这一回合；然后教师再叫另一号数，游戏继续进行；进行若干次或若干时间后计算双方得分，得分高者为胜。

游戏规则：

（1）队员必须依次传球，不得隔人传球。

（2）跑的队员必须在本队队尾绕过去，跑到本队排头。

教学建议：抢篮板球后可运球跑。

5."鸭步"接力

游戏目的：发展学生下肢力量和协调性。

场地器材：篮球场1个。

游戏方法：把学生分成人数相等的两队，每个人都要挺胸、直腰、屈膝成半蹲姿势、双手背于腰上成一路纵队站立于球场一端的端线外。听到"开始"的信号后，排头第一人立即起动，以原姿势成"鸭步"行进至中线，然后返回击第二人的手，第二人以同样姿势和方法行进并返回，击第三人手……如此反复循环，直到全队轮完，先轮完的队为胜。

游戏规则：

（1）比速度的同时比动作正确，不得弯腰、抬臀、直腿，否则每出现上列情况一次扣该队1分；如某队先到达终点但被扣分，则名次排列于后。

（2）前一人必须击后一人的手掌，后一人方能起动，否则返回起点重做。

（3）此游戏在低年级学生中做较为合适，类似的游戏还有"公鸡"走、"大象"走、"猴"跳等，教师要根据各动物的形态创编出相应的游戏。

教学建议："鸭步"可与快跑结合进行游戏。

6. 火车赛跑

游戏目的：提高学生的下肢力量和动作的协调性。

场地器材：篮球场1个。

游戏方法：把学生分成人数相等的两队，各成纵队面向场内站立于球场一端端线后，每个人都把自己的左脚伸给前面的人，左手兜住后面队员伸来的脚，右手搭在前面人的肩上。排头不伸脚，排尾不兜脚，组成一列"火车"。听到出发口令后，全队按同一节拍单脚向前跳动，排头可走步。以排头先到达另一端端线为胜。

游戏规则：

（1）如遇车出"故障"，必须在原地接好后方能继续前进。

（2）列车完整到达终点方能计算成绩。

教学建议：

（1）可根据学生的年龄、水平确定"火车"行进距离。

（2）若要求"火车"返回，可在返回时交换支撑脚或缩短距离。

（3）也可以"火车"的车尾到达终点线为准判定胜负。

7. 夹球跳接力

游戏目的：提高学生的双脚跳能力和下肢力量。

场地器材：篮球场1个，篮球2个。

游戏方法：把学生分成人数相等的甲、乙两队，每队又均分为A、B两组，各队成纵队分列于球场端线与中线后相对而立，各队A组排头把球夹在两腿（膝关节靠上）之间。游戏开始，夹球队员用双脚夹球连续跳至中线后，把球交给本队B组排头，然后站到B组排尾；B组排头队员把球夹好后以同样方法进行夹球跳。全队每人轮换一次，以先轮完的队为胜。

游戏规则：

（1）夹球队员所夹的球在跳动过程中不得落地，如落地必须在原地把球重新夹好后方能继续前进。

（2）夹球队员跳至终点后，必须把球手递手交给下一个队员，下一个队员把球夹好后方能启动，否则回到原起点重新夹好球才能重新起动。

教学建议：

（1）夹球跳动的距离可视队员情况适当增减。

（2）可根据队员情况改迎面接力为折回接力。

（3）也可改为夹球走的方法。

（4）也可改为脚夹一球，手抱一（或两）球跳的比赛。

8. 摸高比赛

游戏目的：提高学生跑动中的起跳能力，改进跳起技术。

场地器材：篮球场1个。

游戏方法：把学生分为两队，成纵队分列于罚球线后方，面向篮板站立，篮板下方左、右各站一名裁判员。游戏开始，两队排头首先起动跑至篮板下方单脚跳起摸篮板，摸到一次为成功一次，得1分；然后跑回罚球线拍击下一队员的手，自己站回本队队尾，下一队员依照前面方法和路线进行单脚跳摸篮板，直至全队每人轮完一次或规定的时间到为止。裁判员要高声报出摸到次数，摸到篮板次数多的队为胜。

游戏规则：

（1）每人只准在篮下跳摸篮板一次，无论摸到与否都必须返回。

（2）前后交接时，必须以击掌为准，否则判其返回重新击掌后方可起动。

教学建议：可改为用原地双脚跳起摸篮板。

9. 地滚球比赛

游戏目的：增强学生的协调能力和下肢及腰腹肌肉力量。

场地器材：篮球场1个，篮球1个，实心球4个。

游戏方法：以一个篮球场为活动范围，球场上两罚球线的两端各放一个实心球组成"球门",两个跳球圈为"禁区"。把学生分为人数相等的两队(每队最好10人左右)。比赛开始,两队队长在中圈拍击放在地上的篮球给本方队员,队员间用地滚球的方法相互传递,向对方"球门"推进,寻找有利的"射门"时机把球"射"入"球门";防守队则积极防守在"禁区"外保护"球门",同时进行抢截球发动反击。地滚球无论是从"禁区"的前面或后面被滚进"门"都算进攻队得1分,由失分队在后场端线外发界外球,比赛继续进行。比赛可分上、下两半时,每半小时10分钟,中间休息2分钟,下半时交换场地继续比赛。

游戏规则:

(1)必须用地滚球传递球或射门,不得使球离地;否则判失去控制球权,由对方在违例地点发地滚球继续比赛。

(2)不得推、拉、绊人或用脚踢球,或使球离开地面,否则判由对方在中线罚"点球"。

(3)如进攻队员使球出界,由对方在就近界线外掷界外球继续比赛;如防守队员使球出界,判由进攻队在罚球线的延长线外掷"角球"继续比赛。

(4)攻、防双方的队员均不得进入"禁区","球门"前也不设"守门员";如某方违反规定则把球判给对方掷界外球继续比赛;如双方违反规定则在中圈用开始方式重新抢夺地滚球继续比赛。

(5)地滚球无论是从靠近端线一侧或中线一侧的方向滚入球门均为有效。

教学建议:可增减比赛时间。

10."橄榄球"比赛

游戏目的:提高学生在对抗中快速奔跑和变向躲闪的能力。

场地器材:并列的篮球场2个,篮球1个。

游戏方法:在场地的两端各面画一个直径为1米的圆圈为"球门",把学生分为人数相等的两队。比赛开始,双方在场地的中间用篮球比赛的跳球方式把球拍给本方队员,队员获球后均可用传、运、抱球跑(步数次数均不限)等方式,躲闪对方的拦阻或夺球,向对方"球门"推进,抱球者连人带球有一脚踏入"球门"圈内或线上,即得1分;防守队要积极防守、围守、拦截,把球从对方手中夺过来并进行反击;如进攻队得分则由对方在就近的界线外掷界外球继续比赛;比赛可进行5~10分钟,得分多的队获胜。

游戏规则:

(1)严禁用脚踢球或有意推人、打人,违者罚其下场至对方进一球后方允许再进场比赛。

(2)不设守门员,防守队可在"球门"附近组成"人墙",把对方持球者"顶"离将要进入的"球门"或夺对方的球。

(3)持球进攻者不得强行"撞"开抢球的对手,只能用躲闪、变向方法进入球门,违者罚其下场直至对方进一球后方允许再进场比赛。

教学建议：此游戏和前述的"地滚球比赛"游戏是对抗性很强的游戏，适用于有一定身体素质的成年队员，年龄较小或无一定身体素质的队员最好不要采用；如采用需修改规则，例如用篮球比赛的规则进行，以免发生意外。

11. 齐心协力

游戏目的：提高队员的柔韧性和协调能力。

场地器材：篮球场1个。

游戏方法：把全队分成两人一组的若干组，两人成以下姿势分别站在球场的同一端线后：两人肩并肩，相邻的手相互搂住同伴的后颈，两腿分开，上体前倾，外侧手从相邻的两腿后面紧紧拉住，形成两人"三"条腿。听到出发的信号后，各组以此三条腿走路的方法向前行进；以到达场另一端端线的先后排列名次。

游戏规则：

（1）两人在相邻的两腿后紧拉的手不得脱离，否则要在原地接好后方能继续前行。

（2）以两人的三条腿到达另一端端线后方为到达终点的标志。

教学建议：

（1）此游戏可改为两队三条腿走路迎面接力比赛。

（2）游戏不应在硬质地面上做，以防受伤。

（3）可采用布条捆绑相邻两条腿的方法将游戏改为三人四足跑或五人六足跑。

12. 抬"木头人"

游戏目的：增强学生的腹背力量和持续的紧张力。

场地器材：篮球场1个，体操垫2块。

游戏方法：在球场的一端线外并排放置两张体操用的垫子，两垫相隔6~8米。把学生分为人数相等的两队，分别成纵队站立于球场的另一端线后，面向场内正对各自的垫子，两队排头首先跑至垫上仰卧挺直，称之为"木头人"。游戏开始，两队在起点上的第一人迅速起动跑至垫上用两手托头把仰卧在垫上的同伴抬成直立，自己迅速以同样方法在垫上仰卧；被托起的人则快速回本队击下一人的手后，排回本队队尾；然后被击掌的同伴又快速跑到垫上托起仰卧在垫上的同伴……如此反复进行，直到最先仰卧在垫上的队员把本队最后一名队员抬起并一同返回本队为止。以速度快的队为胜。

游戏规则：

（1）"木头人"只有被抬起成直立后方能跑动，不得自己爬起来，否则为犯规。

（2）抬"木头人"者只有把同伴抬起后方能躺下，否则为犯规。

（3）起点处的队员只有在被击掌后方能启动，否则为犯规。

（4）凡被判犯规者，必须重做一次。

13. 救助伤员

游戏目的：增强学生的下肢和腹背力量。

场地器材：篮球场1个。

游戏方法：把学生分为人数相等的两队，各成纵队面向场内站立于球场一端线后，每队由教师指定一人为伤员。游戏开始，两队排头背起伤员向前快跑，跑至中线后用脚踩中线返回，把伤员交本队第二人以同样方法进行，直至全队每人背完一次，先完成的队为胜。

游戏规则：

（1）只能背被指定的被背者，否则该次背人无效。

（2）不论用何种方法背人，被背者的任何一只脚不得着地，否则该次背人无效。

（3）交接被背者只能在起点端线后进行，否则无效。

（4）凡被判无效者必须重做一次。

教学建议：

（1）可采取三局两胜制决胜负。

（2）指定的伤员可以是该队体重最轻者或该队体重最重者或该队自行选择。

（3）可改为两人一组为单位进行比赛。

（4）为拓宽学生的救生意识，教师可事先指定伤员的受伤部位和伤情，并事先说出不同伤病的相应抬、背伤员方法以此提高学生对危急情况的应对能力。

14. 突围

游戏目的：提高学生的对抗力量、反应和灵活性。

场地器材：篮球场1个。

游戏方法：把学生分为人数相等的甲、乙两队；先由甲队队员相互握手腕站成一个圆圈，把乙队全体队员围在圆圈内。游戏开始，圆圈内的乙队队员要设法从圆圈内挣脱出圈，甲队队员要设法阻止对方从圈内向外突围；直到规定时间到，双方交换圈内外角色；一个回合后计算双方突围人数多少，突围人数多的队为胜。

游戏规则：

（1）圈外的队员可用握住的手拦住对方，但不能松手抓对方，否则犯规。

（2）圈内的队员只能使用巧法而不是用手拉开对方握住的手腕突围，否则犯规。

（3）若围圈队员犯规，判对方突围成功；若圈内队员犯规，则判突围无效。

15. "矮人"接力比赛

游戏目的：增强学生的下肢力量和半蹲跑能力。

场地器材：篮球场1个，篮球2个。

游戏方法：把学生分为人数相等的两队，每队又分为甲、乙两组，各成纵队站立于球场端线、中线后，队与队间相隔约3米。游戏开始，各队甲组排头屈膝半蹲并用胸、腿把实心球夹在腹部，双手放开，迅速跑向本队乙组处，脚踩中线后把球交给乙组排头同伴，站到乙组排尾，乙组排头以同样方法跑出并把球交甲组第二人，如此依次进行，直到全队每人做完一次，先完成的队为胜。

游戏规则：

（1）起动和交接必须在端线和中线后进行，否则犯规。

（2）跑动中不得用手扶球，球若落地必须在原地把球重新夹好再前进，否则算犯规。

（3）凡犯规者所跑不算，判其在该队最后重跑一次。

第六节　集中注意力与放松游戏

1. 与口令相反的动作

游戏目的：集中注意力。

场地器材：篮球场1个。

游戏方法：把学生分为甲、乙两队成两列横队站立，全体一齐做与教师发出的口令相反的动作，例如教师发出"立正"，学生则"稍息"；教师发出"向左转"，学生则"向右转"；如此反复进行，凡做错者扣1分，最后以扣分少的队为胜。

教学建议：

（1）发出的口令要清楚、有节奏。

（2）可连续发出不同的口令以提高游戏难度。

2. 发"电报"

游戏目的：集中注意力。

场地器材：篮球场1个。

游戏方法：把学生分为人数相等的两队，各成纵队背向教师站立，纵队的队员间相隔一臂距离，两纵队间相隔3~5米。游戏开始，两队排尾的学生到教师面前接收"电报"内容，并迅速跑回本队原来位置，用小声向他前一个同伴口述"电报"内容，以后按队列依次传到最前一人，最前面一人则迅速跑到教师面前复述"电报"内容，以速度快、复述内容正确的队为胜。

游戏规则：

（1）传者和听者都不得缩短纵队队员间的距离或转头去听，否则算失败。

（2）"电报"内容只能按队列逐一向前传送，不得"越位"传送，否则算失败。

（3）若某方的"电报内容"被对方或被第三人听到，则算该方"电报"被截获而失败。

（4）只要有一方出现失败，则立即暂停游戏，处理后重新开始。

教学建议：

（1）教师发出的"电报内容"应两队不同，且不能让双方知道。

（2）先试一到两次简单内容，以后可逐步加入一些绕口令，以提高游戏难度。

（3）若参加的人数多，可分几队同时进行。

3."金鸡"独立

游戏目的：集中注意力。

场地器材：篮球场1个。

游戏方法：学生分成甲、乙两队成两列横队站立。游戏开始，全体按教师所讲的动作去做：右脚直立→左腿屈膝提起，脚面绷直→右臂向上举→掌心向上→左臂侧下举→勾手→闭上双眼。在规定时间内静止不动的人数多的队为胜。

游戏规则：

（1）动作要正确，平衡站稳，提膝过腰。

（2）制动脚移动，或提起的脚落地，或上体有晃动，或睁开眼睛者均为失败。

（3）不得借助外力。

教学建议：

若参加游戏的人数多，可分几队同时进行。

4. 听数"抱团"

游戏目的：集中注意力。

场地器材：篮球场1个。

游戏方法：学生成纵队在球场内跑动，听到站在场地中间的教师喊出的数字（例如"二""三""五"等）后，立即以快速度按数字"抱团"，超出或低于数字"抱团"者为失败。

游戏规则：

（1）不得强行到已"抱团"好的队伍中去，否则判其失败。

（2）可超越前面的队员前往"抱团"。

教学建议：

（1）可以由计算个人胜负改为计算队的胜负，例如，成两路纵队进行若干次后，累计每次各队失败的人次，失败次数少的队为胜。

（2）如参加的人数多，可分成几路纵队同时进行。

5. 绕队快跑

游戏目的：集中注意力。

场地器材：篮球场1个。

游戏方法：把学生分为人数相等的两队，成两列横队站好，两队间相隔约3米。当发出"开始"的信号后，两队从排头队员起依次快跑：从队列前跑过→绕过队尾→经队列后→绕过排头→返回自己原来的位置→紧靠其后的下一人起动，如此反复循环，直至全队每个人进行一次，以先轮完的队为胜。

游戏规则：

（1）必须按规定方向和路线跑动，否则判其重跑一次。

（2）必须在前一人的双脚踏回原位置后，紧跟其后的下一人才能起动，否则判其返回原处重新起动。

教学建议：

若参加的人数多，可多分几队同时进行，其计算名次方法为。

（1）确定各名次的分值，例如，第一名3分、第二名2分、第三名1分等。

（2）同时进行比赛，按轮完的先后确定名次，再确定相应得分。

6. 同手同脚

游戏目的：集中注意力。

场地器材：篮球场1个。

游戏方法：规定口令："1"为同手同脚（即右手前摆同时右脚向前迈步）向前走；"2"为同手同脚后退走；"3"为同手同脚慢跑。把学生分成两队，成两路纵队齐步走，听到教师的"1""2""3"的口令时，在3步以内按口令要求把动作变换过来，变换慢者或换错者扣该队1分。进行若干次后，计算双方被扣分数，扣分少的队为胜。

游戏规则：

（1）必须在3步内变换动作，否则扣该队1分。

（2）行进中始终保持前后左右的间隔距离，拖后或赶超者扣该队1分。

（3）变换动作时的手脚要协调，否则扣该队1分。

7. 跑动报单、双数

游戏目的：集中注意力。

场地器材：篮球场1个。

游戏方法：把学生分为人数相等的两队，两队相向成两列横队站立；游戏开始，两队从排头起依次按奇数1、3、5、7、9…报数，最后一名队员报完后迅速跑到排头站立，再按偶数2、4、6、8、10…依次报数，最后一名队员报完后再次跑到排头，又按奇数报数，如此反复类推，直到全部轮转完毕为止。先轮完的队为胜。

游戏规则：

（1）必须是依次报数，不得两人或多人同时报或间隔抢报。

（2）不得在一次报数中奇数、偶数掺混报。

（3）排尾队员在报完数后方能起动跑至排头，不得未报先跑或边报边跑。

（4）违反上述规定之一的，即可终止比赛，处理完后重新开始。

教学建议：如学生人数多，可多分几队同时进行。

8. 双人抢球

游戏目的：集中注意力。

场地器材：篮球场 1 个。

游戏方法：把学生分为人数相等的甲、乙两队，相距约 1 米成横排站。两队的队员间也相距约 1 米。甲、乙两队面对的两人间放一个篮球；然后在教师带领下两队一起做操或小步跑，听到哨声响后同时去抢球，抢到球者为胜，胜者多的队则为胜队。

游戏规则：

（1）只准用手抢球，否则判为负。

（2）注意安全，避免冲撞，如有意冲撞对方则立即判其出局。

教学建议：

可按下列方式进行：

（1）两队面对面站立做肩绕环，从正面抢球。

（2）两队背对背做腹背运动，从胯下抢球。

（3）两队面对面做深蹲，双手从胯下抢球。

（4）背对背原地小步跑，转体 180°抢球。

（5）面对面原地小步跑，转体 360°抢球。

9. "大象"走路

游戏目的：集中注意力。

场地器材：篮球场 1 个。

游戏方法：把学生分为两队，成两列横队面向教师站好。全队按教师的口令学大象走路：即左右两脚开立，与肩同宽，体前屈，两手掌撑地。走路时手、脚按以下顺序依次进行。前移右手→前迈左脚→前移左手→前迈右脚，后退时动作相同但方向相反。"大象"走路方法做前后进退，或左右横移，做错者扣该队 1 分，最后计算各队被扣分数，扣分少的队获胜。

游戏规则：

（1）进退中四肢移动顺序不能颠倒，否则视为错。

（2）全队动作整齐一致，节奏清楚，手脚配合协调，否则视为错。

教学建议：

（1）在开始时不强调速度与距离，在熟练以后可逐一强调速度或距离，例如可变为短距离的"大象走路接力比赛"等。

（2）后退行走的难度较向前走的难度大，可逐渐提高难度要求。

（3）可只算个人的成功与失败而不必计算全队胜负。

10. 不对称动作

游戏目的：集中注意力。

场地器材：篮球场 1 个。

游戏方法：全体学生围成一个圆圈，面向圆心站立，随着教师"A""B""C"的口令，学生做出相应的不对称动作，做错了或做慢了要受罚。这3个不对称动作是：

"A"：两肘弯曲成90°左右，大、小臂向前抬平，两手食指相对，然后右手（包括大、小臂）向外至内划圆圈，左手（包括大、小臂）向内至外（朝身体方向）划圆圈。

"B"：左脚站立，右腿屈膝提起，以膝关节为轴，小腿向外（由右至左）划圆圈，右手对着膝盖向内（由左至右）划圆圈。

"C"：两脚左右开立，左臂后绕环同时右臂向前绕环。

游戏规则：

（1）动作协调，节奏清楚，每个动作至少做两个八拍，否则为错。

（2）3个动作不得混淆，否则为做错。

（3）凡做错者受罚。

教学建议：

（1）可改为分队比赛，完成动作准确无误多的队为胜。

（2）可改为分队计分比赛，做错者扣该队1分，扣分少的队为胜。

（3）可创编其他不对称动作增加或取代。

11. 抓手指

游戏目的：集中注意力。

场地器材：篮球场1个。

游戏方法：学生围成一个圆圈面向圆心站立，然后把左手展开伸向左侧邻人，把右手食指垂直放在右侧人的掌心上。教师发出"抓"的口令后，每个队员的左手迅速合拢抓住其左侧人的食指，右手则尽快抽离右侧人的掌心，以抓住左侧人的食指和自己的食指不被右侧人抓到者为胜。

游戏规则：

（1）抢口令抓住者无效。

（2）手掌不张开者抓住无效。

教学建议：可在发出"抓"的口令前做原地踏步走或其他放松动作，其口令可忽高忽低，以分散注意力，达到放松的目的。

12. 找硬币

游戏目的：集中注意力。

场地器材：5分硬币一枚。

游戏方法：全体学生围成一个圆圈，面向圆心站立，选一名带头人站在圆心上，教师把5分硬币交给圆圈上任一学生。游戏开始，拿硬币的学生把硬币按顺（或逆）时针方向传下去，在传递中可做假动作（即做传递动作但实际上并未传），约10秒后教师鸣哨停止传递，由带头人猜测硬币在谁手中？猜中换人，猜不中继续。

游戏规则：

（1）任何人不得提示，谁提示谁换做带头人。

（2）可允许带头人猜两次，两次均猜错则继续做带头人。

13. 报"奥运会"项目

游戏目的：放松。

场地器材：篮球场1个。

游戏方法：让学生围成一个圆圈，从某一个人开始，顺时针轮转，每人依次报出一个"奥运会"的正式比赛项目，同时做出该项目的代表性动作。凡做错者要受罚，直到游戏结束。

游戏规则：

（1）所报的项目必须是"奥运会"正式比赛项目，否则视为错。

（2）在连续12人以内所报的项目不得重复，否则视为错。

（3）所做的动作必须与所报的项目一致，否则视为错。

（4）必须连续进行，中间不得停顿，否则视为错。

14. 抓耳、鼻

游戏目的：放松。

场地器材：篮球场1个。

游戏方法：全体学生成两列横队面向教师站立，以教师击掌为信号，做出相应的抓耳、鼻动作。例如，教师击掌一次后，每个学生自己做：左、右手在脸前交叉，右手抓左耳，左手抓鼻；教师击掌二次后，学生的动作又变成了左手抓右耳，右手抓鼻；以后随着教师击掌节奏反复进行，做错多的队为负。

游戏规则：

（1）击掌后双手必须交叉抓，否则为错。

（2）两手同时抓，不得一先一后，否则为错。

（3）除耳、鼻外不得抓脸上其他部位，否则为错。

教学建议：教师击掌节奏要逐步加快。

15. 追同伴

游戏目的：放松。

场地器材：篮球场1个。

游戏方法：全体学生面向圆心成圆圈站立，教师站立于圆心。1~4报数后，各人牢记自己所报的数字。游戏开始，教师喊出数字，所有同一数字的学生马上出列，并按要求竞走绕圆圈一周后仍返回原位，最先到者为胜。例如，教师喊"2"，所有的2数学生同时起动按逆时针方向竞走，并追赶前一个2数学生，当后一个2数学生触及前一个2数学生时即为被抓到，如此反复进行直到规定时间到。

游戏规则：

（1）追逐时双方可用竞走方法，不得跑步，否则算犯规。

（2）追逐只能在圈外 1~2 米范围内进行，不得跑进圈内或穿梭跑，否则为犯规。

（3）凡犯规者或被抓到者，均罚其带一节徒手操（2×8 拍）。

16. 报球名

游戏目的：放松。

场地器材：篮球场 1 个。

游戏方法：令学生围成一个圆圈面向圆心站立。从圆圈中的任一人开始，依次以报各种球名代替报数，在报球名的同时以放松的动作模仿相应的打球动作。例如，第一人报"乒乓球"，第二人则报"篮球"，第三人报"排球"……以此类推，直到报出最多 10 个球名后，又重新开始游戏。要求报球名的队员要做出相应的该球技术动作，同时其他队员也必须跟随他的动作一起做。

游戏规则：

（1）10 个以内的球名不得重复，但重新开始后所报球名则可重复。

（2）以放松动作模仿相应的技术动作时，至少要做一个八拍。

（3）在前一人做一个八拍结束的同时，下一人必须马上接上报球名，不得停顿。

教学建议：

（1）此游戏参加的人数最好不要超过 15 人，如人数太多，可多分几队同时进行。

（2）球名提示：篮球、排球、足球、网球、乒乓球、羽毛球、高尔夫球、棒球、垒球、手球、水球、珍珠球、马球、台球、曲棍球。

17. 哈哈一笑

游戏目的：放松。

场地器材：篮球场 1 个。

游戏方法：学生围成一个圆圈面向圆心站立，指定圆圈中任何一人开始，按逆时针方向报数，每报到 3 或 3 的倍数时，则不报数而用哈哈一笑代替，做错者必须带做一节放松运动徒手操。

游戏规则：

（1）按常规报数，不得抢报或停顿，否则按做错处理。

（2）放松运动的徒手操必须做两个八拍以上，而且不得重复前面的人已做过的动作，否则按错处理。

教学建议：报的数可以任选，即不一定是"3"而可以是其他数字。

18. 猜"领袖"

游戏目的：放松。

场地器材：篮球场1个。

游戏方法：全体学生围成一个圆圈，面向圆心站好，选出一名"猜者"暂时离开队伍并背向圆圈，另指定圈内任一名动作引导人为"领袖"。游戏开始，猜者走进圆圈内，"领袖"则以动作引导全体学生一起做放松动作，在猜者不觉察的情况下迅速变化动作，其他学生也随之变换动作……猜者在不断的动作变换中猜出谁是"领袖"，他可以猜三次，猜中由"领袖"代替猜者，猜不中罚其带做两节放松动作，每节做两个八拍，然后由教师换另一人为猜者继续游戏。

游戏规则：

(1)"领袖"必须不断变换动作，但动作必须与放松动作有关。

(2) 其他学生不得对猜者有任何暗示，尤其是眼睛不得直盯引导人。

(3) 违反上述者为犯规，判其换作猜者。

19. "巨人""高人""矮人"

游戏目的：放松。

场地器材：篮球场1个。

游戏方法：学生成两列横队面向教师站立，教师说，学生按规定动作做该动作两个八拍，以准确、失误少的组为胜。教师说的动作方法是指：

(1)"巨人"：两臂放松上举，两脚原地踏步，同时深呼吸。

(2)"高人"：上体放松前弯，两臂体前交叉，两脚原地踏步同时按节奏呼吸。

(3)"矮人"：坐在地上，两手抖动大、小腿肌肉。

教学建议：为增强趣味性，教师可无规则、无节奏地说，也可自己做，同时让学生边跟着做，边说出动作名称。

20. 闭眼投篮

游戏目的：放松。

场地器材：篮球场1个，篮球1个，蒙眼布1条。

游戏方法：把学生分为人数相等的两队，各成一列横队站立于同一篮下的三秒区两侧。游戏开始，两队各先出一人站到罚球线上，教师先把其中一人的双眼蒙上，并让他原地持球转三圈，然后让他投篮，投中得2分，投不中但碰到篮板的正面范围内任何地方可得1分，既不中又未碰到篮板正面则不得分；然后由对方队员进行同样的游戏，以后各队每人依次进行，最后计算双方得分，得分多的队为胜。

游戏规则：

(1) 蒙眼转圈后必须立即投篮出手，否则算对方得1分。

(2) 其他同伴不得提示，否则算对方得2分。

21. "抓"笑

游戏目的：放松。

场地器材：篮球场1个。

游戏方法：学生面对面站成两列横队，相距约一步。游戏开始，教师指定第一列的第一名学生开始哈哈大笑，笑两秒钟左右，用手往脸上一"抓"，把脸上的笑容全部"抓走"，面孔板起，然后再用"抓笑"的手把"笑"顺手抛给第二列的第一名队员的脸上，该队员"接"到"笑"后，马上哈哈大笑，并用同样的方法把"笑"抛给第一列第二名队员脸上……如此一直把笑传到队尾；凡没有接到"笑"而先笑或已经把笑传走但仍在笑的队员都要受罚。

复习思考题

1. 试述一个完整的游戏包括哪些内容。
2. 创编一个行进间传接球游戏。
3. 创编一个运球与投篮结合的接力游戏。
4. 创编一个以传、运、投技术组合的篮球游戏。
5. 创编一个相互追逐的篮球游戏。
6. 设计一个集体竞快的篮球游戏。
7. 设计一个能提高上肢力量的身体素质游戏。
8. 设计一个与体育运动有关的带智力因素的集中注意力的游戏。
9. 在练习篮球攻防游戏时，一般应注意些什么问题？
10. 列举 5 个你最感兴趣的篮球游戏。

第八章
排球类游戏

内容提要

本章根据排球运动的特点和排球类游戏在实际中的运用，收集、整理与创编了基础活动类、传球类、垫球类、发球类、扣球类、拦网类和综合类对抗类游戏等7种类型，共109个排球游戏，以满足排球教学、训练和大众排球运动实践中的需要。

第一节 基础活动类游戏

1. 松树赛跑

游戏目的:提高学生在移动中变换方向的灵活性和快速移动的能力。

场地器材:排球场 1 个。

游戏方法:如图 8-1-1 所示,将学生分成人数相等的两队,在排球场端线外站好。当听到信号后,两队排头立即做沿直线小跑前进,同时逆时针做连续转体 90°的小步跑 5 周动作练习,触摸中线后疾跑回本队击拍第二人手掌,全队依次进行。在规定时间内速度快的队获胜。

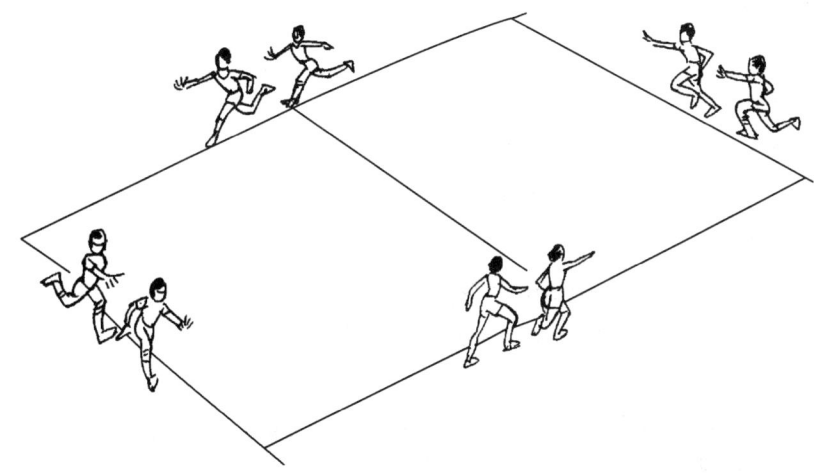

图 8-1-1 松树赛跑

游戏规则:

(1) 要连续转体一周,中途不可停留。

(2) 触摸中线时,手要摸到线。

(3) 学生在跑回时,必须先击下一人手掌后,接力人才能进行跑动练习。

教学建议:

(1) 学生跑动中也可采用转体 180°的方法前进。

(2) 在规则与方法熟悉后,也可采用高抬腿跑的方法进行。

2. 游戏搬家

游戏目的:培养学生之间的团结协作精神,提高其反应及灵敏性。

场地器材:排球若干,排球场 1 个。

游戏方法:如图 8-1-2 所示,全体成员先围成圆圈,每 3 个队员分一个球。

当听到"野兽出没"时，3个队员迅速并列站在一起，并且排头队员持球站立在所画的小圆圈里，当听到"猎人出动"时，两个无球队员手挽手架起一座桥；另一队员双手持球蹲在圈内；当听到"兔子搬家"时，蹲在圈内的队员必须跑向另一个圈，以此类推，按口令做动作。

图 8-1-2 游戏搬家

游戏规则：

（1）蹲下的队员必须持球在圈内，搬家时必须持球。

（2）漏球或抢不到圆圈者做练习。

教学建议：

（1）根据学生人数来调整圈的大小。

（2）如人数太多，可分若干组来同时做此游戏。

3. 投地雷

游戏目的：发展学生上肢力量及团队协作能力的培养。

场地器材：排球 14 个、篮球 2 个，篮筐 2 个。

游戏方法：如图 8-1-3 所示，将学生分成相等的两组，站在投掷线后，成纵队站立，各队间隔 3 米，在距投掷线前 15 米处在各队的前方各画一个半径 1 米的

图 8-1-3 投地雷

圆圈,圈内放一个篮球,另外各队分发 7 个排球,游戏开始,各队站在投掷线后,依次用排球击圈内的篮球,篮球被击出圈外得 1 分(球被击出圈后,要立即捡回放入圈内),得分多的队获胜。

游戏规则:

(1)击球必须出圈,压线者不算。

(2)游戏者不得超越投掷线否则击球无效,若排球投出之后球仍未出圈可进入圈内拿排球。

教学建议:

(1)为了增加游戏难度,可将圆圈直径缩小。

(2)还可以把圆圈画在离投掷线更远的地方,以此来增加游戏趣味性。

4. 击"瓜"出圈

游戏目的:发展上肢肌肉力量和准确用力的能力,提高并发展智力水平。

场地器材:排球场 1 个,10 个排球,4 个足球。

游戏方法:如图 8-1-4 所示,在场地画一个 4 米为半径的圆圈,在圆心处放 10 个排球作为"西瓜",另备 4 个足球,游戏者手拉手后退站在圈线上,然后 1~2 报数分甲、乙队,甲队先由 4 名队员准备开始,听到信号后甲队队员先击球,将排球击出圈外者得 1 分,然后把排球拾回圆圈内,再将足球交给本队的队员,1 分钟的练习后,甲队应将足球交给乙队进行 1 分钟的比赛,两队得分多者为胜。

图 8-1-4 击"瓜"出圈

游戏规则:

(1)抛击排球必须举过头向下抛出,否则无效。

(2)抛击排球时,不能双脚离开线,退出或进入圈内抛球均无效。

教学建议:

(1)选择适合的角度,确定一个准确的目标。

(2)每个队可以搞好配合,在未击着球的时候本队队员可捡球继续击球。

5. "鸭步"接力赛

游戏目的:培养学生快速的移动能力和保持人与球适当的位置关系。

场地器材：排球场1个，排球若干，起点线和终点线各两条。

游戏方法：如图8-1-5所示，将学生分成人数相等的两组，各队站在起点线后做好准备。当听到信号后，练习者模仿鸭子走到终点线。到终点线后再跳过场地上的若干排球，回到该队，与下一个队员击掌后才能开始。先做完组为胜。

图 8-1-5 鸭步接力赛

游戏规则：

（1）"鸭步"必须到位，重心要低并且手必须抓住脚跟。

（2）队员归队途中必须从球上跳过，且不能碰到球，碰到球需将球放好后重新做。

教学建议：

（1）队员归队途中也可绕排球呈"S"形线路回队。

（2）队员归队也可用垫球绕过排球，以此来增加游戏的难度。但需顾及脚下的排球，注意安全。

6. 盲人埋地雷

游戏目的：提高学生在离开视觉器官后的感应能力及运动意识能力的培养。

场地器材：排球2个，半径为1米的圆圈两个。

游戏方法：如图8-1-6所示，学生站成三角形，3条边上的学生各成一队，在三角形内的一角画一条起点线，在线前不同位置画两个半径为1米的圆圈为"埋

图 8-1-6 盲人埋地雷

雷点"，3个队各派一人，以单双数的方式决定先后顺序。参加者站在起点线后蒙上眼睛，用手托着两个排球判断好方向与距离后，先后走向2个圈将"地雷"放进圈内，放到圈内一个为某队积1分，未放入得0分，最后看累计得分多者为胜。

游戏规则：

（1）要将"地雷"埋入圈内，压圆圈线不算。

（2）不允许其他人提示与引导。

教学建议：

（1）"埋雷点"的圆圈半径可以缩小，以此增加比赛的难度。

（2）规定比赛时间，埋雷必须在限制的时间内完成，否则结果无效。

7. 叫号赛跑

游戏目的：提高学生的反应能力和移动素质的培养。

场地器材：排球场1个，排球3个。

游戏方法：如图8-1-7所示，把学生分为两组，人数相等相隔2米，面面相对而坐，从左到右依次报数。要求每位同学记住自己报的数字，在两列横队的左边放一个排球代表奇数，在两排横队的右边放两个排球代表偶数，用简单的公式（例如，5-2或6×1等）进行计算，结果为每队同学的序号。如果结果为偶数时两队同学开始跑动触摸两个球，奇数则摸一个球，先摸到的同学为胜即得1分，后摸到的为0分，最后以得分多少来决定胜负。

图8-1-7 叫号赛跑

游戏规则：

（1）当出题的人说完题后，再说"开始"时两队队员方可站起来跑回目的地。

（2）在跑的过程中，不能相互影响，不准抓对方的衣服。

教学建议：

（1）可以调整游戏规则，当结果为奇数时，摸两个球，偶数时摸一个球。

（2）规定比赛时间，在限制时间内得分多者为胜。

8. 抢球追人

游戏目的： 提高学生的反应能力。

场地器材： 排球场1个，排球若干。

游戏方法： 如图8-1-8所示，学生站成圆的队形，面朝圆心，双手将排球平托于背后，选一名练习者做抢球人，在圆圈外沿逆时针方向慢跑，在慢跑中趁托球者不备，从其手中抢球后逃跑，被抢者立即追赶，如抢球人在回到被抢球者位置之前被抓，抢球人继续慢跑抢球。如不被抓则被抢者代替抢球者慢跑抢球。以此类推。

图8-1-8 抢球追人

游戏规则：
（1）学生必须沿逆时针方向追逃。
（2）抢球人若跑出圈外1米范围之外，则算被抓住。

教学建议：
（1）练习时可缩小圆圈半径。
（2）让托球者移动托球，以加大游戏的难度。

9. 拯救

游戏目的： 培养学生团结合作的意识，加强练习者之间的配合。

场地器材： 软式排球1个，4米半径的圆圈一个。

游戏方法： 如图8-1-9所示，将学生分为人数相等的两组，一组同学围成一个以4米为半径的圆，另一组同学站于圆圈中，围成圈的同学们可以通过传球、垫球或直接击球等形式用排球撞击圈内同学，若圈内同学被击中则出圈站在圈外，若圈内同学接住击来的球则可以把已出圈的同学救回圈内。

图8-1-9 拯救

游戏规则：

（1）圈内同学不能走出圈外。

（2）不能跑动或移动击球。

教学建议：

（1）可适当增大圆圈的半径，以增加游戏的难度。

（2）规定比赛时间，两队轮流做，在规定时间内圈内人数多的队为胜。

10. 落地为定

游戏目的：培养学生反应的能力，做好准备活动。

场地器材：排球场半个，1个排球。

游戏方法：如图8-1-10所示，学生站成一个圆圈，指导者站于中间，当教师喊出一个数字后，同时向上抛排球，以球落地为限，练习者自由结合于一体，组合在一起的人数与指导者喊的数字相同，不够或多余的均为失败，失败者要给适当惩罚。

图8-1-10　落地为定

游戏规则：指导者抛球的高度要有一定的限制，要恰到好处。

教学建议：指导者报的数可根据练习者人数的多少来确定，以此来增加游戏的难度。

11. 圆周等距跑

游戏目的：发展学生速度素质和一般耐力素质，提高协调性和灵活性。

场地器材：排球场1个，2个排球。

游戏方法：如图8-1-11所示，学生手拉手围成一个圆圈，并依次报数并记住自己的数字，在大圆心上画一个直径为50厘米的小圆圈，内放两个排球。裁判员任意叫号，被叫到的两人立即起动去抢小圆中的排球，抢到后按顺时针方向从圆外绕大圆跑一周，以先从自己原来的位置跑到小圆内并把排球放稳为准，先回到自己的位置者为胜，然后继续叫号，游戏依此类推。

图 8-1-11　圆周等距跑

游戏规则：

（1）抢跑者取消游戏资格。

（2）叫号后立即起动，抢到球后必须从自己位置上开始绕圈跑动。

（3）跑进大圈后，必须把排球放在小圆内，稳定后方可跑回自己位置。

教学建议：

（1）可沿逆时针方向跑动。

（2）在绕过大圆圈时，呈"S"形跑动。

12. 看谁快

游戏目的：提高学生快中取胜重心转换的能力。

场地器材：排球场半个。

游戏方法：如图 8-1-12 所示，将学生分成人数相等的两队，分别在排球场端线外站好。当听到信号后，排头从端线单足跳到进攻区，立即做头部冲网的立卧撑一次，然后返身做头冲端线的第二个立卧撑（即为两向立卧撑）。疾跑回本队击拍第二人手掌，第二人再做同样的动作，全队依次进行。速度快的队为胜。

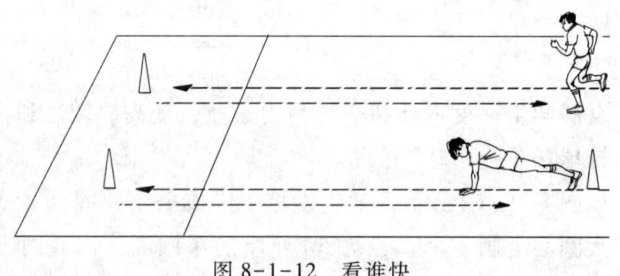

图 8-1-12　看谁快

游戏规则：

（1）立卧撑动作过程中俯卧时腿要伸直，否则重做。

（2）单足跳的动作及次数要达到规定的要求。

教学建议：

（1）在做第一个立卧撑之前可以做一个拦网动作或在做第二个立卧撑后做防守动作。

（2）在做立卧撑之前或之后均可加做其他规定动作，如原地旋转跳。

13. 变向移动

游戏目的：提高学生跑动时变向移动的灵活性。

场地器材：排球场半个，实心球9个，分别放在排球场中线上3个，端线上3个，两腰和中心点各1个。

游戏方法：如图8-1-13所示，将学生分成人数相等的两队，分别在端线外站好。当听到信号后，排头先向右移动摸端线上的1个实心球，再移动至左侧摸第2个实心球，依次摸第3、4、5、6个实心球后折回本队击拍第二人手掌，第二人再依次摸每个实心球，全队依次进行。速度快的队为胜。

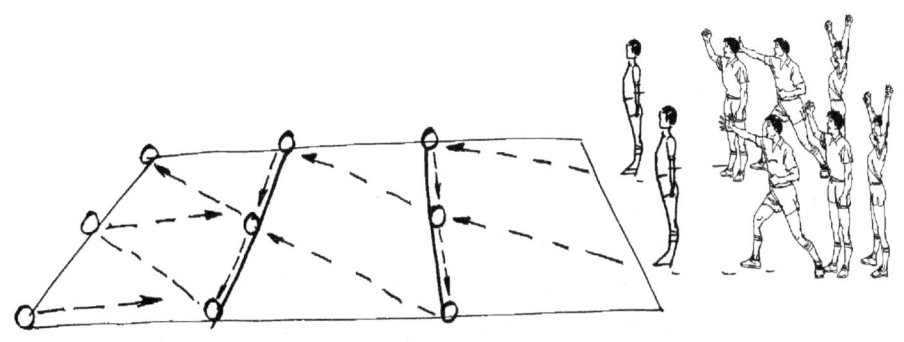

图8-1-13　变向移动

游戏规则：

（1）手必须触及实心球，否则重做摸该球动作。

（2）触及实心球的方向和顺序要正确，不能干扰另一组移动。

教学建议：

（1）在移动过程中可用跨步移动。

（2）在移动过程中可加上排球基本技术的徒手动作组合练习。

14. 夹球接力

游戏目的：锻炼学生相互间的协作能力，活动下肢关节。

场地器材：排球场半个，2个排球，2个标志物。

游戏方法：如图8-1-14所示，将学生分成人数相等且为偶数的两队，以排球场半场为场地，一侧边线为起点，另一侧边线为终点，首先每队两两结合组成一组，去时两人背对背夹球前行，返回时胸对胸夹球前行，回到队首后将球交给下一组人员进行接力，先完成的队为胜。

图 8-1-14 夹球接力

游戏规则：

（1）在夹球的过程中，手不能接触球。

（2）如果球掉下，就要把球从掉下的地方作为起点继续开始游戏活动。

教学建议：

（1）为了增加练习的难度，当胸对胸夹球时可让队员手中各抱一球。

（2）夹球行进时也可让队员跳着走。

15. 排球接龙

游戏目的：培养学生的团队意识和协作精神。

场地器材：排球场 1 个，排球 2 个。

游戏方法：如图 8-1-15 所示，将学生分成人数相等的两队，成纵队站立，排头持球。首先将排球从胯下传至最后一名队员，再由后至前将排球从头上传至排头，所用时间最少队为胜。

图 8-1-15 排球接龙

游戏规则：

（1）从胯下传递球时必须是手递手的传接球而不能将球滚动给下一名队员。

（2）由队尾至排头时，必须让球垂直从头顶传过，而不能从侧面传。

教学建议：

（1）为了增加游戏难度也可将队员与队员的间隔距离增大。

（2）由前至后练习时，也可改为排头将排球滚动至队尾，再由头顶上传到排头。

16. 强者争斗

游戏目的：加强下肢活动，减少意外受伤，提高团队意识。

场地器材：排球场1个，排球4个。

游戏方法：如图8-1-16所示，把学生分成人数相等的两队，分别站在端线两边，在排球网下画两个圆圈，将4个排球分别放在两个圈中。听到口令后，每队的第一名队员开始向前跑动，从网下钻过至另一边，用手摸到端线后返回，在返回途中，将网下两个排球抱回交给第二位队员，第二位队员穿过网后，手摸到另一端线后返回，到网下将球放入圆圈内，归队与下一队员击掌后，下一队员开始跑动，游戏依次交替进行，先完成者为胜。

图 8-1-16　强者争斗

游戏规则：

（1）必须从网下钻过且不能触网。

（2）到另一侧端线必须手触到端线。

（3）球放到圆圈内并且稳定后才能归队。

教学建议：

（1）从网下钻过时，可以让队员从排球上面跨过且不能触网。

（2）注意强调游戏过程中的安全问题，避免受伤。

17. 单足搬砖

游戏目的：培养学生身体的协调能力，提高个人应变能力。

场地器材：排球场1个，排球若干，2个标志物，起始线2条。

游戏方法：将学生分成人数相等的两队，在起始线分别站好。当听到口令后，两队排头单足跳到中点，传垫球5组再跳至终点，返回时至中点再传垫球5组，要带上来时多加的一个球，单足跳至起点，击拍第二人手掌，第二人再做同样动作，全队依次进行，先完成者为胜。

游戏规则：

（1）学生在前进中单足进行，返回时换足跳回。

（2）开始时学生可带3个球进行，一局后可以增加。

教学建议：

（1）游戏开始时应先对学生讲解清楚后，试做一局再正式开始。

（2）应根据场地上变化，选择所带球的个数。

18. 合作愉快

游戏目的：提高学生在高难度动作下的稳定性，作为预备活动中的娱乐活动。

场地器材：排球场1个，排球8个。

游戏方法：如图8-1-17所示，先将学生分成人数相等的两队，在排球场端线外站好。当听到口令后，两队排头分别和另一名学生两两结合，两人各拿两个排球，一球放于腋下夹住，另一球放于小腿间夹住，另一手臂相挽前行，至回转点后绕过标杆返回，至起点处每个人再传垫球5组后把球同时交给下一组，先完成者为胜。

图8-1-17 合作愉快

游戏规则：

(1) 进行中可跳，可走，不限走法。

(2) 球在腿中掉下后，可重新捡起继续进行。

教学建议：

(1) 球可以夹在两腿或两膝之间。

(2) 在游戏过程中注意安全，若难度过大可适当调整。

19. 醉仙过江

游戏目的：提高学生左右移动的灵活性和脚趾蹬地的能力。

场地器材：沿排球场半场画两条与边线相距50~70厘米的平行线。

游戏方法：如图8-1-18所示，将学生分成人数相等的两队，分别在两半场进攻区站好。当听到口令后，排头手扶排球网柱，从中线进行左右跨步跳，移动至端线，再转身从端线跨步跳移动到限制线，击拍第二人手掌，第二人再做同样动作，全队依次进行，速度快的队为胜。

图8-1-18 醉仙过江

游戏规则：

（1）跨步落地时不允许踩线，否则退回重做。

（2）跨步有一定节奏，不能只求快而使动作不完整。

教学建议：

（1）两线之间宽窄要根据学生能力确定。

（2）参加人员较少时，可采用双循环的方式进行。

20．移"瓜"有序

游戏目的：提高学生步法移动速度。

场地器材：排球6个。

游戏方法：如图8-1-19所示，将学生分成人数相等的两组，在端线处列队。排头手抱3个排球，听到口令后移动到中线，将3个球码放在中线上，再将球一个一个地搬放到限制线上，然后再将3个球抱起返回本队交下一人，下一人重复同样动作，全队依次进行，速度快的队为胜。

图8-1-19 移"瓜"有序

游戏规则：

（1）在搬运时不许掉球，球掉地重做。

（2）码放球时必须一个个地放，不允许一次搬运2个球或3个球。

教学建议：

（1）在搬放过程中可以采用传垫球的方式进行。

（2）在返回途中也可以要求学生以旋转跑的方式归队，以此来增加游戏的趣味性。

21．半"未"字移动赛

游戏目的：提高学生以各种步法移动变换的灵活性。

场地器材：两条长4.5米的线，实心球2个。

游戏方法：如图8-1-20所示，学生听到口令后，由轴心出发，先向右沿端线触及实心球，再回轴心，脚踏及轴点后沿右斜线移动，当触及实心球后再折回轴心，依次再沿垂直的线段、左侧斜线和端线移动。从开始至轴点共移5趟，回轴心触及轴点停秒表，以速度快者为胜。

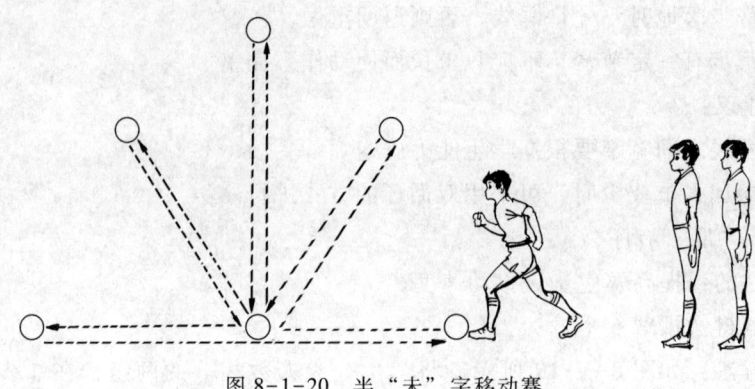

图 8-1-20 半"未"字移动赛

游戏规则：
（1）按规定依次触摸各个实心球，不按规定路线或未触及球应重做。
（2）未触摸到实心球须重新返回再做练习。

教学建议：
（1）水平高者可要求始终面对网做移动。
（2）为了增加游戏的趣味性，可采用移动中做排球基本技术徒手动作的方式进行。

22. 推拨球接力赛

游戏目的：提高学生低姿移动的能力和手控球的能力。

场地器材：排球场1个，排球2个。

游戏方法：如图8-1-21所示，将学生分成人数相等的两组在端线外列队。当听到口令后，排头将1个排球以地滚的方式推拨前进至限制线，然后再转身往回拨地滚球，交本队第二人，第二人重复同样动作，全队依次进行。速度快的队获胜。

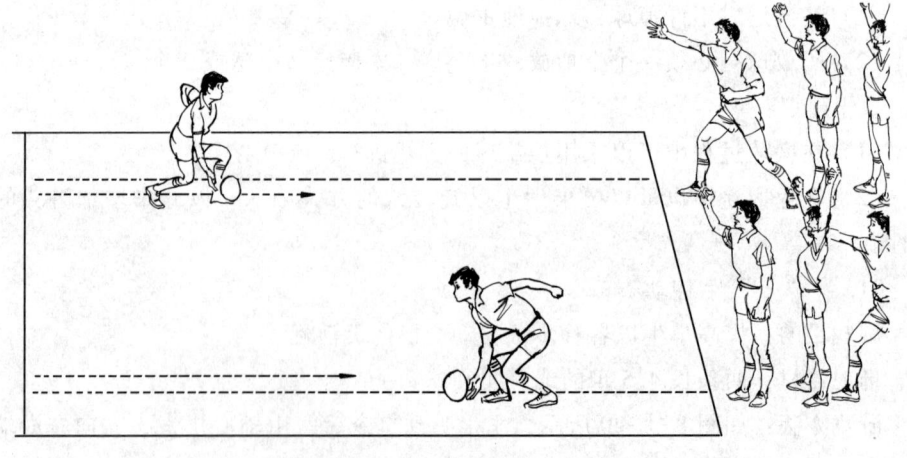

图 8-1-21 推拨球接力赛

游戏规则：

（1）不许持球跑，否则重做。

（2）不许脚踢球，触球的手要始终摸到球。

教学建议：

（1）可用两球做地滚球，以增加难度。

（2）也可在练习过程中加转体前进等方式进行，以增加趣味性。

23．投球定胜负

游戏目的：发展学生目测能力，增加熟悉球性的感觉。

场地器材：在场地上画一条投掷线，线前2～3米处并排放若干个筐；排球若干。

游戏方法：如图8-1-22所示，把学生分成人数相等的两队，设两名裁判员。听到口令后，排头将球投向筐内，余者依次进行。球投进筐内得1分，得分多的队为胜。

图8-1-22 投球定胜负

游戏规则：

（1）球须直接入筐，反弹入筐不计数。

（2）投球者不能进入排球场区内。

教学建议：

（1）根据学生水平高低，可适当加大投筐距离。

（2）如果条件不具备，可因地制宜地把筐用桶、盆代替。

24．看谁接球多

游戏目的：提高学生判断球落点的能力。

场地器材：排球场1个，排球2个。

游戏方法：如图8-1-23所示，将学生分成人数相等的两队，在端线外列队，排头持球在对区进攻区内准备。听到口令后，将球由球网上抛出，起点端线处的第一人疾跑将下落球接住，得1分；球未直接接住而在反弹后接住，得0.5分，接住球的人疾跑至对区进攻区再把球抛出，全队依次进行。累积记分，分值高的队名次列前。

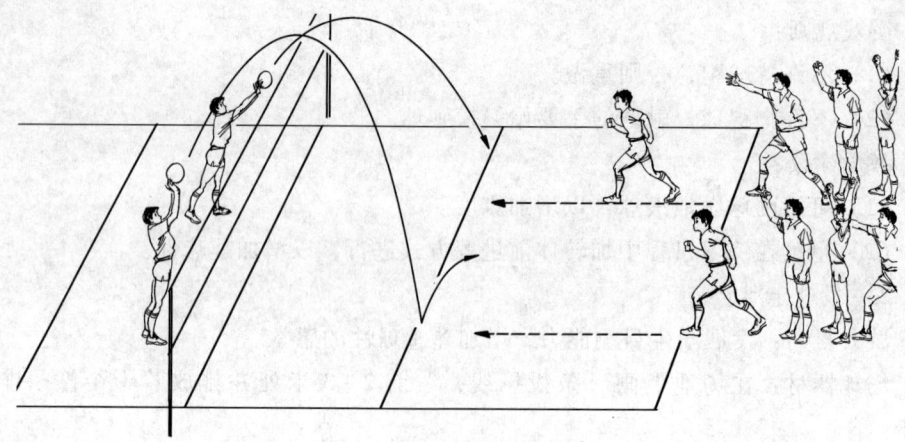

图 8-1-23 看谁接球多

游戏规则：

（1）在第二次反弹后接球或捡地滚球均不得分。

（2）球未抛过球网，为失利。

教学建议：

（1）在抛球过程中可适当增加抛出的距离。

（2）在穿越球网时，可加上适当的排球技术徒手动作练习。

25. 接反弹球

游戏目的：培养学生快速反应能力及接反弹球能力。

场地器材：墙两面，排球 2 个。

游戏方法：如图 8-1-24 所示，将学生分成两路横队面对墙站立，在横队后站一学生向墙上抛发球，待球反弹出时由横队中的学生将球接住，接球人改做抛发球人，依次循环做。在规定时间里接反弹球次数多的队为胜。

图 8-1-24 接反弹球

游戏规则：

（1）触到球而没有接住的不计数。

（2）抛球者注意反弹角度和力度的把握。

教学建议：

（1）可依次做，也可随意抛发球做。

（2）接球者可采用接发球的方式接球。

26. 明九暗九

游戏目的：提高学生快速反应能力，活跃课堂气氛。

场地器材：排球场1个，排球若干。

游戏方法：如图8-1-25所示，教师先排出练习的顺序，然后发出"报数"口令，由排头开始报数，当报到"明九"（9、19、29……）时，不报数，而报"过"或者以下蹲来代替。游戏继续进行。当报到"暗九"（18、27、36……）时，也不报数而以击掌代替，以此类推，看谁的注意力集中，报数最准。

图8-1-25　明九暗九

游戏规则：

（1）报"明九"时，报"过"或以下蹲来代替，报"暗九"时，以击掌代替，不可混用。

（2）报数声要清楚准确，不能含糊或报错。

教学建议：

（1）报数或做动作要及时、果断、准确。

（2）出现错误者需到圈内做排球操一节，然后由其开始报数。

27. "8"字接力

游戏目的：提高学生的速度素质。

场地器材：排球场1个，排球若干。

游戏方法：如图8-1-26所示，在场地上画一条起跑线，线前10米处并排画两组直径为5米的圆圈（每组两个，两组间隔6米）。把学生分成人数相等的两队，分别成一路纵队面对圆圈站在起跑线后，各队排头手持排球。教师发令后，各队排头立即按规定路线绕过两个圆圈，跑成"8"字形，回到起点把排球交给本队第二人，自己站到队尾。依次进行，先跑完的队为胜。

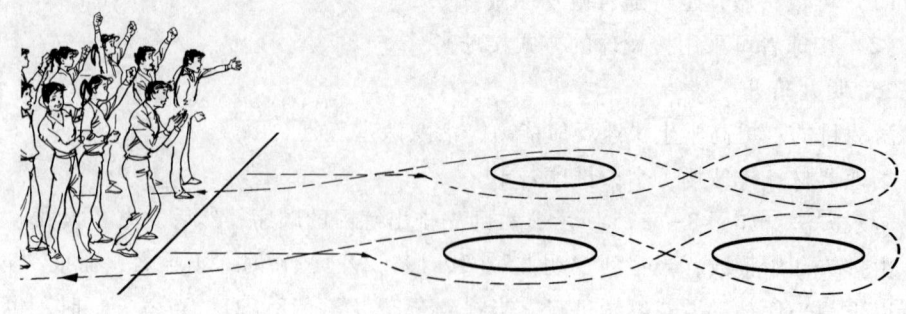

图 8-1-26 "8"字接力

游戏规则：

（1）发令或接到排球后才能起跑，并且不能踏线起跑。

（2）路线要规定清楚，不得进入圆圈或绕过圆圈。

教学建议：

（1）游戏前做好准备活动，以免受伤。

（2）跑的路线方式要正确，游戏前温习弯道跑技术。

28. 双球不归一

游戏目的：提高学生判断、反应、协同配合的能力。

场地器材：排球场 1 个，排球 2 个，排球网 1 副。

游戏方法：如图 8-1-27 所示，将学生分成人数相等的两队，各在球场一边。两队各持一个排球。教师吹哨开始，双方将球由网上向对方场内抛击。如果一队场上同时有 2 个球存在并落地，则判为失 1 分。

图 8-1-27 双球不归一

游戏规则:

(1) 掷向球场的球必须落在场内,掷向界外者为犯规,判罚失 1 分。

(2) 球在手里不能停留 3 秒以上,违者判失 1 分。

(3) 掷抛球时,手不可触网。违者判失 1 分。

教学建议:

(1) 用球多少可根据场上人数及学生控制球的水平而定。

(2) 参与游戏的人数由场地活动面积而定。

29. 抛球换位

游戏目的:发展学生灵敏素质,提高动作速度。

场地器材:排球场 1 个,排球 3 个,等边三角形场地 1 个。

游戏方法:如图 8-1-28 所示,学生分 5~8 人为一组,共分 3 组,分别呈纵队面向三角形站在 3 个圆圈外,排头持球站在顶点上。游戏开始,各组排头听口令同时将球垂直向上用力抛起,随后马上按逆时针方向跑动换位去接右方一组排头抛起的球,排头接球后交给身后第二人抛球,之后站到该队排尾。依此类推,每人抛接数次后结束。以失误少的组为胜。

图 8-1-28 抛球换位

游戏规则:

(1) 抛出的球必须在三角形的顶点上方,尽量垂直。

(2) 球要有一定的高度。

(3) 球左右摆动幅度不得超过 0.5 米。

教学建议:可用比赛的方式进行。

第二节 传球类游戏

1. 二龙戏珠

游戏目的：发展学生的灵活性和协调性。

场地器材：排球若干。

游戏方法：如图 8-2-1 所示，两人一组，各持球相对而立。听到开始口令后，计时开始，甲把球从头上传给乙，乙传反弹球给甲，甲乙均接到对方传来球后，立即做一次腰绕球一周的练习，再照开始甲从头上传给乙，乙从下传反弹球给甲，甲乙均接到球后，分别做左、右踢腿，在踢腿时将球从内侧环绕大腿一周，完成时将球举过头顶，此时停表，速度快者为胜。

图 8-2-1　二龙戏珠

游戏规则：

（1）按规定路线传球，球接不住时应重做。

（2）环绕时不得失手，否则重做。

教学建议：在熟悉环绕球后再做，注意配合节奏。

2. 额前抱宝

游戏目的：加强学生正确掌握上手传球手形和球感。

场地器材：排球若干。

游戏方法：如图 8-2-2 所示，一人一球，将球自抛 2～3 米高，待球落地反弹后，抛球人在球下用正确传球手形在额前将球持住。在规定的时间内完成规定的接球次数，以手形正确、接球稳者为优胜。

图 8-2-2　额前抱宝

游戏规则：

（1）只许在第一次反弹时钻入接球，否则不计数。

（2）接球时要放在额前，否则不计数。

教学建议：注意结合正确的准备姿势和移动步法。

3. 仙女散花

游戏目的：提高学生上手传球的能力，培养传球准确性。

场地器材：排球场1个，排球若干。

游戏方法：如图8-2-3所示，在半径6米的圆圈内，用3个大圈由3名学生持好，学生站在圆圈线外，一人一球，分别在自传1~3次球后把球传入大圈。

游戏规则：

（1）用上手传球的方法做。

（2）站在圈外不能踏及圆圈线。

教学建议：可采用纵队向大圈传球的方式进行。

4. 自传打板碰筐

游戏目的：提高学生上手传球的能力。

场地器材：篮球场半个，排球若干。

图8-2-3 仙女散花

游戏方法：如图8-2-4所示，将学生分成人数相等的若干组，均列队站于篮球场罚球线后。第一人持球做自传1~3次，然后把球传向篮筐，球碰篮板得1分，碰篮筐得2分，入篮筐得3分，没碰任何地方则由下一人继续做，全队依次进行，积分多的队名次列前。

游戏规则：

（1）必须双手做上手传球。

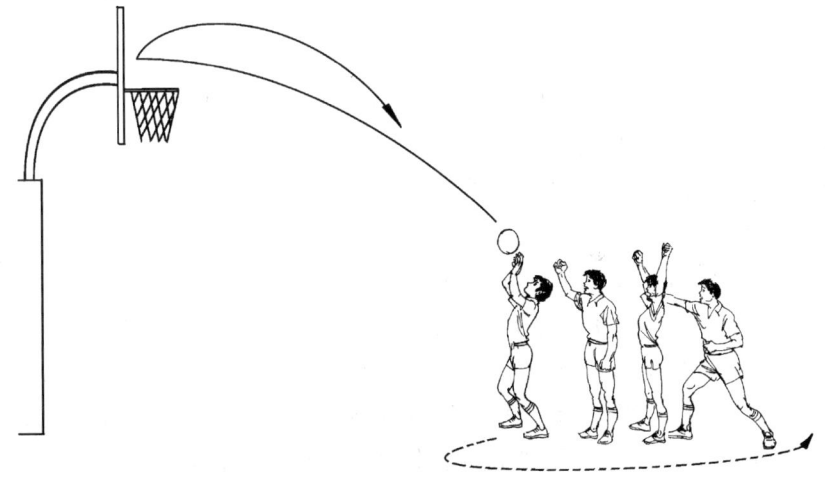

图8-2-4 自传打板碰筐

(2) 传球时不得踏及罚球线。

教学建议：

(1) 学生得分后可连续做，直至不得分时再换人。

(2) 根据学生的实际水平，可延长或缩短传球的距离。

5. 步步高

游戏目的：发展学生控球能力，增强学生手控球的感觉。

场地器材：排球若干。

游戏方法：如图 8-2-5 所示，学生每人一球，做一次高一次低的自传球，高低传球要有明显差别。以交替时间次数累计，多者获胜。

图 8-2-5　步步高

游戏规则：

(1) 运用正确手型保持好击球点做自传。

(2) 高传球须越过头上约 1 米的距离。

教学建议：

(1) 在规定时间里计数。

(2) 可在移动中做，以增加练习难度。

6. 隔网传球

游戏目的：提高学生的传球技术和培养其协作精神。

场地器材：排球场 1 个，排球若干。

游戏方法：如图 8-2-6 所示，先让两名队员分别站在 B 区 2、3 号位，另一名队员在 A 区 4 号位并持球开始从网上传给 B 区 3 号位队员，然后迅速跑到 B 区 3 号位（从网下）、3 号位队员迅速将球传给 2 号位队员，并移动至 2 号位，A 区派队员补到 4 号位准备接球，B 区 2 号位队员接到球后，将球从网上传给 A 区 4 号位队员并从网下钻过至队尾，4 号位队员再传给 B 区 3 号位队员，依次循环直到完成为止，在传球过程中不能持球。

图 8-2-6　隔网传球

游戏规则：

（1）球必须从网上过，从网下过属犯规。

（2）人必须从网下过，从场地边上绕过为犯规。

（3）如有球掉下，掉球队员应做 2 个俯卧撑予以警示。

（4）最后按时间判胜负，胜队队员带负队的队员做抱膝跳 5 次。

教学建议：

（1）可将场地中标出 A、B 区及各号位位置。

（2）一人将两人之间的传球改为三人之间的传球。

7. 隔网定点传球

游戏目的：培养学生的上肢力量和传球的准确性，提高学生的团队意识。

场地器材：排球场 1 个，排球 2 个。

游戏方法：如图 8-2-7 所示，将学生分成两组，在排球网两侧画 4 个圆，传球队员只能在圆中利用传球将球传到对面固定圆中，对面圆中同学用同样的方法将球传到对面指定圆中，依次进行下去，以连续传球为计数方式三局两胜取得最后胜利。

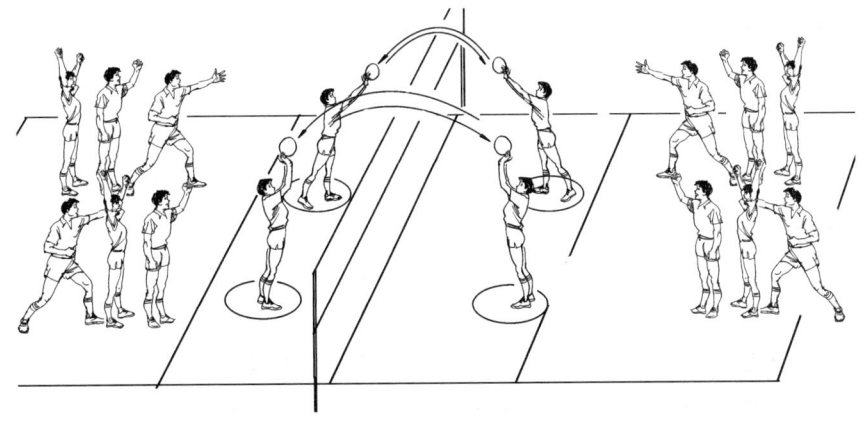

图 8-2-7　隔网定点传球

游戏规则：

（1）只准传球，不能采用其他技术完成动作。

（2）球不准落地，落地一次，捡起球接着传下去重新计数，在同一局中，落地两次为输一局。

（3）传球者不准在圈外传球，在圈外传球算犯规一次，此次不计入同级次数之列。

教学建议：

（1）本游戏不适合初学者，只适合有一定排球基础的学生。

（2）在做本游戏前应先进行热身运动和基本的传球练习。

8. 挑战全能

游戏目的：提高学生传球的综合素质及传球的控制能力。

场地器材：排球场1个，排球8个。

游戏方法：如图8-2-8所示，学生在"1"号位球处时垫球，将球传过头顶，然后放回原处，在"2"号位球处时，传球（要求传球时手臂伸直）手型正确然后放原处；在"3"号位球处时双方绕过该球完成一次跳起传球，要求挥臂正确；在"4"号位球处时，完成一次侧传练习，将球放回原处，迅速返回到下一学生，击掌后排至队尾，下一学生在击掌后出发重复上述动作（每一动作不正确重做一次，否则视为无效）。

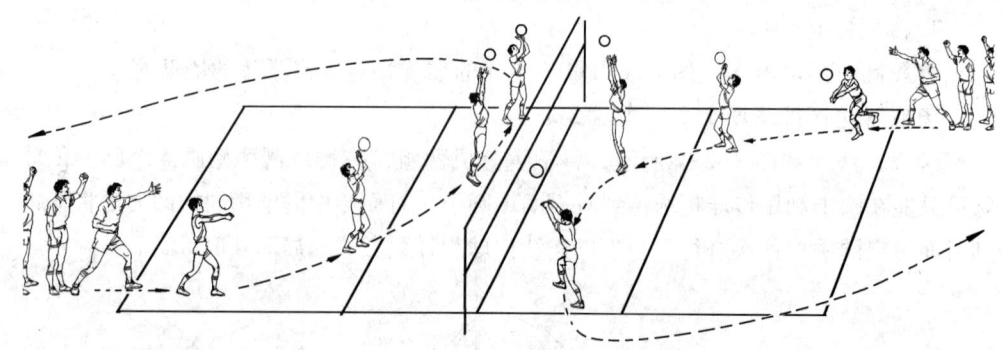

图8-2-8 挑战全能

游戏规则：

（1）分为两队，每队人数相等，实力相当。

（2）每一练习点要有标志提示物。

（3）依照图中箭头的方向依次轮换，最后排至队尾。

教学建议：

（1）可采用三局两胜制，由胜方出来带操（给予锻炼机会）。

（2）在此练习基础上可变换游戏基本技术进行综合练习。

9. 兔子搬家

游戏目的：

（1）培养学生之间的团结协作精神。

（2）提高学生的反应灵敏性。

场地器材：排球场1个，排球若干。

游戏方法：如图8-2-9所示，全体学生先围成一个圆圈，每3个队员一个球，当听到教师喊"草原大火"时，3名队员并列站在一块，排头队员需持球站在场上的小圈内，当听到裁判员喊"猎人打猎"时，两名队员手挽手，蹲在圈里的队员必须跑向另一个圈，依次听口令做动作。

图8-2-9 兔子搬家

游戏规则：

（1）蹲下的队员必须持球在圈里，搬家时必须持球。

（2）漏球或搬不到家（圆圈）的队员做纵跳10次。

教学建议：

（1）根据学生人数随时调整圈的大小。

（2）人数较多时采用分组完成游戏。

10. 跑位传球

游戏目的：提高学生迅速移动后卡位传球的能力。

场地器材：排球若干。

游戏方法：如图8-2-10所示，选两名递球人站距每队排头4~5米处。听到口令后，排头移动到甲区，接甲队员抛出的球做双手上传球，回传给甲队员后移动到乙区，再接传由乙队员抛出的球给乙，直至全队依次做完。速度快的队为胜。

游戏规则：

（1）必须移动到规定区域里做传球。

（2）传球时两队员之间必须保持一定的距离。

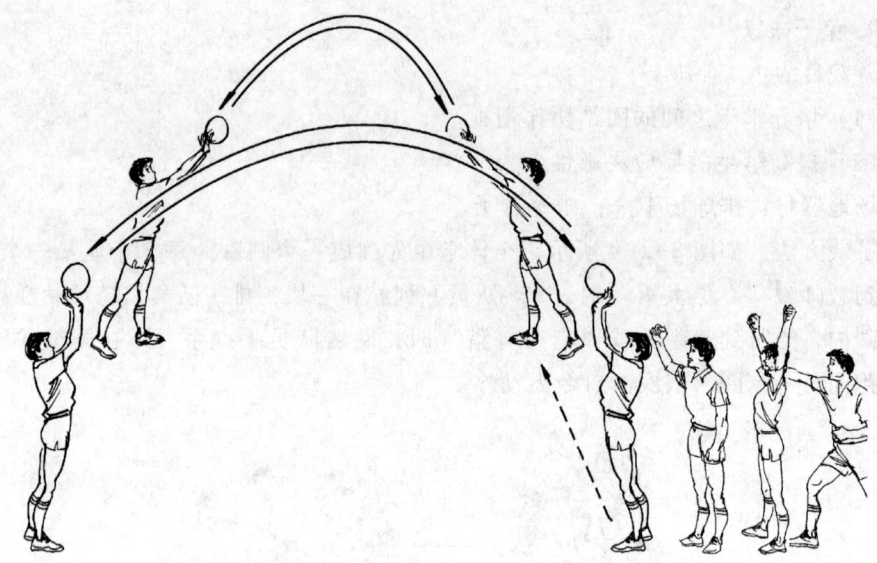

图 8-2-10　跑位传球

教学建议：
（1）可在增加一名递球人站在每队排头 4~5 米处。
（2）在做双手上传球时可做 2~3 次。

11. 空中接力

游戏目的：提高学生传球的控制能力及传球的准确性。

场地器材：篮球场半个，排球若干。

游戏方法：如图 8-2-11 所示，将学生分成人数相等的若干队，每队在篮板下 1 米左右处站好。听到口令后，排头将球传向篮板，当球反弹回来时，下一人接传，以此类推。学生每传一次就要报出传球的次数，在规定时间里，传球次数多的队名次列前。

图 8-2-11　空中接力

游戏规则：

（1）如球落地则捡回再接传，继续计数。

（2）传球动作要保证质量。

教学建议：

（1）在接到反弹球时，可做 2~3 次双手上传球。

（2）如果学生传球技术水平较高，可采用传球前先自传球，加转体后再传向篮板。

12. 越网传球

游戏目的：提高学生传球的准确性和控制能力。

场地器材：排球若干，球网 1 张。

游戏方法：如图 8-2-12 所示，每人持一球对网站好，球网可以卷起。当听到口令后，学生在网的一侧向另一侧传球，随即迅速钻过球网接传 1~3 次，之后再将球从另一侧传回，以此类推。在规定的时间内，传球移动成功次数多者为胜。

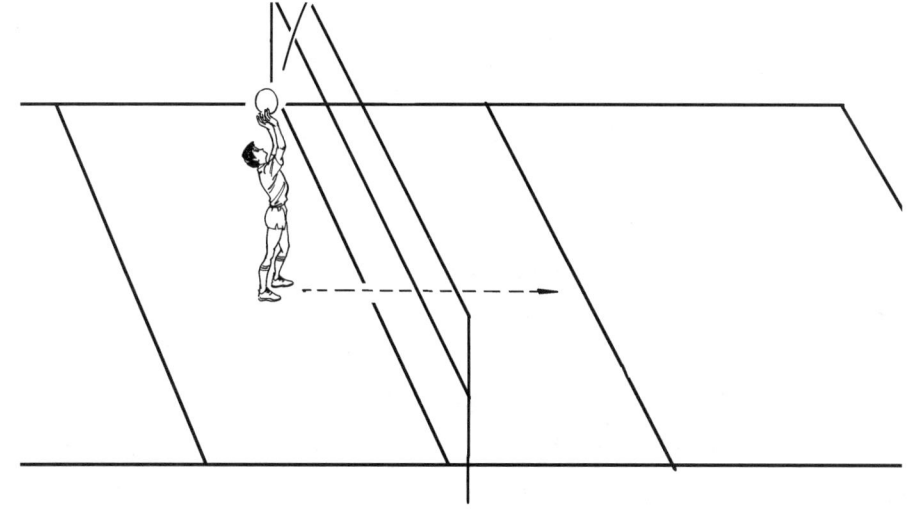

图 8-2-12　越网传球

游戏规则：

（1）如球落地可以捡回再接传。

（2）学生不能离球网太近，应保持一定距离。

教学建议：

（1）水平高者可连续左右移动传球。

（2）如有球网，要求过网者不能触及球网。

13. 鲤鱼跳跃

游戏目的：提高学生传球的准确性和控制能力。

场地器材：排球场 1 个，排球若干。

游戏方法：如图 8-2-13 所示，将学生分成人数相等的两组，在排球场端线外

列队。听到口令后,排头做自传球向前移动的练习,待到网前自传高球过网,人从网下钻过并连续接传球前行,至对区端线,下一人再做同样动作,直至全队依次做完为止。速度快的队为胜。

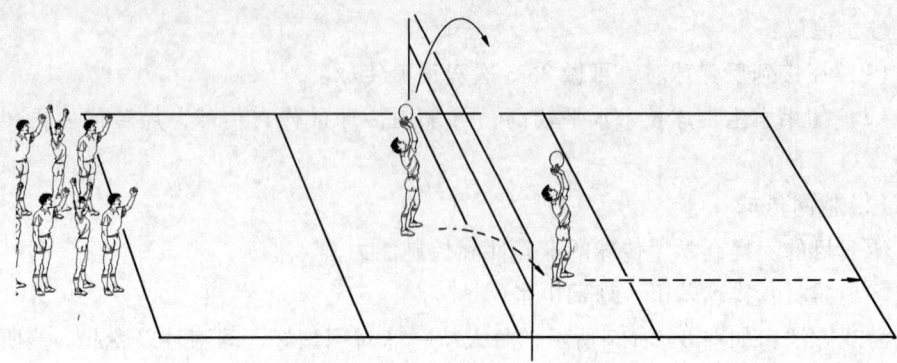

图 8-2-13 鲤鱼跳跃

游戏规则:

(1) 自传球、传高球过网及接自传球前进时,球均不得落地,否则从落点重做。

(2) 传球练习中不能出现错误动作,否则重做。

(3) 练习者必须前行至对区端线处,第二人才能开始练习。

教学建议:

(1) 在练习自传球的基础上方可进行此游戏。

(2) 注意传球的眼功、手功和脚步的移动。

14. 传球绕标赛

游戏目的:提高学生传球、控球能力和眼环视能力。

场地器材:较大面积的平整场地,标杆和排球若干。

游戏方法:如图 8-2-14 所示,将学生分成人数相等的若干队,成纵队分别在出发线后站好。听到口令后,排头迅速自传球前进,并绕过途中的标杆,当绕过最

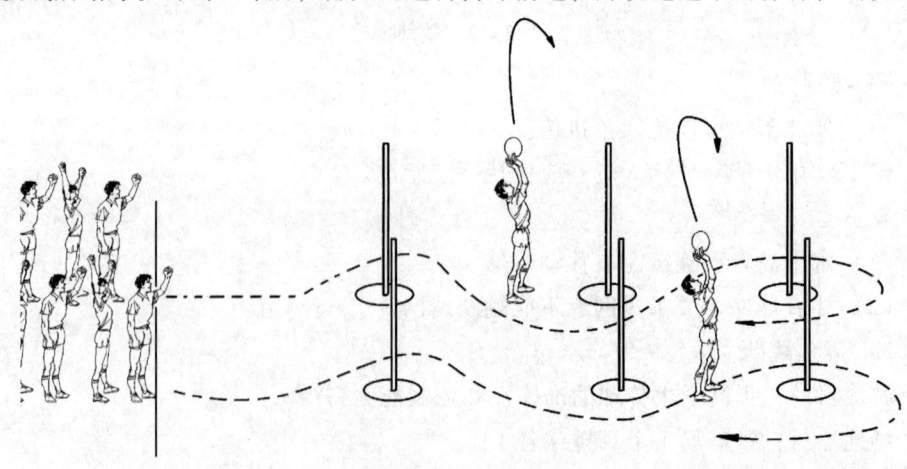

图 8-2-14 传球绕标赛

后一个标杆后迅速跑回本队,将球交给下一人,下一人做同样动作,直至全队依次做完为止。速度快的队为胜。

游戏规则:

(1) 未绕标杆者为犯规,应重做;全队犯规 3 次取消比赛成绩。

(2) 如球落地,应在该处捡球后继续做。

教学建议:

(1) 障碍用标杆,不用实心球,避免摔伤人;一般设 3~5 个障碍为宜。

(2) 练习中如果信心不足,也可原地连续自传等待时机再向前练习。

15. 矩形传球

游戏目的:加强学生传球技术,提高学生传球控制能力。

场地器材:排球若干。

游戏方法:如图 8-2-15 所示,5 人一组成四角站立,其中有一角站 2 人。传球从站 2 人处开始,将球传向对角线的方向,同时传球人也随球跑向球传向的位置,对角线处的人将来球传向右手侧边上的人,且跑至右手边的人处,在该处则做对角线方向传球,以此类推。在固定的时间里,传球次数多的队名次列前。

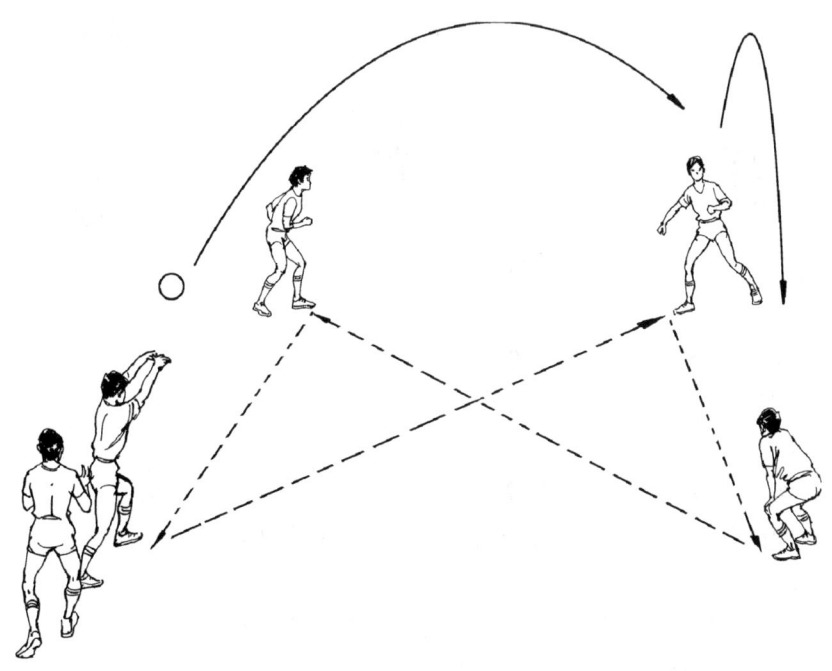

图 8-2-15 矩形传球

游戏规则:

(1) 球落地捡回继续计数,尽量让传球连贯。

(2) 动作质量低,出现传球技术动作错误,应不计算在累计数内。

教学建议：

(1) 在传出球时可做 2~3 次自传球。

(2) 在传球前可做转体或原地旋转的动作练习，以此增加练习难度。

16. 背传接力赛

游戏目的：提高学生背传球的控制球能力和传球的准确性。

场地器材：排球若干。

游戏方法：如图 8-2-16 所示，将学生分成人数相等的若干组，排纵队，前后间距 2 米。听到口令后，排头向后上方做背传球，第二人同样做背传球，依次传到队尾。速度快的队为胜。

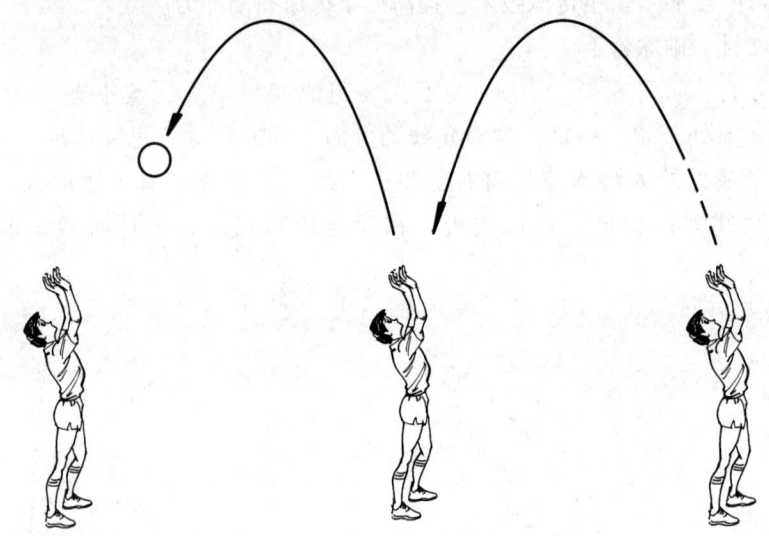

图 8-2-16　背传接力赛

游戏规则：

(1) 要依次做背传球，如有失误应从该地点重做。

(2) 不能隔人传球。

教学建议：

(1) 在熟悉背传球后进行比赛。

(2) 中间传球人也可采用先自传，然后背传的方式进行。

17. 传运球前进

游戏目的：纠正和巩固传球手形，提高学生传球技术水平。

场地器材：排球场半个，排球若干。

游戏方法：如图 8-2-17 所示，将学生布满排球场边线一侧。听到口令后，学生同时以传球的手形向地面拍运传球，保持匀速前进。

游戏规则：

(1) 必须采用双手传球的手形做拍运球练习。

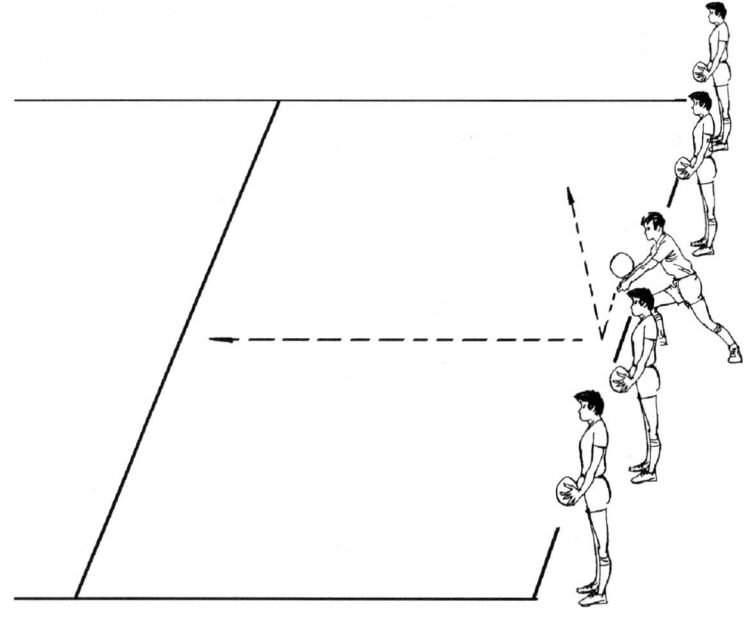

图 8-2-17 传运球前进

（2）练习中，注意相互间的距离，不要造成混乱局面。

教学建议：

（1）在拍运传球前可进行2~3次自传球。

（2）练习中，可采用分若干组的规定线路统一练习。

18. 蛇形自传接力赛

游戏目的：提高学生传球及控球能力。

场地器材：排球若干。

游戏方法：如图8-2-18所示，将学生分成人数相等的若干组，并成纵队站

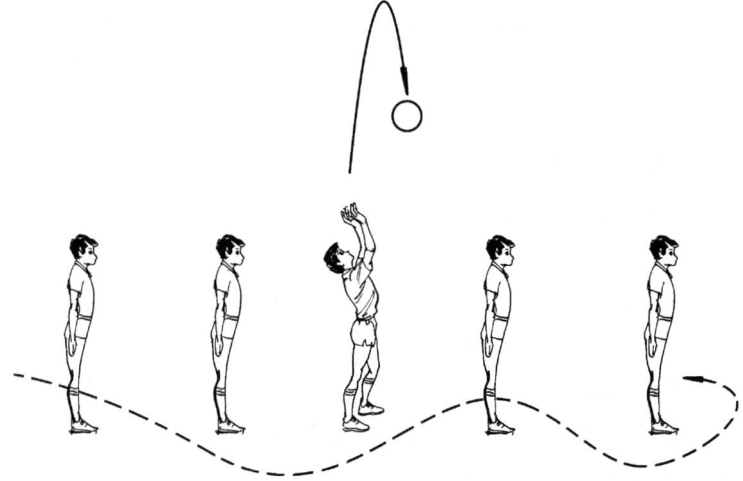

图 8-2-18 蛇形自传接力赛

好,前后间隔2米。听到口令后,排尾曲线绕人自传球前进,至排头时将球传给队尾第二人,依照同样方法做完蛇形自传球前进,全队依次进行。速度快的队为胜。

游戏规则:

(1) 必须依次绕过每一个同学,不允许隔人过,否则算犯规。

(2) 如球落地可捡起在该地点重做,继续前进到排头。

教学建议:

(1) 可在自传球过程中加1~2次传高球。

(2) 自转180°接住落下的球再继续前进。

(3) 传球高低可据学生传球技术而定。

19. 双人循环传球赛

游戏目的:提高学生传球控制能力和相互配合的节奏感。

场地器材:排球若干。

游戏方法:如图8-2-19所示,两人一组,每人一球。当听到口令后,甲用传球方法向地面距乙2/3处传反弹球给乙,乙从空中同时把球传给甲,双方接住对方来球后继续做,当连续5次后甲乙交换出球方向,再做5次传球。在固定时间内配合完成循环传球次数多者名次列前。

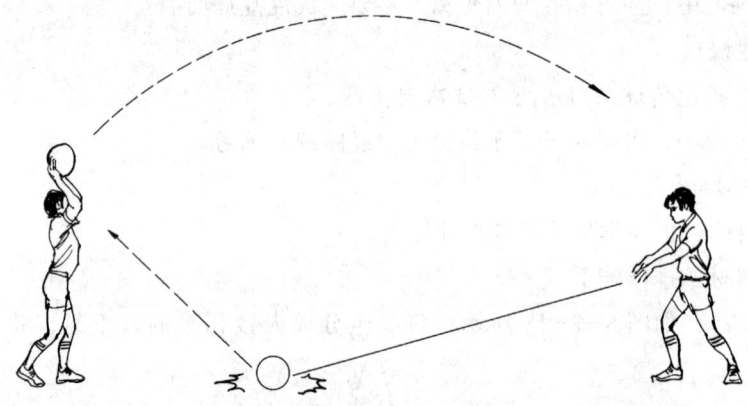

图8-2-19 双人循环传球赛

游戏规则:

(1) 必须按规定路线传球。

(2) 传球的难度不宜过大。

教学建议:

(1) 在双方接住球时做几次传球。

(2) 讲明传球的反弹点的距离。

20. 双人俯卧传球赛

游戏目的:提高学生传球的节奏感和控球能力。

场地器材:排球若干。

游戏方法:如图8-2-20所示,两人一组,每人一球。听口令后,甲从下传反弹球给乙，乙从空中传给甲，待接到球后，甲乙同时做一次立卧撑，然后继续做甲从下、乙从上的传球，循环 5 次后甲乙互换传出球的路线，再做 5 次。以速度快、传球配合好者为优胜。

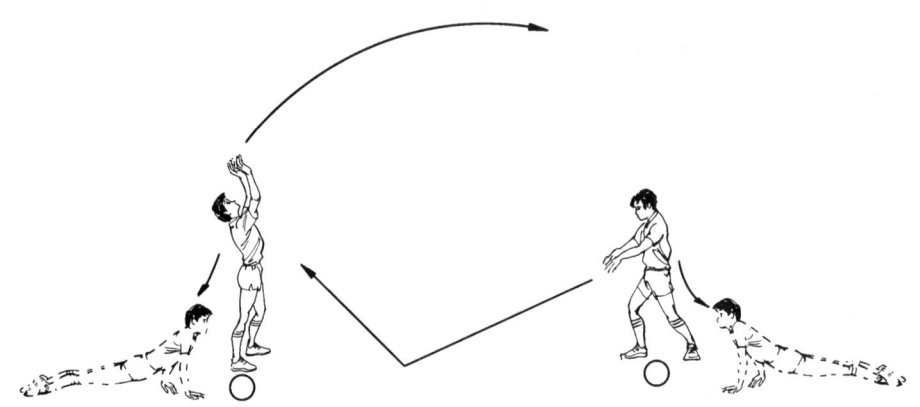

图 8-2-20　双人俯卧传球赛

游戏规则：

（1）传球、做立卧撑两人应同步进行，配合要好。

（2）做动作要到位，不能只求快而忽视动作质量。

教学建议：

（1）在比赛前可以熟悉一下球性。

（2）如果学生为初学者时，也可采用摸地或原地旋转的方式做传球间的动作练习。

第三节　垫球类游戏

1. 穿梭接力

游戏目的：熟悉垫球部位；发展灵敏性和协调性。

场地器材：排球场 1 个，排球若干。

游戏方法：如图 8-3-1 所示，将学生分成人数相等的两组，并在排球场端线站好。听到口令后，排头在垫击球的部位将球托起，并且持球跑动前进，穿过球网到对区端线处，球交给下一个人，该人接过球依旧持球跑动前进，全队依次进行。速度快的队为胜。

游戏规则：

（1）球落地后应立即捡回，并在掉球处重新开始做。

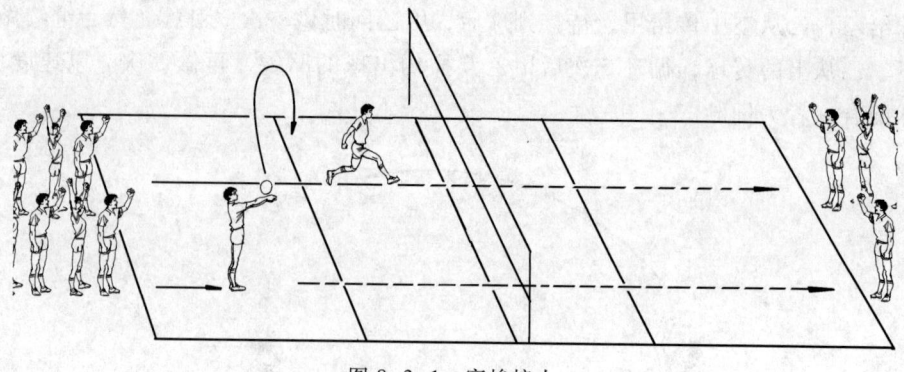

图 8-3-1 穿梭接力

（2）不允许以双臂夹球的方式前进。

教学建议：

（1）在持球过程中可采用自垫球移动前进。

（2）在前进过程中把握学生的水平，可灵活选择击球的方式。

2. 来来往往

游戏目的：巩固垫球手型，熟悉球性。

场地器材：排球若干。

游戏方法：如图 8-3-2 所示，每 2 人一组，一人持球。一人往地下抛球，待球反弹起后，另一人则移到球下用垫球动作将球持在垫击部位处。在规定时间内，两人接反弹球成功次数多者名次列前。

图 8-3-2 来来往往

游戏规则：

（1）抛反弹球必须高过人。

（2）接球人必须用正确的垫球部位将球持住方为成功，否则不计次数。

教学建议：

（1）抛球时力量要适中。

（2）垫击反弹球时可自垫2~3次。

3. 自垫高低球

游戏目的：巩固垫球手型、击球点和用力顺序。

场地器材：排球若干。

游戏方法：如图8-3-3所示，每人持一球做自垫球练习，按一垫低球约0.5米高，二垫中球约1米高，三垫高球约2.5米进行，待球落地反弹起后再按低、中、高不同的节奏垫出不同高度的球，算完成一个组合的练习。在规定时间内计算完成回合的次数，多者为胜。

图8-3-3　自垫高低球

游戏规则：

（1）必须按规定的节奏垫出不同高度，否则重做。

（2）练习中不能插入其他方式的击球，否则需重新击球。

教学建议：

（1）在进行比赛前使每组队员分别进行对垫练习5~10分钟以使学生熟悉其球性。

（2）根据学生的水平，可灵活采用不同高度的有机组合进行练习。

4. 看谁垫得准

游戏目的：提高学生垫击球的准确性和手臂控球能力。

场地器材：大筐若干，排球若干。

游戏方法：如图8-3-4所示，将学生分成人数相等的若干队，每队距筐8米，列队站好。听到口令后，排头做自垫球移动前进，至距筐约3米处时将球垫向筐内，然后徒手跑回击下一人的手掌，第二人做同样的动作，全队依次进行。速度快、入球多的队名次列前。

图 8-3-4 看谁垫得准

游戏规则:
(1) 必须用垫击方式垫球入筐。
(2) 中途球落地应在落地点捡起再继续做。
(3) 大筐可根据实际需要,改为藤条圈或用呼啦圈代替。

教学建议:也可以在自垫球移到距筐 5 米处将球垫向筐内,或在垫向筐之前自垫 2~3 次。

5. 活动圈垫球赛

游戏目的:提高学生垫球能力,加强其判断力。

场地器材:平整的场地上画数个 5~6 米半径的圆,排球若干。

游戏方法:如图 8-3-5 所示,把学生分成人数相等的若干队,每队站成半径 5~6 米的圆圈。听口令后,开始进行相互垫击球。在规定次数内垫球成功次数多者为优胜,或以垫击最高次数为优胜。

图 8-3-5 活动圈垫球赛

游戏规则：

（1）一人连续垫多次，只按一次计数。

（2）采用非垫球方式不计正常次数。

教学建议：

（1）在垫球过程中也可从本组任选一人站于圆心进行接球，以减小其难度。

（2）此练习熟练后，可采用隔人插花的方式加大难度练习。

6. 你来我往

游戏目的：提高学生垫球技术和控球能力。

场地器材：排球若干。

游戏方法：如图 8-3-6 所示，把学生分成人数相等的若干队，并相距一定的距离迎面站好。听口令后，排头做自垫球移动前进，移动至对面第一人后将球交给对方，该学生做同样动作，全队依次进行。速度快的队为胜。

图 8-3-6　你来我往

游戏规则：

（1）必须连续垫击球移动前进，如球落地，应在落地点捡回球后重做。

（2）练习中不允许持球跑。

教学建议：

（1）在移动过程中可按一定节奏前进。

（2）也可按一定的高度前行，例如，一次垫高球，一次垫低球，高低球要有明显差异。

7. 绕杆接力赛

游戏目的：提高学生垫球技术和控球能力。

场地器材：标杆 6 个，排球若干。

游戏方法：如图 8-3-7 所示，把学生分成人数相等的若干队，每队前隔 3 米布置一个标杆，共放 6 个标杆。听到口令后，排头做自垫球移动前进，并且要绕过每个标杆，待通过最后一个标杆后抱球跑回本队，把球交下一人做同样的动作，全队依次进行，速度快的队为胜。

图 8-3-7 绕杆接力赛

游戏规则：

(1) 自垫球时，必须按规定路线绕过标杆。

(2) 如球落地应捡回球继续做。

教学建议：

(1) 也可以在绕过标杆处分别做 2~3 次垫球，然后再前进。

(2) 如果条件不允许，可把标杆改为实心球或其他形式障碍物。

8. 看谁笑到底

游戏目的：提高学生垫球技术，培养空间感。

场地器材：排球场 1 个，排球若干。

游戏方法：如图 8-3-8 所示，3 人一组，持球站在本区端线外。听口令后做自垫球移动，待到网前时将球垫过球网，之后人从网下迅速钻过并立即接垫球，如没能连续垫球者则被淘汰，完成者再从对方进攻区往回钻过网垫球。直至仅剩一人时，则该人为胜者。

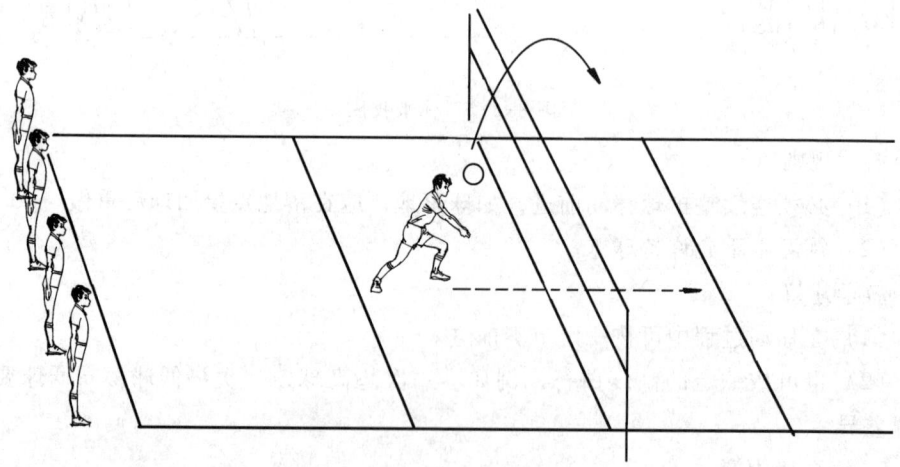

图 8-3-8 看谁笑到底

游戏规则：

(1) 自垫球应始终球不落地。

(2) 钻网时不得触网，否则被淘汰。

(3) 自垫球过程中，不允许使用传球进行练习。

教学建议：
（1）也可使两人一组对垫过球网到对区并来回做，不能连续做的组被淘汰。
（2）如果过网时机不成熟，学生可采用网前连续垫球的方式蓄求时机。

9. 穿梭前进垫球

游戏目的：提高学生移动垫球能力及控球能力。

场地器材：排球若干。

游戏方法：如图 8-3-9 所示，把学生分成人数相等的若干队，且两队相对站立。由一队排头抛球给对方，然后穿梭到对方队队尾，对方排头垫球后就跑过来，以此类推，球不断地被互垫，人不断穿梭跑动。计在固定时间内垫击球次数，多者名次列前。

图 8-3-9 穿梭前进垫球

游戏规则：
（1）球落地后捡回来再继续垫，继续计数。
（2）注意保持好互垫距离。

教学建议：
（1）在进行此比赛前，可以让学生先练习对垫，以熟悉球性。
（2）双方垫球要注意球的弧度及对落点的把握。
（3）跑动行进过程中需规定好各自的穿梭路线，以免两队人员相撞。

10. 对墙垫准

游戏目的：提高学生垫球技术和垫球的准确性。

场地器材：靠墙的平整空地，墙上做若干标志，排球若干。

游戏方法：如图 8-3-10 所示，两人一组，其中一人持球向墙上目标连续垫击，另一人计数。计规定时间里击中墙上目标的次数，多者为胜。

游戏规则：
（1）击中目标，动作规范，部位（击球部位）正确方可算为一次。
（2）不可用传球的方式击球练习。

图 8-3-10 对墙垫准

教学建议：
（1）可以在击中目标之前做2~3次垫球再去垫击墙上目标。
（2）如球反弹力过强，可采用连续自垫球待机再垫向墙上目标。

11. 反弹流量

游戏目的：提高学生反应能力、判断能力和垫击球技术。

场地器材：一面墙，排球若干。

游戏方法：如图8-3-11所示，两人一组前后站立。由后面的人向墙上扔球，待球反弹回来时，前面站立的学生将球垫起，计10次、20次等扔抛球中成功起球的次数。两人一组比赛，接起球多者为胜。

图8-3-11 反弹流量

游戏规则：
（1）必须在球反弹落地前垫起球。
（2）只能用垫球的方式来完成练习。

教学建议：
（1）向墙上扔球的人在扔球时力量不宜过大。
（2）如果学生水平较高，可采用扩大反弹区域的手段来提高练习质量。

12. 扇面垫球

游戏目的：提高学生在移动中的垫球技术和控球能力。

场地器材：排球1个。

游戏方法：如图8-3-12所示，3人一组，一人站于A点，另两人站于B点。A、B两点相距5~6米，B点与C点相距3米。听到口令后，B点第一人垫球后迅速移动到C点，A点人将球再垫给C点人，C点人将球垫回A点后返回B点，A点人再继续向B点垫球，B点第二人再做与第一人同样的动作。在规定的时间里计各组完成垫球的总次数，多者名次列前。

游戏规则：
（1）站在B、C两点者必须连续垫击，如中断则不计数。

图8-3-12 扇面垫球

(2) 在 A 点者可垫、可传、可抛。

教学建议：

(1) 根据学生的能力可适当增加其距离以增加难度。

(2) 垫球难度的增加以学生水平高低而定。

13. 传垫谁最好

游戏目的：提高学生的传垫球技术及控球能力。

场地器材：排球场 1 个，排球 2 个。

游戏方法：如图 8-3-13 所示，将学生分成人数相等的两队，站成两路纵队，听到口令后，在指定的距离内移动前行，去时双手垫球，回时双手传球，顺利返回时将球传给下一位队员，以先完成的队为胜。

图 8-3-13 传垫谁最好

游戏规则：

(1) 球若丢失则在丢失处捡起继续垫球。

(2) 传垫球的次数至少 5 次以上。

教学建议：

(1) 可以对输队进行惩罚，以此用来激励练习者。

(2) 时间允许下可以进行若干次比赛。

14. 救球游戏

游戏目的：提高学生更好地掌握传垫球技术，加强队员之间的协作能力。

场地器材：排球场 1 个，排球 1 个。

游戏方法：如图 8-3-14 所示，学生手拉手站成一个圆圈，放下手，随意挑出一名队员开始报数并记住各自的数字。指挥员站在圆的中心，发出口令后将排球抛起同时叫一个数字，被叫数字的同学利用传垫球技术将球传垫至空中再叫一名同学后自己回归原位，游戏依次进行直至球成死球。

游戏规则：

(1) 每次被叫同学传垫球时，必须达到一定的高度，不能太低。

图 8-3-14 "救球"游戏

（2）没有完成练习者要进行处罚。

教学建议：

（1）应该将基本功好的同学分开站在圆圈的对应位置。

（2）可以根据人数的多少，扩大或缩小圆圈的范围。

15. 斗地主

游戏目的：复习各种传垫球技术。

场地器材：画1个半径4米的圆，排球1个。

游戏方法：如图8-3-15所示，学生以4米为半径围成一个圆，中间选择一名同学A站立于圆圈中间，周围的同学B选择任意一种传球方法将球传给A，A则以同样的方法传给C，C可以用同样的传球方法或选择另一种传球方法将球再次传给A，依此类推。

游戏规则：不准用脚踢球。

教学建议：可以在行进间进行此活动。

图 8-3-15 斗地主

16. 传垫球接力

游戏目的：

（1）提高学生的基本传垫球技术。

（2）提高学生的反应能力和团队合作精神。

场地器材：排球场 1 个，排球 1 个。

游戏方法：如图 8-3-16 所示，全体练习者围成一个圆，每人相隔大约 1.5 米，任选一名队员站在圈内，圈外同学先将球传或垫向圈内队员，圈内队员再将球击向圈外队员，中间队员连续 5 次击球后跑向圈外替补其他队员的位置，则那名队员继续在中间传垫球，先按顺时针转，一轮后按逆时针转。

图 8-3-16　传垫球接力

游戏规则：

（1）场上队员必须使用传垫球技术。

（2）中间队员不能连续两次将球击向同一个人。

（3）最后一次击球时不能将球击向替换他的人。

教学建议：根据班级人数可将圈内改为 2 人或 3 人配合传垫球。

17. 协作排球

游戏目的：提高学生移动中的传、垫球能力，培养团结协作意识。

场地器材：排球场半个，排球 12 个。

游戏方法：如图 8-3-17 所示，将学生均分为两组，每人持一个排球。队员排成纵队分立排球场边线两侧。比赛开始，每队队员依次传垫球穿过场区，并把球放到指定位置，优先放完的队为胜一局。

游戏规则：

（1）在穿过场区时，球必须是传垫，不能在手中停留。

（2）如出现失误，须拿球返回起点重做。

（3）每名队员必须在场区分别传垫球 3 次以上结束。

图 8-3-17 协作排球

教学建议：

（1）可以改变传垫球次数。

（2）传垫球也可采用过障碍的形式。

18. 单臂垫球

游戏目的：提高学生单手垫球的准确性和控球能力。

场地器材：排球场 1 个，排球若干。

游戏方法：如图 8-3-18 所示，将学生分散站在排球场上，彼此之间保持一定的距离。学生听到口令后，用单手、前臂、肘肩、拳面等部位击球。在规定的时间内计垫击的次数，多者名次列前。

图 8-3-18 单臂垫球

游戏规则：

（1）同一部位多次触球只计一次。

（2）击球动作要符合规则要求。

教学建议：

（1）此练习可分散单人做，也可列队集体做。

（2）可以两人配合练习，也可以多人综合练习。

19. 行进对垫接力

游戏目的：提高学生在移动中的垫球技术和控球能力。

场地器材：排球场 1 个，排球若干。

游戏方法：如图 8-3-19 所示，将学生分成人数相等的若干组，成纵队站于场地端线外。两人一组相互垫球，并且根据自身技术水平匀速向前移动，直至对方场地端线处时停止。每完成一次为一组，共做 5 组，以完成次数多者为胜。

图 8-3-19　行进对垫接力

游戏规则：
（1）球在移动垫击时不得落地，否则被罚出局，不得继续参加比赛。
（2）垫球的次数不限。

教学建议：
（1）如果学生垫球水平不高，可采用近距离、半场区中对垫的方法进行游戏。
（2）如果学生垫球水平较高，可采用远距离、全场过网对垫的方法进行游戏。

20. 三角等边跑动垫击

游戏目的：提高学生垫球技术和控球能力。

场地器材：排球场 1 个，排球若干。

游戏方法：如图 8-3-20 所示，将学生分成人数相等的 3 队，站在等边三角形的角点上，第一队排头持一球。听到口令后由排头逆时针方向垫击球给相邻一组的排头，随后快速跑动到相邻一组的队尾，其他各组依次进行。以不丢球，垫球时间长、次数多者为胜。

图 8-3-20　三角等边跑动垫击

游戏规则：
（1）垫球的方向性要强，并且要准确到位。
（2）垫击后跑向击球的同一方向，不准跑错位置。

教学建议：
（1）人数多时，可采用几组同时相互比赛的方式进行练习。
（2）如果连续对垫有困难，也可采用自垫球调整后再进行等边对垫的方式进行。

第四节　发球类游戏

1. 发球上台阶

游戏目的：提高学生发球的能力。

场地器材：在一平整的场地上画一标志线，作为发球线，距该线 10~12 米处画 A 区，12~14 米处画 B 区，14~16 米处画 C 区，16~18 米处画 D 区；排球若干。

游戏方法：如图 8-4-1 所示，每人依次发球，要求第一球落在 A 区，第二球落在 B 区，第三球落在 C 区，第四球落在 D 区，依次完成则为上完台阶。

图 8-4-1　发球上台阶

游戏规则：
（1）发球方法不限，以球的落点为准。
（2）发球不能踏线。
（3）球压线可随意选择区域。

教学建议：
（1）在学习发球时，可以不用球网，而在地面上画上方格线，以利诱导上网发球。

（2）根据学生水平高低可调节发球的距离和难度。

2. 发球比远

游戏目的：提高学生发球的力量和击球的准确性。

场地器材：在地面上画上数条线，间隔 1 米；排球若干。

游戏方法：如图 8-4-2 所示，每人发 3 个球，记录最远的距离，发球远者名次列前。

图 8-4-2 发球比远

游戏规则：

（1）必须使用正确的发球方法。

（2）发球方法不限。

教学建议：

（1）也可以使每人多发 3 个球。

（2）两人同发可采用交替进行的方式。

（3）可用球网，也可不用球网进行练习。

3. 打靶

游戏目的：提高学生发球的力量和准确性。

场地器材：画一发球线，距该线 10~12 米处放一靶台；排球若干。

游戏方法：如图 8-4-3 所示，将学生分成人数相等的若干队，听到口令后，排头向靶台发球，击中可得 1 分，全队依次做同样发球。得分多的队名次列前。

游戏规则：

（1）发球方式不限。

（2）发球按顺序进行。

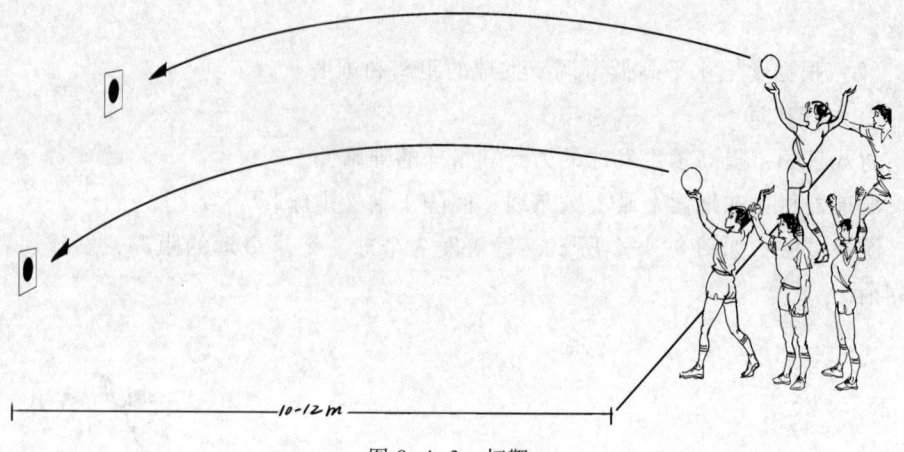

图 8-4-3 打靶

教学建议：

（1）发球线与靶台距离可据学生能力进行调整。

（2）可规定采用不同的发球方式进行练习。

4. 心灵手巧

游戏目的：培养学生发球的针对性和目的性，提高与改进发球技术水平。

场地器材：排球场 1 个，排球若干。

游戏方法：如图 8-4-4 所示，将学生分配成两队，每 3 人一组，将排球场划分为到位的、二传能顺利传起组织进攻的 3 分区，通过队员能调整组织进攻的 2 分区，不能攻但能处理的一分区，队员接一传到不同区域得不同的分数，发球队员能直接得分者，发球队员得 3 分，能破坏对方进攻得 2 分，发球过网但对方能处理过网的发球得 1 分，不过网或出界的不得分，然后与接发球队对调，每人发一球，每

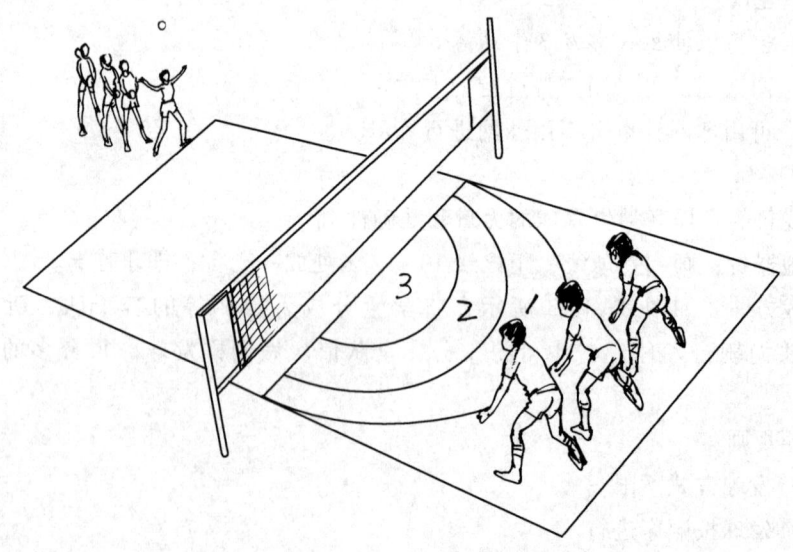

图 8-4-4 心灵手巧

队得分相加多者为胜。

游戏规则：

（1）发球队员应在对方准备就绪情况下发球。

（2）接发球队员只需一次传球，有些传球如界外，能救起的入网球等，根据实际情况由裁判员判定。

教学建议：

（1）对个人防守失误原因做针对性的练习。

（2）培养有针对性的发球与接发球动作的规范。

5. 传、发球接力赛

游戏目的：提高学生传球技术，巩固发球技能。

场地器材：排球场 1 个，排球若干。

游戏方法：如图 8-4-5 所示，先把学生平均分成两组，排成纵队站在起点规定处，用上手传球的方式自传到终点，中间过球网时队员必须让球从网上通过，人从网下钻过继续传球到终点，然后由端线后发球，球落到对面场区算得 1 分，如发球失误此队员得 0.5 分，发球落地后下一个队员才能开始，最后按得分多少判输赢。

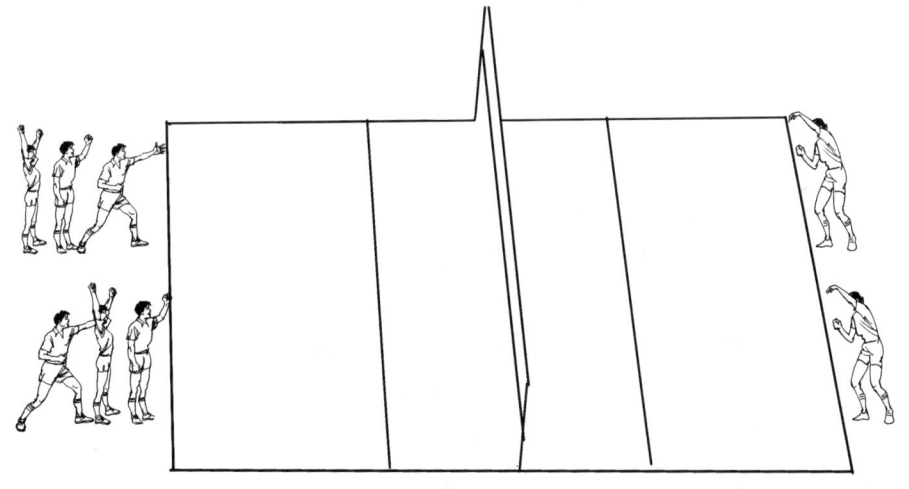

图 8-4-5　传、发球接力赛

游戏规则：

（1）传球过程中如有掉球，从掉球处重新开始，但掉球两次扣 0.5 分。

（2）传球过程中不能持球，出现犯规动作则令出局。

（3）传球从网下过扣 0.5 分。

（4）发球手法不限。

教学建议：

（1）可把传球过程改为垫球，或改成传垫结合的比赛。

（2）发球时可在场区内画对应的分值区，增加练习的趣味性。

6. 发球得分赛

游戏目的：提高学生传球技术，巩固发球技能。

场地器材：排球场1个，排球若干。

游戏方法：如图8-4-6所示，在排球场上画上不同的得分区域，相对发球落点计算得分。在规定的次数内比得分多少，得分高者名次列前。

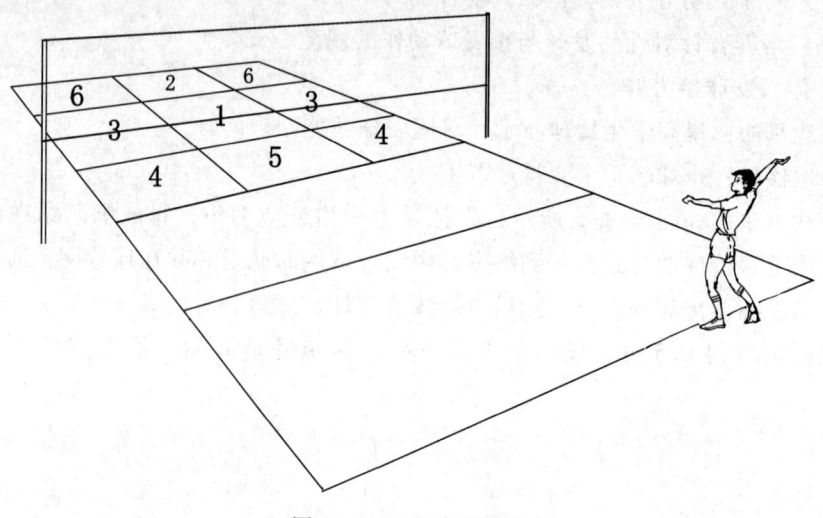

图 8-4-6　发球得分赛

游戏规则：

（1）以球落点为准，评判得分。

（2）球落地压线，得分值可就高不就低。

教学建议：

（1）比赛前可以让学生进行发球热身活动，以熟悉其球性。

（2）每人连续3次发球，也可以两队同时交替发球。

7. 发球打靶

游戏目的：提高学生发球的准确性和控球能力。

场地器材：靠墙的场地，墙上画若干区域；排球若干。

游戏方法：如图8-4-7所示，学生面对墙上的区域做发球，击中区域得1分。在固定次数内，以得分多少评优劣，多者名次列前。

游戏规则：

（1）必须用发球方式击中规定区域才可得分。

（2）在发球时不能越过发球线。

教学建议：

（1）发球手法不限，也可根据学生的情况变换发球姿势。

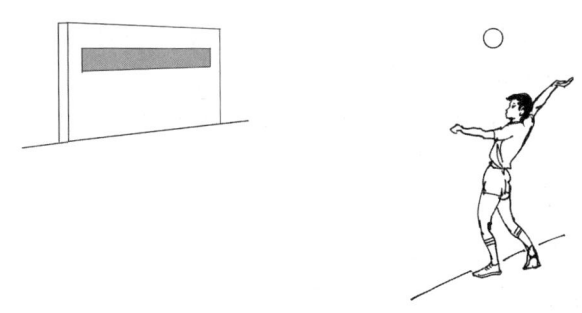

图 8-4-7　发球打靶

（2）发球次数可根据发球练习人数的多少而进行选择。

8. 百步穿杨

游戏目的：提高学生发球技术和准确性。

场地器材：排球场 1 个，排球若干。

游戏方法：如图 8-4-8 所示，将学生分成人数相等的若干队，在排球场上每人发两个球，要求一球发直线，另一球发斜线，完成一条线得 1 分，成功发出直、斜线时得 2 分。全队依次发完，累积分数，得分高的队名次列前。

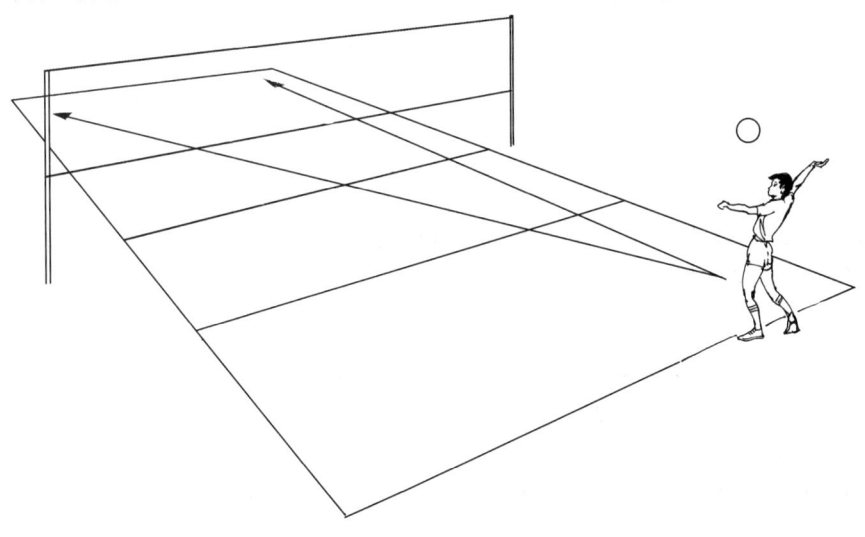

图 8-4-8　百步穿杨

游戏规则：

（1）发球前确定线路，必须按线路发球才得分。

（2）发球手法可以不受限制。

教学建议：

（1）可以规定发球的类别，例如，发上手旋转球，下手旋转球等。

（2）也可采用对直斜线发球，成功者予以奖励一球得分。

9. 排垒球

游戏目的：提高学生发球技术和培养其灵敏性与配合的能力。

场地器材：在场地上画一正方形，边长 10 米，并分别确定四角为本垒、一垒、二垒和三垒。每个角再画 1 个 2 米直径的圆；排球 1 个。

游戏方法：如图 8-4-9 所示，将学生分成人数相等的甲乙两队，确定攻守，如甲先攻，乙则防守。进攻队员依次到本垒用发球办法将排球击出，然后依次跑垒，乙队则将人员布满防守场地，待甲队发球后，如直线在空中把球接住，发球队员出局，如球落地待进攻队员跑入一垒前又用球触杀时，该队员也应出局；如未触杀时，进攻队员则为安全上垒。进攻队员经二、三垒跑回本垒时，则得 1 分。甲乙各一次攻守为一局，得分者为该局胜，比赛可一局定胜负，也可以三局两胜。当甲队 3 人出局时，则甲乙两队交换攻守。

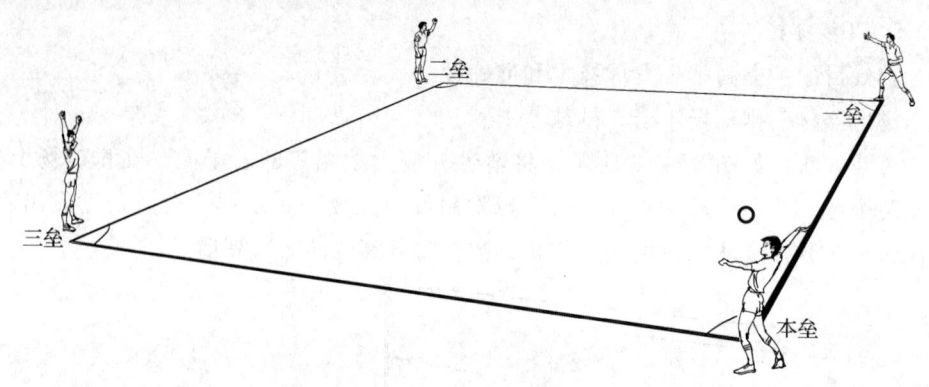

图 8-4-9 排垒球

游戏规则：

（1）发球为自抛发球，击出球后方可再跑动。

（2）参照垒球规则执行。

教学建议：

（1）可在球落地一次再把球接起并组织进攻，打入发球方也可算胜。

（2）发球不可无限度地追求速度。

10. 流星锤

游戏目的：发展学生手臂力量和灵敏协调能力，提高判断力。

场地器材：排球网套若干。

游戏方法：如图 8-4-10 所示，两队一组，分别站在球悬挂投影中心线的两侧，面相对。由一人将球向前抛出，使球摆动，接着两人轮流击球，并设法把球击得越远越好，如该组失误 3 次，便由场下另一组替换该组进行练习，游戏重新开始。

游戏规则：

（1）除手和前臂外，身体任何部位不得接触球。

（2）不准抓住球或掷球。

图 8-4-10 流星锤

(3) 没有击到球或击球时接触绳为失误。

(4) 越过地面中心线击球为失误。

(5) 击球使球左右摆动为失误。

教学建议：

(1) 人少球多时，每组练习可适当延长。

(2) 两人练习时，要注意相互配合，难易适度。

第五节　扣球类游戏

1. 扣投靶心

游戏目的：改进扣球助跑起跳和挥臂的动作，提高学生对扣球的兴趣。

场地器材：画一直径 2 米的圆，乒乓球、垒球若干。

游戏方法：如图 8-5-1 所示，将学生分成人数相等的若干队，听到口令后，排头从限制 4 号位助跑起跳扣投球，把球落到对区画的圆圈内则得 1 分，全队依次进行。以得分多者为胜。

游戏规则：

(1) 按扣球动作投球。

(2) 不允许触网。

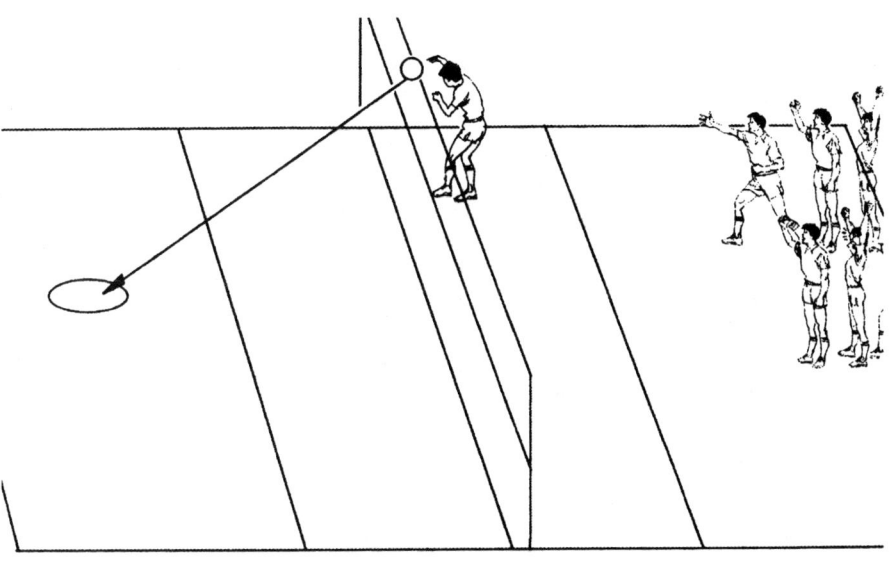

图 8-5-1　扣投靶心

教学建议：

（1）适用于初学者；如扣球手包不住球者也可采用此游戏方法练习。

（2）可投乒乓球、垒球，也可投羽毛球或小皮球。

2. 打树叶

游戏目的：改进学生扣球助跑起跳和挥臂的动作；选择正确的起跳点。

场地器材：不同高度的树叶。

游戏方法：如图 8-5-2 所示，在树下选择不同高度的树叶作为标志，或是从树上拴上一根绳子作为标志物，学生根据不同高度的标志做助跑起跳挥臂扣球动作，教师可规定练习次数或规定练习时间，以完成正确技术为准，否则不算。

游戏规则：

（1）在规定的时间内计算完成规定的次数。

（2）扣球动作要规范，否则重做。

图 8-5-2 打树叶

教学建议：

（1）可用吊球进行练习。

（2）在落点处可放一障碍物，防止学生前冲触网。

3. 重点打击

游戏目的：提高学生扣球技术，增强扣球的兴趣。

场地器材：排球场 1 个，实心球 3 个，排球若干。

游戏方法：如图 8-5-3 所示，将学生分成人数相等的若干队，分别从 4、3、2 号位做扣抛球的练习，并且将球抛向端线处。在端线分别放置 3 个实心球，如击中实心球即为打击成功，得 1 分。每人依次均做 3 次扣球，全队做完看累计分数，分高的队名次列前。

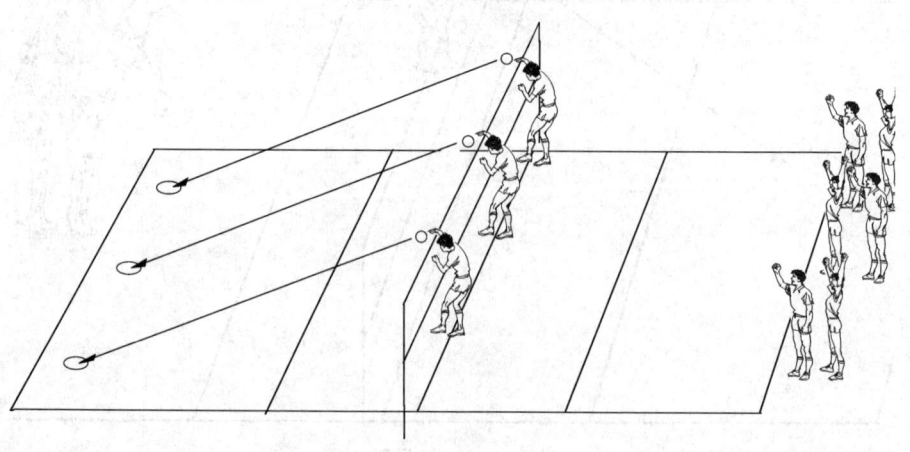

图 8-5-3 重点打击

游戏规则：

（1）持球做抛扣球起跳和挥臂动作要正确。

（2）用非扣球的方法打击目标则不计成绩。

教学建议：

（1）在比赛前可做一次练习的热身，以增加游戏练习的准确性。

（2）网的高度可以适当调节。

4. 一巧破千斤

游戏目的：提高学生扣球技术并加强扣吊球能力。

场地器材：排球场1个，排球若干。

游戏方法：如图8-5-4所示，将学生分成人数相等的若干队，每队均在4号位做扣吊球练习。由老师或同学抛垂直球，扣球者待球抛出后做上步起跳扣吊球，将球扣在场地心上，全队依次轮流做。在规定时间里累计各队扣球数量，多者名次列前。

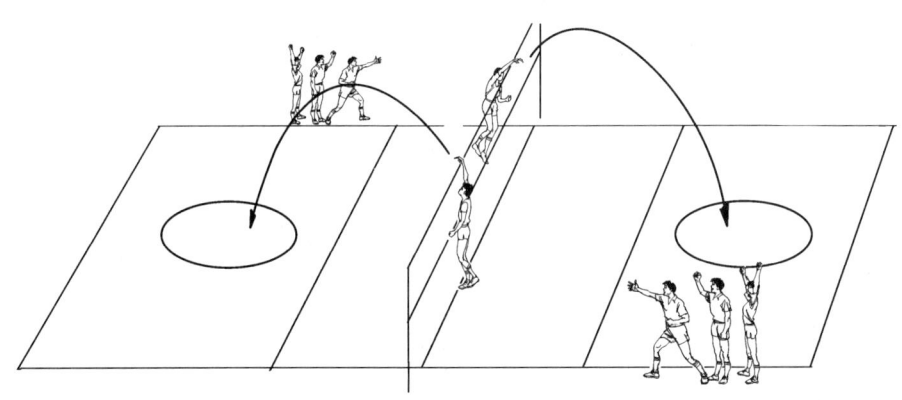

图8-5-4　一巧破千斤

游戏规则：

（1）必须用正确的上步起跳技术做扣吊球。

（2）不能持球。

教学建议：

（1）初学者可多采用此游戏。

（2）在一定练习基础上，可采用"轻打"进行练习。

5. 计分扣球

游戏目的：练习4号位、2号位扣球能力和防守能力。

场地器材：排球场1个，排球1个。

游戏方法：如图8-5-5所示，将学生分成人数相等的两队，A组和B组，并分别挑出两名队员。将两个场区均分为3部分。各区分别站一名防守队员，A队一个二传传球，其余队员轮流扣球，每人扣一次为一轮，B组有3名队员防守，两组交换，以得分多少来确定胜负。

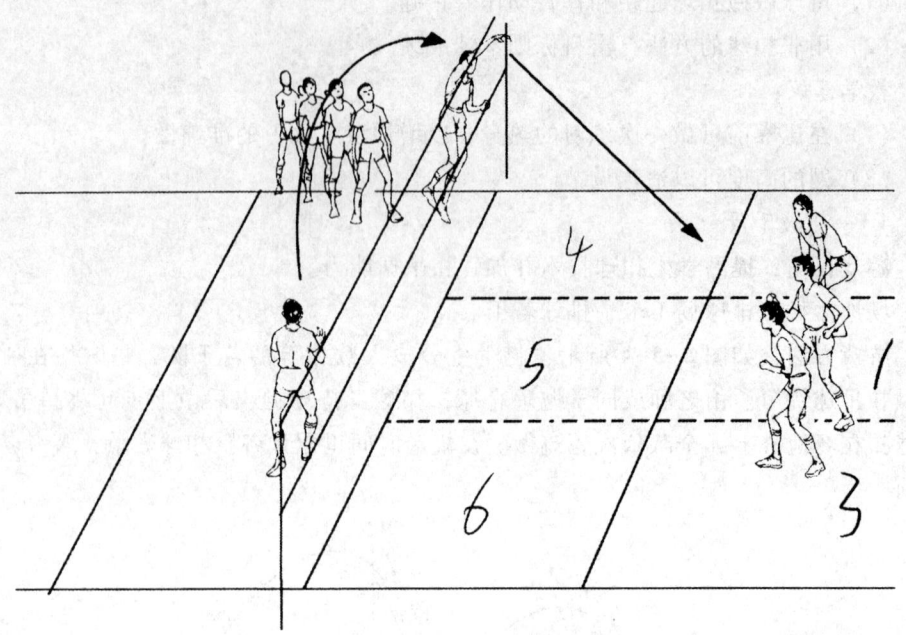

图 8-5-5 计分扣球

游戏规则：

（1）扣中几分区得几分，对方防守成功，在几分区得几分。

（2）扣球失误，对方得 1 分。

（3）两组分别扣完一轮，以获得分数分胜负。

（4）若分数相等，记扣成功个数，三局两胜。

教学建议：

（1）可以分别进行 2 号、4 号位扣球。

（2）也可采用正常的 6 人防守。

6. 纵深突破

游戏目的：提高学生扣球技术和力量素质。

场地器材：排球场 1 个，排球若干。

游戏方法：如图 8-5-6 所示，将学生分成人数相等的若干队，每个人轮流在限制线后自抛球做后排扣球。扣入对方场地得 1 分，全队依次进行，累积分高的队名次列前。

游戏规则：

（1）在后排扣球并将球扣在对方场地上算得分，否则不得分。

（2）扣球时要有一定力量，否则要扣分。

教学建议：

（1）也可在对方增加一个防守队员，若对方防起，扣球者则不得分，以增

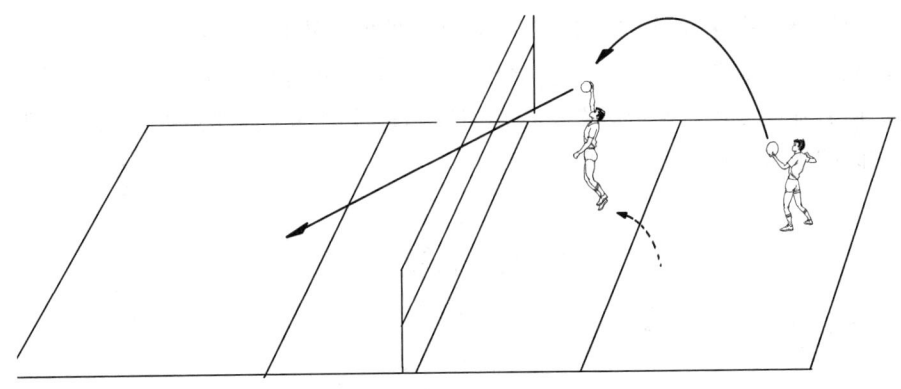

图 8-5-6　纵深突破

扣球的难度。

（2）防守也可以组织反击，以增强练习的对抗性。

7. 击中目标

游戏目的：提高学生扣球的准确性。

场地器材：排球场 1 个，大球筐 2 个，排球若干。

游戏方法：如图 8-5-7 所示，将学生分成人数相等的若干队，每人持一球。在 4 号位做自抛扣球，所扣的球入筐，则得 1 分，在固定时间里累计得分多者为胜队。

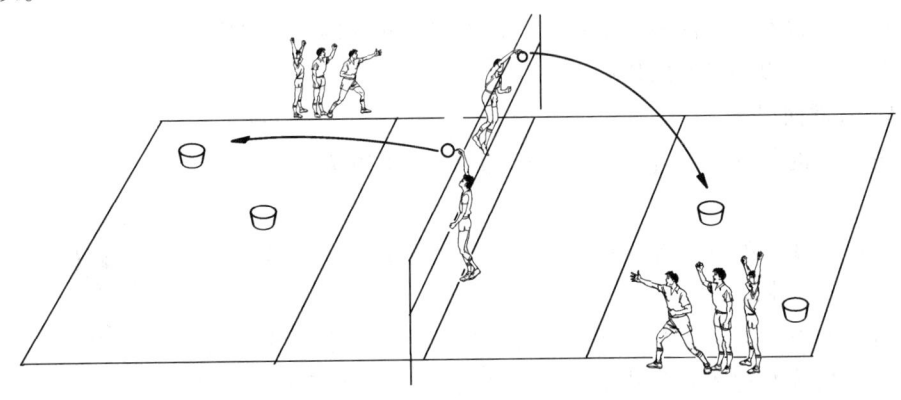

图 8-5-7　击中目标

游戏规则：

（1）必须扣球入筐才得分。

（2）判断是否入筐以第一落点为准。

教学建议：

（1）在比赛前可进行两人一组的抛扣球。

（2）可规定不同方式对应不同得分，如碰筐得 0.5 分。

8. 扣球记分

游戏目的：提高学生扣球的准确性，培养其控制扣球落点的能力。

场地器材：排球若干，将排球场分割成相等的6块并标上分数。

游戏方法：如图8-5-8所示，将学生分成人数相等的若干队，在4号位准备扣球。由教师或二传做抛球，全队依次把球扣过球网。以球落点的区域计算得分，在规定时间里累计得分多者为胜队。

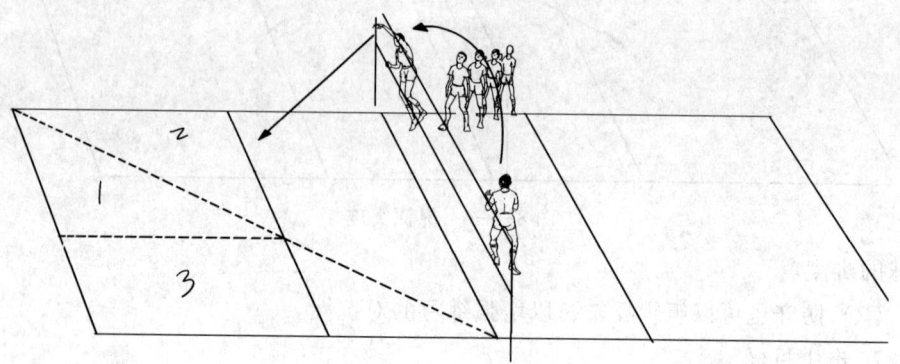

图 8-5-8 扣球记分

游戏规则：

（1）扣球与吊球得分均有效。

（2）扣球时触网、过中线以及球出界则无效。

教学建议：

（1）可以在扣球前做一个自传动作把球传起，再进行扣球。

（2）也可以扣二传的传球。

9. 看谁摘得多

游戏目的：发展学生的弹跳力，提高排球扣球起跳技术。

场地器材：在排球场上画一条起跑线，在线前2~4米处吊起若干个排球。

游戏方法：如图8-5-9所示，将学生分成若干组，各组成一路纵队面对吊起的排球站在起点之后。游戏开始，学生依次用排球助跑起跳的方法用手触球，触到球者得1分，每人起跳触球若干次后游戏结束，以累计总分多的组为胜。

游戏规则：必须用扣球助跑起跳的方法触球。

图 8-5-9 看谁摘得多

教学建议：

（1）吊球带子不能太长，避免左右摆动，影响下一个学生触球。

（2）根据学生的情况，可按扣球技术做助跑、起跳、扣球的练习。

10. 扣吊结合

游戏目的：提高学生扣球和吊球技术水平。

场地器材：排球若干。

游戏方法：如图 8-5-10 所示，将学生分成若干 3 人组。在 4 号位有教练或二传手做传球，学生依次做一次 4 号位扣球，一次吊球，上网扣球动作要连贯，扣吊球均落在界内则得 2 分，否则不得分。3 人均照同样的动作完成，最后得分多的一组为胜。

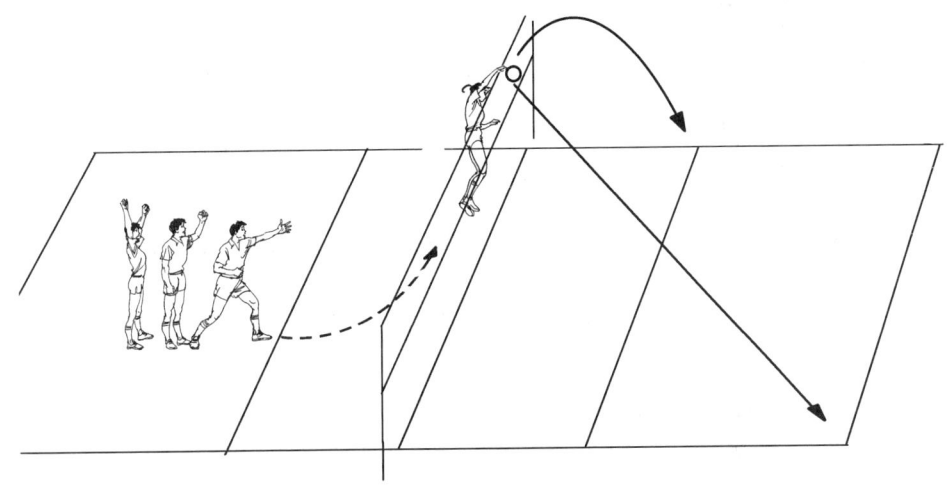

图 8-5-10　扣吊结合

游戏规则：
（1）扣吊顺序要对，否则不得分。
（2）扣吊动作要规范，否则需扣分。

教学建议：在进行扣球前可进行自抛自扣球动作练习，以便熟悉球性。

第六节　拦网类游戏

1. 二龙戏珠

游戏目的：让学生熟悉拦网动作，提高拦网能力。

场地器材：排球场 1 个。

游戏方法：如图 8-6-1 所示，将学生分成若干个 4 人组。4、3、2 号位各一个小组，分站立于限制线后隔网两两相对。听到开始口令后，同组网两边的第一人移至网前做原地拦网动作，二人同时起跳后在空中用拦网手互相击掌，待下落后撤回限制线击拍第二人的手，第二人做同样的拦网动作。在规定时间内完成拦网数多的队名次列前。

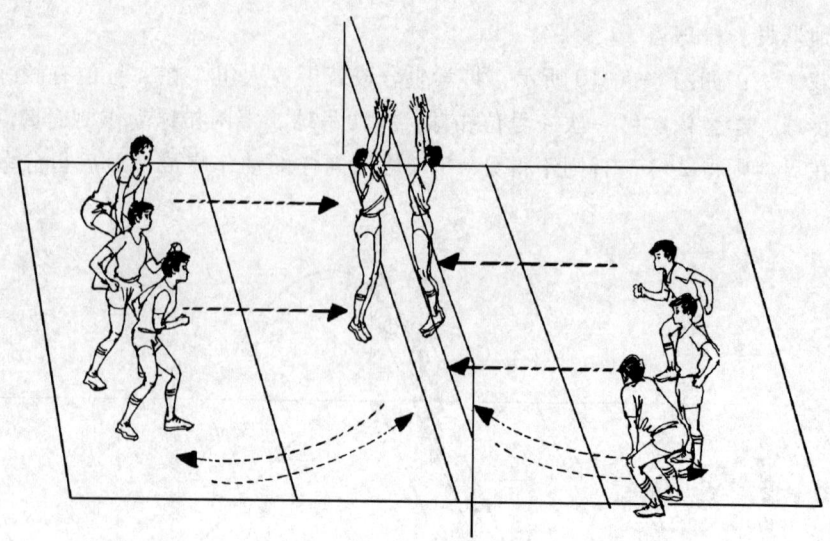

图 8-6-1　二龙戏珠

游戏规则：

（1）拦网要按技术要领进行。

（2）不允许触网。

（3）下撤时步伐要正确。

教学建议：

（1）在移动过程中再增加一个拦网动作。

（2）初学者为了提高练习兴趣可在网上方吊一排球，加强拦网的对抗性练习。

2. 横向拦击

游戏目的：提高学生在移动中运用并步、交叉步拦网的能力。

场地器材：排球场1个，排球网1张。

游戏方法：如图8-6-2所示，将学生分成人数相等的两队，分别列队在排球场端线上。听到口令后，排头迅速从端线跑至4号位网前，并做一次拦网动作，然后顺网向3、2号位移动起跳拦网，返回本队击拍下一人的手掌，第二人再做同样的动作，全队依次进行。速度快的队为胜。

游戏规则：

（1）拦网时手要高于网，同时手要靠近球网。

（2）拦网时不许触网。

教学建议：

（1）可在3号拦网时增加一个扣球让学生在3号拦一个扣球，拦死进行下一个拦网动作，以增加难度。

（2）拦网对抗时注意落地的稳定性，避免出现受伤事故。

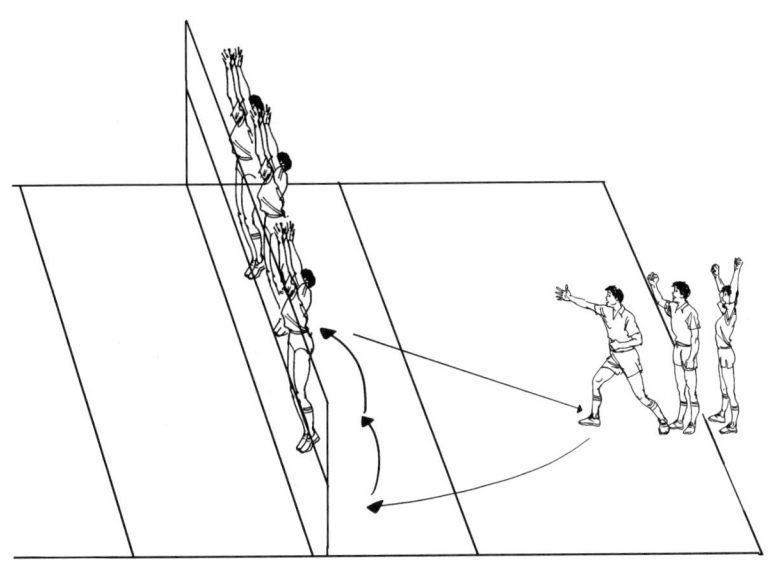

图 8-6-2 横向拦击

3. 学随其后

游戏目的：提高学生拦网时判断、反应、起动、移动和掌握起跳时间的能力。

场地器材：排球场 1 个，球网 1 张。

游戏方法：如图 8-6-3 所示，将学生分成人数相等的两队，分别列队站于限制线后。每队出一人，如甲队一人先做主动拦网动作，乙队一人则跟随模仿做同地点拦网动作，共做 5 次。主动做拦网的人做出拦网动作后 3 秒钟，被动拦网人必须做出模仿动作，如果超过 3 秒钟，则算失败，5 次 3 胜。待第二人则交换主动与被动，以此类推。胜次多的队为获胜。

游戏规则：

（1）拦网时手腕要高出网口。

图 8-6-3 学随其后

（2）主动拦网者可以做假动作。

教学建议：

（1）可在甲队、乙队进行一个简单的模拟赛后再进行，以增加游戏的趣味性。

（2）也可采用双人拦网的方式进行练习。

4. 网上对抗

游戏目的：提高学生拦网配合的能力。

场地器材：球网1张，排球若干。

游戏方法：如图8-6-4所示，将学生分成若干个二人组，每组一人在3号位，另一人站在2号位准备拦对方4号位的扣球。由老师抛球或二传传球，拦网人看出球方向进行移动拦网，3号位向2号位移动组成双人拦网，拦网成功则得1分，每拦一次换下一组做。在规定时间内，积分多的名次列前。

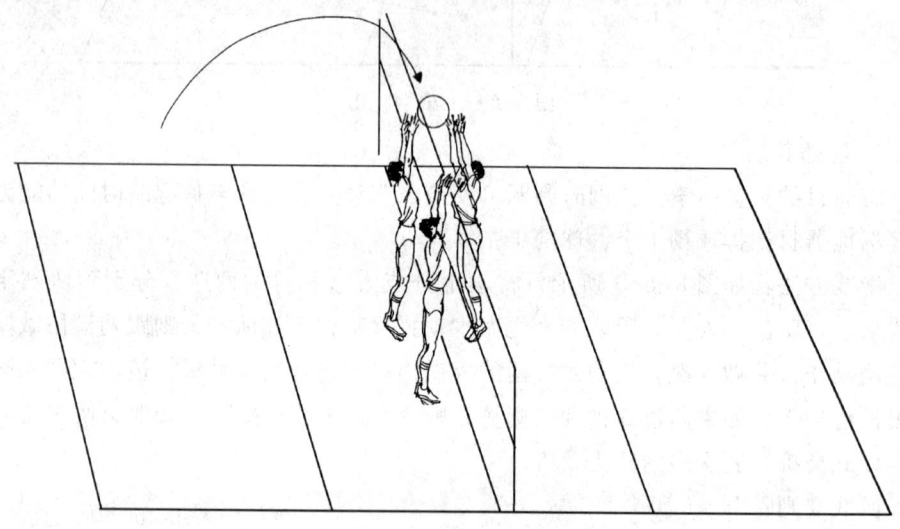

图8-6-4　网上对抗

游戏规则：

（1）拦网不允许触网。

（2）未拦住球、触网失误均不得分。

教学建议：

（1）在进行此游戏前，可先进行一个双人拦网的配合动作，以便于游戏的正常进行。

（2）双人拦网时，学生应注意相互配合。

5. 等距固定拦击

游戏目的：提高学生拦网技术和拦网能力。

场地器材：排球场1个，固定球3个，球网1张。

游戏方法：如图8-6-5所示，在网前布置好3个固定球，将学生分成人数相等的两队，且列队在限制线后站立。当排头从4号位做拦网触固定球后，顺网移动再摸 3 号位和 2 号位的固定球，第二人同样做拦网摸球，全队依次进行。速度快的队为胜。

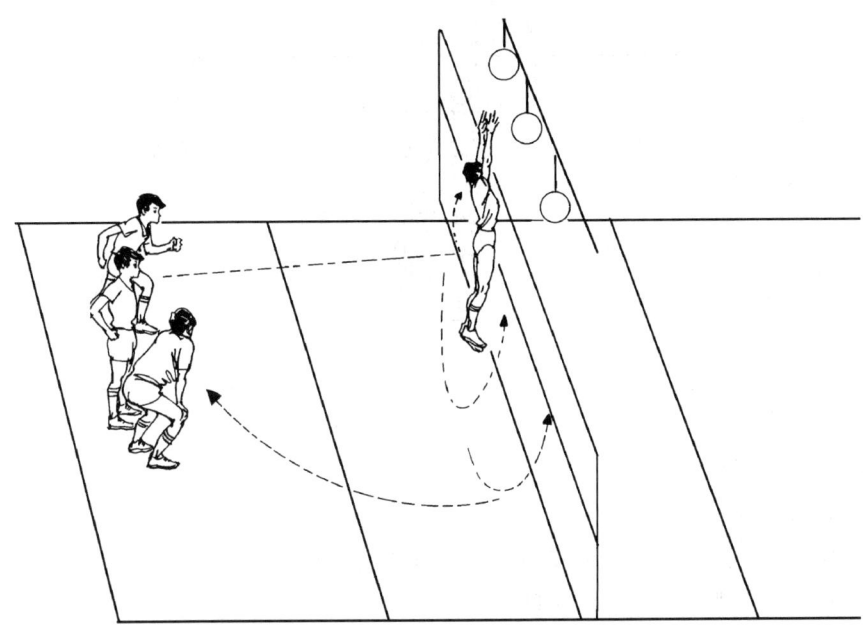

图 8-6-5　等距固定拦击

游戏规则：

（1）拦网需触摸到球，否则重做。

（2）拦网时不能触网。

教学建议：

（1）在拦固定球之间可加拦网动作。

（2）也可采用双人拦网的方式进行练习。

6. 高点拦击

游戏目的：提高学生拦网技术和拦网技术的应用能力。

场地器材：排球场 1 个，排球若干，高台若干。

游戏方法：如图 8-6-6 所示，将学生分成人数相等的两队，各自在本场 2 号位边线处列纵队排好。排头在 2 号位拦高台扣球，待拦死后换下一人拦网，全队依次进行。速度快的队为胜。

游戏规则：

（1）按拦网规则执行。

（2）拦死后再换下一位。

教学建议：

（1）可在 1 号位、6 号位、5 号位各加一位学生防守，要求把扣进来的球防起即可。

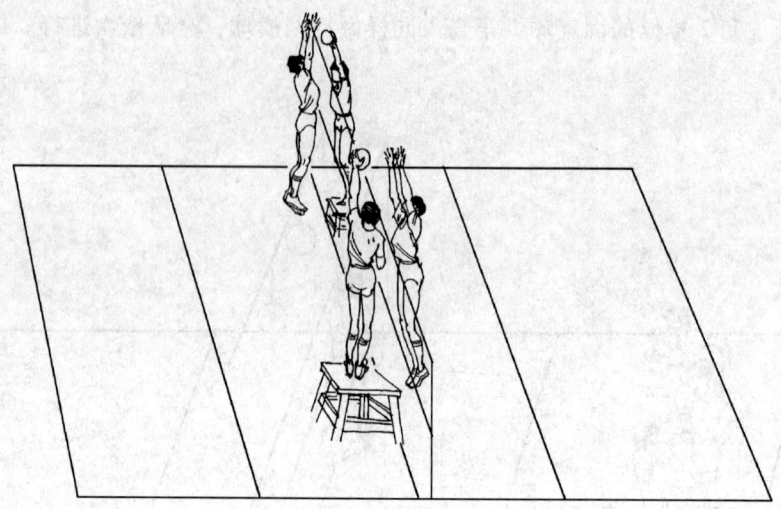

图 8-6-6　高点拦击

（2）此练习也适用于双人拦网。

7. 拦摸有序

游戏目的：提高学生拦网能力；增强身体的自我控制能力。

场地器材：排球场 1 个，排球若干。

游戏方法：如图 8-6-7 所示，学生在网前站立，听到口令后，在 15 秒内做原地起跳拦网。触摸到球为一次，触球次数多者为胜。

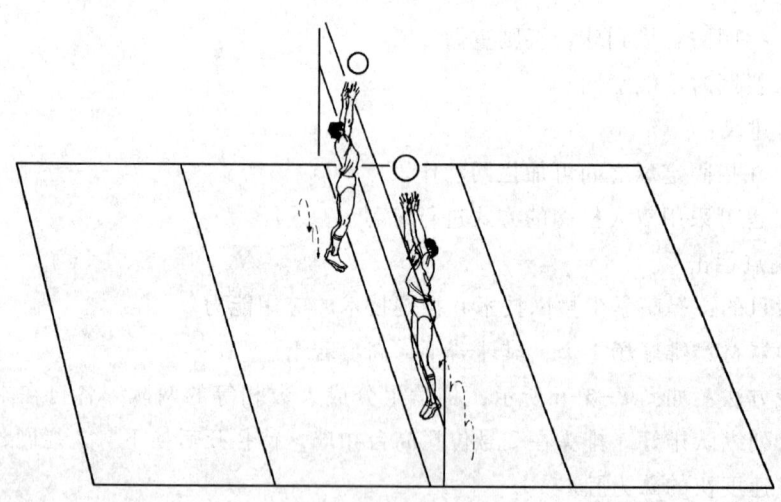

图 8-6-7　拦摸有序

游戏规则：

（1）必须双手触球。

（2）不得触网。

教学建议：

（1）可以在网另一侧加上一个高台扣球，以便学生掌握正确拦网手型。

（2）可采用网两侧双人对抗的方式进行。

8. 拦网后防守

游戏目的：提高学生拦网能力；培养拦网后下撤防守的意识。

场地器材：排球场1个，排球若干。

游戏方法：如图8-6-8所示，将学生分成人数相等的两队，在4号位边线外列队，听到口令后，排头拦对方4号位高台扣球一次，迅速后撤，接老师在本场心上抛出的球并将球传给二传，下一人做同样的动作，全队依次进行。速度快的队为胜。

图8-6-8 拦网后防守

游戏规则：拦网必须摸到球，否则重做。

教学建议：

（1）在比赛前可进行步伐移动练习。

（2）不能只求速度，注意提高练习质量。

9. 高低对应

游戏目的：提高学生重心上下转换的能力。

场地器材：排球场1个，球网1张，限制线1条。

游戏方法：如图8-6-9所示，将学生分成人数相等的两组，分别在排球场的换人区排成横队站好。当听到口令后，排头先在网前做一次徒手拦网，然后再用手触摸3号位限制线，整个动作重复做两遍返回本队击拍第二人手掌，第二人再做同样动作，全队依次进行。速度快的为胜。

游戏规则：

（1）拦网不许触网。

（2）触摸线一定要摸到，否则该动作重做。

教学建议：

（1）两队分别加一人击球，双方拦网队员拦网以增加其拦网效果。

图 8-6-9 高低对应

（2）网上可加固定球，增加练习的趣味性。

10. 左右兼顾

游戏目的：提高学生移动中拦网的判断和拦击球的能力。

场地器材：排球场 1 个，球网 1 张，高台两个。

游戏方法：如图 8-6-10 所示，将学生分成人数相等的两队，分别在本方限制线后列队，先拦击对方 2 号位的高台扣球，然后滑步至本方 2 号位拦击对方 4 号位的高台扣球，每人拦击两次扣球后归队，第二人开始拦网，此游戏依次类推。每拦网成功一次得 1 分，以每队得分多者为胜。

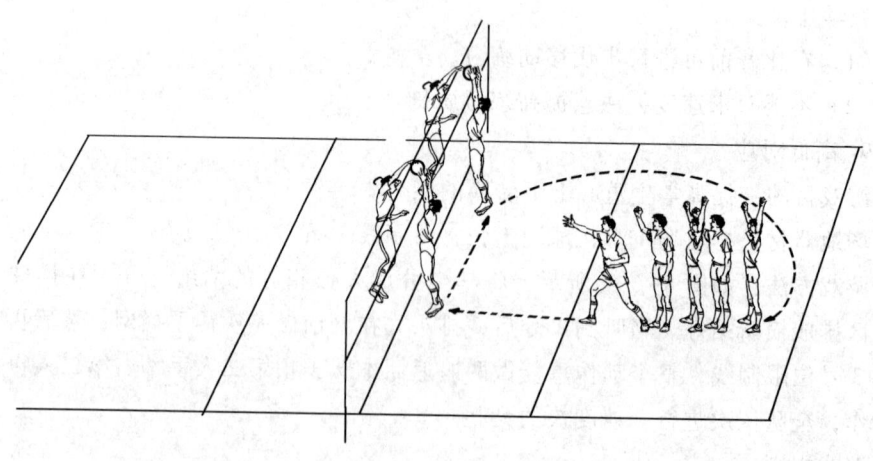

图 8-6-10 左右兼顾

游戏规则：

（1）拦网不许触网。

（2）拦网动作要规范，不能过网拦网。

教学建议：
（1）高台扣球者的扣球难度要根据拦网学生的实际水平来适度调节。
（2）如果学生水平较高，可在 3 号位增加高台扣球以增加扣球难度。

第七节　综合类对抗游戏

1. 钻越发球

游戏目的：发展学生灵敏协调能力，提高发球准确性。

场地器材：排球场 1 个，排球若干。

游戏方法：如图 8-7-1 所示，2 人一组隔网站立，一人抛高球，待球落地反弹，人从球下钻过一次，待球第二次反弹钻第二次，待球第三次反弹钻第三次，之后将球捡起，到端线发球给对区同伴，另一人接住球做同样动作。在规定时间内每人完成 10 次发球，速度快者为胜。

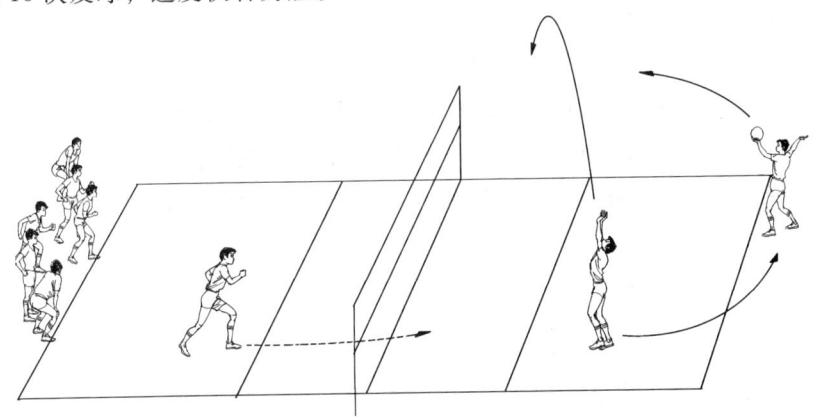

图 8-7-1　钻越发球

游戏规则：
（1）钻反弹球 3 次，如钻不过则重做。
（2）如发球失误，应重发，全部计入时间。

教学建议：
（1）可在反弹第三次时把球垫起或传起后再抱球到端线发球。
（2）同一反弹球可连续钻两次，以节省练习时间。

2. 发接协作

游戏目的：巩固、提高学生发球技术；提高保护意识和移动、卡位的能力。

场地器材：排球场 1 个，排球若干。

游戏方法:如图8-7-2所示,将学生分成人数相等的两队,均在端线列队。听到口令后,排头发直线球,并迅速进场到场心接教师由对区3号位抛过来的球,然后将球交给下一人继续做同样动作,全队依次进行。速度快的队为胜。

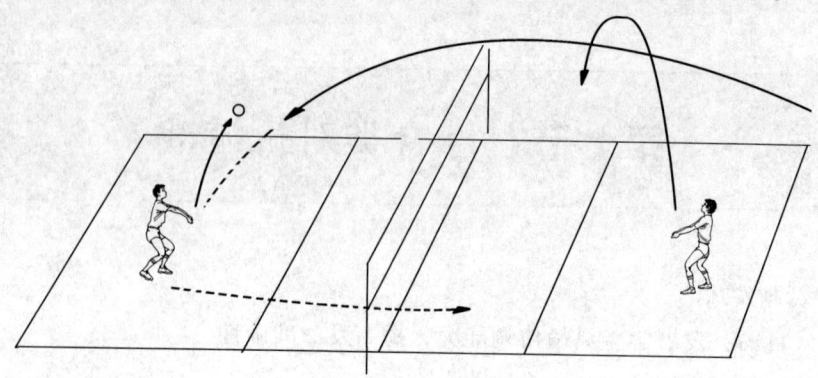

图8-7-2 发接协作

游戏规则:发球失误和接球失误均重做。

教学建议:应根据学生水平抛球,不可难度过大。

3. 发防对应

游戏目的:提高学生发球能力;增强防守意识。

场地器材:排球场1个,排球若干。

游戏方法:如图8-7-3所示,将学生分成人数相等的两组,并在低线列队。听到口令后,排头发球入6号位防守,接教师在4号位扣过来的球,球队依次做同样动作,按每人防起一球累积全队防起数,完成速度快的队为胜。

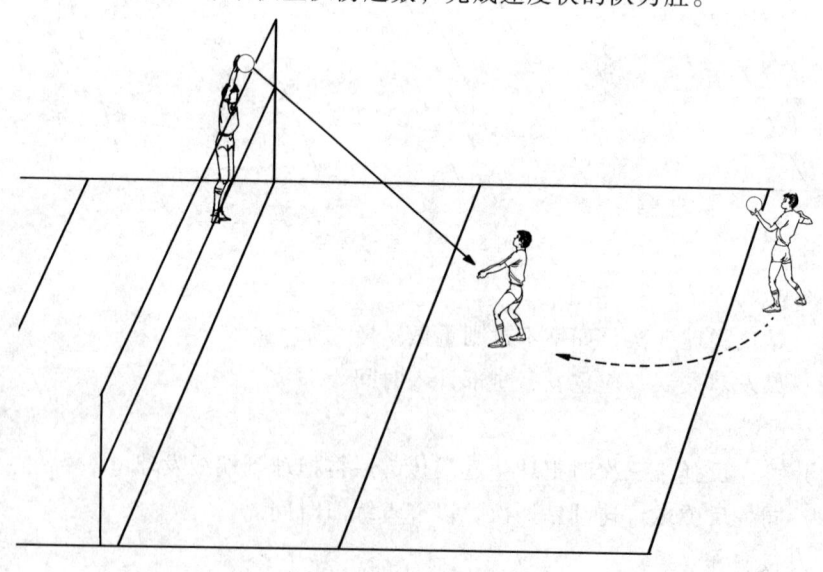

图8-7-3 发防对应

游戏规则：

（1）发球失误者重发。

（2）防守失误不重做，但不计入起球数。

教学建议：在比赛前可进行 5~10 分钟的热身赛，以便熟悉球性。

4. 接发球对抗赛

游戏目的：提高学生接发球能力。

场地器材：排球场 1 个，排球若干。

游戏方法：如图 8-7-4 所示，将学生分成人数相等的两队。甲队发球，乙队接发球每轮一交换。看一传到位率，到位率高者为胜，起球可按到位、一般、破攻、触手失误、直接落地给予评分。

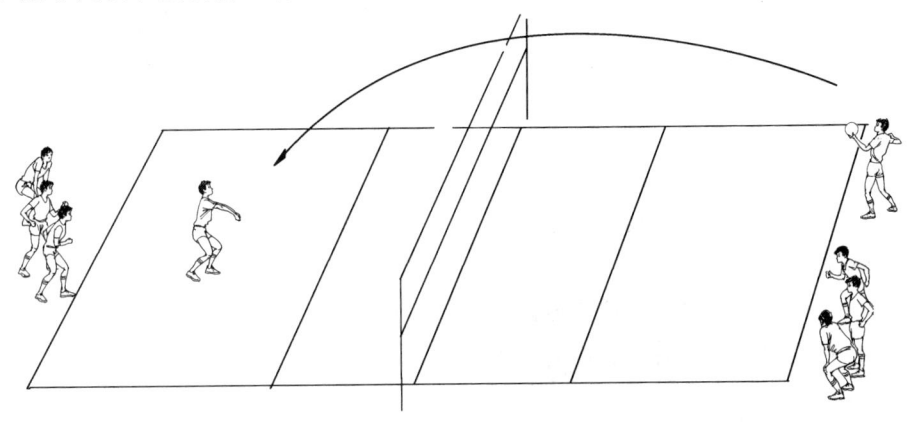

图 8-7-4 接发球对抗赛

游戏规则：

（1）发球人必须按规则进行发球。

（2）如发球失误则不计数应重发。

教学建议：

（1）接发球队可做 4 人、6 人接发球站位。

（2）接发球队如水平高可做两人接发球站位。

5. 调防有序

游戏目的：提高学生在调整传球后迅速接做防守的意识和能力。

场地器材：排球场 1 个，排球若干。

游戏方法：如图 8-7-5 所示，将学生分成人数相等的两组，在端线列队。听到口令后，排头从 1 号位插上接老师对区 4 号位的一般扣球后立即前移，在将老师抛过来的球向 4 号位调传，然后返回本队由下一人做同样的一防一传动作，球按队依次进行，速度快的队为胜。

游戏规则：

（1）防守扣球要起球。

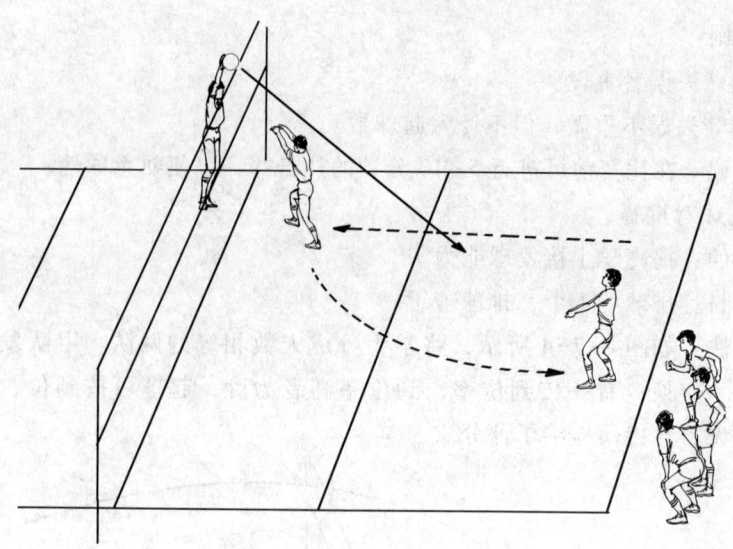

图 8-7-5 调防有序

（2）传球要先传一般球。

（3）如果失误，则该动作要重做。

教学建议：

（1）在整个过程可采用跨步或跑步方式移动。

（2）扣球的力量和防守难度要根据防守者的水平而定。

6. 四龙戏珠

游戏目的：巩固学生发、传、垫、扣、拦的排球技术和能力，增加对排球的学习兴趣。

场地器材：排球场 1 个，软式排球若干。

游戏方法：如图 8-7-6 所示，球队由 4~5 人组成，比赛时两人上场，无固定位置。

图 8-7-6 四龙戏珠

游戏规则：

（1）持球判罚尺度放宽。允许在击球时用"捞"、"捧"、"携带"球的动作，只要不是把球持住后再抛出都可以。

（2）发球采用传发球方式，即在限制线后任何地点，用自抛球传过球网的方式以代替底线的发球。球发出后比赛即为开始。

（3）采用每球得分制。

（4）可以任意换人。

（5）每局 25 分，双方 13 分时交换场地。

（6）一局定胜负。

教学建议：

（1）二对二比赛规则为初学者而定。

（2）参赛人数可以增加，以利增加玩球的兴趣。

（3）球网可以降低。

（4）技术含量不宜过高，以提高练习兴趣为主。

7. 群龙对抗

游戏目的：巩固提高学生排球基本技术，增强其场上的意识，增加对排球学习的兴趣。

场地器材：小排球场 1 个，软式排球若干。

游戏方法：如图 8-7-7 所示，球队由 8~10 人组成，比赛时 4 人上场，无固定位置，无位置错误犯规，只有发球次序的规定。

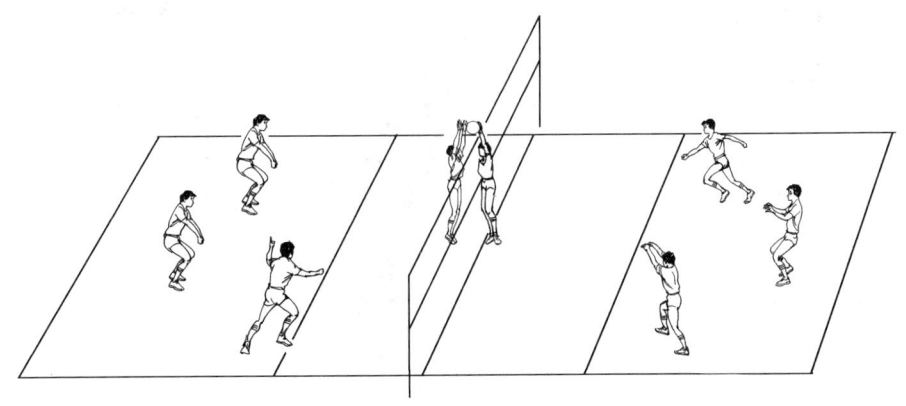

图 8-7-7　群龙对抗

游戏规则：

（1）比赛时可以任意换人。

（2）持球判罚尺度适度放宽，允许用"捞"、"捧"动作去击球，不允许"携带"球和接住抛球。

（3）发球方式有两种：一种按排球比赛正式发球方式，另一种可用"传发球"

的方式发球。比赛中允许混合运用。

（4）采用每球得分制。

（5）每局 25 分，双方比分为 13 分时交换场地。

（6）比赛采用三局两胜制，也可以一局定胜负。

教学建议：

（1）可增加击球次数，以提高练习的兴趣。

（2）可增加上场的人数，提高学生的学习意识。

8. 同进同出

游戏目的：培养学生相互的配合能力，提高其团队精神，加强对排球的基本技术的掌握。

场地器材：平坦的空地，排球若干。

游戏方法：如图 8-7-8 所示，把学生分成人数相等两队，分别站在 10 米以外，一队南北站，一队东西站，即成"十"字形站开，以十字的焦点为圆点，以 3 米为半径画一个圆，在老师发出开始口令后，4 组同学的第一个同学开始自垫球进入圈中与本队的另一组的第一名同学相遇，击掌后再传球回到原位与本组的另一位同学击掌，下一位同学在击掌后再自垫球进入圈中与另一组第二位同学相遇，击掌后再传球返回原位，依次进行直到本队最后一名队员返回，先做完者为胜队。

图 8-7-8　同进同出

游戏规则：

（1）传垫球过程中必须在 5 次以上。

（2）两组同学必须在圈中相遇击掌后才能返回。

教学建议：

（1）初学者也可以采用单手垫球的方式进行。

（2）有一定排球基础者可采用传垫球交替进行的方式练习。

9. 争分夺秒

游戏目的：增强学生的反应能力和促进排球基本技术（传垫球）的提高。

场地器材：平坦的空地，排球若干。

游戏方法：如图 8-7-9 所示，大家围成一个圆，圆心放一球，开始指定一人为 1 号，按顺时针依次报数，然后开始顺时针方向慢跑，由一人按算数的方式喊一数（2×3=6）此结果 6 号同学快速进入圈内，若反应过慢将跑圈一周。在半分钟内传垫球，并计下半分钟内此同学的传垫球数，随后，再由此同学喊一个数，被喊到的同学进入圈内做传垫球，并记下此同学的传垫球数，依次下去，最后累计传垫球数最多者为胜方。

图 8-7-9　争分夺秒

游戏规则：

（1）喊出的数一定要在同学们的报数范围内。

（2）传垫球动作要规范。

（3）若传垫球落地要重新开始计。

教学建议：

（1）初学者若干组分散进行练习可做此游戏。

（2）人多可以分成更多组。

10. 遮网排球

游戏目的：发展学生的灵敏素质，提高反应能力和预测判断能力，培养战术意识。

场地器材：排球场 1 个，排球若干，排球网 3 张。

游戏方法：如图 8-7-10 所示，将学生分成 6 人一队，每两队一块场地，按排球比赛的方法进行游戏。由于球网被遮住，场上的队员看不到对方的行动，所以本游戏可以培养学生的判断能力和快速反应的能力。

游戏规则：

（1）可采用三局两胜制、每局 11 分的游戏规则。

（2）游戏按排球比赛规则执行。

图 8-7-10 遮网排球

教学建议：

（1）网上争夺时要注意练习的安全性。

（2）可采用一局定胜负的方式进行，谁先得 25 分为胜方。

复习思考题

1. 排球游戏在编写时应注意哪些问题？
2. 创编一个排球基础活动类游戏。
3. 创编一个传球类游戏。
4. 创编一个垫球类游戏。
5. 创编一个发球类游戏。
6. 创编一个扣球类游戏。
7. 创编一个拦网类游戏。
8. 列举 5 个你最感兴趣的排球类游戏。

第九章
足球类游戏

足球游戏具有浓厚的娱乐性和趣味性,它是足球教学中非常有效的教学手段之一。在组织足球游戏活动时,可以将课程目标和教学任务融入其中,并能够引导学生掌握足球运动的技术和技能,调动学习的积极性和主动性。

第一节 足球基本活动类游戏

1. 推人出圈

游戏目的：提高学生的对抗能力，使学生了解和掌握足球技术中的合理冲撞技术。

场地器材：小足球场 1 个。

游戏方法：如图 9-1-1 所示，画若干个直径 2~3 米的圆圈，每个圆圈内站两名学生，教师发出口令以后，2 人互相用肩膀撞击对方，将对方撞出圈外者为胜。

图 9-1-1 推人出圈

游戏规则：

（1）不许打或踢对方，不许用手拉扯或推对方。

（2）若一只脚踏线，不算出圈，还可以继续争斗。

教学建议：该练习是提高学生合理冲撞能力的一种练习方法，在练习过程中，教师要向学生讲解足球比赛中合理冲撞技术运用的时机和要求。

2. 斗鸡

游戏目的：提高学生的腿部力量，提高单脚支撑的能力。

场地器材：小足球场地 1 个。

游戏方法：如图 9-1-2 所示，在场地上画两条相距 6 米的平行线，两线中间画 4 个直径 2 米的圆圈，将学生分成人数相等的两个队，分别站在两边线后。游戏开始，在每个圆圈内的每队各站出一人，相向单腿站立，另一腿屈膝抬起，两手放在背后互握。教师发令后，两人一边用单脚跳动，一边用肩去冲撞对方，以将对方撞得单脚站立不稳而双脚落地或将对方撞出圈外为胜。

游戏规则：

（1）不许用手推或拉人，不许用头或膝顶人。

（2）可用假动作。

（3）屈起的腿落地、被撞出圈外、踩线以及手撑地均算失败。

教学建议：斗鸡游戏流行的另一种做法，是一腿在体前弯曲，用两手抱住，用膝去顶对方，这种做法易将人顶伤，不宜采用。

图 9-1-2 斗鸡

3. 骑马打仗

游戏目的：提高学生的腿部力量，提高协同配合的能力。

场地器材：小足球场地 1 个。

游戏方法：如图 9-1-3 所示，将学生分成人数相等的两个队，各队每两个人组成一组。两人互相背起，教师发出指令以后，两队开始战斗，背在上面的人努力将对方上面的人拉下"马"。

图 9-1-3 骑马打仗

游戏规则：

（1）只许拉扯对方的手、肩部，不许打、顶头部或肋部。

（2）被拉下的"马"，要退出游戏，不许重组再参战。

教学建议：根据学生的具体情况安排练习，注意安全因素，小学生由于腿部力量较差，一般不要安排这样的练习。

4. 跑向安全岛

游戏目的：使学生了解 9.15 米距离的概念，以及假动作练习。

场地器材：小足球场 1 个。

游戏方法：如图 9-1-4 所示，画一个直径 9.15 米的一个大圆，大圆内再画一个直径为 3 米的小同心圆，大圆外为安全区，小圆内为安全岛，大圆与小圆之间的区域为追逐区。选 2~3 人为追逐者，站在追逐区内，其他学生分散站立在大圆之外，游戏开始，圆外的学生可以通过追逐区进入安全岛，但在通过追逐区时，如被追逐者追拍到，即与追逐者交换。

图 9-1-4　跑向安全岛

游戏规则：

（1）学生进入安全岛或大圆外的安全区，追逐者则不能再追拍。

（2）学生不能站在安全区或安全岛内不移动，如出现这种情况，追逐者可以"读秒"，数到 3 秒，如果其间无人换区，则可任意指定一名学生与其对换。

教学建议：追逐者运动负荷较大，教师要选择体力较好的学生担任，并注意经常调换。

5. 模仿追逃

游戏目的：提高学生的奔跑能力和急转、急停以及假动作的能力。

场地器材：小足球场地 1 个。

游戏方法：学生分散站在半个足球场内，选出 1~2 人做追逐者，追拍其他学生，在追逐中，如果被追者站着不动，追逐者就不能追拍他，也要模仿他原地不动；如果被追者在原地做各种动作，如拍手、转圈、前滚翻等，追逐者也要模仿其做同样的动作。这时，被追者就可趁机逃跑。在追者拍击到逃者时，逃者就成为新的追者，再去追拍其他人。

游戏规则：

（1）追逐者只需模仿逃者在原地做的动作，行进间的动作不必模仿。

（2）逃者不能在原地持续停留 5 秒，碰到这种情况，追者可"读秒"，即一边模仿他做的动作，一边数时间，数过 5 秒即可去抓人。

（3）逃者不能做触及追者身体的动作，如用手将追者推开等。

教学建议：在练习时，根据学生人数，可以科学地布置场地，人少时可以用四分之一场地，1 人做追逐者。人多时，可以用小足球场地，2 人做追逐者。

第二节 运球游戏

1. 运球追捕

游戏目的：提高学生随意运球的能力和技巧。

场地器材：标出一块 30×30 米的游戏区域，足球 20 个。

游戏方法：如图 9-2-1 所示，学生分成人数相等的两队，每人一球，其中有一个队为追捕方，另一队为逃跑方。游戏开始，追捕方的学生运球并设法用手捕捉逃跑方的同学，逃跑方的学生则尽力躲避。被捕捉到的学生要离开场地，到场外练习颠球，直到本方所有同学都被捉到为止。然后互换角色再进行游戏。

图 9-2-1　运球追捕

游戏规则：按照捕捉逃跑方全部学生的时间长短来决定胜负，时间短的一方为胜。

教学建议：

（1）开始运球时可以不要限制运球的方法，只要控制好运球即可。

（2）根据运球掌握的情况，可以限制运球的脚法。

2. 运球接力

游戏目的：提高学生的运球技术及集体合作的能力。

场地器材：足球场地半块，足球 2~5 个，标志旗 4~8 个。

游戏方法：如图 9-2-2 所示，在场地上画两条相距 20 米的平行线，分别为起、折点线。将学生分为人数相等的 2~4 队，各队间距 2 米，在起点线外与各自的折点对应站立。各队排头脚下持球。游戏开始，用左右脚交替运球的方法前进，绕过折点小旗返回，在起点线上交第二名同学队员，第二名同学队员按此方法做，依次类推。先完成规定轮次的队为胜。

图 9-2-2　运球接力

游戏规则：
（1）必须采用脚背外侧（或脚内侧、脚背内侧）运球技术运球，且每次运球均为左、右脚交替。
（2）必须绕过折点标志旗，返回时在起点线外交球。

教学建议：
（1）根据学生人数，调整游戏的方法，人数多时，可以安排为迎面接力。
（2）根据学生掌握技术动作的水平，运球线路上可以摆放 1~2 个障碍物，以调整运球的节奏，控制运球的速度。

3. 曲线运球接力比赛

游戏目的：提高学生变换方向的运球技能和集体配合能力。

场地器材：足球场地半块，足球 2~5 个，标志旗 20 个。

游戏方法：如图 9-2-3 所示，在场地上画两条相距 30 米的平行线，分别为起、折点。从起点线开始，每相距 6 米插一个标志旗，将学生分成人数相等的 2~3 个队，听到哨音后，各队的排头向前运球，绕过标志旗回到起点线将球交给第二名同学，依次进行。先完成的队为胜。标志旗可根据学生的水平逐步增加。要求运球人必须绕过每个标志旗。

游戏规则：
（1）接力同学必须等运球同学将球运到起点线上才可接球，不可到起点线前接球，少绕一个旗则为失败或记一次犯规，犯规次数少者为胜。
（2）运球同学按要求的脚法运球。可限定用脚内侧、脚背外侧等脚法运球。

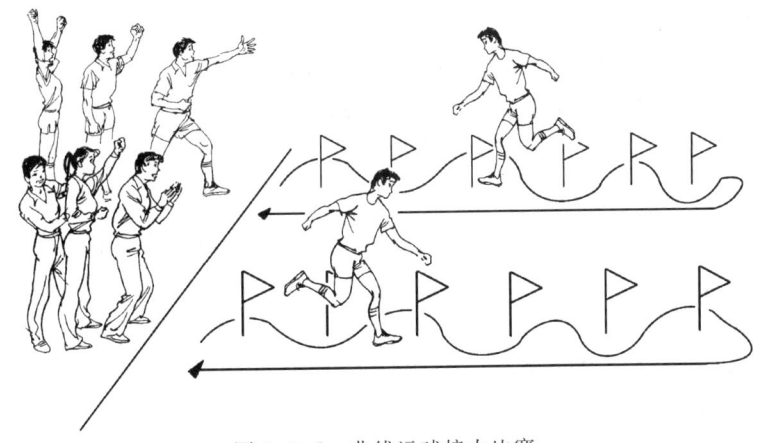

图 9-2-3 曲线运球接力比赛

教学建议：

（1）根据学生人数，调整游戏的方法，人数多时，可以安排为迎面接力。

（2）根据学生掌握技术动作的水平，运球的方法注意适当调整，由脚内侧过渡到脚背外侧，由单脚运球过渡到两脚交替运球。

（3）标志杆的距离也可以根据学生的水平进行调整。

4. 曲线运球绕人跑

游戏目的：发展学生的柔韧性和灵活性，提高他们快速跑的能力。

场地器材：足球场地半个，足球10个。

游戏方法：如图 9-2-4 所示，在场地一端画一个直径 15 米的圆圈。全体学生面向内等距离站立在圆圈的弧线上。全体学生按 1、2 报数的方法，分为奇数、偶数两组。奇数组立于圈上不动，偶数组每人脚下一球。开始，持球者按逆时针方向依次绕过奇数组每人，做 S 形曲线运球。完成规定的圈数后，两组交换，偶数组站立于奇数组每人的位置上，奇数组用偶数组的方法进行运球。以完成练习使用时间最短的一组为胜。

图 9-2-4 曲线运球绕人跑

游戏规则：

（1）运球开始时开表，各组最后一人返回原位时停表。

（2）如绕人跑中运球失误，应从失误处重新开始运球。

教学建议：根据学生掌握技术动作的情况，可以调整圈上学生的间距。

5. 防守运球

游戏目的：提高学生运球时的控制球能力和防守中快速移动的能力。

场地器材：足球场半个，足球10个。

游戏方法：如图9-2-5所示，在场地上画4个直径为15米的圆圈。将学生分为人数相等的4组，每组分别站在自己的圈内。各圈内每两人为一组，一人进攻，一人防守，进攻者脚下持球。

图 9-2-5　防守运球

开始：

（1）每个进攻者在圈内运球，防守者抢球，抢到一次得2分，且抢到球以后互相交换攻防位置，游戏继续进行。在规定的时间内，得分多者为胜。

（2）将每个圈内的游戏者分为人数相等的甲、乙两组，每组互相运球、抢球，在规定的时间内，防守一方抢到球次数多的一组为胜（甲、乙两组防守抢球机会相等）。

游戏规则：

（1）抢球时可以使用合理冲撞技术和倒地铲球动作。

（2）分组游戏时，只用1个球，各组可互相配合掩护抢球。

（3）攻防双方均不准跑出圆圈以外。

教学建议：游戏开始时可以采用消极抢球的方法，掌握练习的方法后逐渐增加对抗的激烈程度。

6. 猎人打老虎

游戏目的：提高学生的运球控制能力，发展奔跑能力和灵敏素质。

场地器材：足球场半个，足球 10 个。

游戏方法：如图 9-2-6 所示，在场地上画一个 20 米×20 米的正方形游戏区，选出 2~3 人为"猎人"。"猎人"持球，其他游戏者为"老虎"，分散于场地内。开始，"猎人"在场内运球，伺机用球踢中"老虎"，被击中的"老虎"退出游戏。并罚做俯卧撑 10 次。

图 9-2-6　猎人打老虎

游戏规则：

（1）全体游戏者均不得跑出游戏区。

（2）追击时，只准用球击对方的腿部。

教学建议：

（1）"老虎"被击中后，也可以成为"猎人"，以增加"猎人"的数量。

（2）最后被击中的"老虎"要受到表扬或奖励。

（3）该练习强度大，向学生提出明确的要求。

7. 守卫足球

游戏目的：锻炼学生保护球的能力，发展他们的灵敏素质。

场地器材：足球场半个，足球 20 个。

游戏方法：如图 9-2-7 所示，将学生分为人数相等的两队，分散站立于 30 米×30 米的足球场地内。每人各持一球。开始时在场地内随意运球。每个游戏者要尽力保护自己的球，并寻机将其他同学的球踢走，踢出一球得 1 分。在规定的时间内，球被踢出场外最少的一队为胜。

图 9-2-7 守卫足球

游戏规则：

（1）游戏者可踢出任何一人的球，但不准推拉人。

（2）失球者应立即出场退出游戏，按逆时针方向绕场慢跑，直至游戏结束方可停止。

教学建议：

（1）教师在学生做游戏时一定注意提示学生做好掩护球的动作。

（2）注意提示个别消极运球学生，避免原地不动。

8. 猴子运桃子

游戏目的：培养学生快速、准确的运球能力。

场地器材：一个边长为 6 米的等边三角形场地，足球若干。将球平均放在"猴子"家中。

游戏方法：如图 9-2-8 所示，哨声响后"猴子"迅速跑向其他"猴子"家中，将其他"猴子"家中的"桃子"运回到自己的家中。在一定时间内家中"桃子"多者为胜。家中"桃子"少的"猴子"接受相应的惩罚。

图 9-2-8 猴子运桃子

游戏规则：运回的"桃子"必须放稳在家中。

教学建议：根据练习的人数，可以采用四方形的场地或五角形的场地，球的数量可以调整。

9. 蚂蚁搬家

游戏目的：培养学生快速准确的运球练习。

场地器材：直径 10 米左右的圆圈。圆圈周围分布若干个"窝"，足球 30 个。

游戏方法：如图 9-2-9 所示，队员站在自己的"窝"内，等哨声响后开始向场地中间的球跑去，拿到球后迅速将球运到自己的"窝"内。队员尽可能多地把场地中间的球运到自己的"窝"内。运回"窝"中球多者为胜。少的队员根据情况受相应惩罚。

图 9-2-9 蚂蚁搬家

游戏规则：学生不能抢其他"窝"内的球，中间的球被运完，游戏结束。

教学建议：根据学生年龄的不同，圆圈的大小可以不同。大、中学生可以大一些，小学生可以小一些。

10. 运球通过封锁线

游戏目的：提高学生运球、控制球以及变换方向运球的能力。

场地器材：足球场半个，足球 20 个。

游戏方法：如图 9-2-10 所示，在场地上画一个直径为 15 米的圆圈。所有学生持球，围圆圈运球，听到哨声以后，迅速运球穿过圆圈中心。穿过圆圈时注意避免碰撞。

游戏规则：出现碰撞的队员罚做俯卧撑 2 个。

教学建议：开始练习时，通过圆圈的速度可以慢一些，随着练习的熟练程度提高，要求加快通过圆圈的速度。

图 9-2-10　运球通过封锁线

第三节　踢球游戏

1. 围猎打狼

游戏目的：提高学生踢球的准确性，发展奔跑能力和灵敏素质。

场地器材：小足球场地 1 个，足球若干。

游戏方法：如图 9-3-1 所示，在场地上画一个直径为 15 米的圆圈游戏区，根据学生人数情况分为两组。一组为"狩猎者"，另一组为"狼群"。"狩猎者"持球，站在圆圈的外围。另一组"狼群"分散于圆圈场地内。开始，"狩猎者"在场外踢球，伺机用球踢中"狼"，被击中的"狼"退出游戏，并罚做俯卧撑 5 次。

图 9-3-1　围猎打狼

游戏规则：
（1）被围猎的"狼群"均不得跑出游戏区。
（2）踢球时，只准用球击对方的腿部。

教学建议：
（1）开始练习时，圆圈场地可以小一些，随着技术水平的提高，圆圈逐渐加大。
（2）脚法可以从脚内侧过渡到脚背内侧，然后逐步过渡到脚背正面、脚背外侧。

2. 踢小足球门

游戏目的：锻炼学生脚部的控球能力。

场地器材：小足球场地1个，标志旗4根，足球若干。

游戏方法：如图9-3-2所示，在场地上画一个30米×15米的长方形游戏区，再画一条中线。在中线两侧等距离处用旗子标出两个球门。将学生分为人数相等的甲、乙两队，相对站立在各自场地的端线上。双方游戏者每人各持一球。开始，双方可任意选射一个球门，在规定的时间内，以进球多的一队为胜。

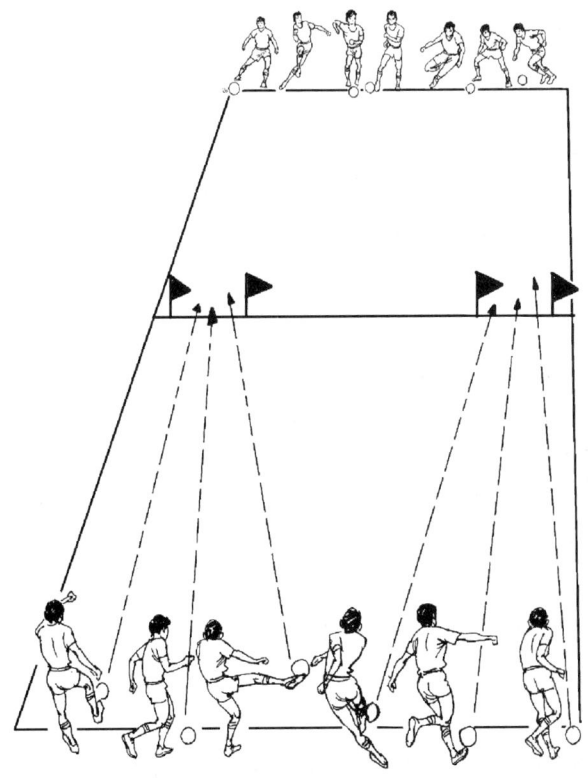

图9-3-2 踢小足球门

游戏规则：
（1）必须甲队踢完后，再换乙队踢，不准同时踢射。

（2）只准用脚背正面和脚内侧的踢球方法进行。

（3）一队踢球时，另一队积极供球。

教学建议：足球门的大小随着学生技术水平的情况而决定，开始练习时，可以大一些，随着水平的提高，逐步缩小。

3. 球攻四门

游戏目的：培养学生短距离传球的能力和攻防意识。

场地器材：小足球场地1个，标志旗8根，足球若干。

游戏方法：如图9-3-3所示，在场地上画一个边长为40米的正方形游戏区，在游戏区的4条边线中间各相距2米插2面小旗，组成4个球门。将学生分为人数相等的两队（人多时分为4队，设两个游戏区），分散站立于场地内。准备，各队守卫规定相邻的两个球门。开始，一方发球，利用快跑、短传等技术攻射对手球门。两队互相攻防。得分多的队为胜。

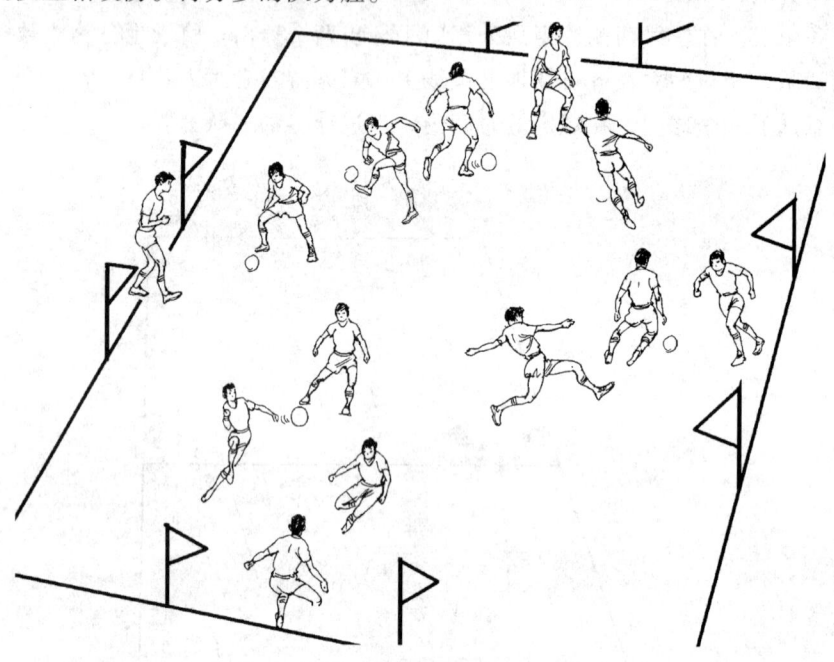

图9-3-3　球攻四门

游戏规则：

（1）进攻一方可进攻规定的两个球门。一个球门可稍大一些，另一个球门稍小些。进大门得1分，进小门得2分。

（2）双方均不设守门员。

教学建议：练习时，可以根据技术的要求，使用脚内侧、脚背内侧和脚背正面等技术。

4. 巧妙传球

游戏目的：提高学生传球的准确性，增强其责任感。

场地器材：小足球场地 1 个，标志旗若干，足球若干。

游戏方法：如图 9-3-4 所示，在场地上画一个直径为 20 米的圆圈，圈内不规则地插数面旗子。将学生分为人数相等的两队，两队交叉站立在圈外，一对一等距站立。各队一半人脚下持球，且记准与自己对应的同伴。开始，全体按逆时针方向绕圈跑动，并伺机传球通过圆的直径，各队每 2 人顺利传球通过 1 次得 1 分。在规定的时间内，总分多的一队为胜。

图 9-3-4 巧妙传球

游戏规则：

（1）传球时必须从旗子中间穿过，不得碰倒旗子，如果碰倒旗子，由传球者负责竖起。

（2）传球者不准进入圈内。

教学建议：

（1）场内旗子数，应根据游戏者的实际水平而定。

（2）传球的脚法根据学习内容分别提出要求。

5. 脚踢低球

游戏目的：锻炼学生脚下控制球的能力。

场地器材：小足球场地 1 个，标志旗两根，绳子 1 根，足球若干。

游戏方法：如图 9-3-5 所示，在场地上画 1 个 20 米×15 米的长方形的游戏区，两根木桩立于边线两侧，绳子拉于木桩上。将学生分为两队，每队 10 人（人多时可在多个游戏区内活动），分散立于各自的半场内。发球一方持球。开始，将球从绳下踢向对方场区，踢入对方后场 1 次得 1 分，在规定的时间内，得分多的队为胜。

图 9-3-5 脚踢低球

游戏规则：

（1）双方可以在绳下来回踢球，但不准越过中线进入对方场区。

（2）球从绳上越过或碰绳均为失误，失误后由对方开球。

教学建议：绳子的高低，可以根据学生的水平来决定。开始练习时，绳子可以稍微高一些，随着技术水平的提高，绳子可以逐渐降低。另外，还可以设置踢球限制线。

6. 清场比赛

游戏目的：锻炼学生脚下控制球的能力，培养他们的集体主义精神。

场地器材：小足球场地 1 个，标志旗两根，绳子 1 根，足球若干。

游戏方法：如图 9-3-6 所示，在场地上画一个 50 米×30 米的长方形的游戏区，在中线上距地 2 米高处设长绳 1 根。将学生分为人数相等的两队，每人 1 个足球，分别站立于各自的半场内。开始，双方尽力将球从长绳下踢进对方的场区内。在规定的时间内，半场内的足球最少的一队为胜。

图 9-3-6 清场比赛

游戏规则：
（1）双方游戏者必须在各自半场内活动，不准进入对方的场区。
（2）球必须从长绳下钻过，且不准飞向场外。

教学建议：
（1）场地的大小，足球的数量，可以根据学生的情况而定。
（2）在练习时，可以告诉学生摆好阵型，及其对应负责的场区，初步建立一个位置的概念。

7. 穿裆射门

游戏目的：锻炼学生脚下控制球的能力，培养他们踢球的准确性。

场地器材：小足球场地1个，3人1个足球。

游戏方法：如图9-3-7所示，学生两人面对面站成两列横队，间距8～10米，一人中间站立，面对的两人进行游戏，中间的一人两腿叉开，另外两人试图将球踢出，并穿裆而过。中间的队员不得挡球。若球未能穿过胯下，传球失误的队员替换中间的队员。

图9-3-7 穿裆射门

游戏规则：两边踢球的队员不得把球踢高，避免伤害中间的队员。

教学建议：开始练习时，中间的队员要主动配合，两腿叉开的距离稍大一些，随着技术水平的提高，逐渐缩小。

8. 踢"保龄球"比赛

游戏目的：提高学生踢球的准确性。

场地器材：小足球场1个，足球若干，保龄球瓶（或标志桶）若干。

游戏方法：如图9-3-8所示，在场地上画一条直线，把球放在线上。在距线15～20米的地方按"保龄球"的要求摆放10个标志桶。把学生分为若干组进行比赛。在规定的踢球次数或组数下，得分多的球队获胜。

游戏规则：根据技术情况提出要求，踢地滚球或者半空球。违反要求者受罚。不能计算成功的次数。

教学建议：根据学生的水平，踢球的距离可以逐渐变化，开始时可以5米，然后逐渐增加到10米、15米、20米。

图 9-3-8 踢"保龄球"比赛

9. 网式足球比赛

游戏目的：训练学生处理空中球的能力。

场地器材：小足球场地 1 个，足球 5~10 个，网球网 3~5 副。

游戏方法：如图 9-3-9 所示，将学生分成 5 人一组的 8 个队，每 4 队在 1 个网球场地上。每块场地上先上两队，在各自的半场内按位置站立。一个队开球，用脚踢球的方法按照排球的规则进行比赛。游戏也可以在排球或羽毛球等其他场地进行，人数也可多可少。

图 9-3-9 网式足球比赛

游戏规则：比赛采用一局 10 分制，先得 10 分且超出对方 2 分的一个队为胜。失败队即被淘汰，然后场外另一个队上场，与胜队继续比赛，依次类推。

教学建议：开始练习时，场地可以考虑小一些，人数多一些，随着技术水平的提高，人数逐渐减少，场地逐渐加大，难度也会逐渐加大。

10. 足球打靶

游戏目的：提高学生踢空中球的能力。

场地器材：小足球场地 1 个，足球若干，球筐 1 个。

游戏方法：如图 9-3-10 所示，画一个直径 1 米的圆圈，作为踢球点。在距踢球点前方约 15~30 米处，画 3 个直径分别为 3 米、6 米、9 米的同心圆，圆心上放一个装球的筐，作为足球靶。将学生分成人数相等的两个队，分别站在踢球点的两边。游戏开始，两队的队员轮流将放在踢球点上的足球踢向足球靶，踢进 9 米圈得 1 分，踢进 6 米圈得 2 分，踢进 3 米圈得 3 分，踢进球筐得 10 分。得分多者获胜。

图 9-3-10 足球打靶

游戏规则：

（1）只有空中落入靶中才算，地滚球滚入靶中不算。

（2）球入筐后跳出，仍算进筐；球落地后跳入筐则不算。

教学建议：此练习主要是提高学生控制踢球力量和方向的能力，开始练习时中间的圈可以大一些，提高学生的自信心，随着技术动作的熟练，逐渐缩小中圈。

第四节 顶 球 游 戏

1. 头顶足球

游戏目的：使学生体会球触前额的部位。

场地器材：足球场地半个，每一个学生 1 个足球。

游戏方法：每个学生一个足球，将足球放置在前额部位。看谁把球放在头上的时间长。时间长者胜出。

游戏规则：足球放在头顶以后，不得用手再扶足球。

教学建议：

（1）该练习的主要目的是让学生体会顶球的位置，并提高头部控制球的能力。

（2）使学生体会顶球的部位。

2. 头顶足球接力

游戏目的：使学生体会跑动中球触前额的部位。

场地器材：足球若干，标志杆4根。

游戏方法：将学生分成人数相等的两个球队，成纵队站在起点线后，各队间隔3米，正前方15米处放一个标志杆作为回转点的标志，各队第一个人头顶平放一个足球，教师发令以后，各队的排头迅速稳当地向前跑，在跑动中不使足球从头上掉下，跑到回转点处，绕过标志杆再跑回本队，将足球交给第2人继续做，直至全队做完为止，先完成的队为胜。

游戏规则：足球中途掉下，可以原地捡起放好后继续做，计分时扣去1分。如果捡起后边跑边放在头上，则判该同学犯规。

教学建议：

（1）开始练习时，足球的充气可以不要太足，主要是体会顶球的部位。

（2）跑动的距离可以由短到长。

3. 头拍足球

游戏目的：体会头顶球时身体协调用力的方法。

场地器材：足球场地半块，每个学生1个足球。

游戏方法：每人1个足球，用前额部位向地面顶球，球落地弹起后继续顶球，顶球次数多者胜出。

游戏规则：球弹起来后，直接用前额部位顶球。不得用手触球，否则算违例。

教学建议：该练习主要是提高顶球时腰腹用力的动作，练习时注意强调依靠腰腹的力量进行顶球动作。

4. 头颠球比赛

游戏目的：提高学生前额正面头顶球的感觉和能力。

场地器材：小足球场地1个，每人1个足球。

游戏方法：每人手持足球一个，听教师发令后，用前额部位顶球，足球不得落地。

游戏规则：

（1）单位时间内（一般用1~2分钟），比较顶球的次数。失误可以继续进行，计累计次数。

（2）单位时间内（一般用1~2分钟），比较1次在不失误的情况下顶的次数。

教学建议：在头顶球练习中，可以让每个学生自己设定目标，互相比赛，每堂课记录下头颠球的次数。

5. 对墙顶球

游戏目的：提高学生前额正面头顶球的感觉和能力。体会头顶球的基本动作要领。

场地器材：小足球场地1个，足球墙1个，足球若干。

游戏方法：将学生分成人数相等的队，各队排头手拿一个足球，面对墙3~5米站立。游戏开始，各队排头站在限制线后，用手向墙抛球，由第二人用头顶球，第三人再用头顶球，依次进行，连续顶球次数多的队为胜。

游戏规则：顶球时不得越过限制线，越线判为犯规。

教学建议：限制线距离足球墙的距离根据学生的技术水平而决定，开始练习时，距离可以稍近一些，逐渐增加距离。

6. 迎面顶球

游戏目的：提高迎面顶球技术的准确性，掌握头顶球的基本动作方法。

场地器材：小足球场1个，足球若干。

游戏方法：如图9-4-1所示，在场地上画两条线相距2~4米的横线。学生分成人数相等的两队，各队排头手持一接力棒，两队分为甲、乙两组分别排成一路纵队，在横线外对面站立，各队排头手拿一个足球。发球后，排头将球抛给对面乙组的排头，球一出手自己马上跑到本队的排尾去，乙组排头用头将球顶到甲组的第二人，球一顶出马上跑回本队的排尾，依次进行。最后先顶完球的一组为胜。

图9-4-1 迎面顶球

游戏规则：

（1）顶球时可以前后左右移动，但不得踏线。

（2）必须依次顶球。

（3）顶球失误后，要从失误者抛球开始。

教学建议：

（1）练习的队形距离可以随着学生掌握动作的熟练程度缩小或者增加。

（2）练习过程中注意强调动作的规范。

7. 圆圈顶球

游戏目的：提高学生的顶球的准确性。

场地器材：足球场地1个，每个学生1个足球。

游戏方法：10人一组，站成一个直径为15米的圆圈。中间一个队员将其他队员抛来的足球顶回原来的位置。每人顶球一圈。

游戏规则：记顶球失误的次数，每失误一次罚做俯卧撑两次。

教学建议：顶球练习时注意强调顶球的准确性，圆圈的直径可以逐渐增大，由原地顶球逐渐过渡到跑动中顶球，然后再进行跳起头顶球。

8. 跳起顶球

游戏目的：提高学生的跳起顶球技术的规范性和准确性。

场地器材：网兜、吊绳、足球场地1个，足球若干。

游戏方法：如图9-4-2所示，在场地上画1条起跑线，线前5~8米处架起1条横绳，高1.8~2.0米。把球放在网兜里，吊在横绳上，间隔50厘米。将学生分成人数相等的两队，各队排头手持一接力棒，站在起跑线后。发令后，各队排头手持接力棒迅速跑到吊球处，双脚原地起跳，用头顶球，共3次。然后返回，把接力棒交给本队第二人。依次进行，以先完成的队为胜。

图9-4-2 跳起顶球

游戏规则：

（1）必须顶本队的吊球，否则无效。

（2）跳起顶中3次，如只顶中2次，其中一次未顶着，应取消名次。

教学建议：

（1）足球的高度可以根据学生掌握技术动作的情况进行调整。

（2）在练习时，注意强调学生顶球动作的规范性。

9. 足排球比赛

游戏目的：训练学生头顶球的能力。

场地器材：排球场地1个，排球网1副，可以随意升高、降低。

游戏方法：如图9-4-3所示，将学生分成人数相等的两队，在一个排球场地上。在各自的半场内按位置站立。一个队用手抛球，同伴用头顶球的方法按照排球的规则进行比赛。根据学生掌握动作的技术水平，游戏时排球网可以调整不同的高度。人数也可以有多有少。

图 9-4-3　足排球比赛

游戏规则：可以参照排球比赛的方法进行。

教学建议：注意根据学生的技术水平，调整球网的高度。

10. 头顶球射吊环

游戏目的：提高学生头顶球的准确性。

场地器材：吊绳 1~2 根，呼啦圈 2~3 个，两人 1 个足球。

游戏方法：如图 9-4-4 所示，在室内设法用吊绳悬挂一些直径为 1 米的吊环（用呼啦圈即可），高度要适中。学生两人一组，一人持球。开始，持球同学用手抛球，另一人用头顶球的方式使球穿过吊环，也可以自己抛球后顶球。

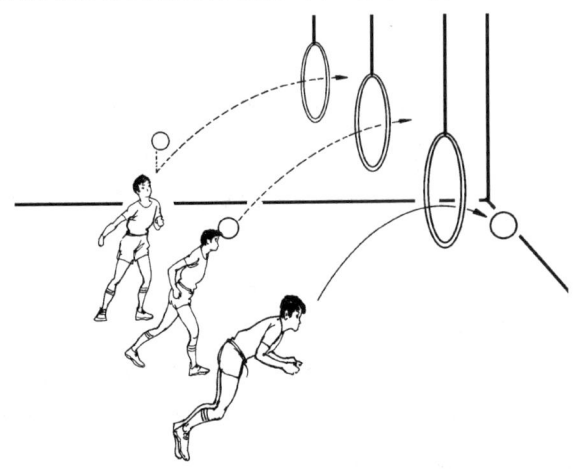

图 9-4-4　头顶球射吊环

游戏规则：

（1）自己抛球顶进吊环得1分；顶同伴抛的球进吊环得2分。

（2）可以分队进行比赛，得分多的一方为胜。

教学建议：吊环的大小可以随着学生技术水平的高低而变化。另外，吊绳的高低可以按照练习的不同要求，适当调整变化，顶低平球时可以把吊环放低一些，顶高球时，可以把吊环提高。

第五节　比赛游戏

1. 投掷接力赛

游戏目的：锻炼学生掷界外球和接高球的能力，以发展学生的协调性与快速奔跑的能力，培养队员的凝聚力和竞争意识。

场地器材：足球场1个，足球4个。

游戏方法：将队伍分成人数相等的4个队，要求每队排头站在起点线后，当听到哨声时拿好球冲刺到折返点，站好，用足球掷界外球的方式，将球掷给下一位队员，自己从外侧迅速跑到队伍的后面排好。接球的队员必须用大腿、胸或头等部位（脚除外）将球停到自己的手上，然后再重复上一名队员的动作。一般每队4到5名队员，这样两个轮回之后比较所用时间以完成质量及用时多少判断胜负。

游戏规则：

（1）听到哨声才能启动。

（2）在折返点站好后方可以掷球。

（3）严格要求停球部位。

（4）成绩最差的两个队的队员，俯撑爬行，头顶球从起点到终点。

教学建议：该练习主要是提高掷界外球的技术，在技术动作要求上注意按照规则的要求进行，否则罚球违例。起点线与折返点的距离根据学生的技术水平决定。

2. 抢球游戏

游戏目的：培养学生反应能力和抢球技术。

场地器材：小足球场地1个，两人1个足球。

游戏方法：如图9-5-1所示，将学生分成两排，左右两臂间隔，站在中线两侧10~15米处，在每两人中间的中线上放1个足球，当教师发出信号后，学生立即冲上抢球，先用脚控制住球者为胜。

游戏规则：每个学生应站在限制线后，听到口令后方可起跑，否则，判为失败。

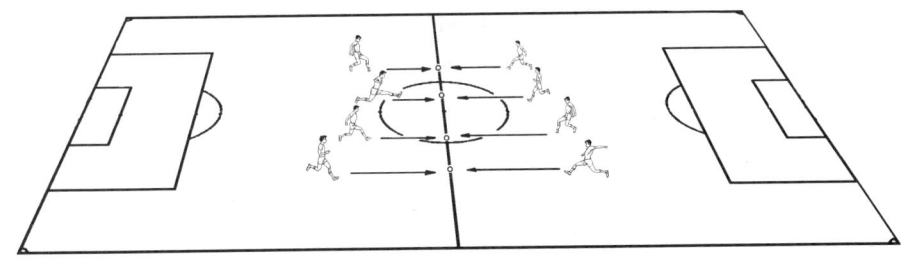

图 9-5-1 抢球游戏

教学建议：可规定在听到口令后，先做一个前滚翻或其他动作，再冲上抢球。在练习的过程中，注意向学生提示可以利用合理冲撞的动作。

3. "3 对 1"传抢游戏

游戏目的：提高学生的传接球的对抗能力。

场地器材：小足球场地 1 个，足球若干。

游戏方法：4 人一组，在 8~10 米的区域内。外围 3 人以 3 角形站位，中间一人进行抢球。外围 3 人传球不得失误，传球失误者，替换中间的队员继续抢球，依次进行。依照该方法可以调整为 4 对 1，5 对 2 传抢等方法。

游戏规则：外围的三人活动区域不能无限制地扩大，在规定的范围进行传接球。传球失误，传球过程中被中间的队员碰到，要替换中间的队员进行抢球。

教学建议：开始练习时，外围的人数可以多一些，5 对 1 或者 6 对 1。场地也可以大一些。随着技术水平的提高，逐渐增加对抗的难度，提高要求，中间抢球的人数逐渐增加，场地逐渐缩小，3 对 2、4 对 2 或 5 对 2 进行练习。

4. 传抢游戏

游戏目的：提高学生的传接球的对抗能力。

场地器材：足球场地半块，足球 1 个。

游戏方法：在半个足球场地内，将学生分成人数相等的两支球队，一般情况下，7 对 7 或 8 对 8。不设置球门。两支球队互相进行攻防，能够连续传球 10 次，得 1 分。

游戏规则：在规定的半场范围进行传接球。传球失误或传球过程中被对方的队员抢到，要由进攻转换成防守。

教学建议：开始练习时，传抢的人数可以多一些，10 对 10 或者 11 对 11。场地也可以大一些。随着技术水平的提高，逐渐增加对抗的难度，提高要求，攻防的人数逐渐减少，场地逐渐缩小，5 对 5、6 对 6 进行练习，并且对练习过程提出相应的要求。

5. 机动灵活射小门

游戏目的：提高学生传接球的实际运用能力，培养比赛意识。

场地器材：小足球场地 1 个，标志桶若干。足球 2 个。

游戏方法：如图 9-5-2 所示，在场地上标出 40 米×40 米区域，并用标志物在区域内分散设置5个任意方向的2~3米宽的小球门。学生分成4~7人相等人数的两队,不设守门员。学生分散在场地上。开始,在场地中间由一方先开球。控制球的队要争取从任何方向将球射入任何一个球门,且射进门的球被同伴接住后方能算成功一次,直到被对方抢到球为止。另一队学生要尽力阻止进攻方射门进球。

图9-5-2 机动灵活射小门

游戏规则:

(1) 射门成功一次得1分,积分多的队为胜。

(2) 射门成功后必须换另一个球门进攻,不得连续射一个球门。

教学建议:球门的大小根据学生技术情况决定,开始练习时,可以稍大一些,以后逐渐缩小球门,提高射门的准确性。

6. 多球门比赛

游戏目的:提高学生的对抗能力和转移进攻的基本能力。

场地器材:小足球场地1个,足球1个,大球门1个,小球门4个。

游戏方法:如图9-5-3所示,在小足球场内。将学生分成人数相等的两队,分别站在各自的半场内。4个小球门分别摆放在边线上,每一个球队守卫自己半场的3个球门。攻进对方大球门得3分,攻进小球门得1分。

游戏规则:与足球比赛的基本规则相同,没有越位,进球以后罚球门球,继续比赛。

图9-5-3 多球门比赛

教学建议：开始练习时，可以采用只在中线增加两个小球门的练习，队员仅防守一边的球门，随着队员能力的提高，再增加一个球门。在练习时，强调队员的反方向转移进攻，要求队员结合成小组，做好局部配合。

7. "橄榄球"比赛

游戏目的：提高学生的基本身体素质和对抗能力。

场地器材：足球场地1个，足球若干。

游戏方法：在足球场内，将学生分成人数相等的两队，分别站在各自的半场内。开始，在中线处开球，向对方前场发动进攻，手脚可以同时使用，但传球的时候必须用脚。用脚运球通过球门线算得分。在规定的时间内，得分多的一队为胜。

游戏规则：队员手持球跑动不得超过3步。通过球门线时，必须足球和队员一起通过，不得把球直接踢过球门线。

教学建议：可以根据学习的目的，调整传球时必须用头顶传球方式。球通过球门线的方式也可以变换为顶球越过。

8. 小场地头球比赛

游戏目的：提高学生在比赛中头顶球技术的运用能力。

场地器材：小足球场地1个。

游戏方法：在小足球场地上，4对4或5对5分队比赛。传球可以选择任何方式，但最后射门必须用头球射门；在球门小的情况下可以不设守门员。在规定的时间内，积分多的队为胜。

游戏规则：

（1）有守门员时，应用头、脚守门。

（2）每用头传球一次加1分。

（3）除用头攻门，其他按规则要求进行。

教学建议：该练习主要是提高头顶球的技术，在练习时，应突出头顶球技术的运用，在奖惩上突出对头顶球技术的侧重。

9. 小场地擂台赛

游戏目的：提高学生短传配合以及个人突破的能力。

场地器材：小足球门8~10个，足球若干。

游戏方法：将学生分成3人一队的若干组，在4~5个小足球场地进行比赛。10分钟为一小节，进行循环比赛，最后胜者为胜出球队。

游戏规则：参照3人制足球比赛规则进行。

教学建议：由于3人制足球比赛的强度大、比赛激烈，在比赛过程中要求学生注意配合，合理地安排体能。也可以根据学生人数，进行4对4的比赛。

10. 双足球比赛

游戏目的：提高学生快速奔跑的能力和集体配合的战术意识。

场地器材：足球场地1个，足球2个。

游戏方法：在足球场内，将学生分成人数相等的两队，分别站在各自的半场内。每队在各自场区各持1球。开始，同时在中线处开2个球，分别向对方前场发动进攻，在规定的时间内，得分多的一队为胜。

游戏规则：

（1）比赛无越位限制，其他执行足球规则。

（2）如一球被对方断掉，则另一球继续比赛，如一方犯规，则两球均交对方，掷界外球。

教学建议：

（1）双足球比赛练习，主要适用于学生人数多、器材少的情况，尤其是初学者，主要使上课的每一名学生积极地跑动起来，积极参与到活动中来。

（2）对于有一定的专项技术水平的运动员来说，该项练习旨在提高其奔跑能力和比赛中的灵活变化能力。

复习思考题

1. 足球游戏在编写时应该注意哪些问题？
2. 对于初学者应该首先安排哪些足球游戏？
3. 创编运球游戏时应该注意的问题是什么？
4. 选择踢球游戏时应该注意的问题是什么？
5. 头顶球游戏的主要作用是什么？
6. 在安排对抗性练习时，应该注意哪些问题？
7. 足球游戏中做准备活动时应该注意的问题是什么？

第十章
田径类游戏

内容提要

本章根据田径运动教学、训练与课余活动的实践需要。收集整理与创编了走、跑、跳、投和通过障碍等具有锻炼性与趣味性的游戏,重点介绍了游戏的方法,并对游戏的实施提出了教学建议。

第一节 走的游戏

一、徒手走的游戏

1. 矮人竞走接力

游戏目的：发展学生的下肢力量、髋关节灵活性。

场地器材：在场地上画 5 条相距 10 米的平行线，并按顺序（1—5）编号，1 为起点线，5 为终点线。线的长度依分队数量而定。

游戏方法：如图 10-1-1 所示，把学生分成 4 人一队，每队队员分别于 1—4 号线后成一路纵队面向终点线站立。游戏开始后，第一组各队排头迅速蹲下，以蹲姿向前走，当走到本队第二人身后时站起，同时拍击第二人肩部，第二人立即蹲下，同样蹲着走向第三人，依次接着走，以最后一人到达终点的先后顺序排列名次。

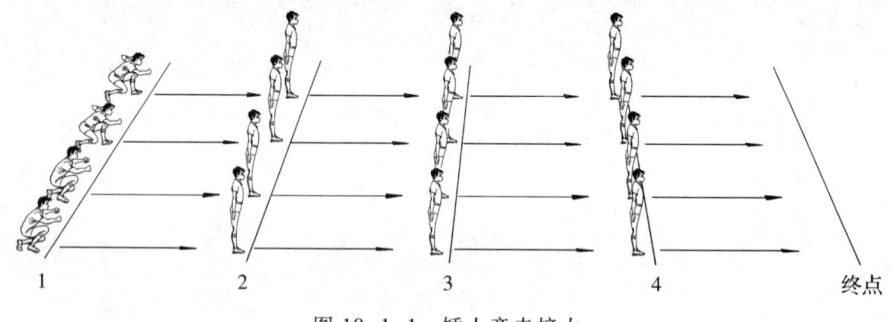

图 10-1-1 矮人竞走接力

游戏规则：

（1）不准抢走。

（2）不允许半蹲和站立行走，只许深蹲（全蹲）行走。

（3）以最后一人脚过终点线先后顺序判定名次。

教学建议：

（1）蹲走距离长短可根据学生的能力而定。

（2）游戏前做一定的身体活动。

（3）各组优胜队或同名次队可重新分组比赛。

2. 往返竞走接力

游戏目的：巩固学生的竞走动作和发展竞走速度。

场地器材：在两条跑道上各画 30 米长的两条平行线作为起终点，标志杆两根。

游戏方法：如图 10-1-2 所示，将学生分成人数相等的两队，各队成纵队站立在起跑线后。游戏开始后，每队排头迅速用竞走的方法走至终点绕过标志杆再走回本队，与第二人击掌后，第二人接着再做，以后每人都依此法进行，直至全队走完，先走完的队为胜。

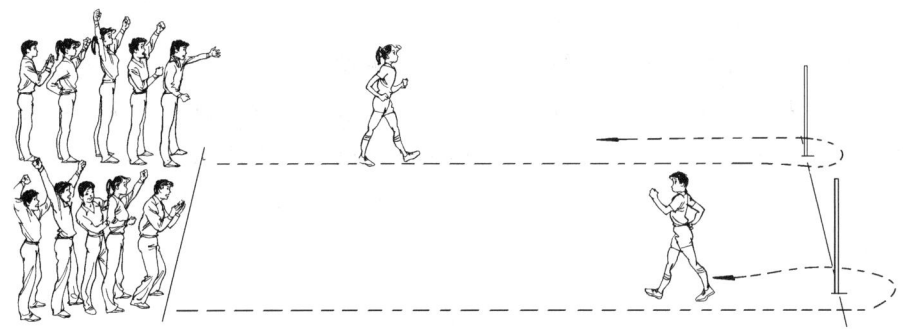

图 10-1-2　往返竞走接力

游戏规则：

（1）不准抢走。

（2）只能用竞走的方法完成游戏。

教学建议：走的距离长短应根据学生能力而定。

3. 脚跟走往返接力

游戏目的：发展学生的身体协调性。

场地器材：画两块 10 米长的场地，标志杆 2 根。

游戏方法：如图 10-1-3 所示，将学生分成人数相等的两队，各队成纵队站立在起跑线后。游戏开始后，每队排头迅速用脚跟走至终点绕过标志杆再走回本队，与第二人击掌后，第二人接着再做，以后每人都依此法进行，直至最后一人走完，先走完的队为胜。

图 10-1-3　脚跟走往返接力

游戏规则：

（1）不准抢走。

（2）只能用脚跟走的方法完成游戏，前脚掌不得触地，走时腿应直。

教学建议：

（1）脚跟走可以改为脚尖走等形式。

（2）走的距离长短应根据学生能力而定。

4. 脚内侧走接力

游戏目的：发展学生的脚踝力量。

场地器材：画两块 10 米长的场地，标志杆两根。

游戏方法：如图 10-1-4 所示，将学生分成人数相等的两队，各队成纵队站立在起跑线后。游戏开始后，每队排头迅速用脚内侧走至终点绕过标志杆再走回本队，与第二人击掌后，第二人接着再做，以后每人都依此法进行，直至都走完一次，先走完的队为胜。

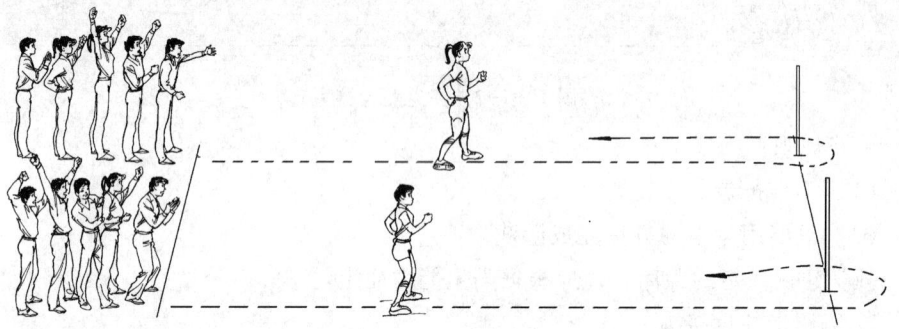

图 10-1-4　脚内侧走接力

游戏规则：

（1）不准抢走。

（2）只能用脚内侧走的方法完成游戏，要求直腿走。

教学建议：

（1）走的距离应根据学生具体情况和需要而定。

（2）走时应保持较平稳的身体姿势。

5. 外八字走迎面接力

游戏目的：特殊姿势走的协调性及身体柔韧性。

场地器材：在场地上画两条相距 10 米的平行线。

游戏方法：如图 10-1-5 所示，将学生分成人数相等的两队，每队再分成甲乙两组，分别成纵队面对面站在两条平行线后。游戏开始后，各队甲组排头第一人用外八字的脚型向前走，走到对面击乙组排头手掌并站到队尾，乙组排头立即模仿第一人动作走向甲组的第二人，依次进行，直至最后一人完成，先完成的队为胜。

游戏规则：

（1）外八字走应脚跟对脚跟两腿依次向前走。

（2）不得抢走。

图 10-1-5　外八字走迎面接力

教学建议：

（1）外八字走可以改为内八字走等形式。

（2）可以根据学生具体情况调整场地距离。

6. 平衡木走迎面接力

游戏目的：发展学生的身体平衡能力。

场地器材：长 5 米、高 0.5 米的平衡木两根（或自然环境下的道沿等）。

游戏方法：如图 10-1-6 所示，将学生分成人数相等的两队，每队再分成甲乙两组，分别成纵队面对面站在平衡木的两端。游戏开始后，各队甲组排头通过平衡木走到对面击乙组排头手掌并站到队尾，同时乙组排头也迅速通过平衡木走向甲组的第二人，依次进行，直至最后一人完成，先完成的队为胜。

图 10-1-6　平衡木走迎面接力

游戏规则：

(1) 走平衡木时如掉下，应从掉下原位重新开始。

(2) 不得抢走，走到一端尽头再下平衡木。

教学建议：

(1) 根据学生的能力调整平衡木的高度。

(2) 可以利用各种器材自制平衡木。

(3) 应利用两臂维持身体平衡。

7. 三人同进走接力

游戏目的：发展多人的合作能力。

场地器材：在场地上画两条相距 10 米的平行线，标志杆两根。

游戏方法：如图 10-1-7 所示，将学生分成人数相等的两队，每队中每 3 人组合为一组，两人面向前方，中间一人面向后方，3 人手臂相挽。游戏开始后，每队组合在一起的 3 人向标志杆的方向走，并绕过标志杆返回起点并与下一组击掌，下一个组依此行进，直至最后一人完成，先完成的队为胜。

图 10-1-7　三人同进走接力

游戏规则：

（1）3 人同进走时不能跑，手臂不能松开。

（2）不得抢走。

教学建议：

（1）3 人同进走可以改成 5 人同进走等形式。

（2）可以两人向前走一人倒退走，也可以两人倒退走一人向前走。

（3）走的距离长短应根据学生身体能力而定。

8. 二人三足走接力

游戏目的：发展学生的多人的合作能力与协调性。

场地器材：在场地上画两条相距 10 米的平行线，绑腿绳 4 根，标志杆两根。

游戏方法：如图 10-1-8 所示，将学生分成人数相等的两队，每队中每两人组

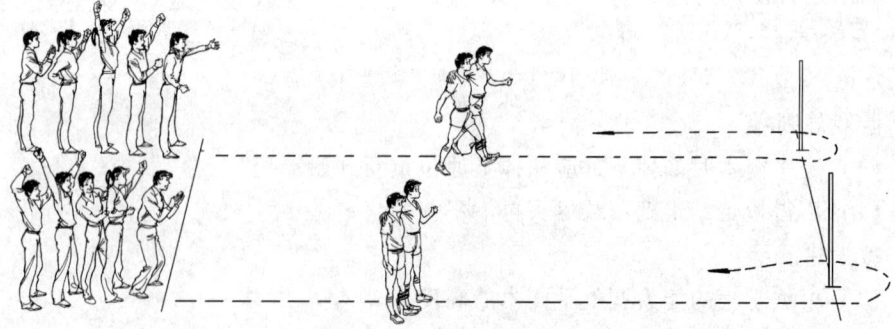

图 10-1-8　二人三足走接力

合为一组，两人将内侧的小腿捆绑在一起，两人内侧臂互相搭肩做好准备。游戏开始后，每队组合向标志杆方向快走，并绕过标志杆返回起点，下一组击掌后再接着走，直至最后一人完成，先完成的队为胜。

游戏规则：

（1）二人三足走时捆绑在一起的两腿不能松开，如松开后，应在原地重新绑好。

（2）不得抢走。

教学建议：

（1）二人三足走可以改成三人四足走等形式。

（2）走的距离长短应根据学生情况而定。

（3）两人走时的步调要一致，以避免摔倒。

9. 同步行

游戏目的：提高学生自身的协调性，集中注意力。

场地器材：平坦场地1个。

游戏方法：如图10-1-9所示，学生成两列横队站立，听老师的口令先进行"齐步走"。当听到"同步走"口令后，学生换成迈右腿摆右臂，迈左腿摆左臂的同手同脚同步向前走的形式。当老师发出"齐步走！"的口令后，学生换成正常齐步走的形式前进，两个口令交替使用。

图10-1-9 同步行

游戏规则：

（1）听到口令及时变换行走方式。

（2）步伐要整齐，做错的学生表演节目或象征性地判罚。

教学建议：

（1）可采用原地踏步走的形式进行。

（2）在走的过程中，可进行左、右转弯走或向左转走、向右转走等。

10. 推小车

游戏目的：发展学生的两臂支撑力量，培养坚强意志力。

场地器材：平坦场地1个。

游戏方法：如图10-1-10所示，在场地上画两条相距10~20米的平行线作为起、终点。将学生按前后两人一组分成若干组，前后两人一组，站在起点线后，前面人俯撑分腿于地上作为"小车",后边的人站于俯撑者两腿间,两手握其踝关节并抬起,后者作为"推车人"做好准备。当听到开始口令后,俯撑人用两手交替向前迅速移动,和"推车人"相配合,尽快到达终点,以先到终点的组为胜,然后两人互换,再按此进行比赛。

图 10-1-10　推小车

游戏规则:

(1) 推车人通过终点为完成游戏。

(2) 中途翻倒或停止,应从原地重新开始。

教学建议:

(1) 游戏的距离长短应根据学生情况而定。

(2) 两人要相互配合,掌握好速度,协调行进。

(3) 可作为上肢力量练习手段。

11. 你追我赶

游戏目的:发展学生的速度素质,提高竞走技术,培养竞争精神及团结协作意识。

场地器材:60米长的跑道4~6条。

游戏方法:根据全班人数,将学生均分成4~6组,每组3名同学前后相距5米站立。听到开始口令后,所有同学一起运用竞走技术快速行进。每组后面及中间的同学在保持竞走姿势的前提下,用最快的速度在60米的距离内追赶拍击前面的同学,同时中间的同学要保证自己不被后面的同学拍击。最前面一排同学则用最快速度,在保证自己不被后面的同学拍击的前提下,带出本组更快的竞走。游戏以每组最后面一名同学到达终点为准而结束。

游戏规则:

(1) 只能以竞走的姿势完成比赛,否则无效。

(2) 不准抢走。

教学建议:

(1) 比赛组数应视不同班级人数和跑道数而定。

(2) 安排同学们在不同的位置上进行练习和比赛。

(3) 可以安排不同的赛程,可以是比赛速度的练习,也可以是比赛耐力的练习，但要注意前后同学之间距离的准确确定。

（4）比赛形式可以变化，如采用交替领先走等。

12. 竞速倒退走

游戏目的：发展学生的腰背肌及大腿后侧肌肉力量，发展动作协调能力，提高平衡能力。

场地器材：30米长的跑道2~4条，距起点30米处设一折返点。

游戏方法：全班分成2路（或4路）纵队，2队（或4队）人数相同。听到开始口令后，各队排头同学背对前进方向，迅速向后倒退走。要求上体直立，不能后仰，摆动腿屈膝向后退步，脚尖先着地，再滚动至全脚掌着地，身体重心随之后移，然后支撑腿变摆动腿重复上述动作，连续后退走。一只脚踩到折返点后，迅速转体，向起点倒退走。到达起点时与第二名同学击掌，第二名同学重复第一名同学的动作，依此类推，直到最后一名同学走完。先走完的队为胜。

游戏规则：

（1）不能出现腾空，即不能后退跑，否则取消比赛资格。

（2）必须在自己的跑道内进行比赛，不准抢道，以免互相碰撞出现伤害事故。

（3）前面一名同学完成后退走的全部路程之后，下一名同学才能接着进行比赛。否则，算作抢跑，退回重来。

（4）如不慎跌倒，可原地站起继续比赛。如离开跑道，以弃权论。

（5）以每队最后一名同学先到达起点的队获胜。

教学建议：

（1）提高速度的最好方法是小步幅、快步频。

（2）可视具体情况，分不同的组别进行比赛。

（3）方法可以多样。如两人一组，背对背相距半米，手拉手，前面的同学快步正向走，后面的同学倒退走。亦可以双人倒走。

二、持器械走的游戏

13. 头顶轻物走迎面接力

游戏目的：发展学生身体平衡能力。

场地器材：课本或者能放在头上的轻物，在场地上画两条相距10米的平行线。

游戏方法：如图10-1-11所示，将学生分成人数相等的两队，每队再分成甲乙两组，分别成纵队面对面站在两条平行线后。游戏开始后，各队甲组排头头顶轻物向前走，走到对面与乙组排头击手掌，站到队尾，同时乙组排头将甲组排头头顶上的轻物放在自己的头上，依次接着走，直至最后一人完成，先完成的队为胜。

游戏规则：

（1）头顶轻物走时不得跑，轻物掉下应在原位放好再前行。

（2）不得抢走。

图 10-1-11　头顶轻物走迎面接力

教学建议：

（1）走的距离长短应根据学生情况而定。

（2）选用能放在头上的轻物。

（3）重心平稳，尽量维持身体平衡。

14. 手持轻物走接力

游戏目的：发展学生的身体平衡能力、协调性。

场地器材：羽毛球拍和网球，在场地上画两条相距 10 米的平行线，标志杆 2 根。

游戏方法：如图 10-1-12 所示，将学生分成人数相等的两队，成纵队分别站在起点线后。游戏开始后，各队排头手持羽毛球拍，将网球放在拍面上向前走，并绕过标志杆返回到起点，第二个人接过同组排头手上的羽毛球拍和网球，沿着排头的路线前行，直至最后一人完成，先完成的队为胜。

图 10-1-12　手持轻物走接力

游戏规则：

（1）手持轻物走时不得跑，轻物掉下应在原位放好再前行。

（2）不得抢走。

教学建议：

（1）走的距离长短应根据学生身体能力情况而定距离。

（2）如果想增加难度可以将羽毛球拍和网球换成乒乓球拍和乒乓球。

（3）可以变成迎面接力的方式进行游戏。

15. 持哑铃走迎面接力

游戏目的：发展学生的手臂力量。

场地器材：哑铃两副，在场地上画两条相距10米的平行线。

游戏方法：如图10-1-13所示，将学生分成人数相等的两队，每队再分成甲乙两组，分别成纵队面对面站在两条平行线后。游戏开始后，各队甲组排头两臂侧平举双手持哑铃向前走，走到对面将哑铃交给乙组排头，站到队尾，同时乙组排头手持哑铃，向对面走，再将哑铃交给甲组的第二人，依次交接哑铃行进，直至最后一人完成，先完成的队为胜。

图 10-1-13 持哑铃走迎面接力

游戏规则：

（1）手持哑铃走时必须保持两臂侧平举，不允许跑。

（2）不得抢走。

教学建议：

（1）走的距离长短，持物重量应根据学生情况而定。

（2）可以变成往返接力的方式进行游戏，也可进行圆圈接力。

16. 蚂蚁运粮

游戏目的：烘托课堂气氛及培养团队精神。

场地器材：在平坦场地上画两条相距10米的平行线，篮球2个，标志杆2根。

游戏方法：如图10-1-14所示，将学生分成人数相等的两队，成纵队站在起点线后，终点放置标志杆一根。在起点线后成屈体屈腿仰撑姿势，头朝前进方向，腹部放一个篮球。游戏开始后，各队排头迅速移动手脚行进，绕过标志杆后回到本

图 10-1-14 蚂蚁运粮

队起点，将球交与第二人后，第二人依此法再做直至全队完成为止，先完成且扣分少的队为胜。

游戏规则：行进途中篮球滚下，原地捡起再行进，并扣1分。

教学建议：篮球可以改用其他圆形球代替，如排球、足球等。

17. 踩石过河

游戏目的：增加课堂趣味性和培养团队精神。

场地器材：4块边长30厘米的正方形纸板，两条相距10米的平行线，中间作为一条假想的小河。

游戏方法：如图10-1-15所示，将学生分成人数相等的两队，每队又分成人数相等的甲乙两组，面对面成纵队分别站在起点线后。游戏开始后，各队甲组排头手拿两块纸板作为活动的"垫脚石"，依次向前挪动纸板并踩在脚下，迅速渡过这条"河"，将纸板交给乙组的排头，乙组排头用同样的方法渡过这条"河"，直至全部完成为止，先完成的队为胜。

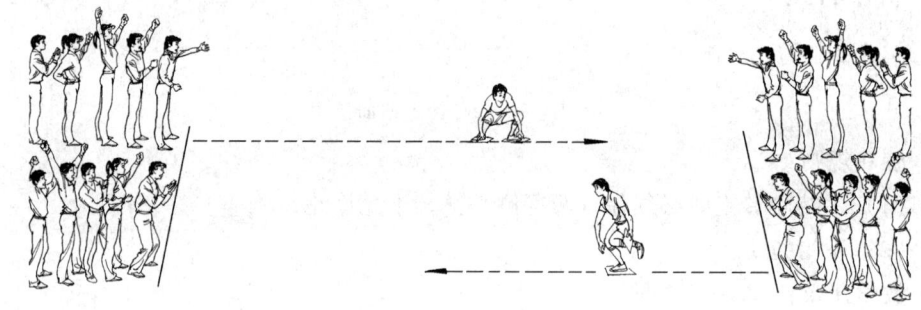

图 10-1-15　踩石过河

游戏规则：游戏进行中，脚必须完全踩在纸板上，如果踩在地上，要再补做一次。

教学建议：

（1）方纸板可以改作其他物品，如薄木板等。

（2）可适当加长过"河"的距离，也可往返游戏。

18. 滚雪球

游戏目的：培养学生在自然环境下锻炼身体、陶冶情操、团结进取。

场地器材：大雪后操场或雪地。

游戏方法：如图10-1-16所示，将学生分为3人一组，站在雪地上。游戏开始后，先用手堆成一个小雪球，逐渐使小雪球在雪地上滚动，使滚动的雪球越滚越大，在规定的时间内，比哪组的雪球最大且最圆。

图 10-1-16　滚雪球

游戏规则：遵守开始与结束时间。

教学建议：游戏结束后，应将雪球运送到指定地点。

第二节　跑 的 游 戏

一、发展反应速度的游戏

（一）集体游戏

1. 背向起跑

游戏目的：发展学生的反应、快速起跑能力和灵活性。

场地器材：跑道 30 米长或平坦场地 1 个。

游戏方法：如图 10-2-1 所示，将学生分成若干组，每组 6~8 人，开始时学生背对终点蹲在起跑线后，做好蹲踞式起跑的预备姿势或呈站立式起跑姿势。听到发令后，迅速转身起跑，根据到达终点的先后排出名次。

游戏规则：

（1）不得抢跑和越线。

（2）每人抢跑两次判罚下。

（3）不得进入别人跑道。

教学建议：

（1）起跑姿势可以多种。

（2）学生左右之间要有一定间隔，避免相互转身时发生碰撞。

图 10-2-1　背向起跑

2. 喊数抱团

游戏目的：发展学生的反应能力。

场地器材：平坦场地 1 个。

游戏方法：如图 10-2-2 所示，学生沿圆圈跑进，教师突然喊出一个数字，例如"2"、"3"、"4"。学生听到数字后，立即与邻近的同伴按教师所喊出的数字抱成一团。最后没有抱成团的同学表演节目。

游戏规则：

（1）不能用推、拉等动作挤出已抱团的人。

（2）只能与相邻的学生结组抱团。

教学建议：

（1）教师喊数时尽量要突然，一个数字可以重复喊出。

图 10-2-2 喊数抱团

（2）可以用加、减等方法，解运算结果的抱团。

3. 单双数

游戏目的：发展学生的快速反应能力。

场地器材：半径 15 米的圆形场地一个。

游戏方法：如图 10-2-3 所示，学生均匀地站在圆圈外，面向圈内并"1、2"报数，成两人一组，每个学生记住自己是单数还是双数。游戏开始后，全体同学按逆时针方向围着圆圈做侧跨步跑动，当教师喊"1"时，单数学生要迅速进入圈内，双数学生要迅速抓住身边的单数学生，不让其进入圈内，如没抓住，抓人者进圈停止游戏。当教师喊"2"时，则与喊单数时的角色互换。被抓住的同学要站在圈内停止游戏，如判断错误而误跑，误抓时，也要停止游戏站在圈内。然后其他学生原地重新报数，继续游戏。

图 10-2-3 单双数

游戏规则：

(1) 游戏时只允许用手触拍，在进圈前触拍到即为抓住。

(2) 侧跨步跑动时，只能在圈外跑动。

教学建议：

(1) 教师喊号可以改为击掌或吹哨，击两次代表双数，击一次代表单数。

(2) 可以用加、减等方法，接运算结果的单双数进行游戏。

4. 突破防卫

游戏目的：提高学生的反应速度和动作速度。

场地器材：两条相隔 8 米长约 15 米的直线。

游戏方法：将学生分成人数相等的两队，间隔 3 米，成二列横队面对面站立，选出一人做防卫者，站在两列横队的中间。游戏开始，队列中的人力图突破防卫者的监视与对面的人互换位置。防卫者则要竭力监视所有企图换位的人，一经发现立即拦截追拍，在完成换位前被追拍到的队员与防卫者互换，游戏继续进行。

游戏规则：

(1) 换位动作开始前，脚不能过线，一旦脚过线必须相互换位。

(2) 防卫者发现换位，必须在其换位动作完成前追拍到，方为有效。

教学建议：两队之间的间隔距离可以根据学生的实际情况进行调整。

5. 穿越友谊之门

游戏目的：发展速度素质，提高快速反应能力，培养学生齐心协力的集体主义精神。

场地器材：画两条相距 10 米的平行线。

游戏方法：将学生分成人数相等的两队，成纵队站在起跑线后，各队选出两人分别到起跑线前 10 米处，两人内侧手相拉举，搭成一个城门，面对本队学生。教师发令后，各组学生依次经由城门跑过，以最后一人过线为准，先跑完的队为胜。

游戏规则：

(1) 游戏者必须成一路纵队前跑，否则判失败。

(2) 游戏进行时，游戏者之间不准松手。

(3) 城门不准随便移动，否则判本队失败。

教学建议：也可以将游戏方法改变为：将学生分成人数相等的两队，成纵队站在起跑线后，各队除两名同学预跑外，其余同学两人一组面对面搭成一个城门，每组相间 1.5 米左右。教师发令后，两名预跑同学依次跑过所有城门，之后这两名同学面对面搭成一个城门。这时，离起跑线最远的一组同学再依次跑过所有城门，之后这两名同学面对面搭成一个城门。依次类推，所有人都跑完一个轮次，以最后一人过线为准，先跑完的队为胜。

（二）个人游戏

6. 喊号追人

游戏目的：发展学生的速度素质和反应能力。

场地器材：跑道 30 米。

游戏方法：如图 10-2-4 所示，学生成两排面对面站在跑道中间相距 2 米，分别给两排的学生规定号码"1""2"，要求每人记住自己的号码。游戏开始后，喊"1"时，编号为"1"的同学向后转身跑出，编号为"2"的同学从后面追赶，追逐区内追上者为胜方，追不上者为负方。

图 10-2-4　喊号追人

游戏规则：

（1）做好站立式起跑姿势时，脚不得过线。

（2）用手触摸到被追者即为追上。

教学建议：

（1）场地可以变换图形，两个同学也可以面相同一方向站立。

（2）只能触摸，不得推人。

（3）面对面站立时，应稍错开位置，注意安全，避免迎面相撞。

7. 丢手绢

游戏目的：提高学生的反应能力和奔跑能力。

场地器材：直径 10 米的圆形场地 1 个，手绢 1 块。

游戏方法：如图 10-2-5 所示，学生面向圆内坐在圆圈上，选出一人做"丢手绢人"。游戏开始后，"丢手绢人"在圈外沿逆时针方向行进，可将手绢任意丢在圈上学生的背后，然后继续行进，当跑到此人位置时轻拍其背部，被拍者代替"丢手绢人"。如果被拍者发现背后有手绢，应捡起手绢追赶"丢手绢人"，若中途追上，两人角色不变，若跑一圈没能追上，两人互换角色，游戏继续进行。

游戏规则：

（1）相邻同学不准暗示，否则暗示人做"丢手绢人"。

图 10-2-5　丢手绢

（2）追赶者用手轻拍对方即可。

教学建议：此游戏所用手绢也可用其他器材代替。

8. 猜拳追逃

游戏目的：提高学生的反应能力和奔跑能力。

场地器材：两条相距 30 米的平行线作为终点线，以中线为基准向两边延伸 1 米，各画 1 条平行线。

游戏方法：如图 10-2-6 所示，将学生分成人数相等的甲乙两队，甲乙队同学一对一、面对面站立在中间平行线两边。游戏开始后，两人猜拳定胜负（如包、剪、锤），胜者追，负者逃，如果在终点线前被追拍到，则逃者在原地将胜者同学背回起点。

图 10-2-6　猜拳追逃

游戏规则：

（1）追拍时，通过终点线再拍无效。

（2）猜拳定胜负时，两人必须同时出手。

教学建议：

（1）应避免追逐中推人犯规，注意安全。

（2）多变换猜拳方式，提高兴趣。

二、追逐游戏

9. 抱大腿

游戏目的：发展学生的灵敏性，提高兴奋性和奔跑能力。

场地器材：长20米、宽10米的长方形场地。

游戏方法：如图10-2-7所示，选一人为"追人者"，其余人为"逃跑者"。游戏开始后，"逃跑者"场地内自由奔跑，"追人者"设法追拍"逃跑者"。"逃跑者"在迫不得已的情况下，可以在原地以单腿站立，两手从膝下绕过抱住大腿即为安全脱险，"追人者"不得追拍。如"逃跑者"被追拍到应与"追人者"互换角色。

图 10-2-7 抱大腿

游戏规则：

（1）"逃跑者"不能过早地抱住大腿，被动等待。

（2）"追人者"不准死盯一个人10秒以上。

教学建议：

（1）此游戏运动量较大，时间不宜过长。

（2）场地大小因人数和能力而定。

10. 蛇战

游戏目的：发展学生的灵敏素质。

场地器材：根据学生人数平均分成几个组，每组人数在5~10人之间。

游戏方法：如图10-2-8所示，每组站成一排，后面的人抱住前面人的腰部组成整体形成"蛇"。游戏开始后，各"蛇"之间相互混战，争取抓到其他"蛇"的"蛇尾"。如有一组排头抓到另一组排尾时，被抓到的一组立即被淘汰。最

图 10-2-8 蛇战

后留下的一组为胜。

游戏规则：

（1）排头用手触拍到另一组排尾即为抓住。

（2）"蛇"腰脱节时，"蛇"头抓到排尾无效。

教学建议：

（1）可以限定游戏场地。

（2）各组之间可以用擂台赛的形式进行较量。

11. 蛇头抓蛇尾

游戏目的：提高学生的灵活性和奔跑能力。

场地器材：平坦场地1个。

游戏方法：如图10-2-9所示，学生用双手抱住前面一人的腰部排成单行，形成"蛇"。游戏开始后，"蛇"头努力去抓"蛇"尾的人，前半部学生努力帮助"蛇"头尽可能抓住"蛇"尾，后半部的学生努力帮助"蛇"尾不让被"蛇"头捉到。

游戏规则：

（1）队伍不能被拉断，拉断后抓住无效。

（2）"蛇"头触到"蛇"尾时，即换人做"蛇"头和"蛇"尾，重新开始游戏。

教学建议：

（1）游戏中注意休息。

（2）提示注意安全。

图 10-2-9 蛇头抓蛇尾

图 10-2-10 猫捉老鼠

12. 猫捉老鼠

游戏目的：增加课堂的趣味性。

场地器材：空场地1个。

游戏方法：如图10-2-10所示，将学生分成人数相等的两队，在其中一队中选出两名学生做"猫"，剩下的学生面向内站成圆圈，手拉手高举成"老鼠洞"，另一队的同学做"老鼠"站在圈内，"猫"站在圈外。游戏开始后，"老鼠"伺机从洞内钻进钻出,"猫"在洞外追捕,如果"老鼠"被捉到,则其退出游戏。游戏到一定时间,两个队互换角色,抓住"老鼠"多的队为胜。

游戏规则:

(1)"老鼠"不能跑离洞口 2 米以外,否则视为被捉。

(2)搭成"老鼠洞"的同学不准阻挡"老鼠"进洞。

(3)"老鼠"最长不能超过 10 秒钟必须出一次洞。

教学建议:

(1)做"猫"的同学运动量大,注意替换。

(2)根据情况增加"猫"的数量,保证游戏顺利进行。

13. 拍背追人

游戏目的:提高学生的反应能力、集中注意力和奔跑能力。

场地器材:直径 10 米的圆形场地 1 个。

游戏方法:如图 10-2-11 所示,全体学生面向圆内站立在圆圈上,选出一人作为被追者沿圈外逆时针跑进。游戏开始后,被追者可随时趁站在圈上的某一同学不注意,拍其后背后快速奔跑,被拍到的人立即转身追赶。如果追人者一圈内追上被追者,则被追者继续做自己的角色;如果追不上,则两人互换角色,游戏继续。

图 10-2-11 拍背追人

游戏规则:

(1)不论被追者或追者,都要沿逆时针跑进。

(2)用手触摸到被追者即为追上。

教学建议:

(1)根据人数的数量可以规定场地范围。

(2)人多时可增加被追者人数。

14. 安全岛

游戏目的：发展学生的奔跑能力。

场地器材：直径10米的圆形场地1个。

游戏方法：如图10-2-12所示，圆形场地内再画一个直径3米的同心圆为安全岛，大圆外区域为安全区，大小圆之间的区域为追逐区，选两名同学站在追逐区内担任追拍人，其他同学站在大圆外的安全区。游戏开始后，安全区的同学争取通过追逐区进入安全岛再从安全岛跑回到安全区，在通过追逐区时，如果被追拍人追拍到，则2人互换角色。

图10-2-12　安全岛

游戏规则：

（1）在安全区或安全岛的逃者，追拍人不得再追逐。

（2）在安全区或安全岛内的逃者不得超过30秒，否则其中任意一人与追拍者互换。

教学建议：

（1）追拍人运动量较大，时间过长后教师可以安排他人替换。

（2）可分组比赛，以出进安全岛的人数定胜负。

15. 贴人

游戏目的：提高学生的奔跑能力及灵敏性。

场地器材：直径10米的圆形场地1个。

游戏方法：如图10-2-13所示，每两位学生一组并排面向圆心站立，各组同学左右间隔2米。从参加者中选出两人作为追逐者与逃者，追逐者可以在圈内圈外及各组之间穿插跑动，逃者只能沿圈外跑进。追逐过程中，追者如果用手拍到逃者，则2人互换角色，但如果逃者贴住任意一组的一侧，则这一组的另一侧同伴立即成为新的逃者。

图 10-2-13 贴人

游戏规则：

（1）逃者不得跑出规定的圆圈附近以外范围。

（2）逃者贴人时只能沿跑进方向贴人，不能向回贴。

教学建议：

（1）如人数较多，可选两组追者与逃者。

（2）游戏者也可以采用双层前后站立的方法，逃跑者一定要贴在靠近圈内的同学前面，外圈同学为逃跑者。

三、竞速游戏

16. 淘汰赛跑

游戏目的：发展学生的速度耐力，提高弯道跑技术。

场地器材：直径10米的圆形场地1个，在圈外画1条斜线为起跑线。

游戏方法：如图10-2-14所示，将学生每10人分为一组站在起跑线上，游戏开始后，各组第一次跑，规定每人跑两圈，跑在最后的两人被淘汰。各组都跑完一

图 10-2-14 淘汰赛跑

次后,未被淘汰的学生继续跑,规定每人跑一圈,后两人被淘汰,未被淘汰的学生继续跑,规定每人跑一圈,最后两人被淘汰,每组剩下的4人为优胜者。

游戏规则：

（1）发令后才能跑。

（2）超越别人时,应从外侧越过。

教学建议：

（1）根据人数适当安排场地的大小。

（2）根据学生能力规定跑的圈数。

（3）考虑被淘汰学生运动量较小的问题。

17. 抢先入城

游戏目的：提高学生的奔跑能力和灵敏素质。

场地器材：在1个场地中间画若干个小城（直径0.5米的圆圈）并编号,于城两侧各画宽1.5米的入城通道,在通道入口处画一直线为入城起始线。

游戏方法：如图10-2-15所示,将学生分成人数相等的两队,各成纵队站在本队入城起始线后。游戏开始后,两队排头沿入城通道跑进,首先抢占一城,先入城者为胜,记1分,未能入城者回本队站在排尾。然后两队第二名队员开始抢占2号城,依此类推,占城多者为胜。

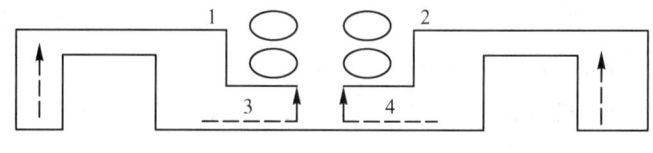

图 10-2-15　抢先入城

游戏规则：

（1）以脚先踏入城者为先,不得推撞。

（2）不得抢跑。

教学建议：

（1）根据人数规划场地或增减城数。

（2）可只画一个城,2人比后均退出城。

18. 二龙戏珠

游戏目的：发展学生的协调性和集体主义精神。

场地器材：2条30米长跑道,在跑道中间每隔2米放置标志杆1根。

游戏方法：如图10-2-16所示,将学生分成相等的两队,每队队员后一人抓住前一人的腰部连成一路纵队站在起跑线后。游戏开始后,各队迅速出发,依次绕过各标志杆,最后哪一队的队尾先过终点为胜。

游戏规则：

（1）绕杆时不准碰倒标志杆。

（2）绕杆过程中,队伍不准散开。

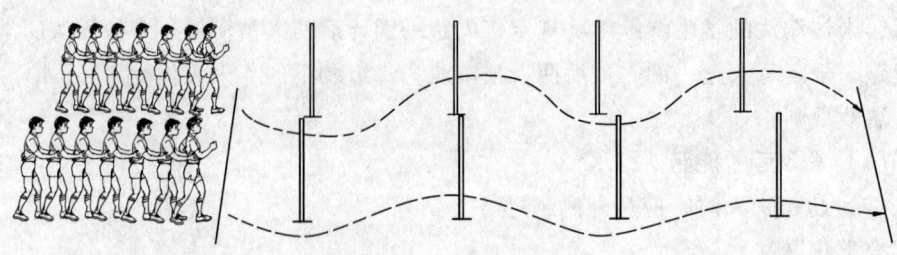

图 10-2-16 二龙戏珠

教学建议：

（1）可以采用计时的方法进行游戏。

（2）人数多时可分多队进行。

（3）根据情况调整跑的距离和标志杆之间的距离。

19. 五足接力

游戏目的：培养学生的团队精神，发展复杂情况下的快速奔跑能力。

场地器材：画两条相距 20 米的起点线和终点线，终点线上插若干面小旗。

游戏方法：将学生分成人数相等的若干队（每队人数应是 3 的倍数）。队与队间隔 3 米，各队 3 人为一组成 3 路纵队在起跑线后面对小旗站立。每组左右 2 人内侧手相拉，中间人以任一膝挂在上面，两臂搭在两侧人肩上。发令后，保持此姿势（两侧人跑，中间人单足跳），跑向小旗并绕过再返回。在起点线后拍击第二组的手之后，第二组始可出发，依次进行。最先完成的一队获胜。

游戏规则：在行进过程中，两侧人不能脱手。如若脱手，必须在脱手处重新组合方可继续进行，否则判为犯规。

教学建议：五足接力或者是七足接力都可以组织得好。参与人数越多，难度越大，趣味性也就越大。

四、接力游戏

20. 迎面接力

游戏目的：发展学生的速度素质，培养集体主义精神。

场地器材：2 条 25 米跑道，接力棒 2 根。

游戏方法：如图 10-2-17 所示，将学生分成人数相等的两队，各队再分成甲乙两组，相距 25 米，面对面成纵队站立，甲组排头持棒站在起跑线后。教师发令

图 10-2-17 迎面接力

后，甲组排头迅速前跑，将棒交给本队乙组排头，然后站到排尾，乙组排头再跑至甲组将棒交给第二人，以后每人都依此进行，直至都跑完一次，先跑完的队为胜。

游戏规则：

（1）起跑及接棒时不准越线和抢跑。

（2）掉棒应由掉棒者拾起。

（3）不准抛接。

教学建议：

（1）跑的距离应根据学生具体情况和需要而定。

（2）指导学生掌握途中跑技术，讲解交接棒的方法。

（3）严密组织，规定学生的跑动路线，避免相互碰撞。

21．蛇形跑往返接力

游戏目的：提高学生的速度素质和变向跑的能力。

场地器材：跑道20米，自起点开始每隔2米处插1根标志杆。

游戏方法：如图10-2-18所示，将学生分成人数相等的两队，成纵队站在起跑线后。游戏开始后，排头绕杆跑进，到达终点折返原路线跑回与本队第二人击掌后站到排尾。第二人依第一人方法跑进，以先跑完的队为胜。

图10-2-18 蛇形跑往返接力

游戏规则：

（1）跑进中要绕过每一根标志杆。

（2）绕过各杆后经终点标志杆后返回。

（3）碰倒杆者要插好后才能继续跑进。

教学建议：

（1）可采用迎面接力进行。

（2）也可持棒跑进。

22．四角接力

游戏目的：提高快速跑的能力。

场地器材：正方形场地1个，边长20米，每角有1米的小正方形作为堡垒；接力棒4根。

游戏方法：如图10-2-19所示，将学生分成人数相等的4组，分别站在4个垒位的后面，各组的排头拿1根接力棒出列踏垒，做好起跑准备。游戏开始后，各组都按逆时针方向跑完4个垒，回到原垒位把接力棒交给第二个队员接着跑，直到跑完为止，先完成的组为胜。

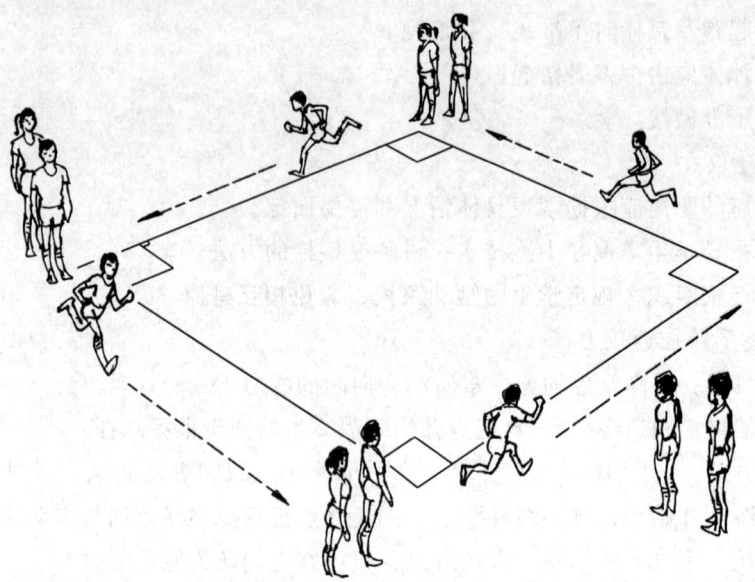

图 10-2-19 四角接力

游戏规则：

（1）跑垒时，脚要踏上所有的垒位。

（2）没轮到进入堡垒接力的队员都要在垒外，不得阻挡其他组员跑进。

（3）接到棒后脚才能离垒跑进。

教学建议：

（1）场地可以变换图形，接力棒也可以换成其他器材。

（2）垒位的大小，因人而定。

23. 架棒接力

游戏目的：增强学生奔跑能力和培养团队精神。

场地器材：跑道30米，6根体操棒。

游戏方法：如图10-2-20所示，将学生分成人数相等的两队，成纵队站在起跑线后，各跑道终点画直径1米的圆圈。游戏开始后，各队排头手持3根体操棒迅速跑至终点将3根体操棒成三角形架立在圆圈内，架稳后跑回本队起点，与第二人击掌后，第二人将3根体操棒取回交给第三人，第三人前去架棒，依次循环，直至完成为止，先完成的队为胜。

游戏规则：如果体操棒没有架稳，重新架稳再跑回。

教学建议：

（1）游戏开始前可以试做几次架棒练习。

（2）提示架棒技术。

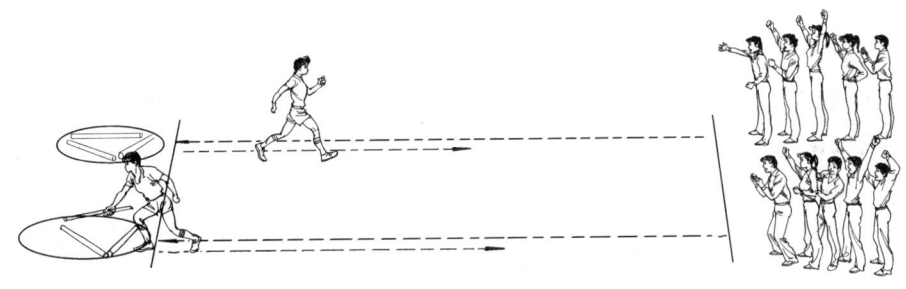

图 10-2-20　架棒接力

24. 插旗拔旗

游戏目的：增强学生奔跑能力和培养团队精神。

场地器材：跑道 30 米，2 面小旗，2 个空啤酒瓶。

游戏方法：如图 10-2-21 所示，将学生分成人数相等的两队，成纵队站在起跑线后，跑道终点放置空啤酒瓶两个。游戏开始后，各队排头拿一面小旗迅速跑至终点，将小旗插入空啤酒瓶中跑回本队起点，与第二人击掌后，第二人立即跑至空啤酒瓶处将小旗拔出，再跑回本队交给第三人，依次插一面拔一面直至完成为止，先完成的队伍为胜。

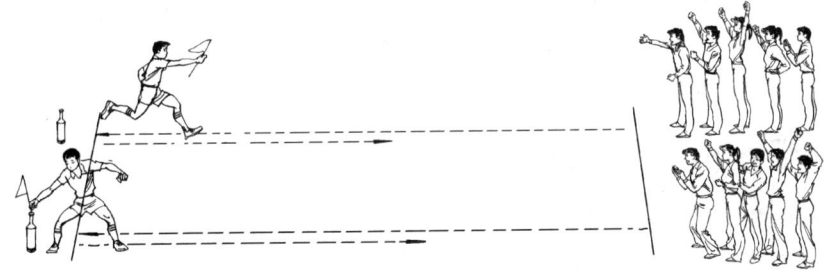

图 10-2-21　插旗拔旗

游戏规则：

（1）每次插旗时，都要将旗插稳在空啤酒瓶内才能跑回。

（2）交旗或击掌后才能跑出，不得抢跑。

教学建议：

（1）小旗可以换改用其他物品代替，如筷子、小木棍等。

（2）途中可再增加空啤酒瓶。

25. 踩梅花桩接力

游戏目的：增加课堂的趣味性和强调团队精神。

场地器材：两条相距 10 米的平行线，20 块边长 30 厘米的纸板。

游戏方法：如图 10-2-22 所示，平行线中间放置 10 块纸板作为梅花桩，摆放两组。将学生分成人数相等的两队，每队分成人数相等的甲乙两组，面对面成纵队分别站在起点线后。游戏开始后，各队甲组排头踩着纸板迅速跑至对面，与乙组的排头击掌后，乙组排头用同样的方法跑至对面，直至全部完成为止，先完成的队为胜。

图 10-2-22 踩梅花桩接力

游戏规则：

（1）游戏进行中，只能踩在纸板上，如果踩在地上，要再补做一次。

（2）必须通过所有纸板。

教学建议：方纸板可以改由其他物品，或在地上用粉笔画出图形等。

26. 背人接力

游戏目的：培养学生的团队精神和发展力量素质。

场地器材：两条相距 10 米的平行线，标志杆两根。

游戏方法：如图 10-2-23 所示，将学生分成人数相等的两队，再将各队按两人一组分成若干组，成纵队站在起跑线后。游戏开始后，各队排头背住同伴跑至终点绕过标志杆，然后二人互相换位跑回本队起点，以后各组依次循环进行，直至完成为止，先完成的队为胜。

图 10-2-23 背人接力

游戏规则：

（1）被背着的同伴脚不能着地。

（2）换位背好人后才能向回跑进。

教学建议：距离可以根据学生的可承受能力调整。

27. 二对一搬人接力

游戏目的：培养学生的协作精神。

场地器材：两条相距 10 米的平行线，标志杆两根。

游戏方法：如图 10-2-24 所示，将学生分成人数相等的两队，再将各队按 3 人一组分成若干组，成纵队站在起跑线后。游戏开始后，各队排头小组两人搬起一人跑至终点绕过标志杆，然后其中二人互相换位跑回本队起点，以后各组依此法循环进行，直至完成为止，先完成的队为胜。

图 10-2-24 二对一搬人接力

游戏规则：

（1）被搬人在跑动中脚不得着地。

（2）按教师规定的统一搬运方法进行。

教学建议：

（1）搬人方法可以多种多样，教师可以按不同的要求进行课堂教学。

（2）搬运的距离要适当。

（3）可以让学生选择搬运方法。

28. 终点跳绳接力

游戏目的：发展学生的奔跑能力。

场地器材：跑道 30 米，跳绳 2 根。

游戏方法：如图 10-2-25 所示，将学生分成人数相等的两队，成纵队站在起跑线后，终点线后画两个直径 1 米的圆圈，圆圈中各放一条跳绳。游戏开始后，各队排头迅速跑至终点圈内，拿起跳绳跳 5 次后再放入圈内，然后跑回本队击第二人的手掌，第二人接着跑出做相同的动作，直至最后一人跑完为止，先完成的队为胜。

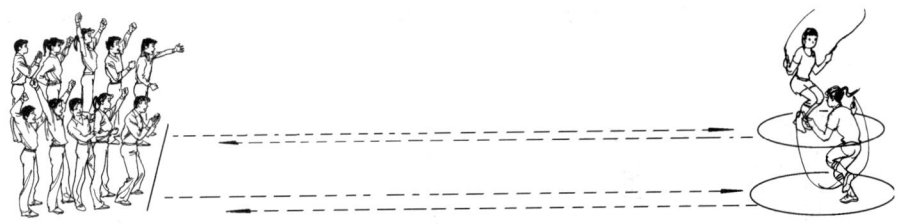

图 10-2-25 终点跳绳接力

游戏规则：

（1）跳绳时可以单飞也可以双飞，正摇反摇都可以。

（2）跳完后跳绳必须完全放在圈内。

教学建议：学生到达终点后，可以改做其他的动作。

29. 胸顶报纸接力

游戏目的：提高学生的奔跑能力。

场地器材：跑道长 30 米，标志杆 2 根，四开报纸 2 张。

游戏方法：如图10-2-26所示，将学生分成人数相等的两队，成纵队站在起跑线后，排头学生手拿一张报纸。游戏开始后，各队排头将报纸放在胸前，放开手迅速向前跑进，借住迎面气流的力量压住报纸不掉，绕过标志杆跑回本队，将报纸交给第二人再做，直至全队做完为止，先完成的队为胜。

图10-2-26　胸顶报纸接力

游戏规则：

（1）跑进中不准手扶报纸或者手臂夹住报纸。

（2）将报纸在胸前放好再跑，不能边跑边放报纸。

教学建议：

（1）报纸易坏，可以多准备几张，或者薄塑料袋代替也可以。

（2）根据学生完成的情况，可加大胸顶物品的难度。

30. 头顶书本接力

游戏目的：发展学生的空间感觉能力和跑动中的平衡能力。

场地器材：跑道30米，相同32开书本2本，标志杆2根。

游戏方法：如图10-2-27所示，将学生分成人数相等两队，成纵队站在起跑线后，各排头学生手拿一本书。游戏开始后，各队排头将一本书平放在头顶迅速前跑，跑至终点绕过标志杆跑回本队，将书本交给第二人再做，直至全队做完为止，先完成的队为胜。

图10-2-27　头顶书本接力

游戏规则：书本途中掉下，原地捡起来再做。

教学建议：书本可以换做小沙包或其他器械。

31. 圆圈跑接力

游戏目的：发展学生的奔跑能力，掌握弯道跑技术。

场地器材：半径8米的圆圈并分成四等份，接力棒4根。

游戏方法：如图 10-2-28 所示，把人数分成相等的 4 个队，分别站在半径延长线上，各队排头持接力棒站在圈外延长线上，其他学生站在圈内。游戏开始后，各队排头沿圈外按逆时针方向跑一圈，将接力棒交给本队第二人后站到排尾，第二人继续照同样的方法快跑，依次跑至最后一人，以最后一人跑回起点的先后排定名次。

图 10-2-28　圆圈跑接力

游戏规则：

（1）不准抢跑。

（2）只能在圈外跑。

（3）如果追上前者，要从外侧超越。

教学建议：

（1）提示弯道跑技术的运用。

（2）要利用合理的传接棒技术。

32. 二人三足接力跑

游戏目的：培养学生的协调、敏捷和相互协作的能力。

场地器材：布带子两条，标志杆两个，跑道长 25 米。

游戏方法：如图 10-2-29 所示，将学生分成人数相等的两队，成两路纵队站在起跑线后。每队第一组两人用布带将内侧脚踝关节处绑在一起，双臂互相搭肩，

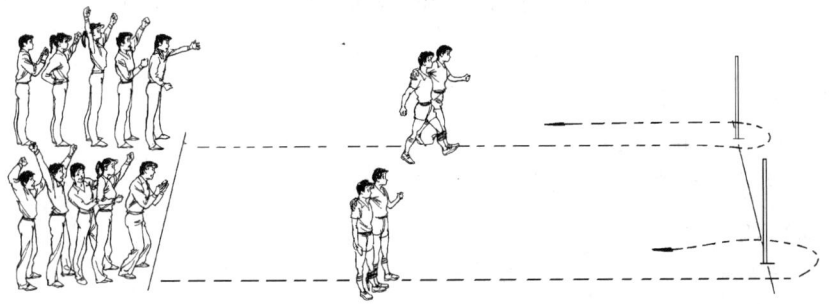

图 10-2-29　二人三足接力跑

准备起跑。游戏开始后，每队第一组向前跑进，到达终点绕过标志杆跑回起跑线，解开布带交给下一组，游戏照上述方法进行，每组都跑一次，先跑完的队为胜。

游戏规则：

（1）不得抢跑和越线，把脚绑好。

（2）途中带子松开，原地绑好后再跑。

教学建议：

（1）每队可以用两条带子，第一组起跑后，第二组绑好带子等第一组回来后可以立即起跑。

（2）可多人进行。

五、通过障碍游戏

33. 钻跨栏架

游戏目的：发展学生的速度素质和协调性。

场地器材：跑道一段，栏架8个，栏间距8.5米，标志杆两根。

游戏方法：如图10-2-30所示，将学生分成人数相等的两队，各队成纵队站在距第一栏12米线后。教师发令后，排头迅速起跑跨过第一栏架，钻过第二栏架，再跨过第三栏架，钻过第四栏架，经标志杆外侧绕过，从栏外侧跑回，拍到第二个人的手，然后站到排尾，第二人、第三人依次进行，每人一次，先跑完的队为胜。

图10-2-30 钻跨栏架

游戏规则：

（1）不得抢跑和越线。

（2）不许推倒栏架。

（3）栏架移动或倒下应放好再跑。

教学建议：

（1）栏间距和栏高视对象和情况而定。

（2）与跨栏教学结合进行。

34. 越障碍跑接力

游戏目的：培养学生勇敢的意志品质和发展奔跑能力。

场地器材：跑道上画两条相距50米的平行线，在起点前20米处并排放置2副栏架，在距栏架前10米处并排放置2副跳箱，跳箱前后各放置1块体操垫。

游戏方法：如图10-2-31所示，将学生分成人数相等的2个队，各队又分成甲乙两组，各成纵队相对站立在两起跑线后，分别与栏架、跳箱相对。游戏开始后，各队甲组排头向前跑，跨过栏架，越过跳箱后，跑向本队乙组，拍乙组排头的手掌，然后站到乙组队尾。乙组排头越过跳箱，跨过栏架后跑向本队甲组，如此依次进行，每人轮流一次，最后以先跑完的队为胜。

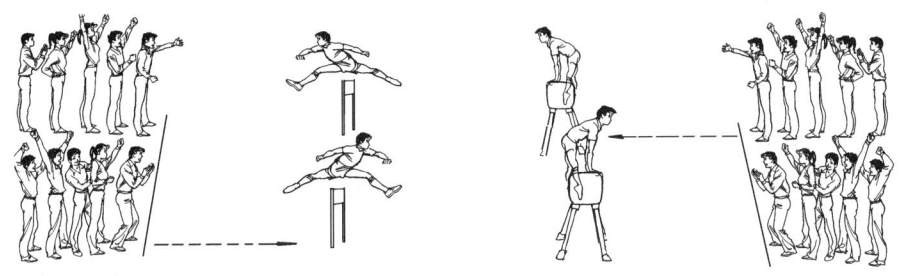

图 10-2-31 越障碍跑接力

游戏规则：

（1）不得抢跑。

（2）必须从栏架和跳箱上面越过。

教学建议：

（1）栏架和跳箱的高度可根据学生情况适当增减。

（2）游戏前做好适应性活动。

（3）充分考虑安全因素。

35. 连续跳跃栏架

游戏目的：发展学生腿部和腹部的力量，培养连续跳跃的能力。

场地器材：画两条相距10米的平行线，一条为起跳线，一条为终点线。每隔1米放一栏架，摆放两排，栏高76.2厘米。

游戏方法：如图10-2-32所示，将学生分成人数相等的两队，分别成纵队站在起跳线后。教师发令后，各排头用双脚起跳，收大腿越过栏架，连续跳跃过所有的栏架，到终点后，跑回击第二个人的手，自己回到队尾。第二人用同样的方法做动作，依次进行。最后以先跳完的队为胜。

游戏规则：

（1）必须采用双腿依次跳跃每个栏架。

（2）可连续一步跳一栏架，不能连贯的中间也可稍有停顿。

（3）如果碰倒栏，应扶好后再重新跳跃。

图 10-2-32　连续跳跃栏架

教学建议：

（1）栏的高度可根据学生的具体情况而确定。

（2）应让学生练习几次掌握基本方法后，再进行比赛。

（3）练习或游戏时，严禁倒着跳栏，以免发生伤害事故。

36. 翻越肋木

游戏目的：发展学生快速奔跑、翻越障碍的能力，培养勇猛顽强的意志品质。

场地器材：肋木两副，肋木前空地一个并画有一条起跑线。

游戏方法：全班分成人数相等的两路纵队站在起点正对各自的肋木。老师发出"出发"口令后，两队的排头快速跑向肋木，在肋木正中央爬上并翻越肋木，跳下后从肋木的右侧快速跑回本队，与下一名同学击掌，下一名同学重复第一名同学的方法，如此往复，直到最后一名同学跑回起点。先完成的队获胜。

游戏规则：

（1）不能抢跑。

（2）必须从肋木上用手支撑并翻越肋木。

教学建议：安全第一，此游戏要在保证安全的前提下进行。

第三节　跳跃游戏

一、徒手跳跃游戏

1. 多级跨跳对抗赛

游戏目的：发展学生腿部力量和弹跳力。

场地器材：平坦场地1个。

游戏方法：如图 10-3-1 所示，将学生分成人数相等的甲乙两队，站在起跳线后。甲队排头自起跳线后定位向前做5级跨步跳，教师做好落点标志，乙队排头从此落点后，定位开始向回（起点线方向）做 5 级跨步跳，以后按此方法依次进行下去，最后以乙队的最后一名队员跳过起跳线为乙队胜。如未跳过则甲队胜。

图 10-3-1　多级跨跳对抗赛

游戏规则：
（1）教师担任裁判员。
（2）每个队都必须定位开始跨跳，以脚后跟的落地痕迹为对方队员的起跳线。

教学建议：
（1）跨步跳时两臂要有力摆动，两腿用全脚掌采用刨趴式落地。
（2）此游戏作为弹跳练习的手段，可安排在训练课和体育课中。

2. 拐子追逐

游戏目的：发展学生的弹跳力和平衡能力。

场地器材：平坦空地 1 个。

游戏方法：如图 10-3-2 所示，将学生分成人数相等的两个队，两队同学都站在一个方形或圆形的场地内，听到预备口令后全体同学用双手搬起自己的一条腿，听到开始口令后，两队同学用搬起的腿撞对手，尽量把对手推出场外或使其双脚落地，被推出场外或双脚着地的同学立即退场，在规定的时限内，场内剩下人数多的队为胜。

图 10-3-2　拐子追逐

游戏规则：

（1）听到预备口令后必须立即用双手搬起一条腿，如拖延时间则判退出比赛。

（2）推撞对手时不许用手或脚否则被罚出场。

教学建议：

（1）此游戏也可以改为不分队游戏，以最后剩的一个人为胜。

（2）也可以改为一对一形式进行对抗赛。

3. 单足跳追捕

游戏目的：发展学生的弹跳力和耐力素质。

场地器材：平坦空地 1 个。

游戏方法：如图 10-3-3 所示，开始前，教师指定两人为追捕者，全体同学分散在场地内，听到教师"开始"的口令后，追捕者以单足跳形式追捕场内同学，用手触及被追逐者身体的任何部位即为捕获，被捕获的同学即变为追捕者，在规定时间内结束游戏。

图 10-3-3　单足跳追捕

游戏规则：

（1）追捕者追捕时，抬起的脚不能触地，如果累了，单足跳够 10 次以上可换腿。

（2）被追者如踏上边线判被追捕到。

教学建议：

此游戏可改为分组对抗形式进行，一定时间内追捕到较多的人为胜。

4. 二人双足跳

游戏目的：发展学生的弹跳力和协调配合能力。

场地器材：平坦场地 1 个，画间隔 10 米的两条起终点线。

游戏方法：将学生分成两人一组，各组面对面站立在起点线后，互用右手握对方的左脚，左手搭肩，组成一对两足人。发令后，两足人侧跳至终点，再迅速用左手握右脚组成双足人跳回至起点线。先完成的一组为胜。

游戏规则：

（1）双足人中途脱手，应立即重新组合好后再前行。

（2）换腿时必须在两人均过终点线后再进行。

教学建议：

（1）可让学生先做两足人的练习。

（2）注意安全，尤其膝关节应充分活动开。

（3）距离应根据学生的情况安排。

5. 猜拳跳远

游戏目的：发展学生的跳跃能力。

场地器材：在场地上画一条起点线，再画一条终点线，两线相距 20 米。

游戏方法：如图 10-3-4 所示，学生要娴熟猜拳口令：石头>剪子，剪子>布，布>石头。石头胜跳三次，剪子胜跳两次，布胜跳一次。游戏开始，学生每组两人：一人猜拳喊口令，一人等待立定跳远，在两组的比赛中，先达终点线者为胜。游戏再重新开始，跳者和猜拳喊口令者互换。

图 10-3-4　猜拳跳远

游戏规则：

（1）跳后双脚不得向前移动。

（2）用跨跳方式进行。

（3）石头胜跳 3 次，剪子胜跳两次，布胜跳一次。

教学建议：

（1）也可将学生分成人数相等的两队，用上述方法进行比赛，胜一人得一分，累计每组得分，最后，以得分多者为胜。

（2）场地距离可根据学生情况决定。

6. 双人蹲跳

游戏目的：提高学生的协调性及下肢力量，培养协作能力。

场地器材：在场地上画两条相距 8 米的平行线，分别为起跳线与折回线。

游戏方法：如图 10-3-5 所示，将学生分成人数相等的两队，成二路纵队站在起跳线后。每队由第一个组开始,两人背对背下蹲,2人两肘相挎,准备做蹲跳。游戏开始,教师发令后,2人同时协调用力向折回线跳进,跳过折回线后,再迅速跳回。以先跳回组为胜。游戏按照上述方法依次进行,最后以胜多的队为胜。

图 10-3-5　双人蹲跳

游戏规则:

(1) 蹲跳时2人不得站起。

(2) 必须2人都跳过折回线后,才能折回。

(3) 以后面的人返回跳过起点线,判定名次。

教学建议:

(1) 游戏前,应试做双人蹲跳动作。

(2) 要求学生肘要挎紧,跳跃时要协调一致可以喊"1、2,1、2",以便协调用力。

(3) 双人蹲跳也可改为侧向的蟹行动作,即2人左右脚同时依次向侧跳进。

7. 火车赛跑

游戏目的:发展学生的腿部力量和动作的协调性。

场地器材:平坦场地1个,间隔15米画两条平行线作为起终点。

游戏方法:如图10-3-6所示,将学生分成人数相等的两队,各成纵队站在起点线后,游戏开始前每个队员都把自己的左脚伸给前面的人。左手用手掌兜住后面

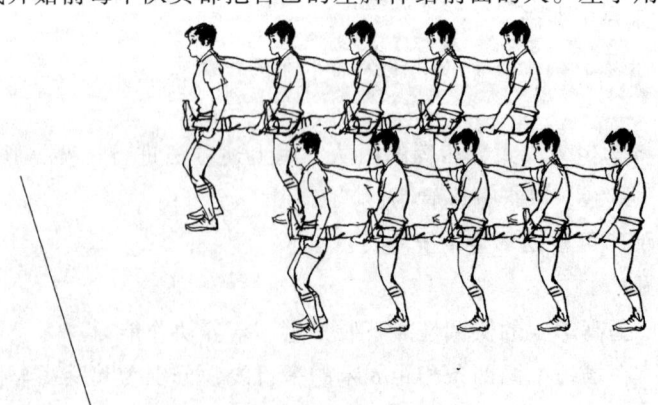

图 10-3-6　火车赛跑

队员伸来的脚，右手搭在前人的肩上。排头不伸脚，排尾不兜脚，组成一列"火车"。听到出发口令，全队按照一个节拍向前跳动，排头可以走步，以"车尾"先通过终点线的队为胜。

游戏规则：

（1）如遇"翻车"或"脱节"，必须在原地接好后方能前进。

（2）"列车"完整通过终点才能记成绩。

教学建议：

（1）此游戏应根据学生条件确定跳跃的距离。

（2）步调一致，喊号前进。

（3）可三局两胜，左右腿交替进行。

8. 胜进败退

游戏目的：发展学生的下肢力量和反应速度。

场地器材：在场地上画两条相距40米的平行线作为起点线。

游戏方法：如图10-3-7所示，将学生分成人数相等的两队，各成纵队分别站在两条起点线后，彼此相对站好。游戏开始，教师发令后，两队排头做蛙跳跳向对面起点线，当两人相遇时，停下来猜拳，胜者留下继续跳，败者退出游戏回到本队队尾。与此同时，败者队的第二个人立即起跳，与胜者相遇时，停下来猜拳，同前进行，最后以先到达对方起点线的队为胜。

图10-3-7　胜进败退

游戏规则：

（1）猜拳的负者须立即归队，不准阻挡对方的前进。

（2）必须在猜拳后负方队员向回跑时，负方的下一个人才能起动跳出。

教学建议：

（1）此游戏所规定的蛙跳可以改成单足跳，侧向跳等形式进行。

（2）猜拳的方法，双方可先确定单双数，猜拳时，两人同时出示手指，以和数定胜负。或者选用"石头""剪子""布"的游戏方法定胜负。

9. 看谁跳得快

游戏目的：发展学生的腿部力量和跳跃能力。

场地器材：画一条起跳线，在前方10~20米处画一条平行线为终点线。

游戏方法：如图10-3-8所示，将学生分成人数相等的几个队，各队排成纵队站在起跳线后。教师发令后，各队排头为第一组用双脚并跳的方法向终点线跳去，先跳到终点线者为胜。

图 10-3-8 看谁跳得快

游戏规则：
（1）用双脚并跳，不能走或跑。
（2）比赛时不能抢跳。

教学建议：此游戏也可采用往返接力，跳去跑回的形式进行。

10. 单单双游戏

游戏目的：发展学生的跳跃能力，培养团队精神。

场地器材：画一条起跳线和一条终点线，距离 30 米，中间每隔 10 米画上一条平行线。

游戏方法：如图 10-3-9 所示，将学生分成人数相等的两组，每组在起跳线后站成一路纵换腿线队。每组各出一名裁判站在终点线后，教师发令后，各组排头用单足向前跳，跳到第一条线后换另一腿继续单足跳，到第二条线后用双脚跳，先跳过终点线即为本组得 1 分。跳完后跑回起点，站到排尾。接着第二人按照同样的方法跳向终点。比赛结束后，各组计算得分，多者胜。

图 10-3-9 单单双游戏

游戏规则：

（1）换腿跳时必须双脚着地后进行，否则退到线后重做。

（2）以身体完全过终点线判定名次。

教学建议：

（1）各线间的距离可根据学生的情况确定。

（2）应注意开始前的准备活动，活动好腰，膝，踝关节。

11．耐力蹲跳

游戏目的：发展学生跳跃耐力，培养团队精神。

场地器材：平坦空场地 1 个。

游戏方法：如图 10-3-10 所示，学生分成几个组，每组 10 人左右，各组学生手侧平举，相互搭肩围成一个圈蹲下。教师发令后，各组一起蹲跳，比较各组坚持的时间长短，集体坚持到最后组为胜。

图 10-3-10　耐力蹲跳

游戏规则：

（1）蹲跳时所有学生的双脚必须明显离地。

（2）当组内有人停止跳动或离地不明显时，这个组停止游戏。

教学建议：

（1）除比耐力外，还可以比哪个组跳得圆。

（2）较适合高年级学生做。

12．立定跳远接力赛

游戏目的：练习学生立定跳远动作，发展腿部力量，提高弹跳能力。

场地器材：画一条起跳线。

游戏方法：如图 10-3-11 所示，将学生分成人数相等的两队，成纵队分别站在起跳线后，各队选一名裁判员。教师发令后，每队排头做立定跳远一次，裁判员在其落地脚后画一条落地线，然后第一人站到本队排尾。第二人站到第一人落地线后做立定跳远；每跳一次，队伍跟随向前移动，依次进行全队跳完为止，跳得距离最远的一队为胜。

游戏规则：

（1）起跳者不得踩线或超线，否则重跳或取消比赛资格。

（2）各组裁判必须沿起跳者落地脚的最近点画线，即前一人落地最近点为后一人的起跳点。

图 10-3-11　立定跳远接力赛

教学建议：
（1）此游戏应在学生初步掌握立定跳远动作技术的基础上进行。
（2）要求裁判员认真负责，公正准确。

13. 多级跳累积比赛

游戏目的：发展学生跨步跳的能力，培养团队精神。

场地器材：画一条起跳线。

游戏方法：如图 10-3-12 所示，将学生分成人数相等的两队，排成纵队站在线后。教师发令后，各组排头向前做 3 级跨步跳，各组第二人在第一人最近落地点继续向前做 3 级跨步跳。全队学生每人跳一次，以累积跳得远的队为胜。

图 10-3-12　多级跳累积比赛

游戏规则：
（1）必须在前一人落点处最近点起跳。
（2）按规定的方法跳。

教学建议：
（1）游戏前做好腰、膝、踝关节的准备活动。
（2）此游戏可变换为多级跳迎面接力。

14. 强迫出界

游戏目的：发展学生弹跳力，训练平衡能力。

场地器材：根据学生数量画正方形场地 1 个。

游戏方法：如图 10-3-13 所示，将学生分成人数相等的两队，一人对一人，相互用单脚跳设法将对方推出界外，被推出的学生自动站到场外。在规定时间内以某队在场内的人数多者为胜。

图 10-3-13 强迫出界

游戏规则：

（1）脚踏线即为出界。只能用单脚跳推出对方，否则无效。

（2）双脚着地者为失败，退出场地。

教学建议：可规定进攻与防守方，游戏在一定时间内结束，如 1 分钟。

15. 穿梭跳远

游戏目的：发展学生的弹跳素质和下肢力量。

场地器材：在场上画两条相距 10 米的平行线。

游戏方法：如图 10-3-14 所示，将学生分成人数相等的两队，各队分成两组，成纵队分别站在平行线后面。发令后，各队排头用立定跳远方式，连续跳到对面拍

图 10-3-14 穿梭跳远

排头的手后站到排尾，对面排头依次再跳到对面拍下一人的手，依次进行，以先跳完的一队为胜。

游戏规则：

（1）必须用双脚起跳，双脚落地。

（2）拍手后第二人才能开始跳。

教学建议：

（1）可用单脚跳或单脚交换跳等方法进行。

（2）采取措施防止学生提前抢跳。

16. 小河与河堤

游戏目的：通过游戏锻炼学生的跳跃能力，培养学生判断的准确性和反应能力。

场地器材：画两条线表示2米宽的小河。

游戏方法：如图10-3-15所示，将学生在河中间排成一路纵队。教师发令"向右"，大家同时双脚起跳，说"向左"，往左跳，说"小河"跳入中间小河中。当教师的口令和大家所在的位置一致时原地不动。教师随意发令，学生听令行动。做错动作者退出游戏，坚持到最后者为胜。

图10-3-15　小河与河堤

游戏规则：

（1）根据规定的口令做动作。

（2）跳错方向、踏线或在不该跳的时候跳动，都要退出游戏。

（3）反应明显慢的也要退出游戏。

教学建议：

（1）可以采用单脚跨跳的游戏方法进行。

（2）可以用哨声代替口令。例如，一声哨响往左，两声哨响小河，三声哨响往右。

17. 跳球接力赛

游戏目的：练习跳跃障碍，发展学生腿部力量。

场地器材：画两条相距10～20米的起跳线，在起跳线中间分别摆设两排数目相等的实心球。球间距离应根据跳跃动作和学生的情况而定。在起点线前分别画4

个圆圈。

游戏方法：如图 10-3-16 所示，将学生分成人数相等的几队，每队再分成人数相等的甲乙两组，相对站在起跳线后，每组排头站在圆圈内，教师发令后，各队甲组排头用单足跳的方法依次跳过实心球，拍乙组排头手后，自己站到乙组的排尾；乙组排头按上述的方法跳到甲组，拍甲组第二人手后，自己站到甲组排尾，依次进行，先完成的队为胜。

图 10-3-16　跳球接力赛

游戏规则：

（1）必须按规定的动作经由实心球上跳过，否则重做。

（2）前边人开始跳时，后边人进入起跳圈，只有听到口令或击掌后才能离圈起跳。

教学建议：

（1）跳跃实心球的方法可用单脚交换跳，双脚跳，跨步跳等方法进行。

（2）开始做此游戏时，距离可近些，逐步提高要求。

（3）要根据学生实际，合理确定两个实心球之间的距离。

18. 跳台阶接力

游戏目的：发展学生的弹跳能力和勇敢的精神。

场地器材：选择适合游戏练习的多级台阶。

游戏方法：如图 10-3-17 所示，在台阶下面前方 2 米处，画一条起点线，将学生分成人数相等的两队，成纵队站在起点线后，各队之间间隔 3 米。教师发令后，各队排头用 2 米单脚跳的方法，逐级跳上台阶顶端或规定的位置，然后双脚跳下台阶，击第二人的手掌，第二人接着做同样动作，依次直至最后一人做完为止，先完成的队为胜。

游戏规则：

（1）上跳时，一次最多跳 2 级台阶，一次跳 3 级台阶算犯规。

（2）下台阶用双脚跳每跳只能跳一级台阶，多跳者算犯规。

教学建议：

（1）在练习时，一次跳过的级数太多，很容易失足受伤，因此教学时要讲明规则，限制学生一次跳的级数，防止受伤。

(2) 做好准备活动。

图 10-3-17　跳台阶接力

19. 跳写正字

游戏目的：发展学生弹跳力，培养团队精神。

场地器材：黑板分成若干份，粉笔若干支，在距黑板 8~10 米处画一直线作起跳线。

游戏方法：将学生分成人数相等的若干组，每组 5 人，成一路纵队立于起跳线后。老师发令后，各组排头用双足跳到黑板前，再用单足跳在黑板一定高度上写"正"字的第一笔，然后跳回与第二人击掌，第二人立即用双足跳前进，再用单足跳在黑板上写"正"字的第二笔，然后跳回与第三人击掌。以此方法一直到正字写完。

游戏规则：

（1）必须用双足跳的方法跳到黑板前。

（2）必须用单足跳写一笔后跳回。

（3）必须在老师发出"出发"口令后或击掌后方可越过起跳线。

（4）每人只能写一笔。

教学建议：

（1）可依据各小组的人数写其他的字（如每组 7 个人，可写"体"字）或画画，造句。

（2）也可用先单足跳+双足跳的形式进行游戏。

二、持器械跳跃游戏

20. 龙腾虎跃

游戏目的：发展学生的弹跳力和集体主义精神。

场地器材：1 个平地，1.5 米长皮管两根。

游戏方法：如图 10-3-18 所示，将学生分成人数相等的两队，每队成纵队站立，每人前后相距 1 米，队与队间隔至少 4 米，每队由排头第一、二名学生手持皮管的两端站在队前。游戏开始时，两人抬着皮管经过学生脚下，自排头两侧跑向排尾，学生跳起躲避皮管，跑到排尾后第一名学生留在排尾，第二名学生持管跑回队首，与第三名学生合作，重复上述动作跑到排尾，第二名学生留下，第三名学生跑回队首，依此循环，先做完的队为胜。

图 10-3-18　龙腾虎跃

游戏规则：

（1）两人持皮管的高度自定。

（2）进行中必须保持队列整齐的顺序。

（3）皮管脱手或被踩掉应从原位重新开始。

教学建议：

（1）此游戏作为发展弹跳素质的练习，可安排在跳跃课中或其他体育课中。

（2）持皮管方式、高度学生自定。

（3）先练习后再比赛。

21．触球跳

游戏目的：发展学生跳跃能力，提高助跑起跳技术。

场地器材：吊球若干，平坦场地 1 个。

游戏方法：如图 10-3-19 所示，学生分成若干组，各组成一路纵队，每组前方同等距离同等高度各置吊球一个。学生按要求做助跑起跳后用手触球，触到球得 1 分。每个吊球处设一人，随时报出本队得分。一轮次完成后，得分多的组为胜。

图 10-3-19　触球跳

游戏规则：

必须用单脚起跳后触球。

教学建议：
（1）挂吊球的带子不要太长，否则触球后的摆动太大，影响下一人触球。
（2）也可以在规定的时间内看哪组得分多进行游戏比赛。
（3）吊球的高度根据学生能力而定。

22. 篱笆跳

游戏目的：提高学生连续跳跃能力。

场地器材：平坦场地一个，接力棒两根。

游戏方法：将学生分成人数相等的两组，两组间隔适当距离面对面成横排，两臂侧平举拉手坐跪在地上筑成"篱笆"。游戏开始后，排尾学生持接力棒从篱笆中间穿梭跳向排头，将接力棒递给排头，然后与排头拉手做"篱笆"。接力棒由排头逐个传到排尾，排尾学生接棒后再从"篱笆"中间穿梭跳向排头，依次每人做一次，先跳完的组为胜。

游戏规则：
（1）臂必须伸直平举，不准降低。
（2）必须双脚跳跃篱笆。
（3）除传接棒外，两臂必须保持拉手姿势。

教学建议：
（1）可用穿梭单腿跨跳方法跳过篱笆。
（2）如学生人数多，可多分几组。

23. 跳跃躲竿

游戏目的：发展学生弹跳、协调性及反应判断能力。

场地器材：平坦场地1个，1根长4.5米的竹竿，竿头套1根长1米的皮管，画1个半径为5米的圆圈场地。或用竹竿旋转一圈，学生站在竿头里侧。

游戏方法：如图10-3-20所示，学生面向圆心站在圆圈上，相互之间有1~1.5米的间隔。教师位于圆心，手持竹竿一端，将竹竿抡起平行于地面转动，使竹竿上的皮管通过每个学生脚下，学生跳跃躲竿。竿的转速快慢酌情掌握。要逐渐提升竿的高度，以增加难度。学生碰着、踩住皮管，影响了游戏的正常进行，判为失败。

图10-3-20　跳跃躲杆

游戏规则：

（1）不得离开圆圈站立，必须让皮管完全从脚下通过。

（2）可用不同方式跳跃躲竿。

教学建议：

（1）可顺、逆时针转动。

（2）可规定一次练习转动的圈数，调动学生的积极性。

（3）竿的转速应是匀速、匀加速或匀减速，高度提升必须有规律。

（4）可让学生练习持竿。

（5）可用绳球做此游戏。

（6）注意安全。

24. 绕障碍跳

游戏目的：发展学生的跳跃能力，提高灵敏素质。

场地器材：画两条相距18米的平行线，一条为起跳线，一条为终点线。在起跳线前，每隔3米插1面小旗（或放实心球），共插5面。在终点线前面画一直径2米的圆圈。

游戏方法：如图10-3-21所示，将学生分成人数相等的两队，分别成纵队站在起跳线后。教师发令后，各队排头沿曲线用单脚绕障碍旗跳到终点，然后逆时针向用双脚绕圆圈跳跃一周，再换另一脚沿曲线用单脚绕障碍旗跳回起点，击拍第二人的手，自己走回排尾。第二人被击拍后向前跳跃，方法同第一人。依次进行，先完成的队为胜。

图10-3-21 绕障碍跳

游戏规则：

（1）必须按照规定的跳法和路线进行。

（2）不得抢跳。

（3）往返单脚跳不得用同一脚。

教学建议：

（1）跳跃距离可根据学生情况加长或缩短。

（2）此游戏可只做单程跳，即跳跃圆圈后站到圆圈的后面，第二人再开始做跳跃练习。

25. 越跳越高

游戏目的：发展学生连续起跳能力，培养学生敢于克服困难的精神。

场地器材：画一条起跳线，在线前每间隔2米固定一个小支架，共设4个，支架上拉挂橡皮筋，高度依次为30厘米、40厘米、50厘米、60厘米。

游戏方法：如图10-3-22所示，将学生分成人数相等的几路纵队，排头站在起跳线后。教师发令后，各队排头按跳远起跳的动作依次跳过每条橡皮筋，每触及皮筋一次扣1分。当排头跳过第三条橡皮筋时，第二人开始跳。如此依次进行，最后扣分少的队为胜。

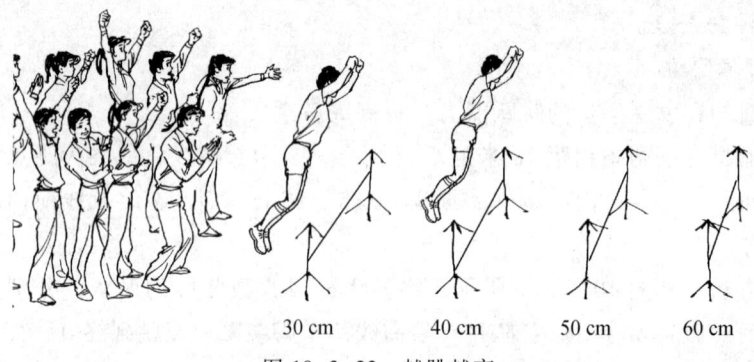

图10-3-22 越跳越高

游戏规则：

（1）必须采用跳远起跳的动作。

（2）不得触及皮筋和支架，每触及一次扣1分。

教学建议：

（1）也可让每两个学生拉住固定高度的橡皮筋或竹竿代替橡皮筋。

（2）也可规定其他的跳跃方法如单足跳、双脚跳等。

（3）此游戏应在学习跳远起跳技术后进行。

（4）也可采用接力的方法进行。

26. 跳上跳下

游戏目的：发展学生的弹跳能力，培养学生勇敢精神。

场地器材：一米高跳箱两副，平行摆放在跳远沙坑前。

游戏方法：如图10-3-23所示，将学生分成人数相等的两组。列纵队站立在跳箱前。教师发令后，排头用双脚跳上跳箱后，向前跳下落入沙坑，再用双脚跳的方式跳出沙坑，跳出沙坑落在地面后，本组第二名学生重复第一人的动作。依次练习，全组每人进行一次，先完成的组为胜。

游戏规则：

（1）第一人跳出沙坑后，第二人才能跳上跳箱。

（2）跳上、跳下必须采用双脚跳。

(3) 往上跳时双手触摸跳箱者退回重新起跳。

教学建议：

(1) 跳箱的高度可根据学生情况降低或升高。

(2) 也可选用其他形式的跳上、跳下练习。

图 10-3-23 跳上跳下

27. 撑竿过河接力

游戏目的：提高学生撑竿跳跃能力，培养勇敢精神。

场地器材：平坦场地 1 个，撑竿两根，垫子 4 块。

游戏方法：如图 10-3-24 所示，画两条相距 3 米的平行线作为"河"，在"河"的两边各放两块垫子，在距离"河"10 米的两边各画一条起点线。将学生分成人数相等的两个队，每个队又分成甲乙两个组，成纵队分别站在两条起点线后，其中甲组排头拿一根撑竿。教师发令后，各队甲组排头拿起撑竿向前跑，跑至河边，将竿插入"河"中，撑竿跳过"河"，再跑至本队乙组，将撑竿交给乙组排头，按甲组排头的方法继续做，直至全队做完为止。先完成的队为胜。

图 10-3-24 撑竿过河接力

游戏规则：

(1) 接住撑竿后再起动。

(2) 脚踏入"河"内或踩线者，要在游戏一轮次的最后补做一次。

教学建议：
(1) 此游戏适合于高年级男生，女生做时，"河"的宽度要窄些。
(2) 为使撑竿不打滑，可在"河中"挖一个小坑，用以插竿。
(3) 先练习插竿起跳技术后，再进行游戏。

第四节　投　掷　游　戏

一、掷准游戏

（一）集体掷准游戏

1. 看谁打的准

游戏目的：发展学生上肢力量和投准练习。

场地器材：篮球1个，小垒球6个。

游戏方法：如图10-4-1所示，将学生分成人数相等两队，分别站在直径20米的圆外左右两边。在圆心处放一篮球，围球画直径5米的小圆，两队各持3个小球，双方听到开始口令后，用小球去击篮球，目的是将篮球从对方半圆中击出，能达到此目的的队为胜。

图 10-4-1　看谁打的准

游戏规则：
(1) 双方可用对方投来的小球。
(2) 游戏者可进圈捡小球，不得用手去触篮球。
(3) 将篮球击出小圈的队为胜。

教学建议：
(1) 此练习可为投掷课的一部分，以发展同学上肢力量和投掷中协调用力能力。

（2）两队也可以分别进行投掷，看哪队以最少的次数或时间将球击出。

（3）注意安全教育。

2. 高抛击球

游戏目的：提高投掷能力和判断能力。

场地器材：弧形场地 1 个，沙包或棒球若干，篮球 1 个。

游戏方法：如图 10-4-2 所示，将学生分成多组，每组 6~10 人。游戏开始后，教师将手中的篮球垂直向高处抛出，第一组学生瞄准空中的球，用沙包或棒球去击空中的球。击中得 1 分，第一组投完后换第二组投，用相同的方法各组分别投 3 次，累计得分多的组为胜。

图 10-4-2　高抛击球

游戏规则：

（1）每次击球时，每人只能击一次。

（2）篮球落地后击中无效。

教学建议：

（1）学生和老师有一定距离。

（2）击球时，注意安全。

（3）设 2~4 名裁判，判定成绩。

3. 堡垒保卫战

游戏目的：发展学生投掷、反应能力。

场地器材：软球 2 个，在平坦场地上，画 1 个直径为 10 米的圆，再画 1 个直径 2 米的同心圆，在圆心用 3 根体操棒支成三脚架作为堡垒。

游戏方法：如图 10-4-3 所示，进攻者站在圆外，两人持软球，另选两人在圆圈内担任堡垒的保卫者，保卫者不能进小圈。裁判员发令后，进攻者用球掷击堡垒，保卫者进行拦截。圈外同学可通过互传球，伺机击倒堡垒。击倒堡垒的人与保卫者互换角色，游戏继续进行。

图 10-4-3　堡垒保卫战

游戏规则：

（1）圈外同学不得进圈掷击。

（2）保卫者不得进入小圈保卫。

（3）保卫者可用身体各部位阻挡。

教学建议：

（1）可根据学生情况增加或降低游戏难度，如增加球或扩大圆的直径。

（2）游戏中要注意安全。

（3）游戏也可以采用分组比赛，以击倒堡垒用时长短分胜负。

4．保龄球比赛

游戏目的：增强学生的上肢力量和团队精神。

场地器材：空场地 1 个，10 个手榴弹，2 个实心球。

游戏方法：如图 10-4-4 所示，在场地上画一条线为投掷线，距线 10 米处将 10 个手榴弹摆放成三角形，前后相距 10 厘米。将学生分成人数相等的几队。参赛同学站在线后，用打保龄球的方法，将实心球掷出击打手榴弹，击倒几个得几分。每人掷一次，可每人连续掷几次，统计得分，以得分多少排名次。

图 10-4-4　保龄球比赛

游戏规则：

(1) 实心球只能滚出，不能抛砸手榴弹。

(2) 掷实心球时必须站在线后。

教学建议：

(1) 根据实际情况，调整起投线距离，也可变换被掷物的摆放方法。

(2) 也可进行分组比赛。

5. 四面埋伏

游戏目的：增强学生力量素质，提高投准能力。

场地器材：空场地1个，软球4个，小黑板1块。

游戏方法：如图10-4-5所示，在空场地上画一个边长20米的正方形，中间画一个直径2米的圆，将学生4人一组分成若干组，先由一组进攻，另一组防守。教师发令后，攻队每人手持一软球，按顺时针方向依次向守卫者投球，防守队出一名学生在圆内用小黑板挡球，反复进行。如守卫员的身体任何部位被击中，攻队得分，守队换另一人重新防守。在规定的时间内，攻队未有击中守卫员，守队得分。每队所有同学完成进攻与防守后以积分数量决定胜负。

图 10-4-5 四面埋伏

游戏规则：

(1) 攻者不得越线投球，守者不得出圈。

(2) 软球落地时，守卫员可将球踢出线外，进攻学生可进场地内捡球。

教学建议：

(1) 黑板的大小要适当。

(2) 根据实际情况，调整场地大小或减少进攻队的球数。

6. 击水瓶

游戏目的： 发展学生上肢力量，提高掷准能力。

场地器材： 平坦场地1个，塑料瓶、沙包若干。在场地上相距16米画两条平行线作为投掷线，在投掷线两侧1米处画一条预备线，中间画一条中线，中线上等间隔距离摆放一些塑料瓶。

游戏方法： 如图10-4-6所示，将学生分成人数相等的两队，每队再分两组，分别站在投掷线与预备线后，面向中线，每人手中拿一沙包。教师发令后游戏开始，站在投掷线后一方的同学，一齐用沙包掷击水瓶，击倒一个得1分。投完后，按老师口令一起跑去捡沙包，并将水瓶摆好，然后从两侧跑回预备线后，按原队形站好。另一方的同学听口令继续进行，每个同学投3次后，计算各队总分，积分多的队获胜。

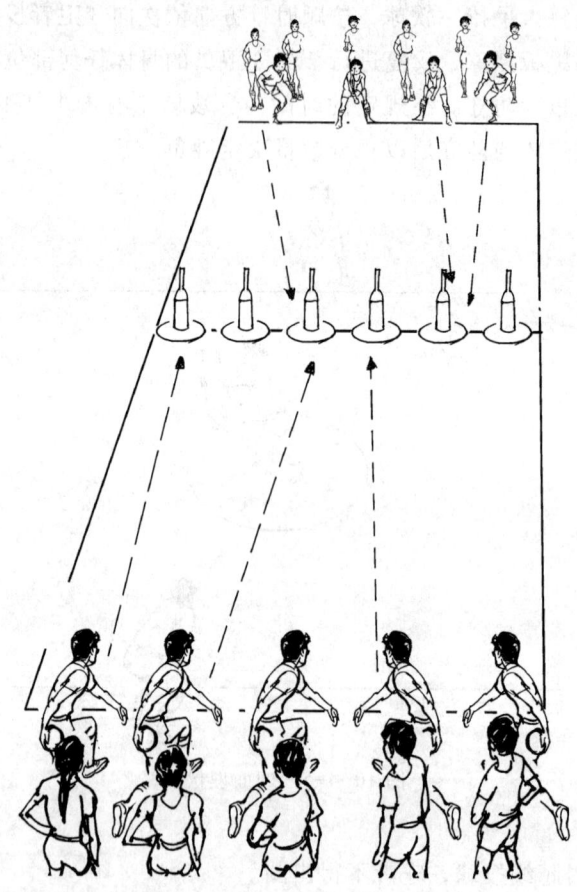

图 10-4-6 击水瓶

游戏规则：

（1）投掷时不得越过投掷线。

（2）必须听老师口令投和捡沙包。

教学建议：

（1）根据学生实际情况规定投掷距离。

（2）进行安全教育和提示。

7. 打野鸭

游戏目的：发展投掷能力和灵敏素质。

场地器材：平坦场地1个，在场地上画1个7米半径的圆圈，2个软球。

游戏方法：如图10-4-7所示，将游戏者分为人数相等的两组，一组站在圈外，另一组在圈内任意跑动。圈外为"猎人"，圈内为"野鸭"，"猎人"持2个软球。听到开始信号后，"猎人"用软球投击圆内"野鸭"，"野鸭"机智地躲闪，被软球击中者退出场外，每局5分钟，听信号结束，老师清点剩余人数，然后两组交换进行，看哪组被击中的人数少，少者为胜。

图10-4-7 打野鸭

游戏规则：

（1）只许击腰部以下部，击中腰部以上无效。

（2）野鸭可接沙包，接住可救进一人，接时触手未接住退出场外。

（3）进攻者不准进入圈内，防守者不准出圈。

教学建议：

（1）圆圈的大小或软球的多少要根据情况而定。

（2）教师担任裁判员。

（3）可根据情况设定每局时间，也可全部击中后结束。

8. 打龙尾

游戏目的：发展学生的灵敏性。

场地器材：1个软球，场地上画1个直径为10米的圆圈。

游戏方法：如图10-4-8所示，将学生分为相等的两队，一队站于圈外，另一队在圈内,圈内的人排成单行纵队,后面人双手扶在前面人的腰间做"龙身",排头一人做"龙头",排尾一人做"龙尾"。圈外人用一软球投掷圈内"龙尾"腰部以下部位。此时"龙"可在圈内移动躲闪,"龙头"可去挡球,尽量不使球击中"龙尾",但"龙身"不得脱节,否则算打中。如果"龙尾"被打中,退出游戏,在规定时间内哪组的"龙尾"被打中的少为胜。

图 10-4-8 打龙尾

游戏规则:
(1) 只准击"龙尾"同学的腰部以下。
(2) "龙头"可用双手阻挡软球,"龙尾"不得藏在"龙身"内。
(3) 掷击者不准进圈内,也不准踏线。

教学建议:
(1) 如果难度较大,可增加1个软球进攻。
(2) 注意安全教育。

9. 打雪仗

游戏目的:利用自然环境健身、娱乐,培养学生的团队精神、拼搏精神,提高投掷能力。

场地器材:大雪后操场或自然地形。

游戏方法:如图 10-4-9 所示,将学生分成人数相等的两队对面站立,两队相距10米。一队为攻方,一队为守方。游戏开始后,攻方学生手持雪球向守方阵地进攻,守方手持雪球还击防守,攻守双方任何一人被击中两次应退出游戏。最后如攻方占领守方阵地,则攻方胜,反之败。两队交

图 10-4-9 打雪仗

换角色重新开始游戏，得胜次数多的队为胜。

游戏规则：

（1）只允许击头部以下身体部位，击中头部不算。

（2）被击中两次的学生必须立即退出场外。

教学建议：

（1）可规定进攻时间。

（2）可不分组在规定时间内自由相互进攻。

（3）注意安全教育，提出安全措施。

10. 冲过火力网

游戏目的：发展学生的灵敏性和奔跑能力。

场地器材：在场地上画一个边线长 15 米、端线宽 10 米的长方形，然后在两条边线中间画宽 1 米的跑道，2 个软球。

游戏方法：如图 10-4-10 所示，将学生分成人数相等的两队，一队为攻方，另一队为守方，守方队员拿两个软球，均匀地站在边线之外阻击，攻方队员成纵队站在一条端线后。游戏开始后，攻方队员依次从跑道中跑过，并尽量避免被球击中，守方队员要准确快速地用球击打正在通过的攻方队员腰部以下部位，被击中者退出游戏，攻方来回两次冲过火力网后，两队交换角色，被击中人少的队为胜。

图 10-4-10　冲过火力网

游戏规则：

（1）攻方队员只能在跑道中通过。

（2）不许用球击打头部，球击中腰部以上无效。

（3）掷球击人的队员不得跑入圈内，否则击中无效。

教学建议：

（1）教育学生要遵守游戏规则，保证游戏安全。

（2）根据学生具体情况安排场地器材。

（二）个人掷准游戏

11. 看谁投得准

游戏目的：发展学生上肢力量和投掷能力。

场地器材：两人1个实心球。

游戏方法：如图10-4-11所示，将学生分成人数相等的两队，站在投掷线后，一队做，一队等待轮换，游戏开始前教师提出投掷姿势的要求（如，双手头上投或单手推），教师发出投的口令后，持球人依次将球向前方圆内掷出，投在圆内得1分，一队投完后，听信号跑去把球捡回，交给另一队同学，第二队同学按上述方法投球，最后以全队得分值定胜负。

图10-4-11 看谁投得准

游戏规则：

（1）必须按教师规定的方法投。

（2）以球的着地点判定是否得分。

教学建议：

（1）发展上肢力量的练习手段。

（2）可在投掷课中应用。

（3）投掷距离与目标圈的大小因人而异。

12. 沙包投准

游戏目的：发展学生掷准能力，提高投掷兴趣。

场地器材：空场地1个，沙包若干，纸箱2个。

游戏方法：如图10-4-12所示，在场地上画一条起投线，在线前5米处平行放两个纸箱。将学生分为人数相等的两队，成纵队站在起投线后。游戏开始后，各队每人连续向纸箱内投10个沙包，最后统计两队结果，投入箱内沙包多的队为胜。

游戏规则：

（1）投时不准过起投线。

（2）沙包必须入箱，不入箱或搭在箱壁上为失败。

教学建议：

（1）起投线距箱不宜太近。

（2）箱子的大小应与距离相适应。

图 10-4-12　沙包投准

13. 打墙靶

游戏目的：发展投掷能力和投掷准确性及投掷技术。

场地器材：在墙上画半径不同的 4 个同心圆为靶子，中心圆 4 分，依次向外为 3、2、1 分。距靶墙 5 米画投掷线。准备棒球若干。

游戏方法：如图 10-4-13 所示，将学生分成人数相等的两队，每队用一个场地，纵队站在投掷线后，各队排头持棒球。听到口令后，将棒球投向靶子，裁判员记录下环数。第二个人再开始投，直至全队投完为止，统计各队总环数，环数多者为胜。

图 10-4-13　打墙靶

游戏规则：

（1）越过投掷线投掷无效。

（2）按规定的方法投，球压在线上计算较低的环数。

教学建议：

（1）投掷方法可采用投掷标枪的方法，可以改进投掷技术。

（2）强调手腕的控球技术，提高准确性。

14. 旋转掷准

游戏目的：训练学生的旋转和变向能力。

场地器材：1 千克小铁球若干个，在高约 3 米处悬挂 1 个篮球。距篮球投影点 5 米处，画 1 个直径 2.5 米的圆。

游戏方法：参与游戏的学生手持一小铁球，背向站立于圆圈后沿，其他同学站在圆圈后面5米处。游戏者用掷铁饼的方法，旋转一圈半将铁球投向目标，击中者得1分，每人连续3次，依次做完后，得分多者为胜。

游戏规则：

（1）投球时不得踏上和越出圆圈。

（2）听教师口令按顺序进行投掷。注意安全，前方不得站人。

教学建议：

（1）可增加旋转圈数。

（2）如有铁饼投掷场地可在场地上进行，没有护笼时应特别注意安全。

15. 铁饼掷准

游戏目的：发展学生的投掷能力，增强上肢力量，掌握掷铁饼技术。

场地器材：掷铁饼场地，距投掷圈20~30米处画一个以1.5米为半径的圆圈作为目标区，铁饼若干块。

游戏方法：如图10-4-14所示，将学生分成人数相等的两队，站在投掷圈后侧。每队交替出一人掷铁饼一块。投进目标区得1分，每队依次投掷3~5遍，得分多的队为胜。

图10-4-14　铁饼掷准

游戏规则：

（1）铁饼投出手后，必须从后半圆退出，站在队尾。

（2）投掷铁饼时，按照田径规则执行。

教学建议：

（1）注意进行安全提示，不投的学生必须站在安全区内。

（2）铁饼的重量应根据学生的实际能力规定。

（3）目标区离投掷圈的距离，应符合学生实际能力。

16. 枪刺野兔

游戏目的：发展学生投掷能力，掌握投掷技术，激发学习兴趣。

场地器材：场地上画一条投掷线，距线前15~25米，并排间隔3米并以0.5~0.8米为半径画3个圆圈，当做"野兔窝"。标枪若干。

游戏方法：如图10-4-15所示，将学生分成人数相等的3路纵队，分别站在投掷线后。教师发出开始的口令后，各队排头把标枪对着圆圈掷去，然后站到队尾。第二个人、第三个人……按照排头的方法投掷，一直到最后一人投完。刺中"野兔"（投进圆圈内）一次本队得1分。以各队累计得分排名次，得分多的队为胜。

图 10-4-15　枪刺野兔

游戏规则：

（1）投掷标枪时和标枪出手后，都不能越过投掷线。否则，投中无效。

（2）每组都要依次投枪，不得两人同时投枪。

（3）投出的标枪必须枪尖扎入圆圈内或划破圆圈内的地面才有效。

教学建议：

（1）注意安全。

（2）投掷距离和圆圈的大小，应根据学生的能力情况而定。

17. 滚饼入门

游戏目的：使学生掌握掷铁饼的出手顺序，提高练习兴趣。

场地器材：平坦场地1个，铁饼若干块，8个手榴弹或标志物。

游戏方法：如图10-4-16所示，在平坦的场地上，用8个手榴弹平行摆放成4个宽50厘米的门。将学生分成人数相等的4组，每组成纵队分别对准自己的门，持铁饼站在距门10米的投掷线后。游戏开始后，各组排头将铁饼向自己的门内滚，饼进门得1分。其他学生依次滚饼，循环进行3~5遍，滚进门次数多的组为胜。

图 10-4-16　滚饼入门

18. 投方格

游戏目的：提高学生掷准能力。

场地器材：空场地1个，画一条投掷线。距投掷线10米处画两个边长1.5米的正方形，再把正方形等分成4格，每格标上数字。实心球2个。

游戏方法：如图10-4-17所示，将学生分成人数相等的两队，成纵队站在起掷线后。各队排头持实心球站在投掷线上。教师发令后，两队排头一对一将实心球投向方格内，如实心球投在4字格即得4分，投在2字格即得2分，依次类推。然后投手拾回实心球，交第二同学接着一对一继续游戏，全队完成后，一轮游戏结束，以积分多获胜。

图 10-4-17 投方格

游戏规则：

（1）实心球未击中方格内不得分。

（2）如投出实心球压在两格之间，算较少的分数，球压在边线上有效。

（3）以实心球第一落点计算分数。

教学建议：

（1）投时必须采用单手，球必须从肩上投出。

（2）投掷线远近和方格大小可根据学生情况制定。

（3）可多画些方格，扩大有效落地区。

19. 击球出圈

游戏目的：提高学生投掷能力，培养团队精神。

场地器材：空场地上画一条投掷线，距投掷线4~5米处，并排间隔3米画两个直径1米的圆圈，圈内各放实心球1个。另备实心球两个。

游戏方法：如图10-4-18所示，将学生分成人数相等的两个队，成纵队站在投掷线后，各队排头手持实心球站在投掷线后。教师发令后，排头用实心球投击圈内实心球，将其击出圆圈外者得1分，然后捡回实心球交给后面同学，依次进行。全队完成后以得分多的队为胜。

游戏规则：

（1）球被击中而未出圈或压线不计分数。

图 10-4-18 击球出圈

（2）必须在肩上投球，否则无效，不计分数。

教学建议：

（1）可根据学生情况，加长投掷距离。

（2）学生较多时，可多设几组。

（3）投掷物与目标均可选用其他器材代替。

20. 手榴弹打靶

游戏目的：锻炼学生的上肢力量，提高掷准能力。

场地器材：在地上画5个直径分别为1、2、3、4、5米的同心圆为靶位，距靶25米处画一条投掷线，手榴弹若干。

游戏方法：如图10-4-19所示，将学生分成人数相等的两路纵队，分别站在投掷线后，教师发令后，两个排头将手榴弹投向靶心，落在圆心得5分，向外依次得4分、3分、2分、1分，每人投3次，最后按各队累积分数评定胜负。

图 10-4-19 手榴弹打靶

游戏规则：

（1）投手榴弹时不准超过投掷线。

（2）投到线上按外线计分。

教学建议：

（1）注意投掷时全身协调用力及手臂鞭打动作。

（2）游戏前学生腰、腹、臀要充分活动开。

21. 小链球掷准赛

游戏目的：发展学生上肢力量，提高肌肉控制能力和掷准能力。

场地器材：在墙上画3个同心圆，圆圈上分别写上5、3、1三个数字，圆圈越小，分值越大，距墙5米处画一投掷线；小链球1个（绳的一端系上一个用网套着的小铁球）。

游戏方法：参与游戏的学生站在投掷线后，将手拿的绳球抡转，对准前面墙上的圆圈投去，投中的数字即为所得分数，每人可投3~5次，最后得分多者获胜。

游戏规则：

（1）只能以手抡转长绳，不得以手触球。

（2）投掷时不准过投掷线。

（3）投的球如压着圆圈线，应按外圈分数计算。

教学建议：此游戏可加大难度，如将一个大球悬吊在树上做目标进行投掷，还可将悬吊的大球左右摆动；也可使用轻实心球或小皮球，用掷铁饼、投实心球等动作来掷靶。

二、掷远游戏

（一）集体掷远游戏

22. 投重物接力

游戏目的：发展学生上肢力量和投掷能力。

场地器材：1块平地，1个实心球。

游戏方法：如图10-4-20所示，将学生分成人数相等的甲乙两队，共用一个实心球，场地上画一条投掷线，甲队排头在投掷线后，单手肩上将球向前投出，记好第一落点，然后乙队排头在此落点向回投，也记好第一落点，甲队第二人在此落点向回投，如此进行下去，乙队最后一人投球的第一落点如超过投掷线则为乙队胜，否则为甲队胜。按此比赛方法，再重新规定投掷方式如前、后抛等进行游戏比赛。

图10-4-20 投重物接力

游戏规则：教师为裁判，学生必须按教师规定的方式进行投掷。

（1）投掷的远度以实心球第一落点的最近点计算。

（2）必须在落点后投掷，不得过线。

教学建议：

（1）所投器械可采用多种，如木桩、石块、铅球等。

（2）投掷方法可采用推、抛等方式。

23．抛球比赛

游戏目的：提高学生投掷能力，增强竞争意识。

场地器材：空场地1个，在空场地上画一条投掷线，在距投掷线10米处每隔1米画一条线，直到15米。另备实心球若干。

游戏方法：如图10-4-21所示，将学生分成人数相等的几组，第一组同学站在投掷线后手持实心球，其他组同学整齐地站在第一组同学后面。游戏开始后，第一组同学将实心球用力前抛。用单手、双手均可。其他组依次进行，以抛的远度记分决定胜负。

图10-4-21　抛球比赛

游戏规则：

（1）必须原地抛球，且脚不能过线。

（2）最后以每组总分决定胜负。

（3）以第一落点计算成绩。

教学建议：

（1）开始要做好准备活动。

（2）根据学生情况和画标志线的距离，选用不同重量的器械。

24．轻物掷远

游戏目的：发展学生投掷技巧和动手能力。

场地器材：空地1个，纸飞机、乒乓球等轻物。

游戏方法：如图10-4-22所示，在场地上画一横线，学生手持轻物在线后站成一排。游戏开始后,参赛学生以最大的力将轻物向远投出。裁判员测出轻物落点距横线的距离,以最远者为优胜。

图 10-4-22 轻物掷远

游戏规则:
(1) 投掷球时脚不能越过横线,否则无效,不计成绩。
(2) 投掷球时可加助跑,但不能踩线。

教学建议:
(1) 根据天气情况,顺风或逆风比赛。
(2) 可两队比赛,各队每次出一人掷,远者得 1 分。

25. 推球比赛

游戏目的:增强学生上肢力量,发展投掷能力。

场地器材:在地面上画两条相距 15 米的平行线,两线之间画若干远度线。铅球或实心球若干。

游戏方法:如图 10-4-23 所示,将学生分为人数相等的两组,分别站于投掷线外。其中一组持铅球,游戏开始,持铅球的一组用原地推铅球的方法将铅球或实心球推出,落点超过几米线得几分,球压线算低分,教师将投完的组每人投的得分相加,计下总分。然后另一组用同样的方法进行,两组可进行多轮比赛,最后累计各组得分总和,多者为胜。

游戏规则:
(1) 用原地推铅球的方法推出铅球,不能抛或投。
(2) 不得越线推,投掷结束后也不能越线。

教学建议:
(1) 远度线的距离应根据学生的实际情况而定。
(2) 组织时注意安全,一组投完后统一捡铅球。

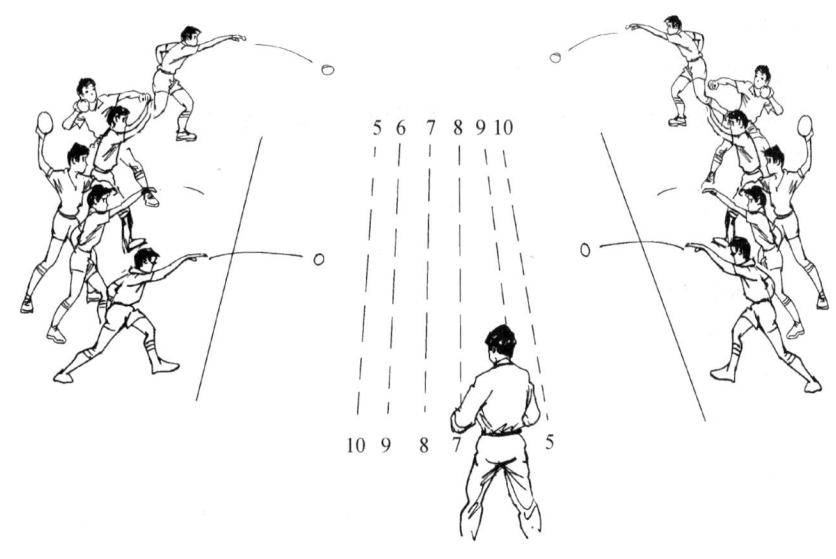

图 10-4-23 推球比赛

26. 抛球过河

游戏目的：增强学生上肢力量。

场地器材：空场地 1 个，画长 15 米、宽 8 米的长方形，并设中间画相距 1.5 米的线为河。实心球若干。

游戏方法：如图 10-4-24 所示，将学生分成人数相等的两队，各队手持同样数量的实心球分散在两个半场内。游戏开始后，双方学生努力将本方的实心球抛过"河"，投到对方场内。同时再把对方投来的实心球拾起来投向对方半场内，游戏进行 1 分钟，教师发出"停"的口令，比较两个半场球数。球少的队为胜。

图 10-4-24 抛球过河

游戏规则：

（1）投进"河里"或投出界的实心球不计数。

（2）投球要按规定动作投掷，如双手后抛、前抛、肩上推球等。

教学建议：

（1）根据学生情况，规定场地大小。

（2）提示每个学生做自我保护，注意安全。

（3）游戏时间由教师掌握。

（二）个人掷远游戏

27. 推铅球掷远计分赛

游戏目的：发展学生力量素质。

场地器材：空场地1个，铅球4个。

游戏方法：如图10-4-25所示，画5米直径的圆，圆内每隔1米再画一个同心圆，在离圆心14米处的四边各画一条投掷线。把学生分成人数相等的4个队，分别站在投掷线后，各队排头手持铅球。教师发令后，各队排头同时将铅球推向圆内，推到第一圆得1分，第二圆得2分，依次类推，圆心圈得5分。第一个人推完第二人推，各队可进行多轮次比赛，游戏结束后，统计各队得分数，排定各队名次。

图10-4-25 推铅球掷远计分赛

游戏规则：

（1）听教师口令推、捡铅球。

（2）按指定方法推铅球。

（3）球落在线上，以分数少的计算得分。

教学建议:
(1) 可根据学生水平,使用不同重量的铅球和动作方法。
(2) 强调安全教育。

28. 实心球掷远

游戏目的:增强学生上肢力量,提高投掷能力。

场地器材:在投掷场地上画一条投掷线,在投掷线前画7米、10米、12米3条标志线。2个实心球。

游戏方法:如图10-4-26所示,将学生分成人数相等的两组,各组按指定位置站好。教师发令后,排头人手持实心球单手肩上掷出。然后向前跑去捡球。交给第二个人后,跑到本队排尾,依次进行。掷过第一标志线,得1分;掷过第二标志线得2分;掷过第三标志线得3分。掷远结束后统计各组的分数,得分多的组为胜。最后看分数决定名次。

图10-4-26 实心球掷远

游戏规则:
(1) 掷球时必须在起掷线后。
(2) 掷球时必须采用原地单手肩上推。

教学建议:
(1) 根据学生情况,调整组数和练习次数。
(2) 教师在游戏前提出安全措施。

29. 推高比赛

游戏目的:增强学生团队精神,发展上肢力量,改进投掷技术。

场地器材:铅球若干,空场地1个,并在场地上画一直径2.135米的投掷圈,在圈的前面2米处放置一副跳高架,横杆高度为1.70米。

游戏方法:如图10-4-27所示,将学生分成人数相等的两队,分别站在圆圈后面,面对场地。第一队排头的学生手持铅球站在投掷圈里。教师发令开始后,排头原地将铅球向前上方推出,尽可能使球飞过横杆。退出投掷圈回本队队尾站好,另一队排头听口令在投掷圈内推球。依次进行,直到全部投完,集体捡球回到原位,进行下一轮游戏。铅球越过横杆得1分,统计得分数,多者为胜。

图 10-4-27　推高比赛

游戏规则：

（1）按统一规定动作推铅球。

（2）推球时不能出圈，否则无效。

（3）铅球未越过横杆不得分。

教学建议：

（1）横杆高度根据学生情况而定。

（2）可用实心球代替铅球。

（3）如铅球不够人手一个，规定好一定轮次后集体捡球。

（4）根据学生情况在横杆后的一定远度画上线，过线可再得1分。

复习思考题

1. 田径类游戏的锻炼价值是什么？
2. 田径类游戏在体育教学中的作用是什么？
3. 如何在体育教学中应用田径类游戏？
4. 组织接力跑游戏时应注意的问题是什么？
5. 组织投掷游戏时应采取的安全措施有哪些？
6. 自编用于准备活动的游戏。
7. 自编发展反应速度的游戏。
8. 自编一人追逐多人的追逐游戏。
9. 自编发展跳跃能力的游戏。
10. 自编用于整理活动的游戏。

第十一章
体操类游戏

本章根据体操运动的特点和体操类游戏在实际中的运用,收集、整理与创编了基础类、舞蹈类、实用类和技术类游戏等4种类型,共172个体操游戏,以满足体操教学、训练和大众健身运动实践中的需要。

第一节 基础类体操游戏

一、队列队形练习中的游戏

1. 一切行动听指挥

游戏目的：提高学生的注意力，培养团队意识。

场地器材：红、绿旗各1面；在平整的场地上画两条相距25~30米的平行线。

游戏方法：如图11-1-1所示，把学生分成人数相等的若干队，成纵队站在起点线后。教师站在终点线后，两手各持红、绿旗指挥。游戏开始，教师绿旗上举，各队前进；红旗上举，各队原地踏步；绿旗侧举，各队蛇形前进；红旗侧举，学生原地踏步转体360°后继续前进。游戏中教师随意变换旗令。

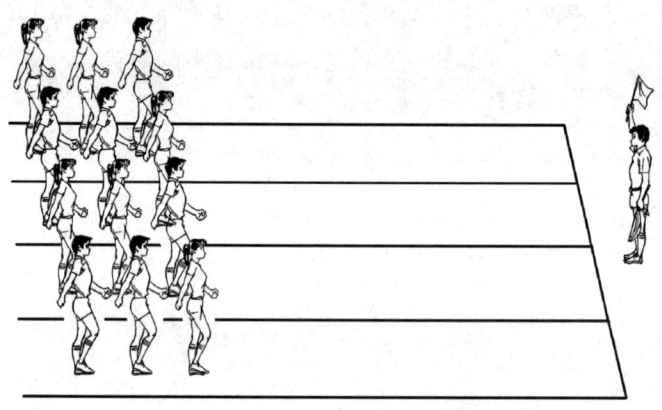

图11-1-1 一切行动听指挥

游戏规则：各队必须按规定信号行动，如队中出现步调不一致，则全队回到起点重新开始，以先到达终点队为胜。

教学建议：

（1）做游戏时可随着体育课的不断深入，增加队形变化，并增加脚下动作和手臂动作的变化，以加大游戏的难度，提高学生的兴趣。

（2）可根据队形、动作数量和方向等的变化增加旗令信号。

2. 闭眼做队列练习

游戏目的：提高学生的方位感和平衡能力，调节队列练习的枯燥形式。

场地器材：平坦空地1个。

游戏方法：在队列练习中要求学生闭上眼睛，听教师口令做"稍息"、"立正"、"向左（右）转"、"齐步走"等动作。练习几个动作后，让学生睁开眼睛检查队伍是否整齐，以队伍整齐队为胜。

游戏规则：

（1）游戏过程中必须闭上双眼，不得偷看。

（2）在教师统一口令下做动作。

教学建议：游戏时注意安全提示，在活跃课堂气氛同时注意课堂秩序的调控。

3．"高"人和"矮"人

游戏目的：提高学生的反应速度和集中注意力。

场地器材：平坦空地1个。

游戏方法：学生成一列或多列横队站立，1~2报数后，听教师口令统一行动。当教师喊"高"时，单数学生迅速半蹲作"矮"状，双数学生原地直立不动；当教师喊"矮"时，单数学生保持原地直立，双数学生迅速半蹲作"矮"状。

游戏规则：学生听口令后应迅速做出动作反应，并保持至教师取消口令。

教学建议：

(1) 班级人数不多时，可采用圆圈队形进行游戏。

(2) 可从排头开始由学生交替边喊"高"、"矮"口令边做相反动作。

(3) 可增加高和矮的动作变化，如"高"做两臂上举同时提踵，"矮"做半蹲两臂侧下举等。

4．报数击掌

游戏目的：集中注意力，提高学生快速反应能力。

场地器材：平坦空地1个。

游戏方法：两列或多列横队站立。游戏开始，从排头开始向后报数，第二列排头接第一列排尾依次向后报数，只能报单数，双数不能报数，用击掌两次代替。依此循环往复，直至有人报错数或停顿为止，对失误者采用一定的"惩罚"措施，然后从失误者开始继续游戏。

游戏规则：

（1）必须按1、3、5、7……的顺序报数。

（2）不得停顿和报错数，否则为失误。

教学建议：也可采用报双数，单数击掌或逢"3"倍数击掌方法进行。

5．听数转体

游戏目的：将集中注意力练习和原地转法练习相结合，提高学生的练习兴趣。

场地器材：平坦空地1个。

游戏方法：学生成两列或多列横队站立，1~2报数，当教师喊"1"时，1数的学生向左转，2数的学生向右转；当教师喊"2"时，1数的学生向右转，2数的学生向左转；喊"3"时1数的学生向后转，2数学生原地不动；喊"4"时与"3"动作相反。

游戏规则：教师发出口令后，学生应迅速完成动作，否则与做错同学一起受

"惩罚"。

教学建议：

（1）该游戏可在课的开始部分作为集中注意力练习，也可在原地及行进间转法教学和练习时进行，以避免学生产生枯燥的感觉。

（2）教师可以用击掌代替口令。

（3）可用徒手操动作代替转法练习。

6. 听数抱团

游戏目的：集中注意力，提高快速反应能力，激发学生上课的兴趣。

场地器材：平坦空地1个。

游戏方法：如图11-1-2所示，将学生围成一个圆圈，做逆时针环形慢跑。当听到教师喊出"3"或"4"等数字口令时，立即按所喊数字做3人或4人等抱团，少于或多于该数字的均为失败。

图 11-1-2 听数抱团

游戏规则：教师喊出数字口令后，要立即反应抱成一团。

教学建议：教师所喊数字不宜过大，在2~5之间为宜。

7. 抓手指

游戏目的：发展学生快速反应能力，提高协调性，营造课堂的热烈气氛。

场地器材：平坦空地1个。

游戏方法：如图11-1-3所示，将学生围成一个圆圈，面向圆心站好，然后每位学生均把左手张开伸向左侧相靠的同学，右手食指则垂直放到右侧相靠同学伸来的左手掌心上。教师发出"原地踏步走"的口令后，全体踏步，教师用"一二一"的口令调整步伐。当教师发出"一二三"的口令时，全体学生迅速反应并力求抓住左侧同学的右手食指，同时又要快速抽出自己的右手食指，设法逃掉。抓住别人食指，自己又成功逃脱的学生为胜者，失败的学生将受到"惩罚"。

游戏规则：

（1）抢口令者抓住无效。

（2）手掌不张开，抓住无效。

图 11-1-3 抓手指

（3）不准抢先抽回食指。

教学建议：该游戏可用于课的开始或结束放松部分。

8. 报数比赛

游戏目的：集中注意力，培养学生快速反应能力和灵敏素质。

场地器材：平坦空地1个。

游戏方法：将学生分成人数相等的两队，并成两列横队站立，两队相距3米，各队排头手持一面小红旗。教师发出"报数"口令后，各队排头由"1"开始按顺序报数，全队报完后，排尾迅速跑至排头，由新排头再从"1"开始报数，如此重复进行，直到排头跑回自己原来位置，并举起小红旗。以先报数完毕举起小红旗的队为胜。

游戏规则：

（1）报数声音要清晰、洪亮。

（2）排尾要报完数后才能移动。

（3）每位学生站到排头位置后，才能重新报数。

教学建议：可按顺序报偶数或奇数，增加游戏的难度。

9. 循环报数淘汰赛

游戏目的：集中注意力，训练学生大脑的灵活性和快速反应能力。

场地器材：平坦空地1个。

游戏方法：学生站成圆圈队形，教师指定任意一名学生开始按逆时针方向报数，报数可按报单数、报双数、报三的倍数等形式，依次不停顿地报下去；中途报错的同学即自动出局并站在原位。最后剩下的5名学生为优胜者，其余同学罚做俯卧撑或立卧撑10次。

游戏规则：

（1）报数过程中停顿的学生同样淘汰出局。

（2）报数过程中如出现两人同时报数，判抢报者出局。

教学建议：该游戏适合在利用圆圈队形进行教学或课堂练习时，做集中注意力

练习和提高学生的练习情绪；而不必特意站成圆圈队形做这种游戏。

10. 看谁记得准

游戏目的：集中注意力，培养学生队列动作的节奏感，提高动作的记忆能力。

场地器材：平坦空地1个。

游戏方法：排好队伍后，教师连续说2~3遍队列组合术语，如"向前一步走，向右转，再向左转"。每两拍做一个动作，共六拍完成。当发出"开始"口令，全体同学必须按统一的动作节奏正确完成上述动作。做错的同学给予相应的"惩罚"。

游戏规则：动作慢半拍的学生视为做错。

教学建议：

（1）宣布组合队列时，口令要清楚，声音要洪亮，使每个学生都要听清楚。

（2）可根据学生的接受能力加难或减难。

（3）为了便于理解，可以示范一次。

二、徒手练习中的游戏

（一）一般性徒手操练习中的游戏

11. 快速模仿

游戏目的：加强体操术语的记忆，提高手臂正确位置感觉和控制能力。

场地器材：平坦空地1个。

游戏方法：将学生成体操队形站立。教师边做徒手体操的动作，边说出该动作的术语，要求学生迅速正确模仿教师的动作。

游戏规则：动作模仿正确，反应迅速，做错和跟不上动作节奏的学生给予一定的惩罚。

教学建议：

（1）学生和教师的动作成镜面一致，当学生能力提高后可与教师动作成镜面相反。

（2）教师可随游戏的深入将动作由两臂对称，变为两臂不对称；动作变化速度开始为每名学生都能跟上，然后由慢逐渐加快。

（3）教师注意具有号召力口令语调的运用，以增加游戏的氛围。

12. 击掌令

游戏目的：发展学生协调素质，培养正确的身体姿态，激发徒手操的练习兴趣。

场地器材：平整、较光滑的场地1个。

游戏方法：将学生成体操队形站立，教师在游戏前向学生讲解并示范1~2遍所规定的动作，即击掌1次、击掌2次、击掌3次……的动作。游戏开始，教师随机击掌而不按1、2、3次的顺序击掌，听到击掌信号后，学生在两拍内迅速反应做出事先规定的徒手操动作。做错或未在规定时间内做出动作的同学视为失败，累计失败3次以上的同学将受到相应的"惩罚"。

游戏规则：动作清晰，位置正确，姿态优美。

教学建议：

（1）惩罚措施可采用让其自编一节动作或一个动作造型等。

（2）可根据学生的实际水平设计动作，如低年级可采用对称动作，高年级学生则可采用不对称动作等。

13．连续动作

游戏目的：集中注意力并提高快速反应能力，提高队列动作的熟练性。

场地器材：平整、较光滑的场地1个。

游戏方法：学生成一臂间隔的体操队形站立。游戏开始，教师不停顿地连续发出各种动作口令，如"立正"、"稍息"、"下蹲"、"齐步走"、"右臂上举"等，学生立即按口令做动作，做错动作的同学退出队伍。最后剩下的学生为优胜者，给予一定的奖励。

游戏规则：动作清晰，反应迅速，不能被动地模仿别人做。

教学建议：

（1）游戏前教师可示范一次，或找一名能力强的学生示范一次。

（2）该游戏可在队列队形练习中间安排，以调整课堂气氛，避免该内容的枯燥感。

14．照镜子

游戏目的：提高学生动作模仿能力和徒手操动作的编排能力。

场地器材：平整、较光滑的场地1个。

游戏方法：如图11-1-4所示，将学生两列横队体操队形面对面站立。相对两人为一组，第一列学生先做5个自编上、下肢配合的徒手操动作，由第二组配对学生按镜面正确模仿对应同学的动作，模仿错一个动作即为失败，惩罚俯卧撑若干次；然后两人交换。

图11-1-4 照镜子

游戏规则：根据学生的年龄和水平要求在2～5秒内完成动作模仿，超过时间也将受到惩罚。

教学建议：

（1）教师可在游戏前与体委示范一次。

（2）教师要鼓励学生创编上、下肢不对称的动作，给对手"出难题"。

（3）示范组的学生可做集体编的统一动作，也可以各做个人编排的动作。

（二）健美操练习中的游戏

15. 机器运转

游戏目的：培养学生节奏感和协调性。

场地器材：平整、较光滑的场地1个。

游戏方法：如图11-1-5所示，采用20~24拍/分的迪士科音乐伴奏。全体学生站成一个（或两个）圆圈，由高个学生开始按音乐节奏依次循环做动作，每人一次，不许间断，就像机器运转一样。动作方法为两腿开立半蹲，两手扶膝，随音乐节拍两膝向内至靠拢，当两腿相靠的同时，两手迅速交叉扶异侧膝部，并随异侧腿向外开膝。

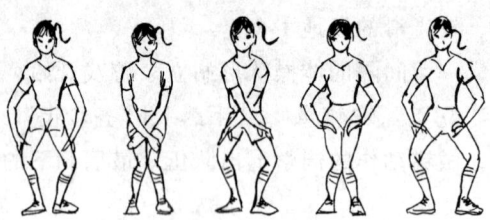

图11-1-5 机器运转

游戏规则：手腿配合不协调、动作与音乐节奏不一致或动作停顿均为失误，给予一定惩罚，然后继续游戏。

教学建议：

（1）游戏前教师应带领学生练习几遍，先采用两拍一动，熟练后一拍一动。

（2）可采用两列横队面对面站立或内外两圆圈面对面站立，两组比赛的形式。

16. 脚下生风

游戏目的：培养学生协调性和团队配合意识，发展足部和小腿力量素质。

场地器材：平整、较光滑的场地1个，放音设备。

游戏方法：如图11-1-6所示，将学生分两列横队面对面站在起跑线上，相邻学生两肘相挎（或手拉手），步调一致地完成两脚分别以脚跟和脚掌为轴做脚尖分和脚跟分的连续动作；看哪组先到达终点。

图11-1-6 脚下生风

游戏规则：每组学生脚下动作必须完全一致，手臂不许分开；以每组最后一名学生达到终点线判定胜负，两组学生人数一致。

教学建议：

（1）游戏前教师应带领学生练习几遍，先采用两拍一动，熟练后一拍一动。

（2）教师可鼓励每组学生一起喊口号达到动作一致、配合协调、快速行进的目的，从而争取胜利。

（3）该游戏也可不用比赛的形式，而是采用音乐伴奏，使每组学生设计变节奏表演全组的协调一致（如：慢-慢-快-快-慢；快-快-快-快-慢-慢）。

17. 追忆模仿

游戏目的：提高学生动作的记忆和模仿能力，发展协调素质。

场地器材：放音设备，音乐磁带或光盘。

游戏方法：学生成体操队形站立。游戏开始，教师边喊口令"1、2、3、4"边做健美操动作，学生边看边记动作，接着在教师喊"5、6、7、8"时，学生追忆模仿教师刚刚做的动作；而教师则开始做另一组4拍的动作，学生紧接着模仿；以此类推，教师每4拍一变。以全部模仿正确，而且完全按音乐节奏完成动作的学生为优胜。

游戏规则：动作幅度大，按音乐的节奏做。

教学建议：

（1）可根据学生的实际水平规定重复的节拍，如可采用5~8拍重复后，再重复做一个八拍的形式，以降低难度。

（2）以脚下动作变化为主，配合简单、协调的手臂动作。

（3）开始可采用稍慢一点的节奏（20拍/10秒），适应后可采用22~24拍/10秒的音乐伴奏。

（4）该游戏适合具有一定健美操基础或初中高年级以上的学生做。

三、利用轻器械的游戏

（一）一般性轻器械练习中的体操棒游戏

18. 换位扶棒

游戏目的：培养学生灵敏素质和快速反应能力。

场地器材：平整场地1个，人手1根体操棒。

游戏方法：学生站成一个直径5~6米的圆形，面向圆心。每人1根体操棒，将棒直立在地上，用一只手扶住。当教师吹一声短哨时，学生松开手扶的体操棒，迅速向左移动一个位置，去扶自己左侧人的体操棒；教师吹一声长哨，则向右移动一个位置，扶右侧人的棒。

游戏规则：

（1）没扶住棒的人受罚。

（2）在教师吹哨前，每人要使棒立直，不要故意使棒倾斜。

教学建议：

（1）该游戏可在学习棒操时采用。

（2）游戏也可改为学生原地转一圈后扶自己的棒，队形可随意，可改为"转体扶棒"。

19. 扭棍子

游戏目的：发展腕关节和上肢的力量。

场地器材：至少两人1根体操棍。

游戏方法：如图11-1-7所示，两人各握体操棍一端，各自用力朝相反方向扭动，以把体操棍扭转一周为胜。

图11-1-7　扭棍子

游戏规则：身体与棍不得有接触。

教学建议：

（1）游戏适合初中以上年龄的学生做。

（2）游戏前须做好上肢相应部位的准备活动。

（3）游戏重复次数不宜过多。

20. "跳竹竿"

游戏目的：发展学生的跳跃能力和协调性。

场地器材：平整的场地，体操棒数根。

游戏方法：如图11-1-8所示，3人一组，每组由两名学生分别各握两根体操棒的两端蹲立，使两根体操棒相互并拢，并距地面20～50厘米；另一名学生侧立于棍旁。游戏开始，各组持棒学生按照教师事先规定的动作节奏（如：｜X-｜X-｜XX｜）将棒做开、合、开、合……站立的学生做单、双腿（或教师规定动作）的跳进、跳出、跳进、跳出……以配合默契、无失误并持到最后的一组为获胜组。

图11-1-8　"跳竹竿"

游戏规则：两棒并拢时须击打出节奏，要按规定的动作节奏完成。

教学建议：

（1）游戏适合小学三年级以上的学生做。

（2）可通过变换节奏、规定动作等提高"跳竿者"的动作难度。

（3）可用音乐伴奏代替教师的指挥。

21．翻转前进

游戏目的：提高学生前庭器官的机能，发展肩关节的柔韧性。

场地器材：平整的场地，体操棍数根。

游戏方法：如图11-1-9所示，两人一组面对面侧对前进方向，分别各握两根体操棍的两端站在起点。听教师发令后两人步调一致地完成翻棍动作。翻转前进时，外侧腿向前进方侧迈，外侧臂下压，内侧臂上举棍至头上方；随之外侧臂的肩对肩身体做向外翻转，同时内侧腿前进方侧迈；当身体翻转成背对背时，两臂成侧举握棍；随即身体继续侧迈并向内翻转回到开始姿势。每向前翻转两次，向后翻转一次，先到终点一组为胜。

图 11-1-9　翻转前进

游戏规则：双手不允许离棍。

教学建议：

（1）该游戏适宜小学高年级以上的学生做。

（2）游戏前做好肩部的准备活动。

（3）起点到终点的距离根据学生的年龄而定，但不宜太长。

22．手顶体操棒接力

游戏目的：在发展身体素质的同时，培养注意力集中的能力，使学生明确全队配合的重要性。

场地器材：实心球2个，体操棒2根。

游戏方法：将学生分成人数相等的两个队，成纵队站在起点线后，各队间隔5米，在各队的正前方8米处各放置一个实心球作为往返接力的回转点标志。教师发令后，各队排头将体操棒竖直顶在手掌或手指上，使之在快速行进中保持不倒，成功跑完全程后，将棒交给第二人，直至全队完成为止。先做完的队为胜。

游戏规则：如果体操棒在中途掉下，可在原地捡起继续做，但不允许棍未平衡就往前跑，否则罚回起点重跑。

教学建议：

（1）适合小学高年级以上学生做。

（2）可用其他自制短棍代替体操棒。

23. 拉棍

游戏目的：发展学生力量素质。

场地器材：塑胶或平整的草地 1 个，体操棒数根。

游戏方法：如图 11-1-10 所示，两人一组脚蹬脚坐在地上，共握一根体操棒，凭智慧和力量将对方拉起为胜。

游戏规则：不允许将握棍的双手松开，避免用脚蹬对方身体其他部位。

教学建议：

（1）该游戏适宜初二以上男学生做。

（2）如果没有体操棍，也可做两人手拉手。

图 11-1-10　拉棍

图 11-1-11　跳棍接力

24. 跳棍接力

游戏目的：发展学生跳跃能力和肩部的柔韧性。

场地器材：体操棍数根，在场地上画两条相距 10 米左右的直线。

游戏方法：如图 11-1-11 所示，将学生分成人数相等的若干组，做往返接力或迎面接力。每组排头出发前成直立，两手正握体操棍两端，两臂伸直体前下举。游戏开始，上体稍前倾，双脚跳起做向前越横棍动作，然后尽快将棍从体后经头上方摆到体前继续跳跃横棍，连续完成并前进，跳回（到）起点线后，将棍交给下一个同学，直到最后一名学生返回（到达）起点线；第一个完成的组为获胜队。

游戏规则：

（1）持棍前进的学生应始终保持两手握棍。

（2）两腿可依次或同时跳跃过棍，但必须是跳过而不是迈过。

教学建议：

（1）若学生素质较差，可降低难度用两腿交替迈棍的方法代替跳棍。

（2）游戏适合小学 3 年级以上的学生做。

25. 跳棒争先

游戏目的：集中注意力，发展学生的跳跃能力，培养快速反应和协调、敏捷等素质。

场地器材：平整场地1个，体操棒2根。

游戏方法：如图11-1-12、图11-1-13所示，将学生分成人数相等的两队，各排成一路纵队，平行站立，每队在排头有两人各持1根体操棒两端，面向本队站立。教师发令后，持棒两学生迅速降低棒的高度并向排尾方向跑，棒到哪个同学的脚下，哪个同学立即向上跳起，让棒通过，通过全部同学后，将棒交给排尾后两人，这两名学生接棍后迅速跑到排头，继续重复做两人持棒跑，其他学生上跳配合让棒通过，依此至第一对学生轮回排头位置，由排头一人迅速举起体操棒，表示全组完成。第一个举起体操棒的一组获胜。

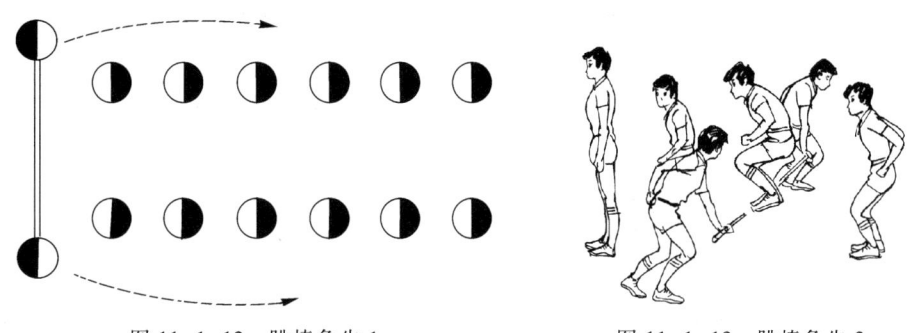

图11-1-12 跳棒争先1　　　图11-1-13 跳棒争先2

游戏规则：

（1）棒在脚下横扫过时，握棒人不得脱手。

（2）排尾学生必须跳起让棒通过后才能接棒前跑。

（3）队列中的学生必须是上跳让棒扫过，不允许向侧躲过。

教学建议：

（1）游戏前，教师应事先规定带棒向前跑的路线和接棒的要求。

（2）棒横扫脚下时不应太高，以防学生被棒绊倒。

（3）前后学生之间的距离不应小于一步，这样便于学生看见运动中的体操棒。

26. 体操棒拼图竞速

游戏目的：提高奔跑能力，加强团队精神和合作意识。

场地器材：每人1根体操棒；平整的场地上画两条相距20米的平行线。

游戏方法：

将学生分成人数相等的2~4个队，每人持1根体操棒，成纵队站在起点线后，各队间隔4米。教师发令后，各队学生按照接力的方式依次用体操棒在终点线前拼组教师所要求的图案。以先完成并拼组工整的队为优胜。

游戏规则：

（1）如图拼错或不工整，则不参与评定名次。

（2）评定名次首先看速度，在速度相同的情况下，再看图拼组得工整与否。

教学建议：
(1) 游戏前可让各组学生先拼一遍图，以保障游戏顺利进行。
(2) 教师根据学生的人数决定拼组什么图。
(3) 也可采用拼组算式或字的形式。

(二) 实心球游戏

27. 持球迎面接力

游戏目的：发展学生的灵敏性和跑跳能力，培养团队精神。

场地器材：实心球 22 个。在长 25 厘米，宽 15 厘米的场地上，画两条相距 13 米的平行线，在平行线内 1.5 米处放 1 个实心球，然后相距 1 米放 1 球，共放 10 个球。

游戏方法：如图 11-1-14 所示，将学生分成人数相等的两个队，每队再分成甲乙两组，两组各成纵队面对面站于两平行线后，每队甲组排头手持一球。当教师鸣笛后，甲组排头迅速地绕行跑过球，跑到乙组，将手持的球交给乙组排头，乙组排头接球后采用同样的方法跑到甲组交接球，余下的同学依次交替进行。以先完成的队为优胜。

图 11-1-14 持球迎面接力

游戏规则：
(1) 必须是绕过每一个实心球，不能从实心球上方迈过。
(2) 交接球时，不允许抛接，应递交到下一名同学的手中，否则，需重新交接后继续进行。

教学建议：
(1) 游戏适合小学生做。
(2) 避免场地湿滑。
(3) 游戏也可采用双脚从实心球上跳过的方法。
(4) 游戏还可以采用往返接力的形式，即每名学生采用绕过的方法跑到对面，将实心球放到平行线后，再以跳跃过球的方法返回，依次完成至结束。

28. 搬运接力

游戏目的：发展学生速度、力量和灵敏素质，培养团队合作意识。

场地器材：在长 25 米、宽 15 米的场地上，画两条相距 13 米的平行线，一端为起跑线，另一端立两根标杆，1千克的实心球6个，标枪（或竹竿）两根。

游戏方法：如图11-1-15所示，将学生分成人数相等的两个队，各队成纵队站于起跑线后，每队排头两手抱3个实心球。当教师鸣笛后，各队排头迅速跑向标杆，并绕过标杆返回本队，将3个实心球交给第二名同学，然后站到队尾。第二名同学抱好3个实心球后，按照同样的路线和方法完成；其余同学依次进行。先完成的队为胜。

图 11-1-15　搬运接力

游戏规则：

（1）中途掉球者应在原地将球拾起抱好后再继续跑。

（2）折返跑时不允许碰杆，否则罚返回重跑。

教学建议：

（1）游戏适合小学生做，小学高年级游戏分组时应注意男女生的均衡搭配。

（2）游戏前做好准备活动。

29．传递游戏

游戏目的：发展学生上肢力量、柔韧素质，提高快速跑能力，加强团队意识。

场地器材：实心球4个；放音设备、音乐磁带或光盘。

游戏方法：如图11-1-16所示，将学生分成人数相等的4组，成4路纵队并排站立，前后相距一臂，每组排头手持一球。当教师鸣笛后，从排头开始将球从头上向后传，当球传到最后一名同学时，该同学拿球迅速地从队伍的右侧跑到排头继续后传，其余同学依次进行，先完成的一组为胜。

图 11-1-16　传递游戏

游戏规则：

（1）不允许向后抛球。

（2）每位学生必须跑到排头站好，才能开始向后传球。

教学建议：

（1）游戏适合小学生做。

（2）不同年级学生可采用不同重量的实心球。

（3）每组人数不宜过多，以 8~10 人为佳。

（4）游戏也可做胯下传递，或头上传递到最后一人时，所有学生迅速向后转，由最后一名学生开始，向排头方向做胯下传球，依次循环至全部同学完成。

（5）有条件的学校，游戏中可播放节奏欢快的音乐，提高游戏的气氛。

30. 掷准游戏

游戏目的：发展学生上肢力量素质和肌肉的控制能力，提高空间位置的判断能力。

场地器材：在 20 平方米左右的场地上各端画一条限制线，在限制线内 5~10 米处画一靶环，靶环的大小和靶环到限制线的距离要根据学生的年龄和能力而定，1~2 千克的实心球若干个。

游戏方法：如图 11-1-17、图 11-1-18 所示，将学生分成人数相等的 4 组，各组同学分别站在各自的限制线后，以各种方法（或由老师统一规定的方法）将实心球掷向靶环内，以得环多的同学或组为胜。

图 11-1-17　掷准游戏 1

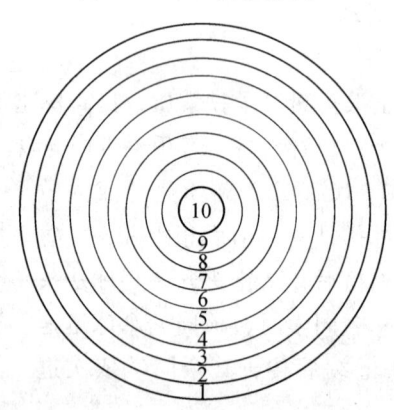

图 11-1-18　掷准游戏 2

游戏规则：踩踏和越过限制线为违例，记零环。

教学建议：

（1）低年级学生可减少环的数量。

（2）该游戏也可设置上下两个叠加的实心球作为目标，将上面实心球击打下来计分，按累积分数值判定优胜队。

（三）长绳、短绳游戏

31. 单人跳绳积分赛

游戏目的：发展学生灵敏性、弹跳、协调和耐力等身体素质。

场地器材：跳绳 2~4 根。

游戏方法：如图 11-1-19 所示，根据人数将学生分成 2~4 组，站成面对面或成正方形的 2 列或 4 列横队。各组排头到相邻组队前持绳预备好，教师发令后，快速做原地双脚跳绳，在规定时间内，按跳绳次数多少排定名次，第 1、2、3、4 名分别为本组积 4、3、2、1 分；然后由各组的第 2 人继续比赛，依此类推。最后以积分多的组为胜。

图 11-1-19　单人跳绳积分赛

游戏规则：

（1）必须按规定的跳绳方法进行。

（2）失误后在规定时间内可继续进行。

教学建议：

（1）该游戏适合任何年龄段的学生做。

（2）跳绳前要做一些简单的准备活动，使身体逐步适应连续跳绳的要求。

（3）游戏可规定几种跳法，每组按顺序做正摇跳、反摇跳、正摇编花跳……依次计数积分。

32. 双足跳绳迎面接力

游戏目的：发展学生的力量，耐力和灵敏素质。

场地器材：跳绳 2 根。在平整的场地上画两条相距 10~15 米的平行线。

游戏方法：如图 11-1-20 所示，将学生分成人数相等的两队，各队各分一半人分别面对面站在两平行线后。教师发令后，两队一侧排头开始做双脚跳绳前进，跳到对面将绳交给本队另一侧排头，由其做双脚跳绳前进，依此类推。最后以先完成的队为胜。

游戏规则：

（1）必须用双脚跳绳。

图 11-1-20 双足跳绳迎面接力

（2）跳绳失误应退回一步再做。

（3）必须在线后交接跳绳。

教学建议：

（1）跳绳前要做一些简单的准备活动，使身体逐步适应连续跳绳的要求。

（2）该游戏可增加或降低跳绳的难度进行，也可做往返接力。

（3）该游戏适合任何年龄段的学生做。

33. 进进出出

游戏目的：提高学生灵敏素质，培养果敢精神和团结协作的意识。

场地器材：平坦场地 1 个，跳绳若干。

游戏方法：如图 11-1-21 所示，将学生分成人数相等的两队，分别站成两路纵队，每队各选出一名跳绳出色的学生执绳站在排头并面对本队。游戏开始，执绳两名学生迅速开始做原地跳绳，两队其他学生从排头开始依次做迅速进入摇动的绳并至少跳一次后跳出，先完成的一组为胜。

图 11-1-21 进进出出

游戏规则：

（1）每名学生必须做完整的进入并跳绳一次和完整的跳绳一次后跑出，若进入或跑出时失误须重新做。

（2）若跳一次后未跑出，只要没失误，可继续跳至跑出。

教学建议：

（1）该游戏适合任何年龄段的学生做。

(2) 比赛前可让学生练习几次，与带人跳的学生进行"磨合"。

(3) 对能力强的学生可加大难度，做依次进出两人。

34. 哪组人数多

游戏目的：发展学生灵敏素质和跳跃能力，培养团结合作意识。

场地器材：平坦场地1个，长绳2根。

游戏方法：如图11-1-22所示，将学生分成人数相等的两组，每组选出两名学生摇绳，其他学生依次跳入绳中并连续跳绳，以成功进入绳中人数多的队为胜队；如两组均全部成功进入绳中，则以先全部进入队为胜方。

图11-1-22 哪组人数多

游戏规则：跳绳被绊住时，由绊绳者接替摇绳者继续摇绳。

教学建议：

(1) 游戏适合大、中、小学的学生做。

(2) 跳绳前要做一些简单的准备活动，使身体逐步适应连续跳绳的要求。

(3) 连续跳绳的运动量较大，应根据学生的性别、年龄等特点，合理安排游戏的次数。

(4) 可限制局数判定胜负，如三局两胜、五局三胜。

35. 双人跳绳接力

游戏目的：发展学生的灵敏素质和跑跳能力，培养团结协作的意识。

场地器材：跳绳2根。在场地上画两条相距2米的平行线，前一条为起跑线，后一条为预备线。在距起跑线20米处并排设置两个标志物，标志物间隔4米。

游戏方法：如图11-1-23所示，将学生分成人数相等的两队，各队成两路纵队面对标志物站在预备线后，同队并排两人为一组，排头两人分别用外侧手握绳的两端站在起跑线后。游戏开始，第一组队员协调一致地向前做跳绳跑，待绕过标志物跑回后，将绳交给站在起跑线后的第二组队员，其他人仍站在预备线后，跳完的学生迅速站到排尾，依此类推，以先完成的一队为胜。

游戏规则：

(1) 两组交接绳时不允许扔绳，须在起跑线和预备线之间交接绳。

(2) 中途失误应在失误处重新开始做。

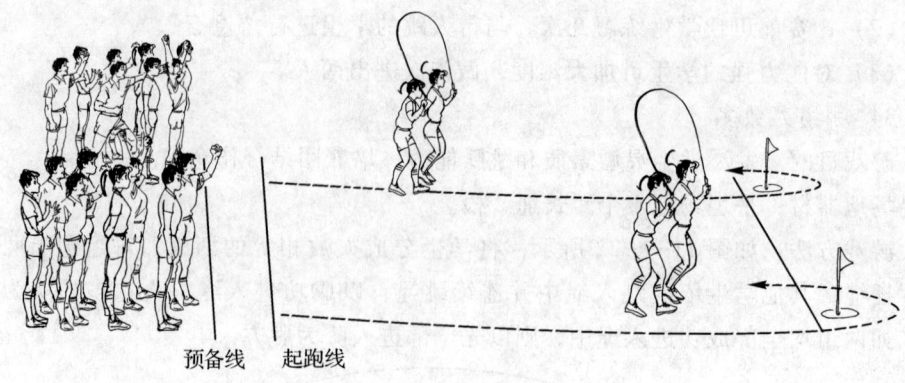

预备线　起跑线

图 11-1-23　双人跳绳接力

（3）跳绳应是两人同时摇同时跳过。

教学建议：

（1）该游戏适合任何年龄段的学生做。

（2）跳绳前要做一些简单的准备活动，使身体逐步适应连续跳绳的要求。

（3）连续跳绳的运动量较大，应根据学生的性别、年龄等特点，合理安排游戏的次数。

（4）若绳长允许，可做三人同时跳绳接力。

36. 闯三关

游戏目的：发展学生灵敏素质，培养果敢精神和判断力。

场地器材：平坦场地 1 个，3~5 米长绳 3 根。

游戏方法：学生每两人一组，呈两路纵队站立，选出 3 对摇绳者，保持一定间隔，按同一节奏和方向摇绳，其他学生每两人一组，呈两路纵队面对 3 组长绳站立。游戏开始，同组两人手拉手跑过 3 根摇动的长绳，顺利通过三关者为胜。被绳碰到者与摇绳者互换。

游戏规则：

（1）摇绳人不得有意变换摇绳的节奏。

（2）学生必须尽快闯过三关。

教学建议：

（1）跳绳前要做一些简单的准备活动，使身体逐步适应连续跳绳的要求。

（2）连续跳绳的运动量较大，应根据学生的性别、年龄等特点，合理安排游戏的次数。

（3）游戏适合小学高年级以上的学生做。

37. 跳绳模仿秀

游戏目的：发展学生跳跃能力和协调性。

场地器材：平整的场地 1 个，长绳 1 条。

游戏方法：将学生分成人数相等的两队，每队派一名学生摇绳，两队学生分别面对面站在长绳的两侧。游戏时,将绳匀速摇转,甲队排头进入摇绳中跳,并做 3 个自己设计的动作,如前踢腿、蹲跳、两臂侧平举等,然后跑出,再由乙队排头进入摇绳内,模仿这 3 个动作,如模仿完全正确,乙队得 1 分,模仿不成功甲队得 1 分。然后由乙队第二个学生做,甲队第二个学生模仿;两队学生依次交替做与模仿,最后以两队积分数值判定胜负。

游戏规则:每人在摇绳中做的 3 个动作应连续完成,模仿者也要连续完成。

教学建议:

(1) 游戏适合小学生和初中低年级学生做。

(2) 跳绳前要做一些简单的准备活动,使身体逐步适应连续跳绳的要求。

(3) 连续跳绳的运动量较大,应根据学生的性别、年龄等特点,合理安排游戏的次数。

(4) 游戏也可甲、乙两队队员同时上绳一个做动作,一个模仿。

38. 跳绳跑接力夺旗

游戏目的:发展学生的跑跳能力、灵活性,培养团结协作的意识。

场地器材:画 1 个直径 10 米的圆圈,并画出两条垂直交叉的直径;准备 4 条跳绳和 1 面小旗,将小旗插在圆心点上。

游戏方法:如图 11-1-24 所示,将学生分成人数相等的 4 个队,分别站在 4 条半径线上。各队排头手拿 1 根跳绳,站在圆圈外的起跑线上(半径线的延长线),教师发令后,用跳绳跑的方法,沿逆时针方向跑一圈,将绳交给本队起跑线上的第二人再做,直至全队做完。第一个完成的队,由最后一人做完回到本队后,立即跑到圆心处将小旗拔起,该队获得胜利。

图 11-1-24 跳绳跑接力夺旗

游戏规则:

(1) 跳绳跑时,跑两步要摇一次绳,否则犯规出局。

(2) 最后一人跑完全程回到本队后,才能去夺旗。

教学建议：

（1）跳绳前要做一些简单的准备活动，使身体逐步适应连续跳绳的要求。

（2）连续跳绳的运动量较大，应根据学生的性别、年龄等特点，合理安排游戏的次数。

（3）可变化跳绳跑的动作形式反复进行。

39. 跳长绳

游戏目的：发展学生弹跳力和协调性。

场地器材：平坦场地1个，长跳绳1~3根。

游戏方法：两人面对面站立，以一手各持长绳的一端，向同一方向摇绳，其他学生可采用单人或几个人一起跑入、跳出的方法进行活动，也可在跳跃中拍手、捡物、传接球、转身空中分腿、空中屈腿等。还可以利用几条长绳布置成方形、三角形、放射形、并列形等图案，让游戏者按一定顺序进行练习和比赛。

游戏规则：

（1）由跳跃过程中的绊绳者去替换摇绳人。

（2）两个摇绳者的动作要一致，节奏稳定，不要故意让跳绳者绊绳，否则绊绳者不予替换。

教学建议：

（1）跳绳前要做一些简单的准备活动，使身体逐步适应连续跳绳的要求。

（2）根据学生的年龄特点和水平要求所跳的动作。

（3）可采用分组计数比赛的形式。

（4）游戏前可分组练习，之后进行游戏。

（5）若学生人数较多，可采用分组淘汰赛的形式。

40. "8"字形跑动游戏

游戏目的：发展学生灵敏性和跳跃能力。

场地器材：平坦场地1个，长跳绳1根。

游戏方法：如图11-1-25所示，将学生分成人数相等的两组，各成纵队站在跳绳正摇方向一侧的两边。游戏开始，各组排头同时入绳，跳一次后从另一侧跑出，绕过摇绳人站在另一组的队尾，其他人照此方法按顺序连续跳绳，如有失误，由失误者替换摇绳人。

游戏规则：

（1）跳绳时，碰绳、空绳、停顿均为失误。

（2）只能两组各一人同时入绳，提前或错过入绳的，均算失误。

教学建议：

（1）跳绳前要做一些简单的准备活动，使身体逐步适应连续跳绳的要求。

（2）连续跳绳的运动量较大，应根据练习者的性别、年龄等特点，合理安排游戏的次数。

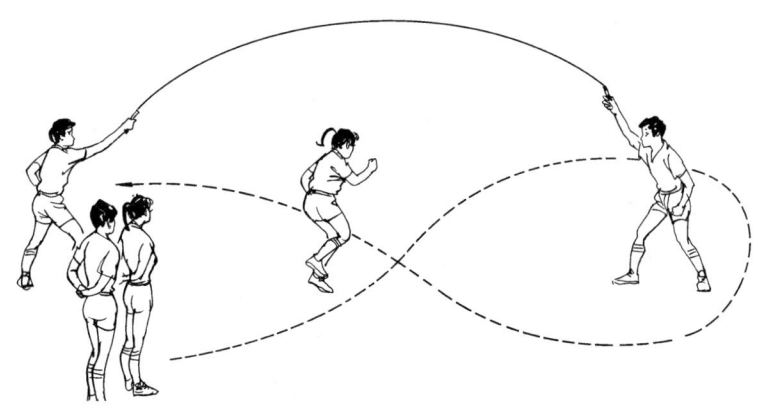

图 11-1-25 "8"字形跑动游戏

（3）摇绳要动作协调，速度均匀。

（4）可改变要求，如规定每人跳的次数、两人换位置或加转体等动作，以增加趣味和难度。

41. 曲线跑动跳绳

游戏目的：发展奔跑、跳跃能力，提高动作的灵敏性。

场地器材：平坦场地 1 个，长绳 6 根；场地上画两条长 10 米、间隔 5 米的平行线。

游戏方法：如图 11-1-26 所示，将学生分成人数相等的两队，每队选出 6 人，每两人持 1 根跳绳站在同一条直线上做摇绳人。各队其他学生成纵队分别站在平行线同一端本队摇绳人的左臂一侧。各队第 1 和第 3 根绳向有人的方向做正向摇动，第 2 根则采用反摇绳的方法。游戏开始，各队排头迅速上第 1 根绳，跳一次后，跑向另一侧绕过摇绳人后上第 2 根绳，跳一次后跑出，再跳第 3 根绳后站到线的另一端摇绳人的右侧。其他人照此依次进行，每人做一次。最后以先完成的队为胜。

图 11-1-26 曲线跑动跳绳

游戏规则：

（1）必须按规定方法跳过 3 根绳，如有失误，要求在失误处补跳后再继续。

（2）按顺序进行，不得两人同时跳入 1 根绳中。

教学建议：

（1）跳绳前要做一些简单的准备活动，使身体逐步适应连续跳绳的要求。

（2）连续跳绳的运动量较大，应根据学生的性别、年龄等特点，合理安排游戏的次数。

（3）游戏前应先练习适应跑动路线和摇绳速度。

（4）教师要在游戏前强调安全性，注意避免发生碰撞。

42. 原地四人跳绳

游戏目的：发展上下肢力量、灵活性及动作的节奏感，提高跳绳的兴趣。

场地器材：洁净的场地1个，每人1根短绳，秒表1块。

游戏方法：如图11-1-27所示，将学生分成4人一组，所有学生准备好后，教师发出开始口令并计时，4人默契配合做单摇单跳。在规定时间内，以累计跳绳次数多的一组为优胜。

图11-1-27　原地四人跳绳

游戏规则：

（1）4人同时跳过交叉相连的4根绳计数一次，否则不计数。

（2）计时时间长短应根据学生的年龄和身体状况而定，一般可采用3分钟计时。

（3）在摇绳过程中如出现失误，可停下调整后再继续跳。

教学建议：

（1）4人交叉握绳同时跳的难点是摇绳的节奏感，可提醒学生用口令统一节奏。

（2）游戏前可进行配合练习，先进行2人、3人的配合，再进行4人的配合。

（四）轻哑铃游戏

43. 立体搭拼比赛

游戏目的：提高学生奔跑能力，培养团队精神和合作意识。

场地器材：平坦场地1个，若干对轻哑铃，在场地上画两条相距10~15米的平行线。

游戏方法：如图11-1-28所示，将全体学生分成6~10人一组的若干组，每人手持轻哑铃一对，每组成纵队站在起跑线后。当教师鸣笛后，每组排头两手持轻哑铃迅速地跑向对面，将轻哑铃平行放在对面的平行线上，跑回拍第二名同学的肩，然后排到队尾。当第二名同学接到信号后迅速跑向对面，将轻哑铃放在排头放好的哑铃上跑回；其余同学依次进行，并像前两名学生一样成单数学生摆放地上，双数学生放置其上，而且每组哑铃成相互垂直摆放。以先摆好的一组为优胜。

图 11-1-28 立体搭拼比赛

游戏规则：

（1）每位同学必须等到上一名同学拍肩后才能出发，否则判违例并返回重跑。

（2）相叠的轻哑铃若掉下，则要返回重摆。

教学建议：

（1）游戏适合小学低年级学生做。

（2）还可以摆放其他立体形状。

44. 拼五角星比赛

游戏目的：提高学生的奔跑能力，培养团队精神和合作意识。

场地器材：平坦场地 1 个，若干对轻哑铃；在场地上画 1 条起跑线，在起跑线前面 10~15 米的位置画两个直径 2 米的圆圈。

游戏方法：如图 11-1-29 所示，将学生分成 5 人一组，每人手持一对轻哑铃成纵队站在起跑线后。当教师鸣笛后，每组排头迅速跑向对面的圆圈内，将哑铃摆成五角星的一角，跑回本组拍第二名同学的肩，然后排到队尾。当第二名同学接到信号后，迅速跑向对面圆圈，将手中的哑铃摆成五角星的另一角，其余同学仿照以上同学的动作各摆一角，最后摆成五角星。以先结束，而且五角星未摆出圆圈的一组为胜。

游戏规则：每位同学必须等到上一名同学拍肩后才能出发，否则判违例并返回重跑。

图 11-1-29 拼五角星比赛

教学建议：

（1）游戏适合小学低年级学生做。

（2）还可以摆放其他图形（如小房子）。

四、艺术体操器械练习中的游戏

45．"抛绣球"

游戏目的：使学生熟练掌握艺术体操抛接球技术。

场地器材：不低于4米高的体育馆或室外塑胶场地，一定数量的艺术体操球。

游戏方法：在场地上画两条相距5～8米的平行直线，将学生分成人数相等的两组，分别站在两线后。在教师口令指挥下，两组学生可根据人数做一对一（二对二、三对三）互抛球、接球；球抛出接球人周围1.5米范围或在规定范围未接到球，即被对方俘虏，直至一方无人，方为结束。

游戏规则：抛、接球时注意正确技术的运用，球落点在接球人的1.5米范围内，接球人拒接可接范围的球也判为被俘虏。

教学建议：教师可根据学生的水平，适当增加抛、接的动作难度。

46．滚圈接力

游戏目的：培养学生灵活性和动作的控制能力。

场地器材：不低于4米高的体育馆或室外塑胶场地1个，艺术体操圈4个（可用呼啦圈代替），在场地上画两条相距20米的平行线，再平行线内画4个边长为8米的等边三角形。

游戏方法：如图11-1-30所示，将学生分成人数相等的4个队，分别成纵队站在三角形顶角与平行线的交点处。游戏开始，各队排头手提圈于体侧，沿三角形边线逆时针方向拨滚圈前进，回起点处交给本队下一个学生，然后站在排尾。第二名学生按上述方法继续进行，直至全队完成，最后以动作正确、完成的速度快者为胜。

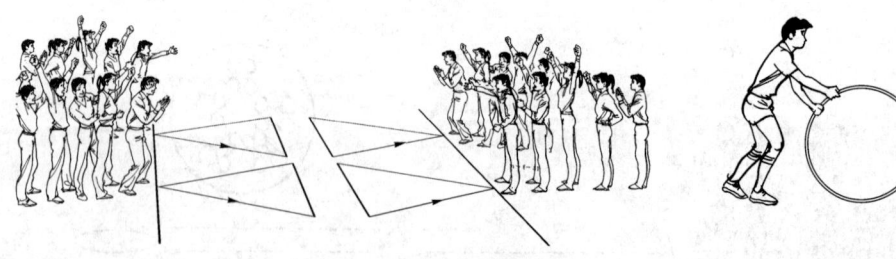

图11-1-30　滚圈接力

游戏规则：

（1）如圈滚出边线，必须捡回原位继续进行。

（2）人必须跟着圈走。

教学建议：

（1）游戏前应让学生练习几遍，再进行。

（2）游戏适合小学高年级以上的女生做。

47．绕圈向前跑

游戏目的：练习绕圈技术，发展学生的上肢力量素质和关节的灵活性，提高动作的协调能力。

场地器材：体操馆或室外塑胶场地1个，艺术体操圈4个；画两条相距20米的平行线为起点线和终点线。

游戏方法：如图11-1-31所示，将学生分成人数相等的4个队，成四路纵队站在起跑线后。预备姿势为右手持圈，左手侧平举。游戏开始，各队排头开始做右臂侧平举向前绕圈，同时快速向前跑，绕过终点线后，再同样动作返回，将圈交给第二名同学，并站到队尾。第二名学生按上述方法继续进行；并依次至最后一名学生返回。最后，以动作正确、第一个到达的队为胜。

图11-1-31　绕圈向前跑

游戏规则：

（1）在往返途中，若圈脱手滚出，必须快速捡回，从失误处继续进行，否则为犯规。

（2）手持圈即开始绕圈，不能停转。

教学建议：

（1）游戏前应掌握绕圈技术。

（2）可改变绕圈部位，如头上水平绕圈、绕"8"字等。

48．抛接圈

游戏目的：复习、巩固抛接圈技术，培养学生的灵巧性和空间位置感。

场地器材：体操馆或室外塑胶场地1个，艺术体操圈2个；在场地上画两条相距20米的平行线分别为起点线和终点线，在距起跑线6米处再画一条虚线。

游戏方法：如图11-1-32所示，将学生分成人数相等的两队，成两路纵队站在起点线后，各队的排头右手体侧绕圈。游戏开始，教师发令后各队的排头快速前进，同时做抛圈和接圈；绕过终点线后，快速往回跑，并做抛圈和接圈，当跑到虚线处,将圈抛给本队的第二名学生,然后至排尾站好。第二名学生接圈后按上述方法继续进行。最后,以速度快、动作准确的队为胜。

图 11-1-32 抛接圈

游戏规则:
(1) 每个人在行进中至少抛圈 4 次,抛圈高度不低于 3 米。
(2) 接圈时若失手,必须将圈捡回,并从失落处继续进行。

教学建议:
(1) 游戏前应让学生在跑动路线上练习 1~2 遍;最好选择在体育馆、草坪或塑胶场地上做。
(2) 如抛圈技术较好可增加难度,如把向前跑抛接圈改做向前跨跳抛接圈。
(3) 游戏适合小学高年级以上的女生做。

49. 拍球接力

游戏目的:培养学生控球的能力,发展灵巧性并在游戏中达到锻炼身体的目的。

场地器材:如图 11-1-33 所示,艺术体操球 3 个;在场地中央画 1 个边长为 15 米的等边三角形。

图 11-1-33 拍球接力

游戏方法:将学生分成人数相等的 3 个队,分别站在三角形的顶端,各队排头右手持球。教师发令后,各队排头按逆时针方向,用左、右手交替拍球,并沿三角形边线行进至本队第二名学生前面,用反弹球将球传给第二名学生,然后排到队尾。第二名学生按上述方法进行，直至全队完成，以先完成的队为胜。

游戏规则：

（1）两队队员相近时，后者必须从边线外侧超越，前者不允许故意阻挡。

（2）如球脱手，必须迅速自行将球捡起并回到原处，再继续拍球前进。

教学建议：

（1）开始可先不采用换手拍球，而后原地练习左、右手交替拍球，最后再练左、右手交替沿边线拍球。

（2）如学生人数多，可画六边形进行此游戏。

50．"8"字形托球走

游戏目的：发展学生的协调性、踝关节及小腿力量素质、肩部的柔韧性和上肢各关节的灵活性，提高控球能力。

场地器材：体操馆或室外塑胶场地1个，艺术体操球4个，小旗8面；在场地的一端画一条起跑线，在离起跑线10米和20米处各横向等距离插2面小旗。

游戏方法：如图11-1-34所示，将学生分成人数相等的4个队，成纵队排列在起点线后，各队的排头右手持球，两手侧平举站在起跑线后。教师发令后，各队排头用足尖步快速前进，并自右至左绕过前面的两面小旗，同时上肢反复做"8"字绕球动作，直至返回起点线，将球递给第二名学生，然后排到队尾。第二名学生按上述方法依次进行，直至全队完成，以先完成的队为胜。

图11-1-34 "8"字形托球走

游戏规则：

（1）行进中不允许跑，如球脱手，必须迅速自行将球捡起并回到原处，再继续拍球前进。

（2）往返中都要绕过10米处的小旗，如未绕过，则需回到小旗处绕过后再继续前进。

（3）游戏适合小学高年级以上的女生做。

教学建议：

（1）游戏前应使学生掌握"8"字绕球动作。

（2）可采用去时用右手做，回来时用左手做。

51. 胸滚球接龙

游戏目的：巩固已经学过的胸滚球技术，发展学生的协调性和节奏感，在游戏中加强同学间的友谊，培养合作意识。

场地器材：体操馆或室外塑胶场地1个，艺术体操球1个，放音设备，音乐磁带或光盘。

游戏方法：如图11-1-35所示，参加游戏的学生围成一个圆圈，教师站在圆圈中间。游戏时，教师指定一名学生开始做，该学生右手持球经右臂、胸部再滚到左臂、左手接球，然后将球传给左侧同学；如此往复，所有学生均以此方法依次做胸滚球，并传给左侧下一个同学，循环3圈作为一次游戏的结束。游戏中球落地2次以上的学生为失败者，罚表演节目一次。

图11-1-35　胸滚球接龙

游戏规则：

（1）球在滚动中必须圆滑，如出现跳动，可按失败处理。

（2）传接球时要相互配合，避免在传接球时使球落地，如有意识未传接好球，则按失败一次处理。

教学建议：

（1）游戏时最好用音乐伴奏，以提高练习兴趣。

（2）游戏前可先练习1~2次。

（3）如学生多可分两组进行，也可两组进行比赛。

52. 看谁接棒准

游戏目的：复习、巩固抛接棒技术，培养学生的灵巧性和空间位置感。

场地器材：体操馆或室外塑胶场地1个，艺术体操棒数根；在场地上画1个直径8~10米的圆圈。

游戏方法：如图11-1-36所示，参加游戏的学生围成1个圆圈，并成偶数一一对应，学生左右相距2米，面向圆心站立，右手体侧持棒。游戏开始，教师发令后每名学生两腿屈伸，同时右臂预摆一次，两腿再屈伸至提踵立时，将棒向前上方抛出；之后原地或向前1~2步在体前上方接棒，顺势后摆。这样连续进行6次，失败2次以上的一对将受罚，表演节目一次。

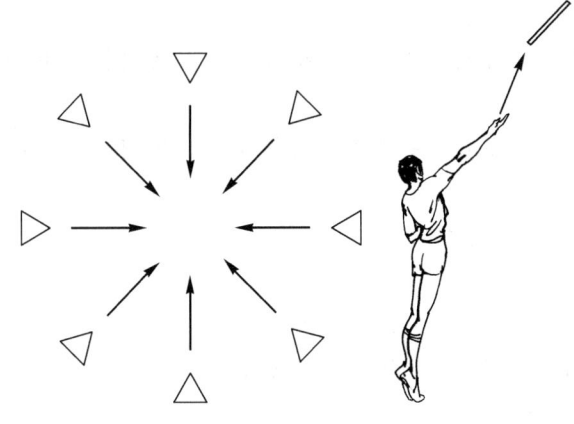

图 11-1-36 看谁接棒准

游戏规则：

（1）每做一次教师都要给指挥口令，并做失败统计。

（2）抛棒高度要离地 3 米以上，否则不算。

（3）接棒时，必须接棒的小头，如接中间应迅速使棒下滑，接棒头为失误。

教学建议：

（1）如人数多时，可分组进行。

（2）对于不同水平的学生可变化难度进行，如可单手持双棒抛，双手接。

（3）教师要在游戏前强调纪律，避免不同步造成落棒砸人。

53. 小抛棒接力

游戏目的：练习小抛棒技术，提高学生的灵活性和动作的控制能力。

场地器材：体操馆或室外塑胶场地 1 个，艺术体操棒 2 根；在场地上画两条相距 12 米的平行线。

游戏方法：如图 11-1-37 所示，将学生分成人数相等的两队，每队又分成两组，各组成纵队分别站在两条平行线后。游戏开始，两队第一组的排头边行进边做小抛接棒，到达本队第二组时，将棒交给第二组的排头，该同学接棒后以同样动作向本队第一组行进。余下学生依次进行至全队每人完成一次。最后以先完成的队为胜。

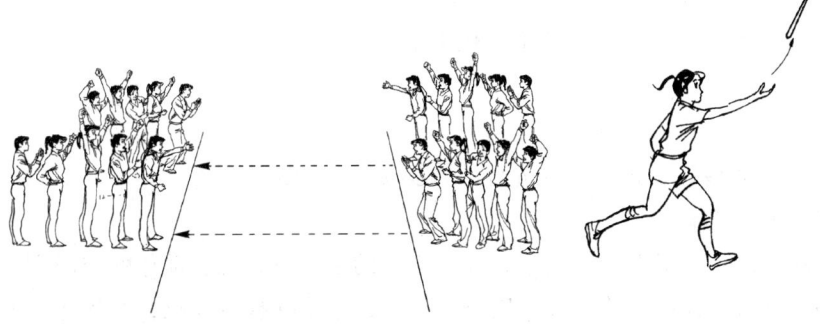

图 11-1-37 小抛棒接力

游戏规则：

（1）棒在空中必须有翻转动作，手接棒后即准备抛棒，不得中途停顿或静止不动。

（2）如果掉棒，必须从失手处捡起继续进行，棒可用左、右手交换抛接或双手同时抛接。

（3）交换棒必须在线后完成。

教学建议：

（1）游戏前应先练习几遍原地小抛接。

（2）如小抛动作熟练，可改为高抛，棒在空中翻转2～3次接棒。

54. 滚动的"浪花"

游戏目的：练习带的螺形动作，增强学生的腕关节的灵活性。

场地器材：体操馆或室外塑胶场地1个，艺术体操带4根；在场地上画两条相距12～15米的线。

游戏方法：如图11-1-38所示，将参加游戏的学生分成人数相等的4个队，每队再分成两组，分别成纵队站在两条线后，每队第一组的排头同学右手持带。游戏开始，4个队排头持带的学生边做垂直螺形动作，边向前做柔软跑，似小浪花不断向前滚动，至本队另一组后将带交给排头同学，之后站到队尾，各队学生依次完成相同动作。最后，以动作准确、先完成的队为胜。

图11-1-38　滚动的"浪花"

游戏规则：

（1）带不能打结，如打结应及时打开结头。

（2）带不能触地。

（3）带不能停顿，必须按垂直螺形前进。

教学建议：

（1）游戏前可先试练一次交接带。

（2）游戏最好安排在室内进行，体操带不易变形。

55. 龙凤起舞

游戏目的：巩固抛接带技术，提高学生的空间位置感和动作的控制力。

场地器材：体操馆或室外塑胶场地1个，艺术体操带3根；在场地上画两条相距 10 米的平行线。

游戏方法：如图 11-1-39 所示，将参加游戏的学生分成人数相等的若干队，每队 6 人，成两人一对分别站在两条平行线上，左右间隔 3 米。游戏开始，在一侧的 3 名学生将带向相对的同学高抛，另一侧同学右手接带后向右转体 360°，同时在身体前做垂直蛇形动作。这样按上述方法进行，反复交换 10 次。最后，以动作准确、抛接成功率高的一队为胜。

图 11-1-39　龙凤起舞

游戏规则：

（1）高抛必须超过 4 米。

（2）转体中的垂直蛇形，带尾不能触地。

（3）评定的满分为 10 分。

教学建议：游戏前可分别试做几次。

五、体操身体素质练习中的游戏

56. 螃蟹追逐

游戏目的：增强腕、肩部和腰腹肌力量，提高学生的全身协调能力和灵敏性。

场地器材：平坦场地 1 个。

游戏方法：直臂俯卧撑姿势，侧对前进方向。先以左臂和左腿向左侧移动，右臂和右腿随之并向左腿和左臂，使身体横向移动。

游戏规则：分两组场地，在端线做准备，每组单数学生为甲队成员，双数学生为乙队成员，两组分别按单、双和双、单数顺序每一个 8 拍出发一名"螃蟹"，后面的"螃蟹"追赶前面的"螃蟹"，被追上击中身体即出局。全部完成后，清点出局人数，少者为胜。

教学建议：

（1）该游戏适合小学高年级和初中生。

（2）可在此基础上增加动作的难度完成，如，改变手臂和腿的动作形式，右臂先向左侧交叉，下肢动作不变；或上下肢均采用交叉行进。

（3）可根据人数进行单、双和多组同时进行的游戏。

57. 象步虎掌

游戏目的：发展学生上肢的和肩带肌群的力量。

场地器材：土场地或塑胶场地1个，注意周围不要有石子或硬物。

游戏方法：如图11-1-40所示，在地上画一"界河"，60~70厘米宽，学生分站在界河两边，双方双手对合，然后各施其力推动对方。能使对方任何一只脚掌离开原位者为胜；也可诱使对方用力过猛，失去重心而脚掌离位，以巧制胜。

游戏规则：参加游戏的学生不许踏线和过界；只能手掌相对，不能用手拽。

教学建议：适合任何年龄的学生进行，但注意对小学低年级学生的安全提示。

图11-1-40　象步虎掌

图11-1-41　母鸡护蛋

58. 母鸡护蛋

游戏目的：发展学生的灵敏及力量素质。

场地器材：平整场地1个和数个实心球。

游戏方法：如图11-1-41所示，5~6人一组，其中一人当"母鸡"，其余学生扮"鸡仔"。画一直径为2~3米的圆圈为"鸡窝"，"母鸡"两手支撑地面，两脚脚掌着地成俯卧状，守护"鸡窝"内作为"鸡蛋"的3~5个实心球。教师发令后，"鸡仔"要用各种办法把"鸡蛋"取出来，但不能被"母鸡"的两腿触及。在规定时间内取出全部"鸡蛋"为胜。

游戏规则：被"母鸡"的两腿触及将还回一枚"鸡蛋"。

教学建议：小学低年级学生进行该游戏时，适当减小圆圈直径和"鸡蛋"数量。

59. 摇船过河

游戏目的：发展学生的力量素质和协调性。

场地器材：在平坦的场地上画两条相距10米的平行线，一条为起点线，一条为终点线。

游戏方法：两人一组，成面对面互坐对方脚背上，其中一人面向终点方向，两人双手搭在对方的肩上，比赛开始后两人同时用力提拉对方，靠两腿屈伸使身体重心向前移动，如摇船动作。以先通过终点线的一组为胜者。

游戏规则：两人双手不得松开，臀部不得离开对方双脚。

教学建议：游戏前教师应向学生介绍两人动作配合要点，并让学生尝试性练习。

60. 毛毛虫前进

游戏目的：发展学生的力量素质，培养学生协同合作的精神。

场地器材：在平坦的场地上画两条相距10米的平行线，一条为起点线，一条为终点线。

游戏方法：如图11-1-42所示，学生每5人一组，成一路纵队坐在起点线后，并依次成前者坐在后者脚面上，最后一名坐在地上；后者依次将双手扶在前者肩上。游戏开始，第一人向前躬身呈蹲立，第二人向前移双脚至第一人臀下，第一人坐下后，第二人向前躬身呈蹲立，第三人向前移双脚至第二人臀下，依此类推，像毛毛虫向前爬行。以第一个全体通过终点线的小组为胜。

图11-1-42　毛毛虫前进

游戏规则：

（1）前面学生必须坐在后面同学脚面上双脚才能向前移动。

（2）移动时后面学生的双手不得与前面同学的肩脱离。

教学建议：

（1）可让每组学生选一名队长指挥前进。

（2）比赛前应让学生进行全组练习，完成不好的组，可先练习2人、3人的配合，熟练后再5人配合；全部会做后，再进行游戏比赛。

61. 编花篮

游戏目的：发展腿部力量素质，培养学生协同合作的精神。

场地器材：平整的场地1个，可准备放音机1台和节奏轻快、跳跃感强、20拍/分钟左右的音乐。

游戏方法：如图11-1-43所示，学生3~8人一组，每人弯曲右腿（或左腿），以脚背钩于右（左）侧同学的膝关节处，同时自己也被左（右）侧同学钩住，编成一个花篮。游戏开始，大家一边唱歌（听音乐）拍掌，一边单脚沿顺（逆）时针方向转圈跳。以坚持时间长的组为胜。

游戏规则：

（1）钩起的脚从同学膝关节处脱落为失败。

（2）游戏中应连续向前跳动，不允许原地跳动。

教学建议：游戏前应做好下肢的准备活动，特别是膝、踝关节。

62. 俯卧撑接力

游戏目的：发展学生的上肢力量。

场地器材：平整的场地1个。

图 11-1-43　编花篮

游戏方法：将学生分成人数相等的几组，各组手拉手围成圆圈站好，预先规定每组必须完成俯卧撑的总数，每组各派一名学生交叉计数。游戏开始，各组从高个学生开始依次尽可能快速、标准地完成俯卧撑，至完成总数为止，以各组完成的先后顺序排列名次。

游戏规则：

（1）俯卧撑未达到标准要求的不计数。

（2）后一个人必须等到前一个人站直后，才允许成俯撑并开始做俯卧撑。

教学建议：低年级或不能完成俯卧撑的学生，可改为立卧撑或半卧撑做。

63. "推小车"

游戏目的：发展力量和耐力素质，培养学生顽强的意志品质和团结合作的精神。

场地器材：在场地上画两条相距10米左右的平行线，分别为起点线和折返线。

游戏方法：学生在起点线后站成两列横队，前后两人为一组。游戏开始，前排学生俯撑分腿两手撑地，后排学生站在前排学生两腿之间适当位置，两手握其踝部。教师发令后，后排学生以推小车状配合前排学生两臂交替撑地前进。过折返线后，两人交换角色返回起点。以先返回起点的一组为胜。

游戏规则：

（1）听发令后俯撑学生的手才能超越起点线，"推小车"学生过折返线后，两人才能交换。

（2）如中途脱手，"小车"拆散，应重新组合好，才能继续前进。

（3）"推小车"学生两手必须握扶同组学生的踝关节。

教学建议：

（1）游戏前必须做好相应部位的准备活动。

（2）开始不能追求速度，行进距离可以短一些。

（3）游戏适合小学高年级以上的学生做。

（4）女生力量差，可适当降低难度，如，"推小车"者，握扶同组学生的小腿。

64. 谁能背起谁

游戏目的：发展学生的力量和灵敏素质。

场地器材：草坪、土或塑胶场地1个。

游戏方法：如图11-1-44所示，学生每两人一组，背对背站立，两臂互相挽起。游戏开始，两人各自用力使身体前屈，努力将对方背起，使其双脚离地即为获胜。

游戏规则：

（1）不得故意松开双臂。

（2）必须听教师口令后，两人同时用力。

图 11-1-44　谁能背起谁

教学建议：

（1）该游戏适合小学高年级以上的学生做。

（2）做好相应的准备活动后再做游戏。

（3）可采用分组比赛或擂台赛的形式进行游戏。

65. 企鹅走路

游戏目的：发展学生的力量素质，提高动作的协调性。

场地器材：体操馆或室外塑胶场地1个，画两条相距5~8米的平行线。

游戏方法：如图11-1-45所示，将学生分成人数相等的两队，分别站在两平行线后做迎面接力。学生两人一组，一人直立，另一人两手扶直立者的脚背成手倒立，而直立者两手扶住倒立者的小腿面向前进方向。游戏开始，每对学生保持这种姿势，默契配合，像企鹅走路一样通过全程，并由下一对学生"走"回去，依次完成迎面接力，以先完成队获胜。

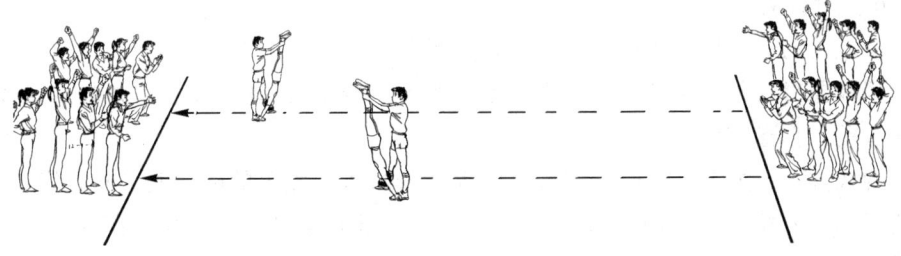

图 11-1-45　企鹅走路

游戏规则：

（1）每对学生过线后下一对学生才可出发。

（2）两人行进过程中，如倒立学生"掉"下来，可在原地立好后，继续前进。

教学建议：

（1）此游戏适合初中高年级以上男生或体育专业学生做。

（2）注意游戏前做好准备活动和安全教育。

66. 蜈蚣赛跑

游戏目的：发展学生的力量素质，培养顽强的意志品质和团结合作的精神。

场地器材：地板、地毯或塑胶场地1个，并标出起点和终点。

游戏方法：如图11-1-46所示，3人一组，除最后1人成跪撑外，其余人两脚分别搭在各自后面人的肩上成一路纵队的俯撑姿势。游戏开始，3人保持队形协调配合向前爬行，最先到达终点者为胜。

图11-1-46 蜈蚣赛跑

游戏规则：

（1）要求膝关节以下的小腿搭肩。

（2）游戏未开始，第一个学生的双手不许越线。

（3）以第3名学生的脚过终点线为全组完成。

教学建议：

（1）游戏适合小学高年级以上的男生和体育专业的学生做。

（2）根据学生的具体情况确定比赛的距离和每组的人数，人数越多，难度越大。

（3）游戏前做好相应的准备活动。

67. 向后绕步走

游戏目的：发展学生的柔韧素质和协调性。

场地器材：平坦场地1个，画两条相距6~8米平行线，分别作为起点线和折返线（另一侧起点线）。

游戏方法：如图11-1-47所示，将学生分成人数相等的两组做"向后绕步走"的往返或迎面接力。"向后绕步走"与普通向前走的姿势一样，所不同的是向前迈步时，必须先从另一腿的后面绕过再迈出。

游戏规则：行走时身体不能过分扭转，身体要保持面向正前方。

教学建议：

（1）教师应先带领学生练会该动作，特别要强调膝关节的充分伸展。

（2）游戏适合小学生和初中生做，特别是女生。

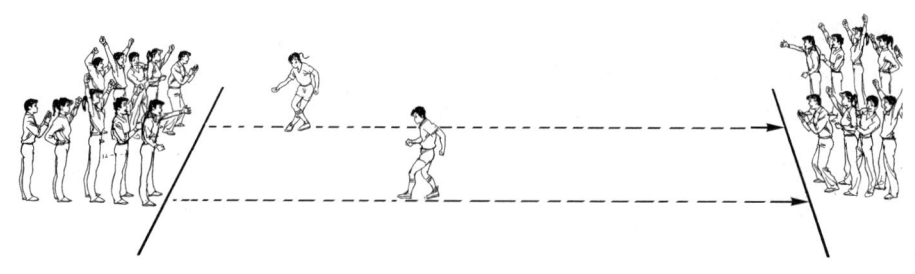

图 11-1-47 向后绕步走

68. 齐心协力

游戏目的：发展学生的力量素质，强化团队精神。

游戏方法：如图 11-1-48 所示，把参加游戏的学生分成人数相等的两队，两队队员间隔排成一列横队，分别向相反方向站立在中线上，并且左右两臂均屈肘互挎，两脚开立（左右前后均可）。发令后，两队队员用力向前拉，尽力使本队先到达本队的终点线。以先到达终点线的队为胜。

游戏规则：不许随意松臂和用脚绊人。

教学建议：

（1）游戏前要做好准备活动。

（2）游戏适合小学高年级以上的学生做。

图 11-1-48 齐心协力

69. 拉人进圈

游戏目的：发展学生的力量、灵敏素质和平衡能力。

场地器材：平坦场地 1 个，根据参加游戏的学生人数数量画一圆圈。

游戏方法：学生手拉手围着圆圈，面向圆心站好。教师发令后，每个人向左或向右，力争用手把对方拉进圈内。被拉入圈内者为失败。

游戏规则：只能用手拉，不许用肩顶、腿绊等。

教学建议：

（1）此游戏也可画几个大小不等的同心圆，第一次失败被淘汰的失败者退出后，剩下的学生进入小一点的圆圈，重复游戏；最后剩下的那些学生为胜利者。

（2）游戏前做好上肢的准备活动。

（3）游戏适合小学高年级以上的学生做。

70. 钻山洞

游戏目的：发展学生的柔韧、灵敏素质和快速动作的能力。

场地器材：游戏可在地板、地毯、体操垫、草坪或沙滩上做。

游戏方法：将学生分成人数相等的两队，所有学生均成屈体俯撑姿势组成"山洞"。教师发令后，每队最后一位学生迅速成跪撑爬行穿越"山洞"，之后在排头立即站成"山洞"的一部分；倒数 2、3、4……学生依次尾随其后，爬越过"山洞"，又在排头前依次组成"山洞"。以全队先全部通过"山洞"的一组为胜。

游戏规则：
(1) 必须依次爬越，不得超越。
(2) 组成"山洞"的学生两手必须扶地。

教学建议：
(1) 为了提高学生的兴趣，可以改变"山洞"的高度，如分腿站立、提踵立等。
(2) 游戏适合任何年龄的学生做。

第二节 舞蹈游戏

一、不同队形中进行的舞蹈游戏

1. 四方舞

游戏目的：
(1) 培养学生的灵敏性和节奏感。
(2) 在舞蹈游戏中得到更多与他人交流的机会，有利于心理健康发展。
(3) 强化学生的合作意识。

场地器材：平整无尘的场地1个；音响设备，音乐磁带或光盘。

游戏方法：如图11-2-1所示，将学生分成4男、4女的8人一组，根据指挥者的口令变化跳事先规定的舞步、配合和队形变化。以配合默契、舞步正确、无队形变化错误并坚持到最后的一组为优胜。

图11-2-1 四方舞1

舞蹈方法：如图11-2-2、图11-2-3所示，每一组由4对舞伴组成，面对中央分4个方向站立，男伴站在女伴左面。基本步法采用踏点步和交叉步。配合为，从第一对舞伴开始，沿逆时针方向依次拜访其他3对舞伴之后回到原位，每对舞伴均重复一遍上述动作。为4名男伴按顺时针、女伴按逆时针方向各自走圆圈，行进中将左手伸给前面的人，再把右手伸给第二个人，直到每一个人回到自己原来的位置。

游戏规则：要求动作整齐划一，跳舞者必须根据指挥人的口令进行各种舞步和图形的变化。

图 11-2-2 四方舞 2　　　　　图 11-2-3 四方舞 3

教学建议：

（1）该舞蹈游戏必须要有 4 对以上的舞伴才能进行。

（2）游戏前教师必须使学生熟悉游戏中的各种舞步、图形和口令。

（3）四方舞的音乐多采用捷克舞曲，通常为 2/4 拍，游戏前最好要先奏 8 节音乐。

（4）该舞蹈游戏可在课的结束部分进行。

2．康加行列

游戏目的：

（1）培养学生动作的模仿能力、协调性和节奏感。

（2）在舞蹈游戏中体会到合作成功的乐趣，有利于身心健康发展。

场地器材：平整无尘的场地一块；音响设备，音乐磁带或光盘。

游戏方法：如图 11-2-4 所示，将学生分成人数相等的两组，站成平行的两路纵队并间隔 5 米左右。每组推举一名同学作为领舞者站在排头，后面的同学一律将左手放在前面同学的肩上。领舞者每 2 个 8 拍换一组脚下舞步动作，后面跟随的同学都要按照领舞者的动作而变化，并整齐地舞蹈。以动作变化多并且相对整齐的一组为胜。

图 11-2-4 康加行列

游戏规则：

（1）每次脚下动作变化不允许重复。

（2）必须按音乐的节拍做动作。

教学建议：

（1）游戏前，教师可让每组学生在一起共同设计本组采用的舞步动作并在音乐伴奏下练习。

（2）游戏中教师可随音乐用手击打出节奏，并采用适当的激励语言以提高气氛。

3. 波尔卡

游戏目的：发展学生的耐力和下肢力量素质，提高动作的协调性，培养节奏感和团队配合意识。

场地器材：平整无尘的场地1个；音响设备，音乐磁带或光盘。

游戏方法：如图11-2-5所示，将学生分成两组，每组男女各半，向逆时针方向站成两个大圆圈；男生在外圈，女生在里圈。游戏开始，在教师的指挥下，所有同学按音乐的节拍一起开始围圆圈跳事先规定的舞步和配合。以交换完所有舞伴，并以未间断和保持圆圈队形的一组为胜。

图11-2-5　波尔卡

舞蹈跳法：第一组动作，点地波尔卡4次，男生先向左、女生先向右做相向的侧并步跳4次，以女生为轴，男生绕女生做原地跑跳步一个8拍。第二组动作，重复第一组动作，但跑跳步是女生原地做，男生向前跑进一个位置，交换舞伴。

游戏规则：做错的同学迅速按照其他人的节奏和步伐跟跳，否则判定另一队获胜一次。

教学建议：

（1）游戏前教师要讲解和示范舞蹈的跳法、配合方法，并组织两队学生分别练习1~2遍。

（2）游戏中，教师要给予适当的动作及节奏提示，并运用适当的语言给予学生激励，保障游戏持续一定的时间，达到锻炼的目的。

4. 拉手舞

游戏目的：

（1）发展学生的跳跃能力，培养灵敏性和节奏感。

（2）在舞蹈游戏中得到更多与同学交流的机会，有利于心理健康发展。

（3）强化学生的合作意识。

场地器材：平整无尘的场地 1 个，音响设备，音乐磁带或光盘。

游戏方法：使学生站成人数相等的内、外双重圆圈，全体学生均面向圈内手拉手直立并成内、外圈学生一一对齐。舞蹈的基本舞步为每 1 拍做 1 次并步小跳；每 4 拍完成向一个方向的连续 3 次并步小跳，加一拍的向前弹踢腿小跳。游戏开始，内圈学生第一个 8 拍，1—4 拍向逆时针方向做向侧的舞步组合，5—8 拍向顺时针方向做；第二个 8 拍，1—4 拍向圈外侧做向后的舞步组合，同时拉手向上高举，5—8 拍向圈内做向前的舞步组合，微屈膝，同时放开相牵拉的手从外圈学生的手臂下穿过。外圈学生动作与内圈学生相同，但始终方向相反。做错的学生将受到"惩罚"。

游戏规则：

（1）向两侧做舞蹈步组合时，应保持一定步幅，回到原来内外对齐的位置。

（2）应及时、迅速地做拉手和放手动作。

教学建议：

（1）游戏前先教会学生整个舞蹈步组合，并让学生慢节奏在队形中练习几遍。

（2）可选择在音乐伴奏下进行游戏，音乐选择进行曲旋律或相应速度的轻音乐均可。

5. 土风舞（欢乐舞）

游戏目的：

（1）在舞蹈游戏中了解相关的舞蹈知识，如舞蹈的国别、节奏、队形、特点等。

（2）在舞蹈游戏中得到更多与同学交流的机会，有利于心理健康发展。

（3）提高协调性，培养节奏感。

场地器材：平整场地 1 个，音响设备，音乐磁带或光盘。

游戏方法：如图 11-2-6 所示，全班学生分成 2~3 组，每组各围成一个圆圈，

图 11-2-6　土风舞（欢乐舞）

手拉手面向圈内，准备根据教师的指挥完成舞蹈动作。教师的口令分别为"四次"和"八次"，例如，当教师喊"四次"时，学生在一个动作上的重复次数为四次，之后做另一方向的重复动作。以配合流畅，保持圆圈队形，拉手不断开的一组为胜。

游戏规则：

（1）必须保持动作节奏，如采用音乐伴奏，必须跟着音乐节奏做，不得越跳越快。

（2）始终保持手拉手，不得松开。

教学建议：

（1）向学生介绍相关的知识。"欢乐舞"是以色列的舞蹈，他们对舞蹈赋予提高斗志、鼓舞士气的任务，随时提醒人民不要忘了和睦团结、勇敢保卫国家。他们的舞蹈大部分是围成圆圈并不分舞伴，表示国家统一。舞蹈动作也大多是有力、快速的。

（2）分别学、练舞蹈中的3个舞步，后踢小腿跑（向两侧）、原地并腿左右扭髋跳、向前走点地同时手臂前上摆，向后走点地同时手臂向下摆回。

（3）教师根据学生的具体情况安排舞步顺序，可适当增加或降低舞步的难度。

（4）教师鼓励学生随舞步配合喊号子，如"嘿"、"哈"等。

6. 土风舞（丢丢咚）

游戏目的：

（1）在舞蹈游戏中了解相关的舞蹈知识，如舞蹈的国别、节奏、队形、特点等。

（2）在舞蹈游戏中得到更多与同学交流的机会，有利于心理健康发展。

（3）提高协调性，培养节奏感。

场地器材：平整场地1个，音响设备，音乐磁带或光盘。

游戏方法：如图11-2-7所示，使学生站成男内女外的双重圆圈，两人为一对舞伴牵内侧手，面向逆时针前进方向。游戏开始，学生按教师所教授的舞蹈动作，在音乐的伴奏下完成各种舞步、配合和交换舞伴，并以此循环往复。跳错的一对舞伴将受到相应的"惩罚"。

图11-2-7　土风舞　（丢丢咚）

舞蹈方法：第一个8拍，1、2拍两人内侧足足跟向前点，收回；3、4拍外侧足跟前点，收回；5—8拍重复1—4拍。第二个8拍，1—4拍两人相拉的手上举，男生向前走3步停1拍，女生先迈内侧脚，向前边走边内转一圈；5—8拍动作同1—4拍，但男女生交换动作。第三个8拍，1、2拍两人成面对面双手互握，内侧脚向侧迈一步，另一只脚在其足弓处点地；3、4拍同1、2拍反向做；5—8拍互行礼，女生行屈礼，男生行低头礼。第四个8拍，转向前进方向，男生原地不动，女生向前行进一个身位，交换舞伴。依此循环完成。

游戏规则：按伴奏音乐节奏完成动作。

教学建议：

（1）向学生介绍相关的知识。"丢丢咚"是以一首台湾民谣所编的土风舞，它的曲调活泼，舞蹈动作乡土味道浓厚。

（2）开始做时，可多次重复一个8拍的动作，再换下一个8拍的动作。

（3）可用相似节奏的音乐伴奏。

（4）游戏适合小学高年级以上的学生做。

二、派对游戏

派对游戏原是美国早年流行的一种民间舞蹈，由于这种舞蹈本身带有很强烈的游戏成分，所以跳这种舞最有气氛，也最有趣。所谓派对游戏，就是指参加这种舞会的人，在舞蹈中不时地交换舞伴，使在场的每一个人都有互相认识的机会。在交际舞中有很多舞蹈都可以用来做派对游戏。

7. 化装舞会

游戏目的：使学生在跳舞的同时，能结交更多的朋友和伙伴。

场地器材：体操馆或平整场地1个，放音设备，音乐磁带或光盘。

游戏方法：参加化装舞会的人要经过精心的打扮，尽可能使自己改变本来的面貌。传统的化装舞会甚至还要戴上面具，打扮成各种各样的人物或动物。化装舞会的音乐，可采用土风舞或进行曲的音乐。化装舞会开始前，男子在内圈，女子在外圈，全体围成一个双层圆圈，舞伴两手相牵，面向逆时针方向。舞蹈游戏过程中，两舞伴完成一组舞蹈配合后，换下一个舞伴。

舞蹈方法：

（1）左脚起向前走8步，最后一步两人成面对面。

（2）舞伴各自向后退4步，在原地按左、右、左踏步3次，再按右、左、右踏步3次，踏步时，每踏一步只占1/2拍。

（3）向前走4步，舞伴从各自的右边穿插而过；后退4步时，舞伴从各自的左边后退回到原位，同时稍向右移，换一位舞伴。

（4）和下一位舞伴成对位舞姿，用4次变换步互绕。

8. 兔子舞

游戏目的：培养学生团结协作的能力。

场地器材：体操馆或平整场地1个，放音设备，音乐磁带或光盘。

游戏方法：跳兔子舞，可不分舞伴，不限人数，全体排成一纵队，第一人两手叉腰为领舞，其余的人把双手搭在前面人的肩上。

舞蹈方法：

（1）左脚跟在左前方点地（1拍）。

（2）左脚收回，在右脚旁脚尖点地（1拍）。

（3）重复1、2的动作，最后右脚在原地轻跳一下（2拍）。

（4）右脚跟在右前方点地（1拍）。

（5）右脚收回，在左脚旁脚尖点地（1拍）。

（6）重复4、5动作（2拍）。

（7）双脚并拢向前跳一步（2拍）。

（8）双脚并拢向后跳一步（2拍）。

（9）双脚并拢，一步一拍，向前跳3步，最后一拍原地不动（4拍）。

三、其他舞蹈形式的游戏

9. 过龙门

游戏目的：发展学生跑跳能力，提高动作的协调性和节奏感。

场地器材：平整场地1个，在各队龙头的脚下画一直径30厘米的圆圈，两圆圈前后对齐。

游戏方法：如图11-2-8所示，将学生分成人数相等的两个队（每队15~20人），各队学生手拉手站成一列横队，两队前后距离3米。各队排头是"龙头"，排尾的两个学生将牵着的手高举，搭成"龙门"。教师发令后，各队"龙头"带领全队采用跑跳步等舞步在音乐的伴奏下跑向排尾，依次从"龙门"中穿过，再跑回原位。先完成的队为胜。

图11-2-8 过龙门

游戏规则：

（1）舞步必须按音乐的节拍跳，全队舞步整齐划一。

(2)游戏中松手脱节算失败。

(3)所有学生必须从龙门中穿过。

教学建议：

(1)游戏也可以采用多次重复做，每一次采用不同舞步完成，以获胜次数积分的形式判定胜负。

(2)伴奏音乐采用进行曲节奏，要跳跃感强，小学生可采用欢快的儿童歌曲伴奏。

10. 创作舞：奇妙的海底世界

游戏目的：

(1)在游戏中体会与同学互助合作创作成功的愉快感。

(2)发展学生协调性和动作表达、模仿能力。

场地器材：平整场地1个，音响设备，音乐磁带或光盘。

游戏方法：如图11-2-9所示，将学生分成5人一组，根据教师提示和学生讨论的海底世界景象，共同创作相应的舞蹈动作表演，哪组设计的动作内容丰富、形象即为胜队。

图11-2-9 创作舞：奇妙的海底世界

游戏规则：

(1)不限舞种，各种动作可重复，但应连贯起来跳。

(2)不得只在原地舞蹈，应有全组的配合动作。

(3)可选择用音乐伴奏。

教学建议：

(1)将教师课前想好的海底世界景观写在小黑板上，举例用舞蹈动作表达其中的2个动作。

(2)全班简短讨论补充教师的描述，教师将学生提出的景观用舞蹈动作表现出来，激发学生的想象力和兴趣。

(3)游戏适合小学生或初中低年级做。

(4)游戏中教师尽量用赞赏的语言。

11. 小熊跳舞

游戏目的：发展学生的力量素质和动作的协调能力。

场地器械：平整场地1个，音响设备，音乐磁带或光盘。

游戏方法：如图11-2-10所示，蹲下，一只脚向前抬起，双臂向前伸直。音乐响起，所有的"小熊"跳一下换另一只脚跳，反复地跳跃、换脚，上身要直，要保持身体的平衡。坚持到最后的学生为胜利者。

游戏规则：要伴随音乐的节拍做，对于偷懒不做的学生给予一定的"惩罚"。

教学建议：

（1）对于身体素质差的学生可适当降低动作的难度，如半蹲。

（2）游戏适合小学生做。

（3）选择20拍/分钟欢快、跳跃感强的音乐伴奏。

图11-2-10　小熊跳舞

第三节　实用类体操游戏

一、走、跑和跳的游戏

1. 神舟起航（航天快车）

游戏目的：

（1）健身功能：发展学生快速移动能力及反应和灵敏能力、提高兴奋性；促进学生健康、全面发展学生身体素质和控制身体能力。

（2）教育功能：团结合作、顽强拼搏；热爱祖国、崇尚科学。培养学生遵守规则、尊重对手的竞争意识和团结协作的精神。

场地器材：

（1）以中国载人飞船"神舟五号"、"神舟六号"发射成功的事迹作为游戏背景。

（2）器材场地准备：空旷平整场地。

（3）学生分组。

游戏方法：如图11-3-1所示，以每一组同学，组成一架神舟飞船（航天快车），共计若干组（架）；各组由后向前每位同学双手搂住前一名同学的腰部，形成一整体。待听到出发命令时，每组以统一步调集体向前运动。游戏开始时，所有参加的同学一起"倒计时":"10、9、8、7、6、5、4、3、2、1、发射"。

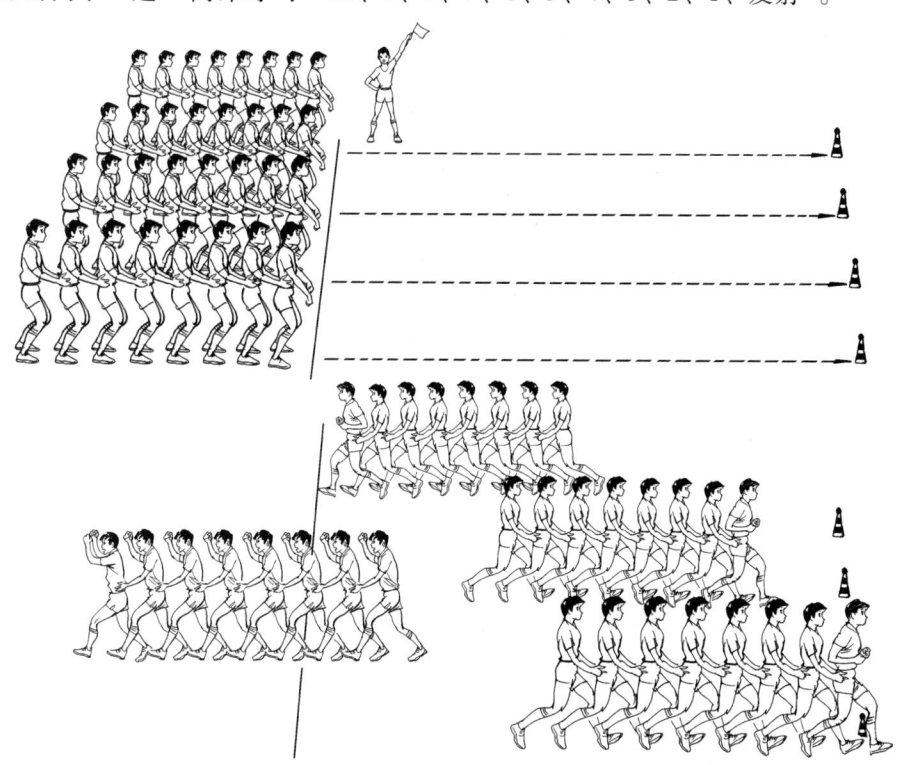

图 11-3-1 神舟起航（航天快车）

游戏规则：在场地端画出一线及立出若干个标志物。直线为地球起航线，标志物为太空目标，各组先站于地球标志线后，当听到出发口令时开始出发，奔向太空；绕过太空标志物返回（地球）在队尾（航天快车整体）越过标志线后为先胜。游戏组织队形整齐。

教学建议：

（1）各组游戏同学可喊一定节奏的口号行进，如"前-进"、"前-进"等。

（2）奖励：第一名"神舟五号"、第二名"神舟六号"、第三名"神舟七号"、第四名"神舟八号"……依次类推。

（3）杜绝惩罚。

2. 打死救活

游戏目的：发展学生灵敏素质，提高奔跑躲闪能力，培养机智、团结互助的精神。

场地器材：平整场地一块，在场地上画一个大长方形，在长方形两端各画一个直径为 3 米的圆圈作为两组的大本营。

游戏方法：如图 11-3-2 所示，将游戏者分成人数相等的两组，各自在自己的大本营内，并通过猜拳决定追者和逃者。游戏开始，逃者出大本营活动，追者就可以追拍，如被追拍着，就算被打死，应自觉到对方大本营，脚踏营地等待营救。被

打死的多了可以手拉手成一串等待营救，如同组的自由队员拍击任何一人即全部被救活。逃者可以在本方大本营内短时停留，稍作休息，此时追者不得追拍。

图 11-3-2　打死救活

游戏规则：在自己大本营内对方不得追拍；逃者在自己大本营内停留不得超过 20 秒。

教学建议：

（1）可以采用逃者被拍 3 下才算死的规则。

（2）可以利用自然地形进行游戏。

（3）可以采用同号追拍的方法进行游戏。

3．小鱼网

游戏目的：发展学生的快速躲闪和反应能力。

场地器材：平坦场地 1 个，在平坦场地上画 1 个圆（代表池塘，大小视人多少而定），长竿 1 根，一端可用一圈（呼啦圈亦可）拴至竿上当抄网。

游戏方法：如图 11-3-3 所示，选一人当"捕鱼人"，其他人都当"鱼儿"，游戏开始，"捕鱼人"手持抄网，来回奔跑追赶"鱼儿"，"鱼儿"可以在圈内跑动躲闪，也可以从网底逃过去，被网套住的为失败，须与"捕鱼人"互换角色。"捕鱼人"也可突然举起抄网在头上转几圈，此时，"鱼儿"必须马上出圈并沿圈边跑一圈，没有跑的为失误者（死鱼），换当"捕鱼人"，游戏重新开始。

图 11-3-3　小鱼网

游戏规则：

（1）持抄网者的网必须罩住"鱼"（人），否则触及人无效。

（2）鱼儿因躲闪出圈为失误，应当换捕鱼人。

教学建议：持竿者不得用力抢竿，以免造成伤害事故。

4. 大鱼网

游戏目的：发展学生灵敏素质和奔跑能力，培养协调一致、团结协作的精神。

场地器材：根据参加游戏的人数，长方形场地或用篮球场代替。

游戏方法：如图11-3-4所示，将画好的场地作为池塘。从游戏者中选出4~6人做"捕鱼人"，其余人当作"鱼"分散在池塘内。游戏开始，"捕鱼人"手拉手作成网去捕鱼，被围住的就算被捉住了。被捉后，立即变成"捕鱼人"，手拉手变成更大的渔网。直到把所有的"鱼"全部捕完，或剩少数"鱼"为止。

图 11-3-4 大鱼网

游戏规则：

（1）"鱼"不能跑出池塘，否则算被捉住。

（2）"鱼"被围不能用力冲破渔网，但可趁机从空隙中钻出去。

（3）"捕鱼人"只能手拉手去捕"鱼"，不能拉人，推人。

（4）"捕鱼人"手松开就算网破，"鱼"可以自由出入。

教学建议：

（1）人数多时，可规定每捕4~6条"鱼"后再结一网。

（2）这个游戏的运动量较大，要控制好游戏时间。

5. 钓鱼

游戏目的：提高学生快速躲闪能力和身体的灵巧性。

场地器材：平坦场地一块，小皮球两个分别装在网兜里，各系上一条2.5米长的松紧带。画一个直径为6米的圆。

游戏方法：选出两名学生持球站在圈外当"钓鱼者"，其他学生分散在圈内当作"鱼"。组织者发令后，"鱼"在圈内自由活动，圈外的"钓鱼者"用系有松紧带的球掷触圈内的"鱼"，圈内的"鱼"灵活闪躲。凡被触到的"鱼"要与"钓鱼者"互换角色，游戏继续进行。

教学建议：

（1）"钓鱼者"必须拉住松紧带，如果松紧带脱手，球触到鱼无效。

（2）圈内的鱼不允许跑出圈外，钓鱼者也不能进入圈内。

6. 渡江战役

游戏目的：发展学生灵敏协调素质，提高奔跑能力。

场地器材：平坦场地1个，在场地上画两条相距20~30米平行线作为江岸。

游戏方法：如图11-3-5所示，游戏者排成一列横队，站在江岸的一侧，选1~2个人为追拍者，站于江内。游戏开始，组织者发出"渡江"的口令后，渡江者千方百计躲过追拍者，想方设法渡江到对岸。追拍者尽力追拍渡江者，被拍着的人应退出比赛。如此反复进行，最后剩一人为胜利者。

图11-3-5　渡江战役

游戏规则：

（1）渡江者不得在场上乱跑或跑出游戏规定的范围。

（2）被拍着的人应主动退出比赛。

教学建议：

（1）练习几次后，应变换追拍者。

（2）也可分组进行，以渡江者的人数多者为胜。

（3）可规定渡江者须2~3人手拉手方可渡江。

7. 机警换位

游戏目的：提高学生的反应速度和动作的敏捷性。

场地器材：宽敞的平地1个。

游戏方法：如图11-3-6所示，把学生分成人数相等的两队，间隔3米，成两列横队面对面站立，选出一人做守卫人，站在两列横队的中间。游戏开始，队列中的人力图与对面的人互换位置，而不被守卫人发现。守卫人则要竭力监视所有企图

图11-3-6　机警换位

换位的人,一经发现,立即喊出他的名字,被喊出名字的队员与守卫人互换,游戏继续进行。

游戏规则:

(1) 换位必须双方互换,只有一方换过去,若被守卫人喊出名字,也算被发现;

(2) 守卫人发现换位,必须在其换位动作完成前喊出名字,方为有效。

教学建议:游戏强度适中。

8. 缩小包围圈

游戏目的:发展学生的反应能力,培养机智灵敏的品质

场地器材:宽敞的平地1个。

游戏方法:如图11-3-7所示,将学生围成一个圆圈,两手放在背后做"围墙",选一名队员在圆圈内随意穿行,在规定的时间内,"围墙"的队员将中间穿梭的队员围困起来,即获得胜利。如果到了规定时间尚未把穿梭队员围困起来,穿梭队员为胜者。

图 11-3-7 缩小包围圈

游戏规则:

(1) 统一发令后即可围困。

(2) 做"围墙"的队员手必须背在身后。

(3) 被围困者,可向外突围,但不准硬挤撞。

教学建议:游戏强度适中。

9. 老鼠钻囤

游戏目的:发展学生的灵敏素质,提高奔跑能力和快速反应能力。

场地器材:平坦场地,在其中画1个大圆圈。

游戏方法:如图11-3-8所示,选出一人当"老鼠",一人当"猫"。其余游戏者站在圆圈上手拉手围成"粮囤",游戏开始,"老鼠"在圈外奔跑,躲避"猫"的追拍,并乘机钻进"囤"来,猫在圈内护"囤",防止"老鼠"进入,也可追出"粮囤"追拍"老鼠","老鼠"钻进"粮囤",可以站在"囤"上任一学

图 11-3-8 老鼠钻囤

生身前顶替其位置，被顶替者就变成"老鼠"，如果"猫"抓住了"老鼠"，两人交换角色，游戏继续进行。

游戏规则：

（1）"老鼠"不能逃离太远，否则算被抓到。

（2）"猫"不得用力推拉"老鼠"。

教学建议：游戏中要注意安全，避免受伤。

10. 贴膏药

游戏目的：发展学生的灵敏素质，提高奔跑能力和快速反应能力。

场地器材：平坦场地，在其中画1个大圆圈。

游戏方法：游戏者两人一组，一前一后站在大圆圈上，每组左右间隔约两米。另选一人当追者，一人当逃者，游戏开始，追者去追拍逃者，逃者可在圈内外奔跑躲避。在跑的过程中，逃者可以站在任何一组的前面贴人，这时后面的一人就变成逃者，追者继续追拍。如果追者追拍到逃者，两人交换角色，继续进行。到规定时间游戏结束。

游戏规则：

（1）追拍时应在圆圈内、外一定范围内，不得离圆圈太远。

（2）贴人时必须在圈内站在圈上人的前面。

教学建议：

（1）游戏者可以两人手拉手或肩并肩站在圆圈上，逃者与圈上任何一人手拉手或肩并肩，另一侧的人即成为逃者。

（2）可以规定追者和逃者均在圈外沿同一方向追拍，逃者贴人时进入圈内。

11. 三人攻防战

游戏目的：培养学生机智，勇敢的意志品质，发展速度，灵敏素质。

场地器材：平整的场地1个。

游戏方法：如图11-3-9所示，将学生分成人数相等的甲乙丙3队，3个排头依次和其他队的排尾相接，围成一个单行圆圈，面向圆心站立，游戏开始，每队排

图 11-3-9 三人攻防战

头进圈内,成相距2米的等边三角形站好,发令后就开始攻防。其顺序是甲攻乙防丙,乙攻丙防甲,丙攻甲防乙,当其中一人被抓住时(摸着不算),游戏停止。被抓住者跟随抓到者站在胜队排尾,另一人回本队。如在规定时间内,均没有被抓住,则各自回本队,然后由各队第二、三人等依次进行,每队每人都进行一次后,以人数多的队为胜。

游戏规则:

(1) 要按攻防顺序进行。

(2) 攻防者不得出圈,如出圈算被抓住。

(3) 圈上的人不许阻挡游戏者,否则判本队人被抓住。

教学建议:每组游戏时间不宜过长,根据学生年龄、性别、体质状况灵活掌握。

12. 卡巴蒂

游戏目的:发展灵敏、协调和速度素质,提高奔跑能力。

场地器材:平坦场地1个,在场地上画1个长13米、宽10米的场地(女子和少年场地长11米、宽8米),在6.5米处画一条中线,每半场1/2处又画一条拦截线。

游戏方法:如图11-3-10所示,游戏双方每队为7人,分别站在各自的半场内。游戏开始,一方做进攻队,另一方做防守队。攻方先派一人冲入守方场地,并且连呼"卡巴蒂",如稍有停顿或含糊,即被罚下场。进攻队员在越过对方拦截线前不能让对方捉住,过拦截线后,即可用身体的任何部位触及防守队员。防守队员被触及任何部位都必须退出场地,并判输1分。攻方队员被捕捉即被罚出场,然后换第二个人进攻,第三个人进攻后换对方进攻。全场比赛40分钟,上、下半场各20分钟。以输分少的一队获胜。

图 11-3-10 卡巴蒂

游戏规则：

（1）攻方队员进入守方场地，连呼"卡巴蒂"，如稍有停顿或含糊，即被罚下场。

（2）进攻队员须越过对方拦截线方可拍击对方队员，守方队员被进攻队员触及任何一部分应退出场外。

（3）进攻队员过中线，守方队员即可捕捉，如被捉住，应退出场地。

（4）进攻队员在未犯规、未被捉住的情况下可趁机跑回本队，如未触及任何防守者，算本回合打和，换下一人进攻。

教学建议：游戏中要合理分配人员，尽量做到双方实力均衡。

13. 老鹰捉小鸡

游戏目的：发展学生灵敏素质，协调性和追拍躲闪的能力，培养团结互助的精神。

场地器材：平坦场地1个。

游戏方法：将学生分成人数相等的2~4队，每队在指定的地方排成一路纵队，每队选出一人做"老鹰"站在别队队外，一人做"母鸡"站在排头，其余为"小鸡"。"小鸡"在"母鸡"身后，双手搭在前一人的双肩上，或双手抱住前一人的腰。游戏开始，"老鹰"捉"小鸡"，"母鸡"张开双臂阻拦"老鹰"，"小鸡"灵巧地躲闪，不让老鹰拍着，在规定的时间内，以小鸡被捕捉最少的队为胜。

游戏规则：

（1）老鹰不能和母鸡互相推、拉、扭、抱，不能拖住对方。

（2）老鹰不能从母鸡双臂下钻过，只可从两侧绕过。

（3）小鸡被老鹰拍着，或在躲闪时脱散，都算被捉，应及时退出游戏。

教学建议：

（1）游戏时要启发学生团结一致，相互配合，机智灵活地进行躲闪。

（2）游戏中要适当掌握和调整运动量，适时换老鹰和母鸡。

14. 龙头捉龙尾

游戏目的：发展学生的灵敏素质和协调配合能力。

场地器材：平坦场地1个。

游戏方法：如图11-3-11所示，将学生分成人数相等的两队，每队6~10人为宜，手拉手成一横队，组成两条"龙"，每队一头为"龙头"，一头为"龙尾"，游戏开始，两条"龙"的"龙头"分别去捉对方的"龙尾"。每捉到一次得1分，游戏结束时，以得分多的队为胜。

图11-3-11 龙头捉龙尾

游戏规则：

（1）在游戏的过程中组成"龙头"的人不得松手。

（2）任何人不得以任何形式阻挡对方的行动。

教学建议：

（1）可以两手搭在前面一人肩上或抓住前面人的后衣摆，扶住前面人腰的形式组成"龙"。

（2）可以采用"龙头"捉自身"龙尾"的方法进行游戏。

15. 飞龙抢珠

游戏目的：发展学生的灵敏、协调等身体素质，培养团结协作的集体主义精神。

场地器材：排球场1个，排球1只，放在球场中心。

游戏方法：将学生分成人数相等的两队，各成一列横队，侧对排球分别站在两端线外，各队手拉手组成"龙体"，远离端线侧为"龙头"。游戏开始，由"龙头"开始迅速穿插于第二、三人手臂下面，第二人也跟着穿插，然后依次从第三、四、五……手臂下穿过，后面的人也跟随穿插，全队成S形前进，直至"龙尾"，最后由"龙头"抢球，以先抢到球的"龙"为胜。

游戏规则："龙头"抢球时，"龙体"不得解散。"龙头"抢球后排至最后做"龙尾"，第二人做"龙头"，游戏重新开始。

教学建议：可以采用双龙戏二珠的方法。

16. 丢手绢

游戏目的：集中注意力，提高反应速度和奔跑能力。

场地器材：平坦场地1个，在场地上画1大圆，手绢1条。

游戏方法：学生面向圆心围坐（或蹲）在圆圈上，先选一人丢手绢。游戏开始，丢手绢者在圈外逆时针跑动，可随时将手绢丢在任一游戏者背后，然后继续跑一圈，当跑到该游戏者位置时，用手轻拍其背部，该游戏者即为失败，两人交换角色，继续游戏。如果被丢手绢者发现背后有手绢，应立即拾起并去追拍丢手绢者，如在一圈之内追上，丢手绢者为失败，仍由原丢手绢者继续丢；如一圈内未能追上，原丢手绢者占据被丢手绢者位置，被丢手绢者变为丢手绢者继续游戏。

游戏规则：

（1）不得将手绢丢在两人中间。

（2）他人不得提示。

（3）两人追拍时不得远离圆圈。

（4）追拍者不得用力推、拉、打对方。

教学建议：可选两名丢手绢者，用两条手绢在同一个圆圈上同时进行。

17. 指鼻子

游戏目的：发展灵敏素质，提高兴奋性。

场地器材：在场地上画一个长方形区域。

游戏方法：选一人为追者，其余人为逃者。游戏开始，逃者在区域内自由奔跑，追者设法去追逃者，逃者在迫不得已的情况下，可在原地以单脚站立，一手从膝下绕过以食指指着自己的鼻子为安全脱险；被追到者与追者互换。

游戏规则：

（1）逃者不得过早做出脱险动作。

（2）追者不能死盯一个逃者10秒以上。

教学建议：

（1）此游戏运动量大，时间不宜过长。

（2）可采用其他脱险方式，如高喊事先商定的一个词，或3个人抱成一团，或设立安全区。

（3）也可规定脱险者不经解救不能自由活动。

18. 两人三足跑

游戏目的：提高学生动作的灵活性和协调性，培养齐心协力的精神。

场地器材：平坦场地1个，短绳或布条若干，在场地上画一条起跑线，距起跑线前15米处间隔适当距离插两根标志竿。

游戏方法：把游戏者分成人数相等的两队，各队两人一组，成纵队面对标志竿站在起跑线后。每一组两人并肩站立，内侧的小腿用绳子或布条绑住，这样成了两人三足。游戏开始，教师发令后，各队第一组以3条腿向前跑进，绕过标志竿返回，击第二组的手掌，然后到排尾站好。第二组按以上方法进行游戏，依次类推，以先跑完的队为胜。

游戏规则：

（1）短绳或布条必须捆在小腿上，如途中松开应系好再跑。

（2）互相击掌时不得踩线。

教学建议：也可采用三人四足跑的方法进行游戏。

19. 三人五足接力

游戏目的：发展学生的下肢力量，提高动作的灵活性和协调性。

场地器材：平坦场地1个，画两条相距20~25米的平行线，一条为起跑线，一条为终点线，终点线上间隔一定距离插两面小旗。

游戏方法：将学生分成人数相等的两队，每队按3人一组，成3路纵队，面对小旗，站在起跑线后，各队第一组游戏者左右两人内侧手相握，中间的人单腿站立，另一腿弯曲搭在两侧人相握的手上，两臂搭在两侧人肩上，做好起跑准备。游戏开始，组织者发令后，第一组的3人同时行动，两侧的人向前跑，中间的人单足跳，至终点绕小旗返回，至起点线和第二组击掌站到队尾，第二组按同样的方法进行游戏，依次类推。游戏结束，以先跑完的队为胜。

游戏规则：

（1）听到口令或击掌后方可从起跑线出发。

（2）到终点必须绕过小旗才能返回。

（3）两侧人互相握的手不能松开，如松开必须原地握好再跑。

（4）中间人必须是单足跳。

教学建议：

（1）前一组返回时，应稍错开本队下一组游戏者，以免影响其跑动。

（2）3人动作组合也可以改为两边的人面向前，中间的人背向前，手臂相挽，两边人向前跑，中间人后退跑。

20. 抢收抢种

游戏目的：发展学生灵敏素质，提高奔跑能力。

场地器材：平坦场地1个，在场地上画若干条20米的跑道，在跑道的起跑线前，每隔5米做1个标志（共设4个标志），每个标志处放1根接力棒（作为农作物）。

游戏方法：将学生分成人数相等的几个组，每组成纵队站在起跑线后。游戏开始，组织者发令后，各组排头顺着自己的跑道，依次将接力棒捡起（表示抢收）跑回起点，并将接力棒交给第二人站到排尾，而第二人将接力棒放回原来的位置（表示抢种），种完后，跑回起点拍第三人的手站在排尾。第三人进行抢收……依次抢种抢收，以最后一人先跑回起跑线的组为胜。

游戏规则：

（1）要按顺序进行抢种抢收。

（2）完成交接接力棒或拍手后，才能越过起跑线。

（3）抢种时，接力棒必须放在每个标志上，否则应重做。

教学建议：游戏强度适中。

21. 钻双杠跑比赛

游戏目的：发展学生的灵敏性和协调素质。

场地器材：并排纵放两副双杠，间隔2米，离双杠端5米画一条起跑线。

游戏方法：将学生分成人数相等的两队，各成一路纵队面向双杠一端站在起跑线后。教师发令后，各队游戏者沿着箭头方向，向双杠下钻跑然后回到起跑线。以最后一名跑过起跑线为止。先钻跑完的队为胜。

游戏规则：

（1）听到口令后才能开始跑动。

（2）游戏过程中，必须列队依次钻跑，不准越人不准并排钻跑。

（3）必须按照指定路线，否者回到队尾重做。

教学建议：

（1）注意在钻跑的过程中头不要碰到双杠。

(2)可以采用手拉手的方式进行活动,也可采用接力的方法。

22. 套圈接力

游戏目的:发展学生的速度素质,提高准确性和协调性。

场地器材:平坦场地,藤圈8个,在场地上画两条相距20米的平行线,一条为起跑线,一条为终点线。在起跑线前5、10、15、20米处各画1个白点,在白点上放1个藤圈,共两组。

游戏方法:如图11-3-12所示,将学生分成人数相等的两队,面对藤圈,成纵队站在起跑线后。听到发令后,两队排头迅速向前跑,跑到每个藤圈处,站在圈中将藤圈从自己的下肢向上套出,然后放回原位,套完最后一个圈后迅速跑回,拍击本队第二人的手掌,再站到本队排队。第二人按同样的方法进行游戏,依次类推,先做完的队为胜。

图11-3-12 套圈接力

游戏规则:

(1)完成套藤圈动作之后,必须将藤圈放回原位,否则判失败,必须重做。

(2)后一人必须与前一人拍手后再跑,否则判失败,必须重做。

教学建议:游戏强度适中。

23. 钻山洞

游戏目的:发展学生的反应速度,提高灵敏素质。

场地器材:平坦场地1个,小旗4面,藤圈4个,垫子4个。在场地上画一条起跑线,起跑线前5米处,画两条相距2米的平行线为"河沟",15米处并排间隔适当距离放4块垫子和4个藤圈,25米处对准垫子各插1面小旗。

游戏方法:如图11-3-13所示,将学生分成人数相等的4队,成纵队分别站在起跑线后,各队选出一人,在垫子前拿一藤圈做成山洞,"洞口"对准本队排头。发令后,各排头迅速前跑,跳过"河沟",钻出"山洞",跑到终点绕小旗从左侧返回,返回时再跳过"河沟",拍第二人的手掌。第二人用同样的方法进行游戏,依次类推。以先完成的队为胜。

图 11-3-13　钻山洞

游戏规则：

（1）必须按规定的方法"过河"、"钻山洞"，绕过小旗，否则判该队失败。

（2）后面的人不能踩线，必须被拍手后再跑。

教学建议：游戏强度适中。

24. 包袱、剪刀、锤（石头、剪子、布）

游戏目的：发展学生的弹跳力及髋关节的灵活性。

场地器材：平坦场地1个。

游戏方法：学生二列横队成体操队形面对面站立。游戏开始，组织者有节奏地喊出"1、2、3"，学生也有节奏地跟着上跳；当喊到"3"时，游戏者都用力上跳，落地成下列3种姿势：两腿并拢代表锤子；两腿前后分开代表剪刀；两腿左右分开代表包袱。根据两脚落地的姿势判别胜负：锤子胜剪刀，剪刀胜包袱，包袱胜锤子。哪队胜利者多为胜。

游戏规则：

（1）必须按口令做，跳起过晚者判为失败。

（2）落地不得改变姿势，否则判为失败。

（3）两脚姿势不明显者，判为失败。

教学建议：

（1）比赛前先练几次，以熟悉游戏方法。

（2）启发学生尽量跳得高一些以提高腾空时间，增加获胜机会。

25. 跳六格房（跳房子）

游戏目的：增强肌体肌肉关节机能，锻炼身体的灵活性和协调性，培养学生机智、果断的意志品质。

场地器材：平坦场地1个，在场地上画1个长方形，再用两横一竖3条直线将长方形分成大小相等的6格，布沙袋1个。

游戏方法：如图11-3-14所示，以3～5人游戏为宜，首先排定游戏顺序。游戏开始，先由第一人将布沙袋抛进第一格，用单脚跳跳进第一格，接着用单脚将布沙袋踢进第二格，然后用双脚跳跳进第二格，再将布沙袋双脚夹进第三格，接着用单脚跳进第三格，这样单脚、双脚地交替踢布沙袋，直到布沙袋踢出第六格，双脚跳出第六格，算一次成功，可得10分，然后再从第一格重新做起。若在某格失误，可在下一轮时，从失误格做起。几轮以后，以得分最多者为第一名，依此类推。

图11-3-14 跳六格房（跳房子）

游戏规则：

（1）布沙袋必须一格一格地往前踢，不得越格，不得压线，否则判为失误。

（2）中途失误，可在下一轮轮到时，从失误格开始继续往下跳。

（3）不得在方格内久留。

教学建议：

（1）跳房游戏的比赛，可进行单人比赛，也可进行集体比赛；可比得分高低，也可比花样多少。

（2）跳房游戏花样极多，不下几十种，如跳十格房、宽大房、圆顶房、飞机房、圆房、梅花房等。

26．智取木棒

游戏目的：提高学生的跳跃能力，发展灵敏素质，培养机智灵活的意志品质。

场地器材：平坦场地1个，在场地上画两条相距10米的平行线为安全线，两线中间画一直径2米的圆圈，在圆心处竖立1根木棒。

游戏方法：如图11-3-15所示，将学生分成人数相等的两队，各成一路纵队面对圆圈站在两条安全线后。游戏开始，组织者发令后，各队排头单脚跳到圈中去夺木棒，夺走后立刻跳回本队的安全线。如果在跳回安全线以前被对方追拍上，算失败，对方得1分；如果没有被拍到，算胜利，本方得2分。在两人同时跳到圈中时，可以动脑筋想办法，利用假动作，或趁对方不注意把木棒夺走，或躲闪、推拉，先迫使对方双脚落地，再把木棒夺走。各队排头做完换第二人做，最后哪队得分多，哪队为胜。

游戏规则：

（1）参加游戏的人必须按规定的方法单脚跳，不得两脚落地或跑步前进，否

图 11-3-15 智取木棒

则算失败，计对方得 2 分。

（2）游戏时只允许夺走木棒，不许移动木棒。

教学建议：可以用双脚跳跃前进的方式进行。

27. 横扫千军

游戏目的：发展学生的弹跳力和反应能力，提高灵活性和协调性。

场地器材：在场地上画直径 5 米的圆圈若干，每圈放置一条长约 3 米、一端系沙包的绳索。

游戏方法：如图 11-3-16 所示，将学生分成若干组，每组一个圆圈，分站在圆圈线上，每组选一人，手持绳索的无沙包一端，站在圆圈中心做好准备。游戏开始，持绳索者抡动绳索做圆周运动，横扫圈上游戏者的膝部以下部位；当绳索经过游戏者脚下时，游戏者应立即跳起躲避绳索，如被绳索击中为失败，须与抡绳者交换，游戏继续进行。

图 11-3-16 横扫千军

游戏规则：

（1）绳索被抡动时，头端不应高于游戏者膝部。

（2）圈上游戏者不得用后退、跨越的方法躲避绳索。

（3）被绳索触及膝部以下部位即为失败。

教学建议：可用细长竿代替绳索。

28. 转绣球

游戏目的：提高单腿跳跃能力，发展腿部力量，培养团结协作的精神。

场地器材：平坦场地1个。

游戏方法：游戏者3~8人一组，每人弯曲右腿，以脚背钩于临近一人的膝关节处，同时自己也被别人钩住，组成一个大绣球。游戏开始，大家一边唱歌，一边跳跃转圈。坚持时间长的组为胜。

游戏规则：

（1）必须以脚背钩于临近一人的膝关节处，脱节为失败。

（2）游戏中应连续跳跃旋转，不得停止不动。

教学建议：注意游戏强度。

29. 袋鼠跳

游戏目的：发展学生灵敏素质、协调性和跳跃能力。

场地器材：平坦场地1个，在场地上画两条相距10米的平行线，一条做起点线，一条做折返线；麻袋两条。

游戏方法：如图11-3-17所示，将学生分成人数相等的两队，每队间隔一定距离成纵队站在起点线后，游戏开始每队排头听组织者信号，迅速跳进麻袋，双手提着麻袋口，用双脚跳跃前进，过折返线后钻出麻袋，提着麻袋跑回，交给本组第二人。同法依次类推，以先完成的队为胜。

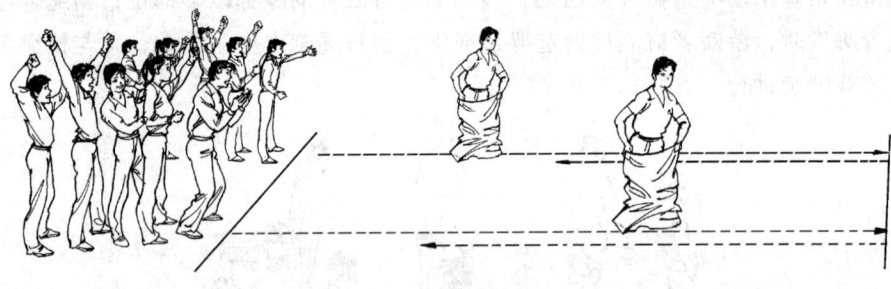

图11-3-17　袋鼠跳

游戏规则：

（1）组织者发令后方可跳进麻袋。

（2）过折返线后钻出麻袋。

（3）交接麻袋必须在起点线后进行，不得抛传麻袋。

（4）两队之间不得互相干扰。

教学建议：可改为两人在同一麻袋内，跳跃前进的方法进行。

30. 手扶拖拉机

游戏目的：发展腿部力量，提高跳跃能力和动作的协调性，培养团结协作的精神。

场地器材：在场地上画两条相距15米的平行线，一条线为起点线，另一条为终点线。

游戏方法：如图11-3-18所示，学生每3人为一组，站在起点线后，两人并肩站立，内侧的手相拉，内侧的两腿向后抬起，由后面一人双手抓住踝关节组成一台"手扶拖拉机"。游戏开始，前面两人用单足跳跃前进，至终点线后换一个人作"拖拉机手"，用同样的方法至起点线，再换第三人作"拖拉机手"。以先到达终点线的组为胜。

图 11-3-18　手扶拖拉机

游戏规则：

（1）行进中"拖拉机手"不得松手，"拖拉机"不得"散架"。

（2）发令前不得过线和抢跑，过线后才能折返。

教学建议：

（1）可以规定"拖拉机手"双脚跳跃前进。

（2）可改用一人在前向后抬起一条腿，一人在后抓住前面人脚踝的形式进行游戏。

31. 跳蚂蚱

游戏目的：发展学生的力量素质，提高跳跃能力和动作的协调性，培养团结协作的精神。

场地器材：在场地上画两条相距 10 米的平行线，一条作为起点线，另一条作为折返线。

游戏方法：如图 11-3-19 所示，学生两人一组，面相对站在起点线后。两队用右手互相握住对方的左脚踝，左手搭在对方右肩上，组成一只"蚂蚱"。游戏开始，两人用侧跳的方法到折返线，再迅速换左手互相握住对方的右脚踝，用同样的方法跳回起点线。最先返回起点线的组为胜。

图 11-3-19　跳蚂蚱

游戏规则：

（1）发令前不得踏线或抢跑。

（2）游戏中握脚踝的手不得松开。

教学建议：

（1）可采用接力等形式进行比赛。

（2）同组两人可喊口令，保持行动一致。

32. 龙舟赛（龙舟竞渡）

游戏目的：发展学生的腿部力量，提高身体的协调性，培养学生团结协作的精神。

场地器材：平坦场地1个，在场地上画两条相距15～20米的平行线，分别作为起点线和终点线。长竿4～8根，绑绳若干条。

游戏方法：将学生分成人数相等的2～4队，每队排成一路纵队，同队队员的左腿和右腿外侧分别用一根长竿绑连在一起，后面人的双手搭在前面人的双肩上，组成一条龙舟，站在起点线后，长竿和人均不得过线。游戏开始，教师发令后，各队队员同时迈同侧步向终点线前进，可由一人指挥。以最先完全越过终点线（以长竿和人全部过线为准）的队为胜。

游戏规则：

（1）发令前各队不得踏线或抢跑。

（2）行进途中绑绳如松开，应原地不动重新绑好后才能继续前进。

（3）必须全队队员和长竿完全过线，才可结束。

教学建议：

（1）每只龙舟以4～8人组成为宜。

（2）各队选一人为指挥，发出统一的口令，按照节拍前进。

（3）也可改为向后后退走或单腿跳跃前进。

33. 螃蟹捉虾

游戏目的：发展学生的灵敏素质和腿部力量，提高跳跃能力和动作的协调性。

场地器材：平坦场地1个，在场地上画1个大圆圈作为池塘。

游戏方法：选两人面相对双手互握作"蟹"，其他人用右手在身后抓住抬起的右脚作虾。游戏开始，"蟹"在"池塘"内捉"虾"，"虾"在池塘内以单脚跳的形式躲避，"蟹"用拉起的双手将"虾"从头上套住，算"虾"被捉住，"虾"与"蟹"中的一人交换角色，继续游戏。

游戏规则：

（1）"蟹"在捉"虾"的过程中，双手不得松开。

（2）"虾"不得出"池塘"和使抬起的脚落地。

教学建议：

（1）可以用右手抓住左脚作虾。

（2）在交换角色时,"虾"可以放下抬起的脚休息。

34. 收腹举腿接力

游戏目的:发展学生的腰腹肌力量,提高身体协调性和奔跑速度。

场地器材:距肋木 15 米处画一条起跑线。

游戏方法:将学生分成人数相等的两队,各成一路纵队,面向肋木站在起跑线后,两队保持 3 米间隔。组织者发令后,各队排头迅速跑至肋木处,攀上肋木成两手握横杠、背对肋木的悬垂姿势,然后快速收腹举腿至脚背触手握的横杠,做数次后,跳下跑回本队拍第二人的手后站至队尾。第二人依前进行,直至全队做完为止。最后以先做完的队为胜。

游戏规则:

（1）听组织者口令或被拍手后方可跑出。

（2）必须按规定次数和要求做收腹举腿。

教学建议:收腹举腿次数要根据学生实际情况而定,同时注意安全。

35. 夜间搜索

游戏目的:提高学生的反应能力和准确判断力。

场地器材:平坦场地 1 个,手帕若干块。在地上画若干直径 3 米的圆圈。

游戏方法:学生 4 人一组,其中两人用手帕将眼睛蒙上站在圈内,另两人站在圈外。组织者发令后,圈内两位蒙眼睛学生互相用手搜索对方,在规定的时间内,抓住对方得 1 分。然后圈内外人交换,按同样方法进行游戏,照此循环进行,积分多者为胜。

游戏规则:

（1）圈内学生在互相追逐时,不得出圈,如出圈经警告应立即返回圈内。

（2）学生可以用手抓住对方身体任何部位,但不能用脚踢。

（3）任何人不准提示,否则判失败。

教学建议:为了提高兴趣,可以随时增加圈内追逐的人数。

36. 越过岗哨

游戏目的:培养学生的观察力和判断力,提高反应速度和灵活性。

场地器材:方凳两个,手帕 1 块。

游戏方法:在学生中指定一人做"哨兵",用手帕蒙住眼睛,两方凳之间间隔 3 米作为"哨位"。游戏开始,大家设法通过"哨位"。"哨兵"在两凳之间自由活动,想方设法拍击"偷越者"。被拍到者与"哨兵"互换,游戏继续进行。

游戏规则:

（1）不允许从"哨位"外绕过,否则判失败。

（2）"哨兵"不得离开哨位。

（3）如"哨兵"5 次未拍到"偷越人",要换一人当"哨兵"。

教学建议:可根据学生的身体素质情况变化游戏,如不用蒙眼睛,扩大岗哨距离等。

37. 单足者骑瞎马

游戏目的：提高学生的反应能力和负重奔跑能力，培养团队协作的能力。

场地器材：平坦场地一块，在场地上画一条直线为起点线，在线前5米处摆放两纵排标志，每排标志有8个，相邻两个标志间的距离为2米；手帕4块。

游戏方法：将学生分成两队，每队再分为甲、乙两组，成二路纵队正对标志站在起点线后，甲组先扮"瞎马"，乙组先扮"单足者"。每队第一匹"瞎马"用手帕蒙住眼，驮起"单足者"做好准备。听到开始口令后，瞎马在单足者的指挥下，逐个绕过每个标志曲线前进，当绕过最后一个标志后直线返回，到达起点线，单足者击第二个单足者的手后，把手帕交给第二对扮演者，两人站到排尾。第二对按同样方法进行，依次类推。全队各扮一次"瞎马"或"单足者"后，互换角色继续进行，至每人均扮一次"瞎马"和"单足者"后结束。以先完成的队为胜。

游戏规则：

（1）听到口令或被击掌后方可出发。

（2）后一对应在前一对返回起点线前做好准备。

（3）途中须按要求做曲线前进。

（4）若单足者途中落地，应在落地处重新驮起前进。

教学建议：可根据学生的身体素质情况变化游戏。

二、投掷、抛接游戏

38. 突破封锁线

游戏目的：发展学生的灵敏和速度素质，提高掷准能力。

场地器材：平坦场地1个，画两条相距14～16米的平行线为投掷线；两投掷线中间画两条相距1米的长线为通道，线长约为20～25米，两端画上起、终点线。排球若干个。

游戏方法：如图11-3-20所示，将学生分成人数相等的两组，分别为攻队和守队。守队站在两边的投掷线上，每人持一排球，攻队则站在通道一端的起点线后。游戏开始，攻队依次从通道跑过，到达对面的终点线外，守队则在攻队通过时用排球掷击通过者的腰以下部位，被击中者退出场外，未被击中而到达终点者可得1分。然后两队交换角色，最后以得分多者为胜。

游戏规则：

（1）防守一方只能掷击通过者腰部以下部位，否则无效。

（2）通过者不许越过通道两侧的线，否则被判击中。

教学建议：根据学生体力情况规定场地中两条线间的距离。

图 11-3-20　突破封锁线

39. 夹球掷远

游戏目的：发展弹跳力和腰腹肌力量及身体的协调性。

场地器材：长方形场地 1 个，中间画一条中线，实心球若干。

游戏方法：将学生分成人数相等的两队，站在中线两旁距中线 5 米处，相对的两人为一组，每组中的一人先用夹球掷对方某点，对方再将球从落点夹起掷回，如此反复进行，先掷到对方端线为胜。

游戏规则：

（1）必须用双脚夹球，跳起掷出。

（2）必须从落点掷。

教学建议：

（1）根据学生体力情况规定场地长短。

（2）可用沙包代替实心球。

40. 抢花炮

游戏目的：增强体力和耐力，锻炼抢炮技巧和对抗意识，培养学生机智、勇敢、果断、顽强的意志品质。

场地器材：可利用自然地形进行游戏，如学校操场，在场地边角设置若干炮台区（与队数相等）场地中心为发炮点，自制花炮 1 个。

游戏方法：如图 11-3-21 所示，将学生分成若干队，先让其中一队为主持队，负责游戏的组织和裁判，该队派一人负责发炮，每个炮台区派一人接该炮台区主队递来的花炮，其余各队同时上场抢花炮。游戏开始，发炮员在发炮点全力将花炮抛向空中，花炮落下后，各队进行争抢，

图 11-3-21　抢花炮

可以通过抢、挤、钻、掩护、传递、抱人、拉人等技术将花炮迅速递给本炮台区的主持队队员，其他各队队员也应努力进行争夺，阻止其将花炮送入炮台区。抢得花炮并将其送交给本炮台区内主持队员者为胜一炮，然后由该队换原主持队主持，游戏继续进行若干次后，以抢得花炮次数多者为胜。

游戏规则：可采取各种技术手段抢得花炮，但不可打人、踢人，违者取消比赛资格。

教学建议：比赛场地可画规范，也可两队之间进行比赛。

41. 脚抛转身接球

游戏目的：发展学生的协调性及腰背肌和下肢力量。

场地器材：平坦场地一个，在场地上画4个直径5米的圆圈，圈内各放一个实心球。

游戏方法：将学生分成人数相等的4队，分别站在4个圆圈上。游戏开始，各队排头进入圆圈，用双脚夹住实心球跳起后将球向上方抛起，并迅速转身用手接住球，成功则连续做，失误则换本组第二人继续做，直至全队做完。最后以累积成功次数多的队为胜。

游戏规则：

（1）必须用规定的方法抛球。

（2）脚抛起球，必须转身后用手接住球才算成功。

教学建议：

（1）实心球可由沙包等代替。

（2）抛球方法也可采用双脚向前上抛然后用手接球的方法，或采用两人一组，一人用脚抛球，另一人用手接球的方法。

三、平衡练习游戏

42. 踩高跷

游戏目的：提高学生的协调性和手臂力量。

场地器材：平坦场地1个，在场地上画两条相同的曲线赛道，一端为起点，另一端各插1面小旗为折返标志；自制铁高跷两副（铁筒上系长绳制成）。

游戏方法：将学生分成人数相等的两队，各成一路纵队面对本队赛道站在起点后。游戏开始，各队排头踩高跷沿赛道行进，绕过小旗返回起点，将高跷交给本队第二人后站到队尾。第二人同法进行，依次类推，直至最后一人返回起点为止，先完成的队为胜。

游戏规则：

（1）踩自制铁高跷的方法：双脚踩在两个铁筒上，两手分别握一根长绳前进。

（2）必须沿赛道前进；途中掉下高跷，应退后一步，踩好再前进。

教学建议：比赛中注意安全。

43. 自行车赛慢冠军

游戏目的：提高学生的平衡能力和身体的协调性，培养顽强的意志。

场地器材：在平坦场地上排画 6 条长 40 米、宽 2 米的赛车道；游戏者自备两轮自行车 6 辆。

游戏方法：将学生每 6 人一组分为若干组。游戏开始，一组 6 人均骑在车上正对自己的跑道排在起点线后。听发令后，学生骑车前行看谁骑得最慢，以到达终点的先后排定名次，后到者名次列前。每组均赛完一次后，再集中各组第一名进行决赛决出总冠军。

游戏规则：

（1）慢者为胜。

（2）中途脚着地一次者，从成绩里扣除 0.5 分钟，脚着地 3 次者不再计名次；一次着地时间超过 3 秒，即取消比赛资格。

教学建议：游戏中注意安全保护。

44. 盘腿半蹲

游戏目的：发展学生的腿部力量和平衡能力。

场地器材：在场地上按 1 米的间隔距离摆放木砖若干。

游戏方法：学生每人用单足站立在木砖上，腿弯曲成半蹲姿势，另一条腿打盘把脚放在下蹲腿的膝上，双手胸前合十，如少林寺和尚练武功。游戏开始，大家保持练功姿势，以坚持时间最长者为胜。

游戏规则：

（1）要保持半蹲姿势，大小腿之间的角度在 100°左右。

（2）身体失衡或掉下木砖者为失败。

教学建议：

（1）可以采用分组比赛的形式。

（2）可以用体操凳、砖块等物代替木砖。

（3）也可采用其他的姿势进行比赛。

45. 单脚独臂战

游戏目的：发展学生的灵敏和力量素质，提高单腿支撑能力，培养顽强机智的品质。

场地器材：在场地上画一个直径约 5 米的圆圈。

游戏方法：学生每两人一组，面相对站在圆圈中间。两人各屈起一条腿，两右手彼此握紧。发令后，两人用互握的手以拖、拉、推、扭等动作，将对方推出圈外或使对方失去平衡双脚着地者为胜。

游戏规则：

（1）只准用一只手参与游戏，另一只手不准协助，否则为犯规。

（2）不得故意松手，以免摔伤对方。

教学建议：
(1) 可以采用分组比赛或擂台赛的形式。
(2) 做好充分的准备活动，防止伤害事故。

46. 斗鸡

游戏目的：发展力量和灵敏素质，培养学生机智顽强的意志品质。

场地器材：平坦场地1个，在场地上画一个直径约3米的圆圈。

游戏方法：将学生分为两人一组，站在圆圈内。游戏开始，学生双方单腿站立，另一只腿屈起，用手握住屈起腿的脚腕，双方在圆圈内用屈起的膝盖互相撞击，将对方撞出圈外或双脚落地者为胜。

游戏规则：
(1) 只准两膝盖相互撞击，不得用手或用肩去推、拉、顶、撞对方。
(2) 游戏中间不得换腿，不得出圈。

教学建议：
(1) 游戏中可以躲闪，以巧取胜。
(2) 可以采用分组比赛的形式，以积分多少决定胜负。
(3) 可采用撞肩的方式游戏。

47. 闪身推手（斗智斗勇）

游戏目的：发展灵敏素质和平衡能力，培养学生机智勇敢的精神。

场地器材：平坦空地1个。

游戏方法：学生每两人一组，面相对站立，两臂前平举，以两手掌相触为间隔距离。游戏开始，双方可以用推、拉、拨、闪的动作，迫使或诱使对方失去重心使脚步移动，使对方脚步移动者为胜。

游戏规则：
(1) 只许用手推、拨、拉、闪，不许用掌或拳打。
(2) 任何一只脚移动就算失败。
(3) 双方的脚同时移动算和，应重赛。

教学建议：
(1) 可以利用战术去战胜对方。
(2) 可以以擂台赛的形式或集体比赛的形式进行游戏。

48. 遥控飞机

游戏目的：提高学生的反应和判断能力、平衡能力。

场地器材：平坦场地1个，在场地上画一条直线为起点，在起点线前5米处间隔3米纵向摆两组各6个标志物。

游戏方法：将学生分成人数相等的两组，各成一路纵队分别站在起点线后。游戏开始，每组的排头闭上眼睛作"飞机"，第二名作"遥控者"。组织者发令后，"飞机"两臂侧平举朝前走或跑，遥控者随时告诉飞机的方向，指挥他绕过标志物作 8 字形往返，先到达起点线并且没有犯规者，为本队得 1 分。接着由第二名作"飞机"，第三名作"遥控者"依次进行，最后以得分多的队为胜。

游戏规则：

（1）作飞机者必须闭上双眼，不得偷看。

（2）行进中必须绕 8 字形前进。

（3）途中如碰倒标志物，由"遥控者"指挥"飞机"放好后前进。

教学建议：可将标志物换成障碍物，在"遥控者"指挥下，用跨、跳、钻等方法越过障碍。

四、攀登、爬越、爬行游戏

49. 骑兵打仗

游戏目的：发展学生的力量和灵敏素质，提高协调性和两人协作配合的能力。

场地器材：平坦沙滩一块。

游戏方法：学生两人一组组成战骑，一人骑在另一人的脖子上，下面人两手紧抱住上面人的小腿。游戏开始，每组战骑各寻对手进行交战，"骑马人"两手相搏。被对手拉下"马"的为失败，退出场地；剩下的最后一组战骑为优胜者。

游戏规则：

（1）两组交战时，做马的人不得助战。

（2）两方中能用手袭击对方的手及手臂，不得推、拉、打身体的其他部位。

教学建议：

（1）必须在柔软的沙滩地或体操垫上进行，注意安全。

（2）可以采用擂台赛的形式进行。

（3）也可以采用互摘骑马人头上戴的帽子的形式。

50. 爬铁索桥

游戏目的：发展学生的灵敏和力量素质，提高攀越能力和身体的协调性。

场地器材：平坦空地 1 个。

游戏方法：将学生分成人数相等的两组，每组排成两列横队面相对站立，面对的两人互相握住手腕，左右每两人之间相距一臂距离组成"铁索桥"。游戏开始，最后两人依次爬上"铁索桥"，直至另一端下来并连成一节新的"铁索桥"。新的排尾两人用同样的方法爬过"铁索桥"，每人爬桥一次，最快完成的一组为胜。

游戏规则：

（1）必须手、腿并用爬过"铁索桥"，否则为犯规。

（2）爬"桥"时"桥"断落应重新接好再爬；下一组须在上一组连接成一节新的"铁索桥"后出发。

教学建议：

（1）可采用赤脚走过"铁索桥"的形式。

（2）游戏者必须摘下笔、钥匙链等以防发生伤害事故。

51．蜘蛛行

游戏目的：发展学生的四肢力量和身体的协调性。

场地器材：在平坦场地上画两条相距20米的平行线，分别作为起点线和折返线；实心球4个。

游戏方法：将学生分成4队，各成一路纵队，间隔适当距离，站在起点线后。听到预备口令，各队排头面朝上，头朝折返线，四肢着地，仰撑在起点线后的地面上，并将实心球放在其腹部做好准备。听到开始口令，迅速以手脚协调配合爬向折返线，臀部不得着地。当到达折返线并以双脚踏线后返回，返回时仍用同一姿势，但要求以脚领先、头朝折返线的方向向起点线爬回，当脚踏上起点线后将球交给本组第二人，自己则站在排尾。第二人同法进行，全队轮流做一次，以先完成的队为胜。

游戏规则：

（1）必须听到开始口令或交接完将球放好后才能启动爬行。

（2）爬行过程中应保持球不落地，如落地应在落地处将球放好继续前进。

（3）必须用规定的方法爬行，头始终朝向折返线方向。

（4）向前爬行至折返线时必须双脚踏线后方可返回，返回至起点线时也必须双脚踏线后方可交接实心球。

教学建议：

（1）游戏前要做好准备活动。

（2）爬行时可不放球，或改为面朝下，腿腹间夹皮球，四肢着地爬行。

（3）也可采用迎面接力的方式进行游戏。

52．摇船过河（划小船）

游戏目的：发展学生的力量素质和协调能力。

场地器材：在平坦场地上画两条相距10米的平行线，一条为起点线，一条为终点线。

游戏方法：如图11-3-22所示，将学生分成人数相等的两队，每队两人一组，面对小旗，成纵队站在起点线后。各队第一组两人面对面，双手搭在对方肩膀上，一人面向终点线，一人背向终点线，各坐在对方的双脚脚背上做好准备。游戏开始，组织者发令后，第一组从起点线开始，两人同时用力提拉对方，靠两腿屈伸使身体重心向前移动，如摇船动作。两人均过终点线后返回。返回时，两人保持面向或背向终点线方向不变。第一组摇回起点线后，第二组马上同法进行，直到全队每一组都"摇船过河"一次结束，以速度快的队为胜。

游戏规则：

（1）发令前或前一组返回未能完全越过起点线时，不得启动。

（2）"小船"必须完全越过终点才能返回。

图 11-3-22　摇船过河（划小船）

（3）两人双手不得松开，臀部不得离开对方双脚，两人应始终保持各自面向同一方向。

教学建议：游戏前要合理分组比赛。

53. 蛇行走（蟒蛇过路）

游戏目的：发展学生的力量素质，提高协调配合的能力。

场地器材：在场地上画两条相距 5 米的平行线，一条做起点线，一条做终点线。

游戏方法：如图 11-3-23 所示，学生每 5 人为一组，成一路纵队坐在起点线后。第一人坐在第二人脚面上，第二人做在第三人脚面上……最后一人坐在地上，后面每个人的双手扶在前一个人的肩上扮作蛇，游戏开始，排头向前躬身成蹲立，第二人向前移双脚至第一人臀下，第一人坐下后，第二向前躬身成蹲立，第三人向前移双脚至第二人臀下，依次类推，成蛇行向前行走，以先完全通过终点线的组为胜。

图 11-3-23　蛇行走（蟒蛇过路）

游戏规则：

（1）必须坐在后面一人脚面上，双脚才能向前移动（最后一人除外）。

（2）移动时后面人的双手不得与前一人的肩脱离。

(3) 必须 5 人全部通过终点线才算完成。

教学建议：

(1) 此游戏最好在体操垫上进行。

(2) 可以选最后一人为队长，指挥全组前进。

(3) 可以发动游戏者开动脑筋，只要符合规则要求，想方设法提高前进速度。

五、强夺、击打、搬压、抛接、运送游戏

54. 夺棒

游戏目的：发展学生的力量和灵敏素质，培养机智顽强的意志品质。

场地器材：空地 1 个，木棒 1 根。

游戏方法：两位比赛者面相对站立，间隔适当距离。一根棒横置于两人中间，两人双手一同握棒。游戏组织者发令后，各自用力拖拉或扭转木棒以逼使对方两手脱开为胜。

游戏规则：比赛中一手脱落，可握回继续争夺；若两手失棒，比赛终止，失棒者为负。

教学建议：

(1) 比赛前应做好准备活动，以免受伤。

(2) 此游戏竞争激烈，消耗体力较大，不宜久夺。

(3) 用棒角力的游戏比较多，如：两人单手（同名手）握棒的近端，双方以相互拧、压比试腕力；两人各自双手握棒近端站在体操凳上，以推、拉、挑、拨等动作迫使对方跌落地面；又如两人脚掌相抵，面相对坐在地上，双手正握横置于两人中间的木棒用力后拉，以把对方臀部拉离地面等。

55. 打脚腕

游戏目的：发展学生的灵敏素质，提高动作速度和身体协调性。

场地器材：排球场或空地 1 个。

游戏方法：学生每两人一组，间隔距离以不互相干扰碰撞为宜。组织者鸣笛后，两人互相以单手拍打对方小腿以下脚腕部位，同时尽量不让对方打中自己，每打中一次得 1 分，在规定时间内以得分多者或以先拍到对方者为胜。

游戏规则：打中小腿以上部位无效。

教学建议：

(1) 拍打的力量要适宜。

(2) 此游戏也可拍打身体的其他部位，如肩、背等部位。

56. 铁臂膀（不让臂膀抬起）

游戏目的：发展上肢力量，培养持久性。

场地器材：选择平坦的场地 1 个。

游戏方法：学生每两人为一组，一人为甲，一人为乙，甲在前，乙在后，重叠

站立。乙两臂伸直,压住甲的上臂。听到组织者开始的口令后,乙直臂用力下压,甲尽力将两臂抬起。在规定时间内乙如果能压住对方,为乙获胜;如不能,则为甲获胜。然后甲、乙互换角色,继续进行游戏。

游戏规则:

(1) 肘关节均不得弯曲。

(2) 后面学生的两臂必须压住前面学生的上臂。

(3) 被压者两臂抬到水平部位算获胜。

教学建议:也可采用身体其他部位作力量对抗。

57. 背人接力

游戏目的:发展学生的力量素质,提高奔跑能力,培养刻苦耐劳的顽强精神。

场地器材:平坦场地1个,在场地上画两条相距15米的平行线,一条为起跑线,一条为终点线,在终点线上插两面小红旗。

游戏方法:将学生分成人数相等并为偶数的甲、乙两队,各队"1、2"报数,两人一组分别站在起跑线后,各队第一组的学生,单数背起双数,面对小旗做好准备。组织者发令后,单数者迅速把双数者背至小旗处,两人进行交换,双数者再以同样方法把单数者背回起点,击本队第二组的手后,站到本队排尾。第二组再同法进行游戏,依次类推。以先完成的队为胜。

游戏规则:

(1) 不准抢跑。如被背者途中滑下,应在掉下处背好再跑。

(2) 必须到小旗后,两人才能互换,否则判失败。

教学建议:

(1) 游戏时应做准备活动,注意安全。

(2) 分组时,两人力量不能太悬殊。

(3) 此游戏可采用一对一的抱、背、托、扛或二对一、三对一的抬等方法进行。

58. 抱腿比赛

游戏目的:提高学生身体的灵活性及反应能力,培养机智顽强的意志品质。

场地器材:体操垫子或柔软的沙滩。

游戏方法:学生每两人一组,面相对站在垫子或沙滩上。游戏开始,一人想方设法去抢抱对方的腿,而另一人则千方百计不让对方抱住,一定时间后,两人交换角色,反复进行。以抱住对方腿的次数多者为胜。

游戏规则:

(1) 可以以任何姿势抱腿,但不得冲撞和踢打。

(2) 必须双手抱住才算胜,仅用手摸着不算。

教学建议:

(1) 游戏前应做好充分的准备活动。

(2) 可以采取分组比赛的形式进行游戏。

59. 角力

游戏目的：发展力量和灵敏素质，锻炼学生的机智果断能力。

场地器材：平坦场地1个，在场地上画一条中线。

游戏方法：学生分别站在中线两侧，两脚前后开立。每两人一组，同时伸右臂（或左臂），两右（左）脚外侧相抵，两手相握。游戏开始，双方用力推、拉对方手臂，使对方脚步移动者为胜。

游戏规则：

(1) 只许单臂用力，另一手不得接触对方。

(2) 游戏中，两脚始终不得移动，如移动则为失败。

教学建议：可以用太极推手等方式进行游戏。太极推手角力的方法是：双方相对站立，以同名手手腕紧靠相抵，通过挤、压、推、收、放的动作迫使对方失去重心而移动脚步。

60. 顶牛儿

游戏目的：发展学生的力量和灵敏素质，培养顽强的精神。

场地器材：平坦场地1个，在场地上画一条直线。

游戏方法：学生面相对分别站在直线的两边。游戏开始，两人将头顶在一起（以前额发际处相抵），听到组织者发出开始的口令后，两人用力顶住对方，使对方后退。越过直线者为胜。

游戏规则：

(1) 游戏者以头相抵，不得碰撞，不得躲闪。

(2) 游戏者可用双手扶对方双肩，但不得用力。

教学建议：可以采用以肩相抵顶牛儿的形式。

61. 背推角力

游戏目的：发展学生的力量素质，培养顽强的作风。

场地器材：平坦场地1个，在场地上画两条相距3米的平行线。

游戏方法：学生每两人为一组，背相对站在平行线中间，两人各面对一条平行线。各做成马步姿势，两手放在大腿上，两人的背紧紧贴在一起。发令后，两人同时用背或臀部向后推对方，将对手推过其身前的平行线为胜。

游戏规则：

(1) 只许用背、臀部推，手不得接触对方。

(2) 角力中，不得故意躲闪，以免发生伤害事故。

教学建议：

(1) 可以采用分组比赛或擂台赛的形式。

(2) 游戏前应做好准备活动。

(3) 可采用集体背推角力的方式进行游戏，方法是：将学生分成两组，每组所有学生手挽手，与对方背对背相推，将对方推过规定的线为胜。

62. 背负角力

游戏目的：发展学生的力量和灵敏素质。

场地器材：体操垫子或沙滩上。

游戏方法：学生每两人为一组，两人背相对站立，两臂互相挽起。游戏开始，两人各自用力，身体前屈，能把对方背起，使其双脚离地为胜。

游戏规则：

（1）不得故意松开两臂。

（2）不准顶、碰、绊、踢对方。

教学建议：

（1）可以采用分组比赛或擂台赛的形式进行游戏。

（2）也可以画出一定区域，限制在场地内进行比赛。

63. 互抱角力

游戏目的：发展学生的灵敏和力量素质，培养机智顽强勇敢的精神。

场地器材：在体操垫子上或沙滩上画1个直径为5米的圆圈。

游戏方法：学生每两人为一组，面相对站在圆圈中间。游戏开始，两人上前交手，千方百计抱住对方的躯干，利用推的力量将对方推出圈外，或者将对方抱起送到圈外者均为获胜。

游戏规则：

（1）只准用推和抱的方式进行游戏。

（2）不准冲撞或踢打对手。

教学建议：

（1）可采用分组比赛或擂台赛的形式。

（2）做好充分的准备活动，防止发生伤害事故。

64. 闭眼踢球

游戏目的：提高学生动作的准确性和判断能力。

场地器材：小球若干个，手帕若干块。

游戏方法：学生两人一组分成若干组，各组排头用手帕蒙住眼睛，脚前放一个小球，另一个学生原地站立。游戏开始，各组排头后退3步，原地转一圈，然后返回用脚踢球，踢着了得1分。再换另一人照此方法做同样动作，如此循环进行。游戏结束以得分多的游戏者为胜。

游戏规则：

（1）游戏者的眼睛蒙上后，不准任何人将球移动。

（2）踢球者踢球时只准踢一次，如果连续踢则判失败。

教学建议：可以采用蒙眼原地转数圈后掷击或打击目标的方法进行游戏，蒙眼人也可在别人引导下转圈或做其他动作后辨认方向或跨越、跳越标记；还可蒙眼跨、跳数步后，再用同样的步数返回等方法进行游戏。

65. 俯卧撑接力

游戏目的：发展学生上肢力量。

场地器材：平整的场地1个。

游戏方法：将学生分成人数相等的若干组，各组面向内手拉手成圆圈站好，预先规定每组必须完成俯卧撑的总数。组织者发令后，每组先出一人做俯卧撑，其他学生帮助数数，尽力做完后站起，第二人马上接做俯卧撑，其他学生接续第一人完成的数量往下数，依次类推，直至全组完成规定数量后站好举手示意，以各队完成的先后顺序排列名次。

游戏规则：

（1）做俯卧撑时，动作要规范。

（2）如各组每人做完一次后仍然达不到总数时，允许做第二次以凑足总数。

（3）接前人做俯卧撑时必须等前面的人站直后方可接做。

教学建议：可改为手撑跳箱盖或将脚放在高处完成俯卧撑；也可改用俯卧撑推起击掌的方法进行。

66. 抛球拾物

游戏目的：发展学生的灵敏素质，提高动作速度。

场地器材：在场地上画4个平行的直径1.5米的圆圈，距各圈前3~5米处各放置3个小沙包；气球4个。

游戏方法：将学生分成4组。游戏开始，各组排头持气球站在本组的圆圈内，听到口令后，将气球抛向空中，然后迅速跑至放沙包处取回一个沙包，跑回圆圈接住落下的气球，将捡回的沙包放在圈内，再抛气球捡回第二、第三个沙包，按捡完3个沙包回到圈内并接住气球的先后排定名次，第一至第四名分别得5、3、1、0分。各组依次进行，直到全组完成，累计得分多者为胜。

游戏规则：

（1）捡到沙包返回圆圈时，气球落地无效，应重新进行。

（2）必须在圈内接住气球，否则无效。

教学建议：游戏时注意合理安排强度。

67. 螃蟹搬蛋

游戏目的：发展学生的下肢力量，锻炼相互协调配合的能力。

场地器材：在平坦场地上相距20米画两条平行线，分别作为起点线和终点线；皮球两个。

游戏方法：将学生分成两队，每队又以两人为一组，成纵队站在起点线后。听见预备口令时，各队第一组两人背对背用躯干夹抵住一球，同时侧向下蹲于起点线后。听见开始口令后，两人像螃蟹状横着向终点线跑去，到达终点后再换向夹抵球横行返回起点线（两人始终面朝同一方向），将球交给第二组，然后站到队尾。第二组同法进行，依次类推。先完成的队为胜。

游戏规则：

（1）听开始口令或夹抵好球后方可离开起跑线。

（2）必须半蹲横行，身体不得直立。

（3）跑动中如球落地，必须在落地处夹抵好球后才能继续前进。

（4）不准抱球跑。

教学建议：

（1）可规定用侧向滑步或交叉步等方法移动前进。

（2）可用胸相抵，肩相抵或头相抵夹球的方法进行游戏。

68．踏砖过河

游戏目的：发展学生的耐力，以及灵敏性和协调性。

场地器材：画两条相距 10 米的平行线为河岸，中间为河道。砖共 6 块。

游戏方法：如图 11-3-24 所示，将学生分成人数相等的两队，各队再分成甲、乙两组各成纵向面对站在两条平行线外。游戏开始前甲组排头两脚踏在砖上做好准备。发令后，甲组排头用双手将第三块砖向前移动，再向前移一步，直到移至对岸。将砖交乙组排头后站到乙组排尾。乙组排头同法移回对岸。按此方法依次进行，直至全队做完，以先完成的队为胜。

图 11-3-24　踏砖过河

游戏规则：必须双脚分别踏在一块砖上，才可向前移动第三块砖，否则判本队失败。

教学建议：此游戏可采用计时方法，看谁的速度最快。

第四节　技术类体操游戏

1．车轮滚滚

游戏目的：提高学生对前滚翻的学习兴趣和动作熟练掌握程度，增强个人的空间感。加强同学之间互相鼓励，团结共进的精神。

场地器材：在室内或室外宽敞的空地上；需使用体操垫，将体操垫平行排成 3 列，每列 3 块首尾相连，每列间隔两米；将参加人员分为 3 组，分别排列在各组垫子一端。

游戏方法：如图 11-4-1 所示。

（1）每组第一名队员听到口令后同时在垫上做连续的前滚翻。

图 11-4-1 车轮滚滚

（2）连续直线滚 3 个得 3 分，直线滚两个得 2 分，直线滚一个得 1 分，第一个就滚出垫子外的不得分。

（3）当第一名队员滚完后立即跑回起点，与下名队员击掌，下一名队员接到前一名队员击掌后方可出发，继续向前滚翻，依此类推，直至所有队员都完成动作。

（4）最先完成的小组得 3 分，第二的小组得 2 分，最后完成的小组不得分；将每组所有人的得分与最后的完成得分相加，分数最高的为第一名，分数列中的为第二名，分数最少的得第三名。

游戏规则：

（1）每个队员不管是第几个失败后（或成功地完成 3 个后），都不可继续前进，须立即停止动作，返回起点与下一名队员击掌交接。

（2）前滚翻必须是连续的，如中间停顿则停顿后的那个算失败。

（3）除第一名队员外，其余每名队员必须接到前一名同伴击掌后方可前进，否则该名队员的成绩不作记录。

（4）每组 5~8 人之间。

（5）有初级的前滚翻基础。

（6）2 分钟左右。

教学建议：

（1）每组人数不宜过多。

（2）没有动作基础的情况下不宜开展此游戏。

（3）游戏需有垫子保护。

2. 斗转星移

游戏目的：发展学生的腹肌和股四头肌，提高身体协调性和灵活性。

场地器材：

（1）平整空地 1 个，垫子两块，实心球两个。

(2)把学生分成人数相等的 A、B 两队，然后将两队分成 A_1、A_2 和 B_1、B_2 人数各半的两组。

(3)各队的两组相对成列在场地两端站好，A_1、A_2 与 B_1、B_2 中间各放 1 块垫子，垫子一端放 1 个实心球，A、B 两队间隔 2 米。

游戏方法：如图 11-4-2 所示。

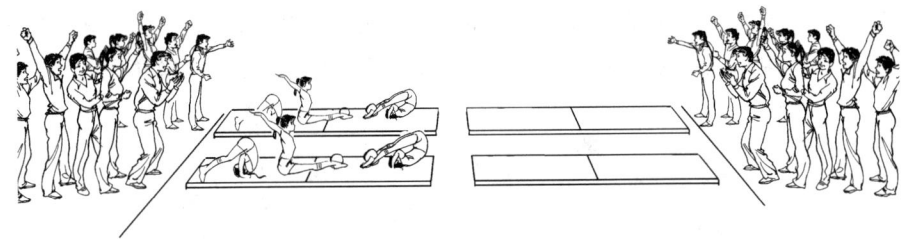

图 11-4-2　斗转星移

(1)听到口令后，两队 A_1 和 B_1 的排头在垫上向前做前滚翻成直腿坐，并将前方的实心球用双脚夹起，直腿向后屈体将球送入身后，然后向前蹲起并迅速跑向本方队员，同时击掌交接。

(2)A_2 与 B_2 的队员接到队友击掌，立即重复同一动作并与对面队员击掌交接，直至所有队员都完成动作。以先完成的队为胜。

游戏规则：每个队员完成动作时必须通过双脚将球送入体后，运送球的过程双腿必须伸直，若球滚离垫端允许同队队员协助将球捡回。

教学建议：此场地器材也可用排球或足球代替。

3. 争先恐后滚雪球（双人鱼跃前滚翻）

游戏目的：提高学生对体操动作学习的兴趣和动作质量及身体协调性；加强学生互相配合的能力和相互信任、团结一致的精神。

场地器材：自由操场地。

游戏方法：如图 11-4-3 所示，将所有参与的学生进行两两组合，将组合好的队员分成相等的 3 组，由第一组首先在垫端做好准备（其中一人躺下同伴人趴在自己上面，两人头脚相对，每人抓住对方的脚踝），听到口令后，两人向前进行双人的前滚翻，以先到垫子另一端的一队为胜；然后由第二组和第三组依次以同样的方法进行游戏；每组的获胜者再进行一次最后的角逐评出第一名。

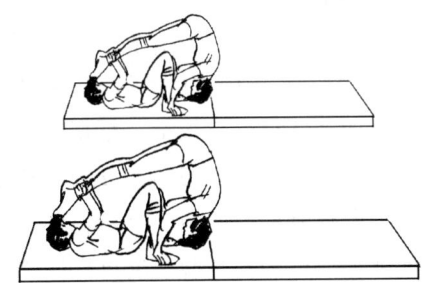

图 11-4-3　争先恐后滚雪球
（双人鱼跃前滚翻）

游戏规则：前滚翻时，必须双人同时进行，动作完整规范，其中一人未完成动作为合作失败。

教学建议：每次组合与分组尽量有所变化，优劣交叉，使大家互相带动、共同进步。

4. 初现彩虹

游戏目的：发展学生的协调性和灵敏素质，提高鱼跃前滚翻的动作质量。

场地器材：自由操场地。

游戏方法：如图11-4-4所示，所有队员在场地上一起围成3/4圆，由第一名队员首先侧身横跪卧在垫子上做"限制物"，其他队员开始依次从"限制物"鱼跃前滚翻越过，碰到或没敢完成动作者为失败，即和"限制物"互换角色。

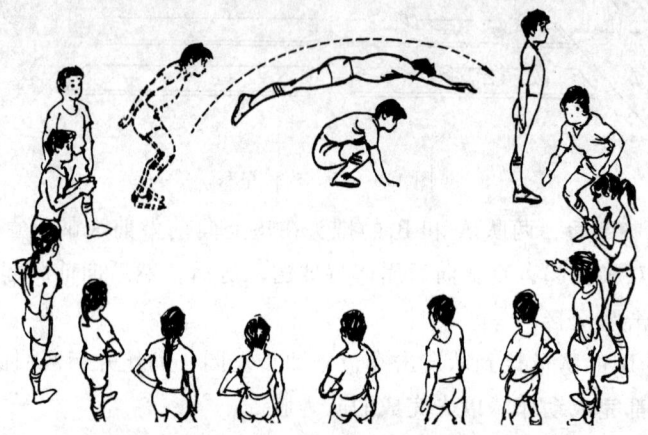

图11-4-4 初现彩虹

游戏规则：动作要连续进行，间隔时间过长或不敢完成或触碰到"限制物"即为动作失败。

教学建议：根据学生对动作的掌握的情况，可调整"限制物"的高度和宽度。

5. 独木桥上跨高峰

游戏目的：提高学生侧手翻的动作质量，发展身体协调性。

场地器材：

（1）体操垫4块，橡皮筋1根。

（2）将4张垫子间隔20厘米竖直并排摆在场地正中处；将橡皮筋系在长竿上，两名队员手持长竿，根据所需高度将长竿举起，把橡皮筋调在垫子中间；将参与者分成人数相等的两组分别站在垫子两侧。

游戏方法：如图11-4-5所示，两组交替进行侧手翻，能在垫子的间隔中直线完成动作，并且脚的高度可以碰到橡皮筋的队员可以离队，未能按照要求完成的队员继续排到自己队伍后面等待下一轮动作，3轮之后所剩队员少的队伍为胜。

游戏规则：侧手翻必须直线完成；脚必须达到一定高度；每轮所剩队员少的队必须等对手做完同一轮比赛才可进行下一轮。

教学建议：

（1）标志物的高度要适中，个子矮的同学不一定要碰到标志物，只要达到高度即算动作成功。

图 11-4-5 独木桥上跨高峰

（2）帮助是体操教学与训练特有的教学手段，在其中有直接帮助和间接帮助之分，间接帮助是帮助者不直接助力于练习者身上，而是通过信号、标志物和限制物等，我们这则游戏正是采用了标志物和限制物来帮助学生正确掌握动作用力时机、节奏和所在的空间和方位，使学生尽快掌握和完成动作的一种有效手段。

6. 翻山越岭共闯难关

游戏目的：提高学生的侧手翻动作质量，培养双人配合能力，增进队友间的相互信任及团队精神。

游戏方法：如图 11-4-6 所示，将参与者两两组合，在场地一端做好准备：两人前后侧对起点端线站立，后面一人抱住前面一人的腰，听到口令后，两人双脚同时用力蹬地摆腿，前面一人手撑地带动后面一名队员共同完成侧手翻动作连续向前进，行进到另一端线，双方互换位置，以同样的方法行进至起点，以先配合走完全程者为胜。

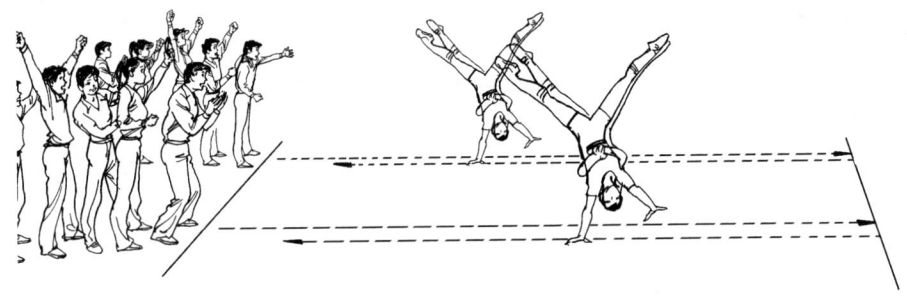

图 11-4-6 翻山越岭共闯难关

游戏规则：游戏过程必须双人配合完成的动作才算合格，单人完成的需重新开始动作。

教学建议：分组时应注意优劣结合，胆大的队员带动胆小的队员，场地器材应注意每组队员的间距，尽量距离稍远些。

7. 龙腾虎跃

游戏目的：

（1）提高学生的学习兴趣。

（2）培养灵巧性，提高动作之间连接的能力。

场地器材：自由操场地或草地，垫子两块。

游戏方法：如图11-4-7所示。

图11-4-7 龙腾虎跃

（1）把学生分成人数相等的A、B两队，然后将两队分成A_1、A_2和B_1、B_2人数各半的两组（若人数为奇数则两组人数相差一人）。

（2）各队的两组相对成列在场地两端站好，A_1、A_2与B_1、B_2中间各放一块垫子，A、B两队间隔4米。

（3）听到教师口令，A_1和B_1的排头趋步向前完成侧手翻向外转体90°接鱼跃前滚翻，然后跑向本队对面的一组，与A_2和B_2第一名队员击掌。

（4）A_2和B_2排头接击掌后，完成击掌队员相同的动作，并与A_1和B_1的下一名队员击掌，以此类推。

（5）同队队员交叉依次进行，直至最后一名队员完成，以先做完的队为胜。

游戏规则：

（1）必须有侧手翻后才能完成鱼跃前滚翻。

（2）鱼跃前滚翻一定要在垫子上完成，偏出垫子判其失败，但是可以立即回到垫头重新完成动作。

（3）同队队员击掌交接时不可以抢跑，否则判犯规。

教学建议：

（1）此游戏是建立在基本完成主要动作技巧的基础上开展的，适宜应用在熟练掌握动作阶段。

（2）此游戏不宜在无保护（较硬）的场地进行。

（3）各队的男女生比例应相近。

（4）技巧动作内容丰富。此种类型的技巧动作游戏可以根据不同人的年龄、性别、人群进行变化、组合，以适应教学训练的需要和各层次人们的身体和心理需求。

（5）跌跟头是有技巧的，我们在日常生活中难免会有跌倒、磕磕碰碰。不同的人其结果可能大不一样，有着灵巧的身体，训练有素的人，在碰到这样的情况时能用各种滚翻改变不同的身体姿势摆脱困境，从而使身体免受伤害，反之，则可能后果严重。在这里告诉我们经常进行技巧动作的锻炼，除了能够提高我们的身体素质，同时也提高了我们的适应能力和应急能力，提高了我们的生活质量。

8. 象形追赶

游戏目的：发展学生的腿部韧带及身体的协调性，培养坚忍不拔、坚持不懈的精神。

场地器材：自由操场地。

游戏方法：如图 11-4-8 所示，在场地的一边的端线上站成一排，每个参与队员两腿伸直分开，体前屈且双手抓住脚踝。听到口令后，向对面前进；到达端线后立即换成下蹲的姿势，双手仍然抓住脚踝，蹲步前进，返回起点，以最先到达起点线者为胜。

图 11-4-8　象形追赶

游戏规则：前进过程中双手必须始终抓住脚踝，前半段行进中两腿始终不能弯曲，后半段行进中必须保持蹲步，屁股不得抬起，双腿分开的角度大小可根据自身感觉调整，以身体最协调的角度为好。

教学建议：对于腿部韧带较差的男生，可以通过提高双手的高度来降低游戏难度。

9. 欢乐开怀跳群羊

游戏目的：发展协调性和灵敏素质，培养学生克服困难、战胜自我的品质，提高学习兴趣和运动技能。

场地器材：将学生分成人数相当的 2~4 队，每队 8~10 人分别站成一个圆圈，队员之间的间隔的距离不少于 2 米。除排尾外，其他所有队员做双手扶膝的体前屈，成"山羊"状。

游戏方法：如图 11-4-9 所示，游戏开始，各队的排尾向排头方向用分腿腾越的方法跳过本队的所有"山羊"。跳完后立即向第二名队员发出出发的信号，自己则在排头 2 米处的地方做成"山羊"；第二名队员得知信号后立即用上述方法开始跳越，全队依次进行，以先跳完者为胜。

游戏规则：必须按规定的动作越过每个"山羊"，不得从旁边绕过，否则判违例，充当"山羊"的队员，不得随意升高或降低身体，两手要用力扶两膝关节处，稳固支撑。

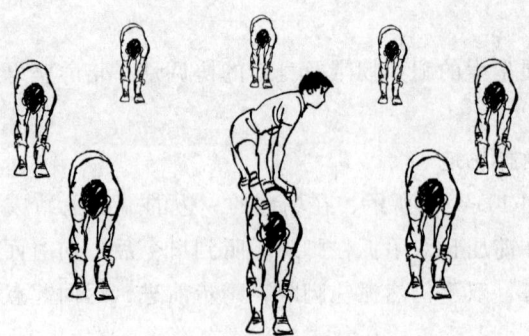

图 11-4-9 欢乐开怀跳群羊

教学建议：

（1）此游戏适宜在学生初步掌握山羊分腿腾越技术后安排进行。

（2）游戏时应注重分腿腾越的技术要领，要求每个学生要有责任心和安全意识，防止伤害事故的发生。

10. 争先恐后赶小车

游戏目的：发展学生的上肢力量和耐力，提高身体的控制能力以及队友之间配合能力和协调能力，培养团队精神。

场地器材：自由操场地或平整草地。

游戏方法：如图 11-4-10 所示，将学生排成两排站在起点线后，前后两人为一组。游戏开始前，前排队员俯撑分腿成"小车"，后排队员站在前排队员两腿之间，两手握前排队员的踝部，做"推车人"。听到发令后，后排队员以推小车状配合前排队员两臂交替撑地快速向前行进。过折返线后，两人交换角色返回起点。以先返回起点的组为胜。

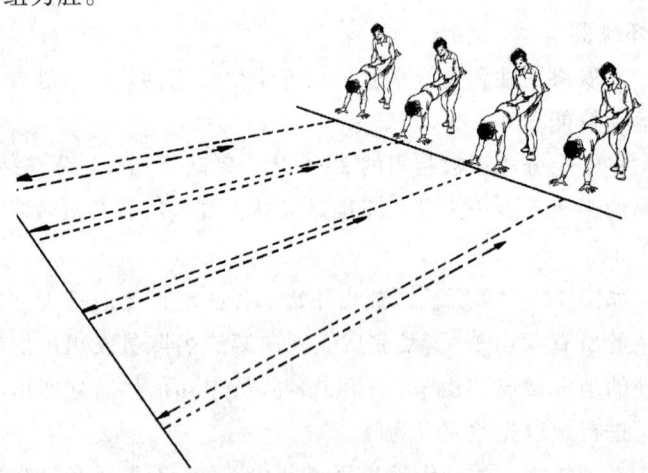

图 11-4-10 争先恐后赶小车

游戏规则：听到口令后才能超越起点线，"推车人"过折返线后才能交替；作小车的队员除两手外，身体其他部位都不得触及地面。

教学建议：游戏前应先做好相应部位的准备活动；适宜安排在课的后半部分作

为身体力量练习,由于是两人配合的游戏,一定要强调学生要有团结友爱的精神。

11. 团结拼搏翻越险阻

游戏目的:发展学生的灵敏素质和身体协调能力,巩固提高单杠翻上和前翻下技术使参与者能够更好地掌握保护帮助的技巧。

场地器材:

(1) 并排单杠两架,垫子6块。

(2) 将垫子纵排铺于单杠下面,起到保护作用。

(3) 将学生分成两队站在单杠两侧,每队排头出列先充当保护帮助者。

游戏方法:如图11-4-11所示,每队排头首先负责保护帮助;第二名队员到单杠前开始做单杠翻上及前翻下的动作,完成后便留在杠前为下一名队员进行保护帮助;之前保护帮助的队员则到队伍最后排队。其他队员依此类推,每个做完动作的人留下为下一名队员进行保护帮助,直至所有队员都完成动作。

图11-4-11 团结拼搏翻越险阻

游戏规则:

(1) 每名队员,独立完成动作者得2分;需要保护帮助才能完成动作的得1分;保护帮助下仍不能完成动作的不得分。每队所有队员分数相加,得分高的为胜。

(2) 每个队员要尽量保证动作的质量,两次不能独立完成的,必须接受同伴的帮助。

在帮助下两次不能完成的则算动作失败。

教学建议:

(1) 该游戏适宜在动作的规范化阶段进行。

(2) 如果条件有限,只有1架单杠,也可两组交替进行。

12. 双杠追逐(1)

游戏目的:发展学生的手臂的支撑力量,培养灵巧性。

场地器材:双杠1架。

游戏方法:如图11-4-12所示,两组队员分别成纵队站在距双杠两端一米处;听到口令后,两组排头迅速向前支撑上杠成前摆下(统一从右侧下杠),然后沿逆时针跑向双杠另一端重复之前的动作;两次动作完成后立即与同队第二名队员击掌,第二名队员重复第一名队员的动作,依此类推,双方队员相互追赶,以所有队员先完成的一方为胜（若其中一队中途就将对手追上，则从下名队员开始两队同时出发继续游戏，以追上对手次数多的一方为胜）。

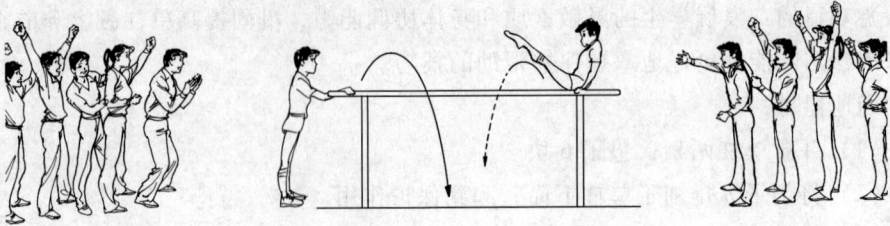

图 11-4-12　双杠追逐（1）

教学建议：分组时应尽量使双方实力均衡，若男女同时参与，应注意男女比例相同，且排列出发顺序时应将男对男、女对女排在同一出发位。

13. 双杠追逐（2）

游戏目的：跳上成外侧坐越两杠下（计分）。

场地器材：双杠1架。

游戏方法：如图 11-4-13 所示，两组队员分别成纵队站在距双杠两端一米处；两组各派一名队员站在杠前，听到口令后，两名队员跳上成左侧的外侧坐迅速收腹举腿越两杠从右侧跳下，然后沿逆时针方向双杠另一端重复之前的动作，双方队员相互追逐，共跑3圈（6次动作）；如3圈内一方抓到对方队员则本方得2分，若领先一次则得1分，平局互不得分；接着由第二对、第三对……依次上杠进行追逐；最后将各队分数累计相加，分高为胜。

图 11-4-13　双杠追逐（2）

教学建议：

（1）此游戏事宜在熟练掌握动作技巧后开展。

（2）女生进行此游戏可适当降低双杠高度。

14. 双杠支撑接力（1）

【直臂支撑前进】

游戏目的：发展学生上肢的支撑力量及身体的整体协调性。

场地器材：

（1）并排双杠两架，垫子4张（长度不得小于双杠两纵向支撑杆的距离）。

（2）将垫子分别垫在两副双杠两端；两组队员排列成纵队分别站在两副双杠

的同一端，以近端的双杠立柱为起点。

游戏方法：如图11-4-14所示，听到口令后，每组的排头立即跳上成直臂支撑后迅速支撑前进，直至双杠另一端跳下，然后跑回起点与本队第二名队员击掌交接；第二名队员重复排头的动作与第三名队员击掌交接；依此类推，直至所有队员都完成，以先完成的队伍为胜。

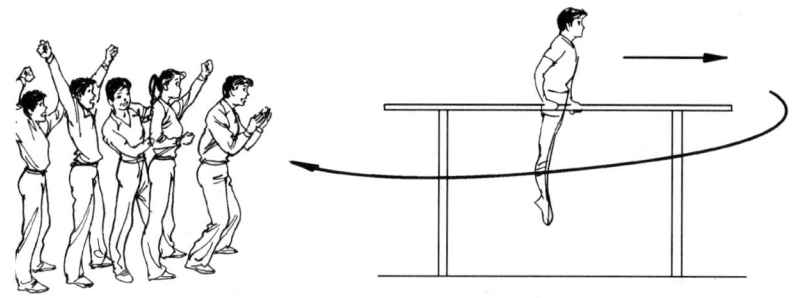

图11-4-14　双杠支撑接力（1）

游戏规则：前进过程中必须是直臂支撑，身体要求保持良好的体操姿态，如游戏中途落杠必须回到起点重新开始。

教学建议：在基本掌握杠上支撑动作时就可以进行此类的游戏，可以通过游戏建立身体对器械的感觉，提高学生杠上的支撑水平。

15. 双杠支撑接力（2）

【双杠臂屈撑跳跃前进】

游戏目的：发展学生上肢的支撑力量及身体的整体协调性，发展肩带肌的快速收缩能力。

场地器材：

（1）并排双杠两架，垫子4张（长度不得小于双杠两纵向支撑杆的距离）。

（2）将垫子分别垫在两架双杠两端；两组队员排列成纵队分别站在两副双杠的同一端，以近端的双杠立柱为起点。

游戏方法：如图11-4-15所示，听到口令后，每组的排头立即跳上成支撑后迅速臂屈伸跳跃前进，直至双杠另一端跳下，然后跑回起点与本队第二名队员击掌交接；第二名队员重复排头的动作与第三名队员击掌交接；依此类推，直至所有队员都完成，以先完成的队伍为胜。

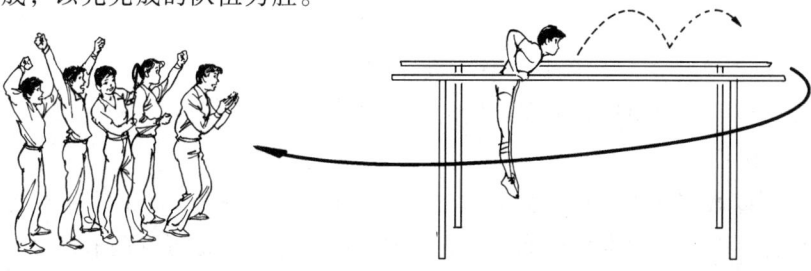

图11-4-15　双杠支撑接力（2）

游戏规则：前进过程中允许停止休息，但必须仍然是双臂支撑且不得掉杠，身体要求保持良好的体操姿态，如游戏中途落杠必须回到起点重新开始。

教学建议：在基本掌握杠上支撑动作时就可以进行此类的游戏，可以通过游戏建立身体对器械的感觉，提高学生杠上的支撑水平。

16. 综合身体素质大比拼

游戏目的：发展学生身体综合素质。

场地器材：

（1）操场或平整的草地，垫子6块。

（2）将学生平均分为两队，每队分为3个小组，每队间隔6米；垫子3个一组以等边三角形的形状摆放在队伍前面，每个垫子间隔5米。

游戏方法：如图11-4-16所示，听到口令后每各组的排头开始在队前垫子上做10个俯卧撑，然后逆时针跑到第二块垫子上做10个仰卧两头起，接着跑到第三块垫子上做10个力卧撑，最后跑回起点与本组第二名队员击掌交接，第二名队员重复第一名队员的动作后与第三名队员击掌交接；依此类推，直至所有队员都完成，以先完成的队伍为胜。

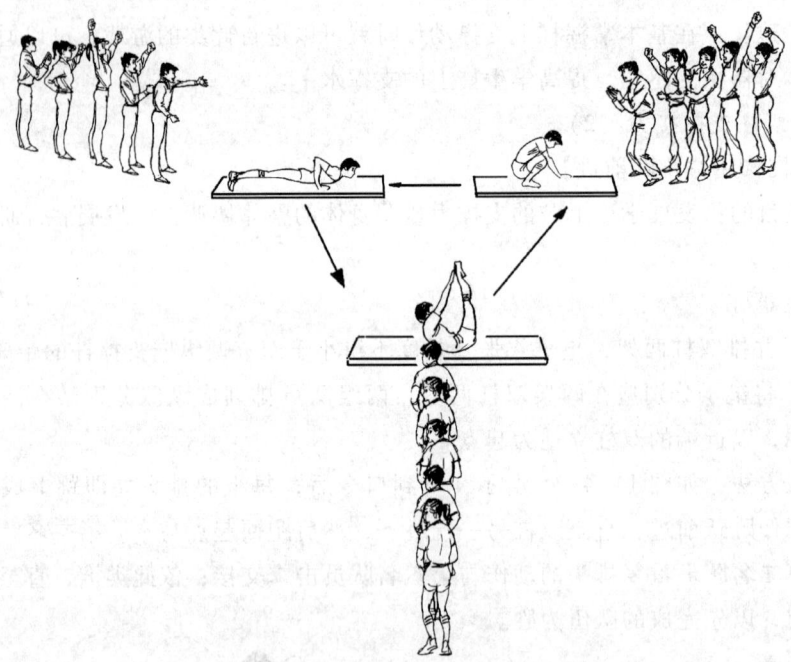

图11-4-16 综合身体素质大比拼

游戏规则：每个动作必须完成规定的数量且要保证质量。

教学建议：

（1）可以调整动作顺序，先后次序不限，也可以根据体育课任务不同选择不同的动作进行练习；此类力量练习宜放在课的后半部分，也可以调节体育课的运动量不足之用。

（2）不同的运动项目对身体素质的要求不同，体操的力量要求是，动中有刚，动作要求用爆发力去完成，只有这样获得的身体素质，才能对体操动作的提高及生活适应能力方面表现出积极的应用价值。

17. 循环闯关

游戏目的：全面发展学生身体的综合素质及队友间的相互配合能力。

场地器材：体操房，单杠、双杠、跳马、跳箱盖、体操垫。

游戏方法：将游戏所需道具在体操房以环形位置摆放好，每组6人，除跳马处2人外，其余队员在剩余4处道具旁各站一人，听到口令后，教师开始计时，由跳马处排头首先出发，完成跳马规定动作后与跳箱前的队员击掌交接并顶替跳箱前队员的位置；跳箱前队员接到击掌后立即向前完成鱼跃前滚翻动作并跑向单杠与单杠队员击掌交接并顶替单杠队员位置；依此类推，单杠队员完成单杠动作后与双杠队员顶替交接，双杠队员与垫子前侧手翻队员顶替交接；侧手翻队员做完后与跳马的第二名队员顶替交接；以此方法继续循环，直至所有队员做完一圈的规定动作并跑回各自起始位置，教师计时停止；换第二组上场，以用时少的队为胜。

游戏规则：必须经过击掌后下一名队员方可出发，出现动作失败，该环节队员必须重新完成此环节动作。

教学建议：

（1）若场地空间较大，此游戏也可两队同时进行，一队以跳马动作作为起始动作，另一队以双杠动作作为起始动作，两队互相追逐，可以增加游戏的激烈程度及参与更深刻的相互竞争感受。

（2）这种方法不利于教师对动作完成质量的监督。

18. 千军万马过山隘

游戏目的：巩固动作技术，发展学生身体协调性，提高动作的熟练性，克服恐惧心理，增强自信，发展团结一致、勇于战胜自我的品质。

场地器材：

（1）平整地面，跳马1个。

（2）所有队员排成一列，1~3报数；同数队员为一组，不分队排列，每个队员记清自己的数字。将队伍带至跳马前约5米，围成圆弧排列。

游戏方法：如图11-4-17所示，听到出发口令后，排头助跑3步后第二名就要跟上，以此类推，谁因故使游戏中断就要受到惩罚且与此中断队员同号的（报数是数字相同的）都必须罚，做俯卧撑分腿立撑接挺身跳两次，然后游戏从中断的那名队员继续开始。

游戏规则：每名队员必须衔接流畅，中间不能停顿，否则未跟上节奏的队员算动作失败。

教学建议：

（1）根据教学进度及学生掌握的情况，也可选用跳马其他动作进行此项游戏。

图 11-4-17 千军万马过山隘

（2）利用团队精神氛围的烘托，使学生在克服困难时表现的心理活动积极转化为一种"勇敢"，从而战胜自我（自我的一种恐惧心理）。在这过程中的每一次成功表现都会得到队友和同伴的赞美，正是这种一次次的肯定，增强了学生的自信。在身体得到发展的同时，良好的心理品质得以形成。

19. 大鹏展翅摘响铃

游戏目的：提高学生横马侧腾越的动作质量。

场地器材：

（1）跳马1个、长竿1根、铃铛或沙包1个、绳子1根。

（2）将铃铛系在长竿的一端，由一名队员将长竿举起，根据所需高度，将铃铛或沙包控制在跳马的侧上方，参与队员在跳马前围成弧形排列。

游戏方法：如图11-4-18所示，听到口令后，排头首先出发，依次进行横马侧腾越的动作，动作要求脚必须达到或触碰到标志物的高度，如动作失败，则替换持长竿举标志物的队员，且必须是马步站立手持标志物。

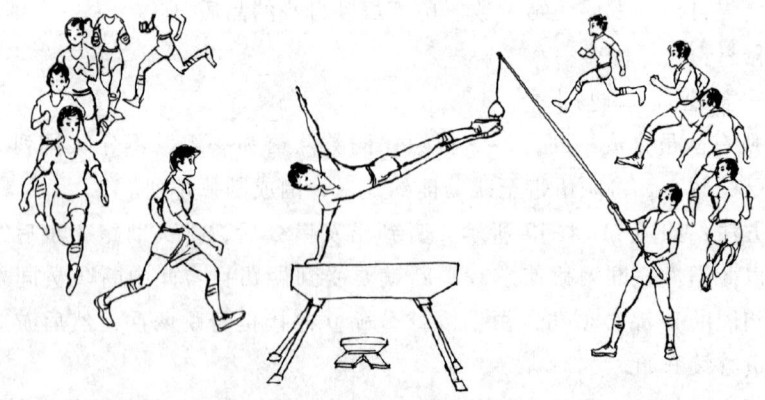

图 11-4-18 大鹏展翅摘响铃

游戏规则：双脚未达到高度即算动作失败；必须以标准马步持标志物。

教学建议：可以使用其他不同的惩罚方法进行游戏。

20. 企鹅快跑

游戏目的：发展学生的上肢力量，培养倒立能力，锻炼双人协同的能力。

场地器材：自由操场地。

游戏方法：如图 11-4-19 所示，将学生两两组合，在场地一端做好准备：一人倒立，一人直立，倒立者手撑直立者脚背，直立队员抓住倒立者脚踝，双方互相协调，保持好身体稳定。听到口令后，立即向场地另一端前进，行进到另一端线，双方互换位置，以同样的方法行进至起点，以先配合走完全程者为胜。

游戏规则：双方必须是配合行进，倒立者必须手撑着直立者的脚背，如倒立者脚着地，必须原地重新配合好后方可继续行进。

图 11-4-19　企鹅快跑

教学建议：

（1）组合队员最后身高相当。

（2）可以尝试男女搭配进行游戏。

21. 集体大逃亡

游戏目的：发展学生的体操综合素质；培养团队精神；提高技战术结合的能力。

场地器材：体操房自由操场地及各种固定器械。

游戏方法：将学生分成人数相等的两队；每队每次派出 4~6 人；其中一队为逃亡队，另一队为抓捕队；听到口令后两队一起开始行动，为躲避抓捕，逃亡队员可以在空地上或器械上做各种体操动作，在做动作的同时另一队队员不得抓捕，只有抓捕队员中有人同样完成所抓队员的动作后才可继续实施抓捕；一轮游戏持续 3 分钟后统计成功逃亡的人数，然后双方互换角色，以成功逃亡人数多的队为胜。

游戏规则：逃亡队员所做的同一个体操动作最多重复 2 次；抓捕队员必须完成同样的动作才可继续抓捕；每个单独的器械上有任何一方队员在做动作的同时，其他逃亡队员必须另外选择器械完成动作；可以一对一进行抓捕，也可多对一逐个进行抓捕。

教学建议：

（1）注意游戏的组织安排要充分考虑到安全性。

（2）应考虑到参与的全面性，每轮更换不同的队员上场。

（3）可适当进行战术提示。

复习思考题

1. 体操类游戏有什么锻炼价值？
2. 创编体操类游戏需要注意什么？

3. 组织体操类游戏应采取哪些安全措施？
4. 创编一套基础类的体操游戏。
5. 创编一套舞蹈类的体操游戏。
6. 创编一套实用类的体操游戏。
7. 创编一套技术类的体操游戏。

第十二章
武术类游戏

本章根据武术运动的特点和武术游戏在实际中的运用，收集、整理与创编了徒手基础类、徒手实用攻防方法类和器械类游戏3种类型，共63个武术游戏，以满足武术教学、训练和大众健身运动实践中的需要。

★徒手基础类游戏共22个。

★徒手实用攻防方法类游戏共21个。

★器械类游戏共20个。

武术游戏在我国古代"典籍"和现代史书中早有记载，如秦、汉时期和两晋、南北朝时期，在民间和宫廷就非常流行"角抵戏"与"相扑"。武术源于生产、生存活动，其本质是技击，而武术游戏的产生却源于几千年的武术社会功能多样化发展，它虽不是武术发展的主体与主流，但却伴随着武术的兴衰与发展。武术游戏是以武术基本动作、功法练习、攻防方法为基本内容，以游戏为形式，以增强体质，提高武术技能，培养良好品格的特殊的体育活动。过去的一些体育游戏书籍往往将"角斗戏"或"攻防对抗戏"作为武术游戏的代名词，实则这种称谓是不够全面、不够科学的。

武术游戏作为体育游戏的一部分，在兼具其他体育游戏共有特点与作用的同时，还具有其他体育游戏所不具备的特殊性。这种特殊性集中体现在两个方面：首先从特点上看，武术作为民族传统体育项目，承载着几千年的华夏民族文化发展渴望，蕴涵着深厚的文化底蕴和东方哲理，而与其紧密相连的游戏也不可避免地烙下了深沉的民族文化印迹，因而，它带有本民族的文化特征；其二，武术游戏源于武术的多功能价值发展，但其不可能脱离武术的技击本质而单独存在，因而它具有鲜明的武术攻防特色。另外，由于武术游戏具有以上两方面的特点，因而它在传递民族文化信息、磨炼学生意志品质、提高学生的攻防意识及防身自卫本领等方面都具有其他体育游戏所不可比拟的独特锻炼价值。

武术游戏的内容非常多，也非常丰富。在现今的体育游戏分类方法中，有以游戏进行的形式划分的；有按身体素质划分的；还有按基本活动技能和运动项目划分的。每种划分方法各有所长，也有其不足之处。本书按运动形式的分类方法，将武术游戏分为3类，即：武术徒手基础类；武术徒手实用攻防方法类；武术器械类。

第一节　武术徒手基础类游戏

武术徒手基础类游戏是以武术中常见的手形、步型、手法、步法、基本动作以及传统的练功方法为游戏素材，在一定的规则下进行的游戏。此类游戏不仅能提高学生的学习兴趣，且能发展和提高学生习练武术所应具备的各专项身体素质。同时，由于此类游戏大都隐含有一定的攻防含义，故对培养游戏者的武术意识和竞争意识也是很有帮助的。武术徒手基础类游戏涉及的面很广，内容也很丰富，在游戏形式上可进行两人之间的、多人的或集体的比赛。

1. 拳掌勾手形互变

游戏目的：锻炼武术的基本手形，提高学生的应变、反应能力。

场地器材：30米×20米的松软平整场地1个。

游戏方法：学生面对面站成两列横队，间隔距离一步，面对的甲乙两人为一组，各将自己的右手置于身后。游戏开始，甲乙两人同时伸出右手并各选做拳、掌、勾3种手形中的一种，且口中还要喊出手形名称；3种手形中，拳克掌、掌克勾、勾克拳；在规定时间内，取胜次数多的一方为胜。

拳、掌、勾、虎爪是武术运动中最常见的、最基础的4种手形。

游戏规则：

（1）口中喊出的手形必须与所做的动作一致，否则为输。

（2）做出的手形在中途不许更改，否则为输。

（3）游戏中，学生自己兼任裁判。

教学建议：此游戏如果要加大难度，可以把"虎爪"这一手形加入其中，游戏方法同上。

2. 凌波微步

游戏目的：提高学生脚步的移动及身体的灵活性，培养学生积极向上的集体主义精神。

场地器材：30米×15米的松软平整场地1个；15~30块直径20厘米的圆形瓦楞纸片；长图钉1盒。

游戏方法：如图12-1-1所示，在场地上画两条相距20米的平行线，将学生分成人数相等的甲、乙两个队，各个队又分成两个组，分别成两列纵队相对站于两条平行线后，甲乙两队间隔5~8米；在各个队两个组之间的20米间隔里，呈"S"形地、无序地摆放着10~15块直径20厘米×20厘米的瓦楞纸片，用图钉将瓦楞纸片固定；瓦楞纸片相当于"荷叶"，四周的场地算作"水域"。教师发令后，各队甲组排头脚踩"荷叶"通过两组之间的"水域"，击乙组排头的手掌，接着乙组排头又以相同方法通过，直至全队做完为止，先完成的队为胜。

图 12-1-1 凌波微步

游戏规则：如在通过间隔时，脚没踩中纸板接触地面或漏踩，则算犯规。教师作为裁判负责判罚，学生被判罚后须补做一次。教师在游戏结束后宣判游戏比赛结果。

教学建议：

（1）在具体的实施过程中，根据教学的要求，可通过增减放置纸板的数量来调节难易程度。

（2）如果条件有限，也可用粉笔或白石灰在地上画出一个个的圆代替纸板。

3. 倒拔垂杨柳

游戏目的：提高学生的腰腹力量，培养学生取胜的心理渴望。

场地器材：30米×20米的松软平整场地1个。

游戏方法：如图12-1-2所示，在场地中央画一直径5米的圆圈，将学生分成人数相等的两个队，分别站在圆圈的相对顶端；各队各派出一名选手来到圆圈内，相对错肩站立俯身反抱住对方的腰并调整好各自的重心。教师发令后，两人同时发力，看谁能将对方抱离地面；被抱离地面的一方即刻再派一名选手上来……依此法反复进行，直至一个队最后一个人做完为止，剩余人数多的一队为胜方。

图12-1-2 倒拔垂杨柳

游戏规则：

（1）在游戏过程中，如一方队员双脚脱离地面即该队员为输。

（2）如一方队员在另一方队员未准备好，或在教师口令未发出前将对方抱起，则要判犯规被罚下，被罚下者一方须重新派人再来。

（3）游戏中，教师作为裁判进行判罚，游戏结束后宣判游戏比赛结果。

教学建议：

（1）教师在游戏前一定要讲清规则，以免发生争执。

（2）根据教学需要，此游戏也可安排两人一组进行。

4. 斗鸡

游戏目的：提高学生的下肢力量、平衡能力和身体的灵活性，培养学生的竞争意识。

场地器材：30 米×20 米的松软平整场地 1 个。

游戏方法：如图 12-1-3 所示，在场地中央画两条相距 5~6 米的平行线，两线中间画 4 个直径 2 米的圆圈，将学生分成人数相等的两个队，分别站在两边的线后；游戏开始前，在每个圆圈内每队各站一人，面向单腿站立，另一腿屈膝盘腿用双手抱起。教师发令后，各圆圈内的两人一边用支撑腿跳动，一边用膝部去压、顶、挑对方的膝部，以将对方压、顶、挑得单脚站立不稳而双脚落地或将对方挑出圈外为胜。

图 12-1-3　斗鸡

游戏规则：

（1）不许用手推、拉对方，不许用头、膝撞击对方除膝以外的其他部位。

（2）屈起的脚落地、被顶挑出圈外或踩线以及手撑地均算失败。

（3）教师以及教师指定的 3 名学生作为裁判进行判罚，教师在游戏结束后宣布游戏结果。

教学建议：教师在游戏前一定要讲清规则，在游戏中要精心组织。

5. 顶牛

游戏目的：提高学生的身体力量、平衡能力，培养学生相互协作、积极向上的精神。

场地器材：30 米×20 米的松软平整场地 1 个。

游戏方法：如图 12-1-4 所示，将学生分成人数相等的两个队，各队每两个人组成一头"牛"；下面人作为"牛身"先下蹲，然后两手向后反抱住上面人的两腿并用力将上面人背起；上面人的两手就是两只活动的"牛角"。教师发令后，两队的"牛"用"牛角"去顶、挑、拽、拉对方的"牛角"，将对方组成的"牛身"和"牛角"拽拉开或将"牛角"拽、拉致落地；游戏到一定时间，教师吹哨停止，剩下"牛"多的队为胜。

图 12-1-4 顶牛

游戏规则：

(1) 只许顶、挑、拽、拉对方"牛角"的手、臂、肩部，不许用其他方法攻击对方的身体及头部。

(2) "牛身"和"牛角"分离或"牛角"的脚步触地，要退出游戏，不能重新组成"牛"再战。

教学建议：

(1) 游戏前一定要讲清规则，在游戏中要精心组织。

(2) 教学中，根据教学的需要也可以进行一对一的游戏。

6. 翻掌击掌

游戏目的：锻炼、提高学生的反应能力，发展动作的灵活性、敏捷性。

场地器材：30米×20米的松软平整场地1个。

游戏方法：学生面对面站成两列横队，间隔距离一步，面对的甲、乙两人一起做游戏。游戏开始，甲伸出右手，掌心向上，乙也伸出右手，掌心向下放在甲手上，然后甲伺机突然翻掌击打乙的手背，而乙则快速收回手掌，不让甲打中。如果打中了，甲则继续打；如果没打中，则甲乙交换，重新游戏。

游戏规则：

(1) 打手者只要手掌翻了过来，不管打与未打，都算一次。

(2) 打手者与被打手者都不能用手抓对方的手掌。

(3) 打手者的手掌可以有轻微晃动，以迷惑对方；被打者可以将手时伸时缩以避免被打，但大部分时间仍需放在对方手掌上。

(4) 游戏中，学生自己兼任裁判。

教学建议：此游戏主要是集中学生注意力、锻炼学生的反应能力，游戏时间不宜过长。

7. 集体武术徒手造型

游戏目的：提高学生的武术兴趣、武术动作规格，培养学生的团队协作精神。

场地器材：30米×20米的松软平整场地1个。

游戏方法：如图12-1-5所示，在场地上画两相距10米的直线，一端为起点，一端为终点；将学生分成人数相等的3个队，每队由学生自己挑选一名领头人，成3列纵队站立于起点上；每队间相隔3米。教师发令后的40秒时间内，每队的领头人迅速带领各自的队伍从起点迅速跑至终点，同时各队在领头人的指挥带领下，每个人根据自己了解、学习、掌握的武术动作，在直径大约3米的范围内，面对跑过来的方向，摆出各不相同的武术定势动作，形成3个大的集体武术徒手造型。时间到后，教师叫停并对每队的武术集体造型动作进行评价。评价结果稍差的一个队先集体向另两个队行"抱拳礼"，表示虚心学习；另两个队随后回敬"抱拳礼"，表示戒骄戒躁，不盲目自大。

知识窗

抱拳礼是中国传统的武术礼节，寓意为尚武崇德、虚心求教、永不自大。其做法为：右手拳、左手掌掩右拳。

图12-1-5 集体武术徒手造型

游戏规则：

（1）造型动作做好后不能动。

（2）各队队员必须服从领头人的指挥。

（3）各队内部队员间的武术定势动作不能重复。

（4）教师作为游戏裁判进行点评。

教学建议：

（1）此游戏最好在学生学会和掌握一些武术动作后再安排。

（2）在游戏前给学生2~3分钟时间准备；人少时可以分两组进行。

（3）此游戏组织略微复杂，教师在游戏前要讲清方法与规则。

8．推小车

游戏目的：锻炼、提高学生的上肢力量，培养学生的协作精神。

场地器材：30米×20米的松软平整草地1个。

游戏方法：如图12-1-6所示，在场地上画两条相距20米的平行线，一端为起点，一端为终点。学生每两人一组，一前一后同向站立于起点上。前面人俯撑，两腿分开，后面人向前一步站在前面人两腿之间，稍下蹲，两手从外向内挽住前面人的两条大腿。教师发令后，每小组前面人用手爬，后面人用脚走，最先到达终点的小组为胜。

图12-1-6 推小车

游戏规则：

（1）游戏中，"小车"不许散架，否则为输。
（2）前面爬行人的两脚不许触地。
（3）教师作为裁判进行判罚并宣布游戏结果。

教学建议：此游戏也可将学生分成两大组进行集体接力比赛。

9. 单脚竞力

游戏目的：发展、提高学生的腿部力量和平衡能力，培养学生的竞争意识。

场地器材：30米×20米的松软平整场地1个；2.0~2.5米的长绳若干。

游戏方法：在场地上画两条相距2米的平行线，两线之间为"河"；学生两人一组分别站在河的两边，用2.0~2.5米的长绳两端分别套在各自的一只脚上，用另一只脚站立着。教师发令后，两人用脚拉绳，以使对方失去平衡，双脚落地或脚踏入河中；在规定时间内，赢的次数多者为胜。

游戏规则：

（1）游戏中两脚着地则算输。
（2）两脚踏入河中、一脚踩入河中，以及脚踩线均算输。
（3）游戏中，学生自己兼任裁判。

教学建议：在学生人数较少的情况下，还可将学生分成两个队进行比赛，每次各队出一人，胜一局记一分，得分多的队为胜。

10. 跪步跑接力

游戏目的：发展学生速度、协调、灵敏素质，培养集体主义精神。

场地器材：25米×25米的场地1个，上面铺有地垫。

游戏方法：如图12-1-7所示，在场地上画两条相距10米的平行线；将学生分成人数相等的甲乙两队，分别成两路纵队相对跪于两条平行线的两端，两队间隔5米。教师发令后，甲乙两队队员采取一对一的比赛方式从一端迅速跪跑至另一端；跪跑中，当本方一名队员从一端到达另一端时，

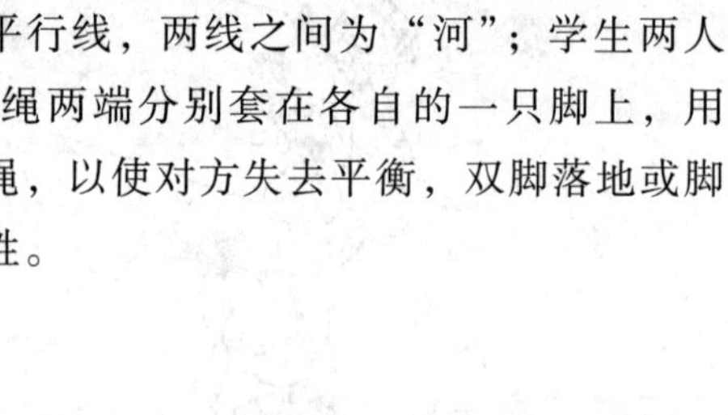

图12-1-7 跪步跑接力

本方另一端的队员与其击掌完成交接棒；依此往返，先完成跪跑的队为胜。

游戏规则：

（1）跪跑中，手只能作摆臂之用，不许触地，否则本方需另派队员重跑一次。

（2）交接棒时，必须击掌才算完成交接棒过程。

（3）教师作为场上裁判负责判罚，并宣布游戏结果。

教学建议：

（1）此游戏在条件有限时，也可在较厚的草地上进行。

（2）此游戏也可进行单人比赛。所有学生全部跪在同一起跑线上，教师发令后，第一个跪跑过终点线者为胜。

11. 腾空飞脚接力

游戏目的：发展学生的下肢力量，提高跳跃能力，培养集体主义精神。

场地器材：30米×20米的松软平整场地1个。

腾空飞脚是武术中最常见的基本跳跃动作，经常练习有助于提高跳跃能力。

游戏方法：如图12-1-8所示，在场地上画两条相距15米的平行线，将学生分成人数相等的甲、乙两队分别成两路纵队相对站立于两条平行线的两端。教师发令后，甲乙两队队员采取一对一的比赛方式从一端迅速跑至另一端；在跑动过程中，每人需完成3个腾空飞脚；当本方一名队员从一端到达另一端时，本方另一端的队员与其击掌完成交接棒；依此往返，先跑完的队为胜。

图12-1-8 腾空飞脚接力

游戏规则：

（1）在游戏中，腾空飞脚可以连续完成，也可分散完成，但空中一定要有腾空。

（2）腾空飞脚不能少做，否则须重派队员再做一次。

（3）交接棒时，必须击掌才算完成交接棒过程。

（4）教师作为场上裁判负责判罚，并宣布游戏结果。

教学建议：

（1）此游戏也可进行单人比赛。所有学生全部站在同一起跑线上，教师发令后，第一个完成腾空飞脚并跑过终点者为胜。

（2）根据教学需要，腾空飞脚的数量可以适当增减。

（3）此游戏最好是在学生学完腾空飞脚动作后再安排。

12. 后撑移动

游戏目的：发展学生上下肢的力量及灵活性、协调性，培养勇敢、顽强的意志品质。

场地器材：25米×25米的场地1个，上面铺有地垫。

游戏方法：如图12-1-9所示，在场地上画两条相距8~10米的平行线，一条为起点，一条为终点；将学生分成甲、乙两队，各队分别站在起跑线后，各队排头背对终点线两手在身体后面支撑，成屈膝、臀部抬起的姿势，并做好准备。教师发令后，背向终点移动，以脚触终点线为到，先到者得1分。依此类推，最后以各队累积分数多少决定胜负。

图12-1-9 后撑移动

游戏规则：

（1）移动中，臀部着地或俯撑爬行判失败。

（2）每队第二人，必须在教师发令后开始游戏，以后依此类推。

（3）游戏中，教师作为裁判进行判罚，并宣布游戏结果。

教学建议：

（1）做此游戏前，应做好腕关节的准备活动，以免受伤。

（2）如果条件有限，此游戏也可在较厚的草地上进行。

13. 双人蹲跳

游戏目的：发展、提高学生的下肢力量及协调性，培养相互协作精神。

场地器材：30米×20米的松软平整场地1个。

游戏方法：如图12-1-10所示，在场地上画两条相距5米的平行线，一条为起跳线，一条为折回线；将学生分成人数相等的两队，各队学生两人一组成两路纵队站在起跳线后；各队的第一组学生背对背下蹲，并以两肘相拐，做好出发准备。教师发令后，两人同时协调用力向折回线跳进，跳过折回线后，再迅速折返跳回。以先跳回的组为胜，胜者得1分。游戏每小组都以此进行，最后以积分多的队为胜。

图 12-1-10 双人蹲跳

游戏规则：

（1）蹲跳时，两人不得站起或散脱，否则判犯规，扣除1分。

（2）必须两人都跳过折回线后，才能折回。

（3）蹲跳中，为保持动作协调一致，可以喊"号子"。

（4）教师作为裁判负责判罚并宣布游戏结果。

教学建议：游戏前，应让学生充分活动下肢并进行双人的蹲跳试做。

14. 马步推掌较力

游戏目的：发展学生上下肢力量，提高马步规格，培养团队协作精神。

场地器材：30米×20米的松软平整场地1个。

游戏方法：如图12-1-11所示，将学生分成人数相等的两队，两队间隔1.5米的距离成一路纵队相对站立；各队的排头马步下蹲，两手臂前伸挺直，手掌立起并相对贴紧；各队队员依次成马步站在排头的后面，两臂伸直、两手掌立起放置于前面队员的两肩处，并做好准备。教师发令后，双方队员同时肩部前顶，通过手臂将力传递到前方队员，以将对方队形推散或推动；游戏采取五局三胜，先赢三局为胜方。

知识窗

马步是武术运动中的常见步型。武术中的基本步型有弓步、马步、仆步、虚步、歇步5种。

图 12-1-11 马步推掌较力

游戏规则：

（1）双方队员不许屈臂推掌。

（2）双方队员马步要规范，不许借助身体的重量前压。

（3）两队排头屈臂或躲闪对方的来攻即为输。

（4）教师作为裁判进行判罚，并宣布游戏结果。

教学建议：此游戏也可安排一对一的方式进行游戏。游戏中，双方可以屈臂推掌，也可借机推掌或躲闪，每胜一局记1分，两队总分多者为胜。

15. 反向移动

游戏目的：发展学生的反应能力和应变能力，提高步法移动的灵活性。

场地器材：30米×20米的松软平整场地1个。

游戏方法：如图12-1-12所示，学生成四列横队站立并做好格斗势，每人前后左右间隔1.5米；教师面对学生站在队形正前方5米处并上举右手。游戏开始，当教师右手前挥时，学生迅速向后做"后退步"；当教师右手后挥时，学生迅速向前做"进步"；当教师右手左挥时，学生迅速向右做"右闪步"；当教师右手右挥时，学生迅速向左做"左闪步"。

> "进步""退步""闪步"是武术中常见的实战性步法。常练此类步法有利于提高步法的快速移动，提高身体的灵活性。

游戏规则：

（1）移动方向错误者受罚。

图12-1-12 反向移动

（2）反应过慢或站在原地未动者，也要受罚。

教学建议：

（1）根据教学需要，此游戏还可采用其他信号方式或增加难度来进行游戏。

（2）教师给出的信号要让所有学生看到和听到。

16. 马步桩比稳

游戏目的：提高学生下肢力量和马步规格，培养坚韧、顽强的意志品质。

场地器材：30米×20米的松软平整场地1个。

游戏方法：如图12-1-13所示，学生面对教师成4列横队散开，每人前后左右间隔1.5米；学生两脚左右分开站立，距离略比肩宽，两手叉于两腰。教师发令后，学生迅疾下蹲成马步不动并保持上体正直；保持该姿势不动、坚持时间最长者为胜。

图12-1-13　马步桩比稳

游戏规则：

（1）马步必须成水平，否则为犯规并结束游戏。

（2）上体下俯或马步不停地移动及出现起伏也为犯规，犯规者结束游戏。

（3）教师作为裁判进行判罚，并宣布游戏结果。

教学建议：此游戏也可采用活步桩变化的方法进行，如"弓马步的活桩变换"。教师需要不停地喊口令，指挥学生进行游戏。

17. 双拍脚比多

游戏目的：发展学生的弹跳力和腰腹力量，培养竞争向上的意识及顽强的意志品质。

场地器材：30米×20米的松软平整场地1个。

游戏方法：如图12-1-14所示，学生面对教师成4列横队散开，每人前后左右间隔1.5米，双脚分开自然站立。教师发令后，学生两脚踏地跳起，两腿向上直摆收腹，同时上体空中前俯，两手前拍两脚的脚背或脚尖；在规定时间内，完成数量多者为胜。

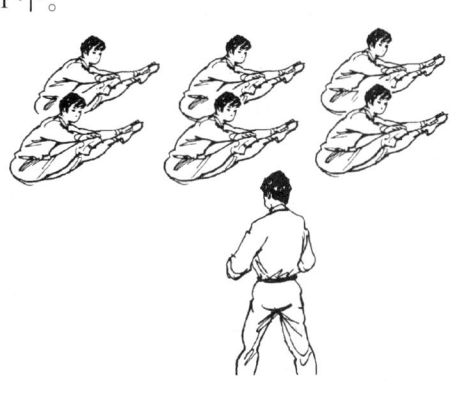

游戏规则：

（1）两手一定要拍到脚背或脚尖。

（2）拍脚动作可以有先后，但一定要在空中完成。

图12-1-14　双拍脚比多

教学建议：此游戏动作较难，游戏规定时间不宜过长。

18. 踢腿比高

游戏目的：发展学生的跳跃能力和腿部的柔韧性，培养勇于挑战积极向上的竞争意识。

场地器材：30米×20米的场地1个；海绵包2床；排球2个；棍2根；线织网

兜 2 个；量高米尺 1 把。

游戏方法：如图 12-1-15 所示，在场地上布置海绵包 2 床，海绵包间隔 3 米；将排球装入网兜并分别系吊于棍的一端；找两名学生站立于海绵包旁将棍斜向举起，使球悬吊于一定的高度；将学生分成人数相等的两队分别成纵队在距离海绵包 5 米远处站立。教师发令后，每队排头通过助跑起跳，在空中用脚踢击排球，踢到者得分并进入下一轮，否则不得分并遭淘汰；后面的同学以相同的方式进行，直至一轮结束；改变高度进行下一轮（共 3 轮），最后将两队得分累加，得分多的队为胜。

图 12-1-15　踢腿比高

游戏规则：

（1）游戏时除脚以外身体其他部位触球算犯规。

（2）分值随高度而改变：1.4 米、1.6 米、1.8 米分别对应分值为 1 分、2 分和 3 分。

（3）教师作为裁判负责判罚并宣布游戏结果。

教学建议：

（1）持棍者举棍高度要保持相对稳定。

（2）根据需要，可通过改变高度和分值来调节游戏的竞争性与趣味性。

19．"抢背"跃龙门

游戏目的：发展学生的滚翻能力，提高自我保护意识，培养勇敢顽强的精神。

场地器材：25 米×25 米的场地 1 个，上面铺有地垫；武术棍 2 根。

游戏方法：如图 12-1-16 所示，在场地上画一条直线作为起跑线，另找 4 名学生两人一组在距起跑线 8 米、两组间隔 3 米处分别用手指托起棍，棍

知识窗

"抢背"是武术中常见的跌扑滚翻动作，常练此类动作有利于增强人体的抗跌摔能力，提高自我保护能力。

离地面 30~50 厘米高；将学生分成人数相等的两队，分别成纵队面向棍的方向站在起跑线后。教师发令后，两队的排头迅速跑至棍前，左脚从后向上摆起，右脚蹬地跳起，做鱼跃过竿"抢背"的动作；起来后，迅速转身再做一个，随后跑回本队并与第二名同学击掌完成交接棒；此后依此进行，先完成的队为胜。

图 12-1-16 "抢背"跃龙门

游戏规则：

(1) 过竿时，不得将竿碰掉，否则需重做。
(2) 教师作为裁判负责判罚，并宣布游戏结果。

教学建议：

(1) 最好是在学生学会"抢背"动作后再进行此游戏。
(2) 游戏前做好头、颈、肩部的准备活动。
(3) 根据需要，可以增减过竿的高度。
(4) 此游戏也可用鱼跃前滚翻动作替代"抢背"动作。

20. 抓龙尾

游戏目的：发展学生的灵敏素质和脚步移动能力，培养攻防意识和团队协作精神。

场地器材：30 米×20 米的松软平整场地 1 个。

游戏方法：将学生分成人数相等的甲、乙、丙 3 组；每组站成一排，各组排头作为"龙头"，后面的人依次抱住前面人的腰组成"龙身"，排尾作为"龙尾"，3 条"龙"呈三角形面向而立。教师发令后，3 条"龙"迅速移动，甲"龙头"抓乙"龙尾"，乙"龙头"抓丙"龙尾"，丙"龙头"抓甲"龙尾"，形成 3 条龙互抓；如有某一组"龙尾"被抓到，该组立刻淘汰出局，剩下的两条龙继续追抓；最后，没有被抓到"龙尾"的一组为胜。

游戏规则：

(1) 被抓尾巴时，则淘汰出局。
(2) 游戏中，"龙头""龙身""龙尾"不得脱节，否则出局。
(3) 教师作为裁判负责判罚并宣布游戏结果。

教学建议：

(1) 此游戏也可采用擂台赛的形式进行组与组间的较量。

(2)可以划定移动区域或增减龙身长度,以调节游戏的难度。

21. 钻地道

游戏目的:发展学生的灵敏性和手脚攀爬能力,培养团队精神和竞争意识。

场地器材:25米×25米的场地1个,上面铺有地垫。

游戏方法:将学生分成人数相等的两个队,站立时成两路纵队,间隔3米;各队从第二人开始,一个接一个地紧贴前一人,并用手把其腰,两腿开立略比肩宽,筑成"地道"。教师发令后,各队最后一人开始手脚并用通过"地道"往前钻爬,钻爬完后迅速起立站在排头前面,也作"地道",这样一个接一个地依次进行;先完成的队为胜,游戏采取三局两胜。

游戏规则:

(1)不许抢跑和嬉闹。

(2)必须从胯下钻过,否则为犯规要重来。

(3)教师作为裁判负责判罚并宣布游戏结果。

教学建议:游戏前做好上下肢各关节的准备活动。

22. 仆步穿栅栏

游戏目的:发展学生的灵敏性、协调性,提高仆步的运用能力,培养集体主义精神。

场地器材:30米×20米的松软平整场地1个,接力棒2根。

游戏方法:将学生分成人数相等的两队,间隔3米成横排站立;学生两腿分开与肩宽,两手侧平举手拉手在地上筑成"栅栏"。教师发令后,两队排尾持接力棒从"栅栏"下以半仆步的动作钻过"栅栏"穿梭向排头行进;当到达排头位置时,将接力棒交给排头,然后与排头拉手做"栅栏";接力棒则由排头依次传递到排尾,排尾接棒后再采用上面的方法继续游戏,先完成的队为胜,游戏采取三局两胜。

游戏规则:

(1)栅栏高度不准抬高。

(2)站过栅栏时,不准爬过去;头、身体不准碰触"栅栏",否则为犯规要重做一次。

(3)教师作为裁判负责判罚并宣布游戏结果。

教学建议:此游戏也可采用升降栅栏高度的方法来调节游戏的难度。

第二节 武术徒手实用攻防方法类游戏

武术徒手实用攻防方法类游戏是以武术中常见和常用的攻防动作、攻防方法、攻防发力技巧为游戏内容，以了解、熟悉、掌握攻防技击方法，提高攻防意识为目的而进行的一类游戏。这类游戏在具体内容上涉及武术中实用性较强的踢、打、摔方法等几个部分，游戏形式可以有两人的、两人以上的或集体的。由于此类游戏大都有身体接触和直接的身体对抗，故游戏中要特别注意组织并强调安全问题。

1. 抢占地盘

游戏目的：发展学生身体的灵活性，提高身体的平衡能力和用力技巧。

场地器材：30米×20米的松软平整场地1个。

游戏方法：如图12-2-1所示，根据学生人数，在场地中画若干个直径0.6~0.8米的圆圈；学生两人一组背靠背站立。教师发令后，圆圈中的两人相互用肩靠、背挤、臀顶等方法，将对方挤出圆圈，占领圆圈者为胜。

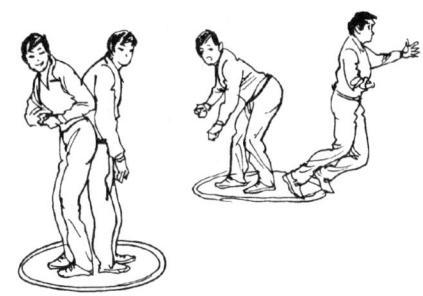

图12-2-1 抢占地盘

游戏规则：

（1）有一脚踩线时，不算出圈，还可继续争斗。

（2）不能用头顶、脚踩踢对方。

（3）若两人都出圈，则为平局。但已出圈的学生不能将未出圈的对手拉出去。

（4）游戏中，学生自己兼任裁判。

教学建议：此游戏还可根据教学需要，将学生分成两队进行比赛，采用胜一局记1分的方法计算总分，总分多者为胜。

2. 弓步掰手腕

游戏目的：发展学生身体的力量、平衡能力及用力技巧，培养积极向上勇争第一的精神。

场地器材：30米×20米的松软平整场地1个。

游戏方法：如图12-2-2所示，将学生分成人数相等的两个队，面对面站成2列横队，游戏开始，面向的两人右脚在前、左脚在后成弓步站立，两人的右脚内侧靠在一起，右手互握。教师发令后，两人互用推、拉、带、拧等动作，迫使对方失去平衡或脚步移动；在规定的时间内，获胜次数多的一方为胜。

图12-2-2 弓步掰手腕

游戏规则：

（1）脚步滑动、跳动、手撑地以及摔倒都算失败。

（2）只许相握的右手及身体用力，左手只能用于平衡，不许帮忙。

（3）游戏中，学生自己作为裁判，根据游戏结果判定胜负。

教学建议：

（1）根据教学需要，也可以进行左手的相同游戏。

（2）如学生人数少，也可分成两队一对一地进行游戏，采用记积分的方法，积分多的队为胜。

3. 太极平圆单推手

游戏目的：熟悉太极拳的基本方法，同时也可两人协作，发展学生动作的灵活性、反应能力。

场地器材：30米×20米的松软平整场地1个。

游戏方法：如图12-2-3所示，将学生分成人数相等的两个队，面对面站成2列横队，游戏开始，面向的两人右脚向前迈一步，两脚内侧相对，相距10~20厘米；双方右手掌各向前举，臂稍屈，手背相对，手腕交叉，各含"掤劲"；双方左手均自然下垂，重心均落于两腿之间。教师发令后，双方两手臂在一平圆内沿逆时针方向推转，双方在推转中寻机采用推、挤、按等发力方法或借力引劲落空，迫使一方失去平衡或脚步移动；在规定的时间内，获胜次数多的一方为胜。

太极拳是一种运用中国古代"阴阳""太极"理论解释拳理并命名的拳种。它是中国武术的优秀拳种之一，由明末清初河南温县的陈王廷所创。目前太极拳主要有陈式、杨式、孙式、吴式、武式5种流派。

图12-2-3　太极平圆单推手

游戏规则：

（1）在游戏中，不许用蛮力和拙劲去硬别对方、推动对方。

（2）可以用腰的运转、臀部的后坐来化解对方的力。

（3）脚步滑动、手撑地以及摔倒都算失败。

（4）游戏中，学生自己作为裁判，根据游戏结果判定胜负。

教学建议：根据教学需要，也可以进行左手的相同游戏。

4. 三角鼎立

游戏目的：发展动作的灵活性，提高学生的力量、平衡能力及反应能力。

场地器材：30米×20米的松软平整场地1个。

游戏方法：如图12-2-4所示，根据学生人数，在场地中画若干个直径1.5~

1.8米的圆圈，学生3人一组面向圆心站在圆圈外，相互握住对方的手腕。教师发令后，3人同时用力将其中一方拉入圈内，在规定时间内，进圈次数少者为胜。

图12-2-4 三角鼎立

游戏规则：

（1）脚下可以移动，但不能踩线，只许用手拉，不许用脚绊。

（2）脚在圆圈的上空，但没触到圈内地面或踩线不算入圈。

（3）游戏中，学生自己兼任裁判。

教学建议：

（1）此游戏人少时可以安排两轮次或多轮次游戏，每一轮次每一组胜出者进入下一轮次（可以有轮空），直至产生冠军。

（2）此游戏人少时也可以两人一组进行游戏。

5. 两人推拉出圈

游戏目的：发展学生的力量素质及对抗能力，培养积极向上的竞争意识。

场地器材：25米×25米的场地1个，上面铺有地垫。

游戏方法：在场地上画若干个直径2米的圆圈；学生两人一组站在圆圈内。教师发令后，两人采取互推互拉的方法，将对方推出或拉出圈外，出圈者为败，游戏采取五局三胜。

游戏规则：

（1）互推互拉的部位为躯干，两脚出圈即为败。

（2）不许用脚绊、摔击打对方，否则为犯规。

教学建议：此游戏也可采取一对一的集体挑战赛或淘汰赛。

6. 抢抱腿

游戏目的：提高学生身体的灵活性及反应能力，培养竞争意识。

场地器材：25米×25米的场地1个，上面铺有地垫。

游戏方法：如图12-2-5所示，将学生分成两人一组的甲乙双方，面对面站立。教师发令后，甲方想办法去抱住乙方的腿，而乙方则千方百计的阻挠甲方不让其抱住，两人在规定时间内，以抱住腿的次数来决定胜负。

游戏规则：

（1）抱腿时，可以站、蹲、趴抱的方式进行。

（2）双方不许推撞、踢人和摔对方。

（3）游戏中，学生兼任裁判。

教学建议：

（1）此游戏也可进行集体比赛。甲乙两队采用每胜一局记1分的方法进行累加，积分多的队为胜。

（2）如果条件有限，此游戏也可在较厚的草地上进行，但要注意安全。

图 12-2-5 抢抱腿

7. 咸鱼翻身

游戏目的：发展学生的力量、身体灵活性及反应能力，培养攻防竞争意识。

场地器材：25米×25米的场地1个，上面铺有地垫。

游戏方法：如图12-2-6所示，将学生分成人数相等的甲乙两队，每两人为一组；甲方两脚分开，面朝下整个身体和手臂趴伏于地垫上，作为"咸鱼"；乙方则站立于甲方身旁，并做好准备。教师发令后，乙方迅速上前，采用各种方法去搬动甲方，并试图将甲方搬成面朝上、臀部着地的身体姿势，而乙方则尽力阻止；如果甲方成功，则得一分，然后继续；在相等的规定时间内，甲乙双方轮流进行；游戏结束后，累加甲乙两方队员的得分，得分多的队为胜。

图 12-2-6 咸鱼翻身

游戏规则：

（1）不能搬对方的头部或采用反关节的方法去搬翻对方。

（2）被搬者不能用手去拉扯对方。

（3）搬者的脚不能踢踩对方，但可以作为翻转对方力的支点。

（4）学生兼任游戏裁判，教师宣布游戏最后结果。

教学建议：

（1）若场地小、人数不多时，也可采取一对一的淘汰赛或挑战赛。

（2）如果条件有限，此游戏也可在较厚的草地上进行。

（3）游戏前，要做好充分的准备活动。

8. 单脚支撑竞摔

游戏目的：熟悉摔的基本方法，发展学生的力量及平衡能力，提高自我保护意识和攻防技能。

场地器材：25米×25米的场地1个，上面铺有地垫。

游戏方法：学生两人一组，间隔一臂距离面向而立；双方彼此用左手搂抱住对方的右脚，形成左脚一腿支撑站立的姿势。教师发令后，双方同时采用推、拉、拧、拽等方法去摔对方，以迫使对方失去身体平衡或倒地；倒地者为输，游戏采取五局三胜制。

游戏规则：

（1）双方的支撑腿为维持身体平衡可以跳动或移动。

（2）手撑地或双脚落地为输；双方先后倒地，先倒地者为输。

（3）双方可以用手推、拉、拧、拽对方，但不能用手击打对方，否则犯规判输。

（4）学生游戏中兼任裁判。

教学建议：

（1）此游戏也可采取一对一的淘汰赛或分队对抗赛。

（2）游戏前，要做好充分的准备活动。

9. 摆脱控制

游戏目的：发展学生的力量及解脱技巧，提高自我保护意识和攻防技能。

场地器材：25米×25米的场地1个，上面铺有地垫。

游戏方法：如图12-2-7所示，将学生分成人数相等的甲乙两队，每两人为一组；甲方两脚分开半蹲，两手下垂置于体侧；乙方半蹲站立于甲方身后，两手用力环抱住甲方的手臂及身体。双方站稳重心并做好准备。教师发令后，双方同时用力，甲方要想办法尽力从乙方的手臂控制中挣脱出来，而乙方则要尽力控制甲方，不让其挣脱；如果甲方挣脱成功，则得1分，然后继续；在相等的规定时间内，甲乙双方轮流进行；游戏结束后，将甲乙两方队员的得分累加，得分多的队为胜。

图12-2-7 摆脱控制

游戏规则：

（1）挣脱者不能用手去掰对方的手指，但可以用脚去绊对方并使其摔倒然后挣脱。

（2）挣脱者不能用脚去踩踏对方的脚部；也不能用头向后顶撞对方。
（3）控制者不能用脚绊、摔对方或将对方往上抱。
（4）学生游戏中兼任裁判，教师宣布游戏最后结果。

教学建议：
（1）若场地小、人数不多时，也可采取一对一的淘汰赛或挑战赛。
（2）如果条件有限，此游戏也可在较厚的草地上进行。
（3）游戏前，要做好充分的准备活动。

10. 抓肩解脱

游戏目的：发展学生的手臂、手腕力量及解脱技巧，提高自我保护意识和攻防技能。

场地器材：25米×25米的场地1个，上面铺有地垫。

游戏方法：将学生分成人数相等的甲、乙两队，每两人为一组；甲、乙双方面向站立，甲方用两手抓紧乙方的两个肩部；乙方两脚分开，两臂自然下垂。教师发令后，双方同时用力，乙方要想办法尽力从甲方的抓肩控制中挣脱出来，而乙方则要尽力控制甲方，不让其挣脱；如果乙方挣脱成功，则得1分，然后继续；在相同的规定时间内，甲乙双方轮流进行；游戏结束后，累加甲乙两方队员的得分，得分多的队为胜。

游戏规则：
（1）抓肩者只要有一只手松脱，对方即为解脱成功。
（2）解脱者可以用两手帮忙，但不能硬掰对方的手指。
（3）双方不能用头脚顶踢对方或摔对方。
（4）学生游戏中兼任裁判，教师宣布游戏最后结果。

教学建议：
（1）如果条件有限，此游戏也可在较厚的草地上进行。
（2）游戏前，要做好手臂及手腕的准备活动。

11. 两人摸拍肩

游戏目的：发展学生上肢的灵活性、协调性，提高自我保护意识和攻防技能。

场地器材：30米×20米的松软平整场地1个。

游戏方法：学生两人一组，相距一步成格斗式相对站立。教师发令后，每组学生在规定的场地内进行步法移动，双方寻机用自己的手去摸拍对方的两肩；被攻者则进行灵活的躲闪、设防，同时以守为攻，寻机反击；在教师规定的游戏时间内，以摸拍中对方肩部次数多者为胜。

游戏规则：
（1）进攻者只能摸拍对方的双肩，否则为犯规，判对方胜一次。
（2）进攻者进攻时，身体不能触及对方身体，否则判对方胜一次。
（3）进攻者摸拍肩时，可以原地摸拍、追拍、跳拍。

(4) 游戏中学生两人兼任裁判，自己计数。

教学建议：

(1) 教师在游戏前要讲清规则，特别要强调不能摸拍头、面部。

(2) 若场地小、人数多时，也可采取淘汰赛或挑战赛。

12. 三人摸拍肩

游戏目的：发展学生的灵活性、反应速度，提高自我保护意识和攻防技能。

场地器材：30米×20米的松软平整场地1个。

游戏方法：如图12-2-8所示，根据学生人数，在场地中画若干个直径1.5~1.8米的圆圈，学生3人一组面向圆心，两手臂微平举、下肢半蹲状站立于圆圈外并做好准备。教师发令后，3人同时围绕圆圈进行步伐移动，并寻机摸拍对方的肩部；摸拍到一次，得1分；在规定的时间内，得分多的一方为胜。

图12-2-8 三人摸拍肩

游戏规则：

(1) 脚可以踩圆圈的线，但不能进入圆圈内。

(2) 不能摸拍对方的头部，否则为犯规，扣1分。

(3) 游戏中，学生自己兼任裁判。

教学建议：此游戏人少时可以安排两轮次或多轮次游戏，每一轮次每一组胜出者进入下一轮次（可以有轮空），直至产生冠军。

13. 踩脚尖

游戏目的：发展、提高学生身体的灵活性、反应速度，培养机智勇敢的精神。

场地器材：30米×20米的松软平整场地1个。

游戏方法：如图12-2-9所示，学生两人一组，相距一步成格斗势相对站立。教师发令后，两人在移动的步法中，互相以脚尖踩踏对方的脚尖，在对方进攻的时候可以采用躲闪的方法防守，踩踏到一次记1分。游戏时间2~3分钟，在规定的时间内，得分多者为胜。

图12-2-9 踩脚尖

游戏规则：

(1) 双方都不能用手抓住对方以控制对方的移动。

(2) 踩踏时仅以脚尖轻踩对方脚尖，避免以脚跟用力踩踏对方脚部，否则扣除1分。

(3) 游戏中学生两人兼任裁判，自己计数。

教学建议：

(1) 教师在游戏前要讲清规则，强调安全。

(2) 若场地小、人数不多时，也可采取一对一的淘汰赛或挑战赛。

14. 冲拳不报数

游戏目的：发展、提高学生的反应能力和应变能力。

场地器材：30米×20米的松软平整场地1个。

游戏方法：在场地中画一个直径为8米的圆圈，教师作为裁判站立于圆心，学生相隔一臂距离成格斗式面向教师站立于圆圈的线上；游戏开始，学生依次进行"1、2、3"的循环报数，报"3"数的学生口中不能发声，只能以连续的3个冲拳动作进行替代；如果做错，则罚做收腹跳3个。

游戏规则：

(1) 只要口中报出了数字"3"，即算失败。

(2) 连续做了3个冲拳动作，同时口中报出了数字"3"，也算失败。

(3) 教师作为裁判进行判罚。

教学建议：在具体的教学过程中，教师可根据人数的变化来改变数字大小以增强游戏的趣味性及难度。

15. 侧踹沙包较腿力

游戏目的：发展学生下肢的力量、速度，提高侧踹腿的动作规范。

场地器材：20米×10米的场地1个，沙包挂架1个，沙包3个（重约40千克）。

游戏方法：如图12-2-10所示，沙包架上并排挂上沙包3个（沙包间距2米）；在距离沙包架5米远的地方画一条直线，将学生分成人数相等的甲、乙、丙3个队，面对沙包成3列纵队站立于直线之后；另找3名学生分别成半弓步站立于沙包后，并用肩顶住沙包。教师发令后，各队每次一人分别来到沙包前，用侧踹腿踹击沙包一次，能将沙包和沙包后的人同时踹击动者进入第二轮，不能踹动者则淘汰；第二轮开始，在沙包后用两人顶住沙包以增加难度，最后每队产生的前两名进入总决赛；总决赛在剩余的6人间进行，方法依然同上，直至最后产生冠亚军。

知识窗

侧踹腿是散打运动中的主要腿法，其攻击力非常强悍。散打运动中的主要腿法有：侧踹腿、正蹬腿及鞭腿。

图12-2-10 侧踹沙包较腿力

游戏规则：

（1）沙包和人必须同时产生明显的位移才算成功。

（2）侧踹腿踹击的位置必须是沙包的正中点。

（3）教师作为裁判负责判罚并宣布游戏结果。

教学建议：此游戏也可用正蹬腿来替代。

16. 脚踩气球

游戏目的：发展提高学生身体的灵活性及脚步的快速移动能力，培养良好的竞争意识和攻防意识。

场地器材：30米×20米的松软平整场地1个，充气气球若干。

游戏方法：如图12-2-11所示，学生两人一组，右脚均用细绳系一只气球；两人左脚在前、右脚在后，相隔一臂距离相对站立。教师发令后，游戏双方通过脚步的快速移动，寻机用脚去踩对方右脚的气球，被踩者可进行躲闪并伺机反攻；先踩破对方脚上气球者为胜。

图12-2-11　脚踩气球

游戏规则：

（1）双方允许使用假动作迷惑对方，但不能用脚去踩对方的脚或攻击对方的身体。

（2）不许用手去拉扯对方。

教学建议：根据教学需要，也可以分两队进行对擂混战以增加游戏的娱乐性、趣味性；在规定的时间内，气球被踩破少的队为胜。

17. 拳击沙包接力

游戏目的：发展学生上肢的力量、速度，培养集体主义精神。

场地器材：20米×10米的场地1个；沙包挂架1个；沙包3个；拳套3副。

游戏方法：如图12-2-12所示，沙包架上并排挂上沙包3个（沙包间距2米）；在距离沙包架5米远的地方画一条直线，将学生分成人数相等的甲、乙、丙3个队，面对沙包成3列纵队站立于直线之后；每队排头戴上拳套。教师发令后，各队的排头迅速跑至沙包前，用拳连续击打沙包8次，然后迅速返回并即刻脱下拳套交给本队第二名队员；第二名队员戴好拳套后又迅速跑至沙包前进行击达；如此往返，先打完沙包的队为胜。

图 12-2-12　拳击沙包接力

游戏规则：

（1）在击打沙包的过程中，可以用任何拳法进行击打。

（2）在击打沙包的过程中，不能出现漏打，否则判犯规并需重新完成一次。

（3）在交接拳套的过程中，不许越线。

（4）教师作为裁判负责判罚并宣布游戏结果。

教学建议：

（1）如果教学条件有限，也可用手靶代替沙包，但需找 3 名学生用手拿着。

（2）根据教学需要和学生人数，可适当增减击打沙包次数。

18. 深蹲起正蹬腿接力

游戏目的：发展、提高学生下肢的力量、速度及正蹬腿动作，培养集体主义精神。

场地器材：30 米×20 米的松软平整场地 1 个。

游戏方法：如图 12-2-13 所示，在场地上画一条起跑线，距起跑线 10 米处，并排画两个间隔 3 米、直径为 1 米的圆圈；将学生分成人数相等的两个队，各成纵队站在起跑线后。教师发令后，各队排头迅速跑向圆圈，站在圈内连续做深蹲起接左右正蹬腿 5 次，然后迅速跑回本队，拍第二人的手后站到队尾。第二人按同样方法进行，直至全队做完，以先完成的队为胜。

游戏规则：

（1）深蹲必须动作到位，正蹬腿需达小腹高度，否则重做一次。

（2）交接拍手时不得越线。

（3）教师作为裁判负责判罚并宣布游戏结果。

教学建议：

（1）此游戏可根据教学需要，适当增减深蹲起正蹬腿练习次数。

图 12-2-13 深蹲起正蹬腿接力

（2）此游戏也可将正蹬腿改为侧踹腿或弹腿，游戏方法同上。

19. 攻城拔寨

游戏目的：锻炼、提高学生的身体力量，培养学生的团体协作精神。

场地器材：30米×20米的松软平整场地1个。

游戏方法：如图 12-2-14 所示，在场地中央画一直径 10~15 米的圆圈，通过圆心画一条中线。将学生分成人数相等的两个队，其中一个队的学生的一只衣袖卷起，以便识别，两队学生分别站在两个半圆中。教师发令后，两队学生在圆内展开混战，彼此用推、拉、抱、挤等方法将对方队员全部弄出圈外，直至占领对方的半圆。

游戏规则：

（1）不许用手打、脚踢、摔法攻击对方。

图 12-2-14 攻城拔寨

（2）要两只脚都在圈外，才算出圈，出了圈就要退出游戏，不能重新入圈；如果一脚已出圈，但还有一脚踩在圆弧线上，还可以与对方继续争斗；推拉人者自己的两只脚出了圈也要退出游戏。

（3）也可几个人攻击一个人。

（4）游戏中学生自己兼任裁判，教师宣布最后游戏结果。

教学建议：

（1）游戏前，教师要讲清规则，避免游戏中学生发生争执。

（2）如果学生人数比较多，也可多画一个圆，将学生分成4个组进行游戏。

20. 抓俘虏

游戏目的：发展学生的反应速度、奔跑能力，培养攻防意识及集体主义精神。

场地器材：30米×20米的松软平整场地1个。

游戏方法：如图 12-2-15 所示，在场地中成等腰三角形画三个间隔 8 米、直径为 2 米的圆圈；将学生分成人数相等的甲、乙、丙3个队分别成纵队站立于3个圆圈中；圆圈作为本方的大本营。教师发令后，每队的排头同时起跑，甲追抓乙、乙追抓丙、丙追抓甲，形成三方互追、互抓的格局；只要有一方被抓，游戏即暂时终止；被抓者作为"俘虏"随追抓者回到追抓者的大本营，俘虏蹲下，追抓者站在队尾，另一方队员回到本方大本营站在队尾；随后游戏继续开始，直至有一方被抓完为止；"俘虏"人数加上本方剩余人数多的队为胜。

图 12-2-15 抓俘虏

游戏规则：
（1）被追抓者只要被追抓者触摸到，即表示被抓。
（2）若被追抓者跑出场地，即犯规要判被抓。
（3）3个圆圈可以作为被追抓者的掩体，但不能进入圆圈内，否则判被抓。
（4）教师作为裁判进行判罚，并宣布游戏结果。

教学建议：根据教学需要，此游戏也可采取三局两胜制的方式进行游戏，先胜两局的队为胜。

21. 顺手牵羊

游戏目的：发展学生身体平衡能力及自卫能力，培养沉着冷静、坚持到底的心理素质。

场地器材：30米×20米的松软平整场地1个。

游戏方法：根据学生人数，在场地中画若干个长2米、宽1米的长方形场地作为"羊圈"；将学生分成人数相等的甲、乙两队，甲队学生进入"羊圈"，乙队学生站在圈外并与甲队学生一一相对。教师发出口令后，乙队学生在圈外四周巡视，寻机去拉甲队学生的手或衣服，顺势将"羊"向外牵拉；圈内的"羊"抗争进行自卫；在规定时间内，乙队学生力争将"羊"牵出。两队交换角色；以牵"羊"多的队为胜。

游戏规则：
（1）牵"羊"者不能进"羊圈"，也不能踩线。
（2）牵"羊"者可在"羊圈"四周任一位置将"羊"牵出。

（3）"羊"可进行反抗，一脚出圈或踩线不算牵出。
（4）学生兼任游戏裁判，教师宣布游戏结果。

教学建议：此游戏也可采取三局两胜制或五局三胜制来进行。

第三节 武术器械类游戏

武术器械类游戏是指手持武术兵器，以各兵器的基本使用方法、技击方法为游戏内容，以熟悉、了解各兵器的特性和基本使用方法为目的而进行的游戏。武术中的器械种类很多，内容也非常丰富，按目前通用的分类方法可分为长器械、短器械、双器械、软器械四大类。考虑到教学条件及安全问题，本书在编写的过程中仅提供了以棍为主的相关游戏20个，以供参考。

1. 躲闪棍

游戏目的：发展学生躲闪、跳跃能力及身体的灵活性，了解棍的基本技法，培养攻防意识及勇敢果断的心理品质。

场地器材：30米×20米的松软平整场地1个，武术棍（白蜡杆）若干。

游戏方法：如图12-3-1所示，将学生分成两人一组，共若干组；两人相距1.5米左右站立，一人拿棍准备进攻，另一人准备躲闪。教师发令后，拿棍者将棍从对方头上抡过，对方则迅速低头躲闪或身体后仰躲过，接着拿棍者又将棍从对方的脚下贴地扫过，对方则立即跳起躲闪，完成上抡下扫动作算一次，以此循环进行；游戏进行1分钟后，双方进行角色互换；在规定的游戏时间内，触及棍次数少者为胜。

知识窗

棍是武术中最基本的长兵器之一，其主要特点是"棍法如雨，横扫一片"。

图12-3-1 躲闪棍

游戏规则：

（1）棍从头上抡过的高度必须高过躲闪者的头，棍从底下扫过时必须贴近地面。

（2）抡扫棍时，不许忽快忽慢，必须保持一定的节奏和速度。

（3）游戏中，双方要形成默契，不能有意用棍击打对方。

（4）学生自己兼任游戏裁判。

教学建议：

（1）此游戏攻防技击性较强，游戏前一定要强调安全。

（2）要教会学生躲闪和跳跃的动作技巧、方法。

2. 接棍不落

游戏目的：熟悉棍的特性，发展学生快速起动和反应能力。

场地器材：30米×20米的松软平整场地1个，武术棍（白蜡杆）1根。

游戏方法：如图12-3-2所示，在场地上画一直径6~8米的圆，圆心站一人，用双手将棍平握于体前；其他学生在圆圈线上站好后，按顺序报数并记住自己的号数。游戏开始，圆圈上的学生沿逆时针方向慢跑，当握棍人喊"某某号"并双手将棍向上平抛时，圆圈上相对应的"某某号"学生要迅疾跑进圆圈内用手接住正在下落的棍，使其不落地；成功后，接棍人回位，抛棍人继续叫号，如棍落地，则接棍人罚做收腹跳后与抛棍人互换角色。

图12-3-2 接棍不落

游戏规则：

（1）叫号与抛棍必须同时进行。

（2）抛出的棍必须高于3米并在正上方，且棍身与地面要平行。

（3）接棍者可以单手或双手接棍，但只要棍有一端落地则算失败。

（4）接棍者不许用身体其他部位碰棍，否则为失败。

（5）教师作为裁判负责判罚。

教学建议：

（1）游戏前要强调安全。

（2）如学生人较多时，可分组进行。

3. 两人抢夺棍

游戏目的：熟悉棍的特性及基本方法，发展学生的力量、反应速度，培养攻防意识和竞争意识。

场地器材：30米×20米的松软平整场地1个，武术棍（白蜡杆）若干。

游戏方法：如图12-3-3所示，在场地上画两条相距5米的平行线；将学生分成人数相等的甲、乙两队，甲、乙两队学生一一配对分别相对站立于两条平行线两边，每组间隔2米距离；在两人的中间位置横摆一根棍。教师发令后，双方同时上前抢夺棍；设法将棍抢夺回本方线后或连同对方一起拉回本方线后者得1分；游戏共进行3局，游戏结束后，累加两队的得分，得分多的队为胜。

图12-3-3　两人抢夺棍

游戏规则：

（1）手拿棍、双脚过本方线后才算成功。

（2）抢夺棍中，不许踢打对方或摔对方，更不许用棍击打对方。

（3）双方不许硬别棍，以免棍折断。

（4）学生自己兼任游戏裁判，教师宣布游戏最后结果。

教学建议：

（1）游戏前要强调安全问题。

（2）此游戏还可进行一对一的挑战赛或淘汰赛。

4. 拨棍抢物

游戏目的：了解棍的基本使用方法，发展学生快速反应能力，培养攻防意识和积极向上的竞争意识。

场地器材：30米×20米的松软平整场地1个，武术棍若干，塑料瓶若干。

游戏方法：如图12-3-4所示，在场地上画两条相距2米的平行线；学生两人一组，分别双手拿棍相对站立于平行线的两边（棍梢斜向下）；在两人相距的中间位置摆放上塑料瓶3个。教师发令后，两人迅速用手中的棍梢部分对3个塑料瓶展开拨抢；能将 3 个塑料瓶中的 2 个抢先拨弄回本方线后者得分，三局两胜。

图 12-3-4 拨棍抢物

游戏规则：

（1）教师发令后才能开始拨抢，否则无效。

（2）塑料瓶过了本方线后时，对方不能再拨抢。

（3）拨抢时，可以用棍去拨对方的棍梢，但不能用棍去扫击、捅塑料瓶或用棍攻击对方。

（4）学生自己兼任游戏裁判。

教学建议：

（1）游戏前要讲清规则并强调安全问题。

（2）也可用其他物品代替塑料瓶。

5. 立棍不倒

游戏目的：熟悉棍的特性，提高学生学习的兴趣与积极性。

场地器材：30 米×20 米的松软平整场地 1 个，武术棍若干。

游戏方法：如图 12-3-5 所示，学生人手拿棍一根面对教师成 4 列横队散开，每人前后左右间隔 2 米；学生将手中的棍垂直竖放于自己一手的掌心并用另一手将棍扶稳。教师发令后，学生将扶棍的手迅速放开，使棍托立于掌心不倒；棍托立于掌心时间长或最后掉落者为胜。

游戏规则：

（1）棍掉落于地者即为输；棍即将掉落时，不许用另一手去扶棍，否则也为输。

图 12-3-5 立棍不倒

（2）为了维持棍的平衡，脚下可以移动，但不能超出自己所在范围。

（3）托立棍的手不许抓握棍，否则为输。

（4）教师作为裁判负责判罚，并宣布游戏结果。

教学建议：游戏前要强调安全问题。

6. 打马球

游戏目的：熟悉棍的特性，了解棍的基本使用方法，培养学生相互协作精神及团队意识。

场地器材：30米×20米的松软平整场地1个，武术棍若干，排球1个。

游戏方法：如图12-3-6所示，画一个长28米（作为边线）、宽14米（作为端线）的长方形场地，两端线的中间分别画两个2米宽的球门，场地的中间位置画一直线作为中线，中线的中间画一个直径40厘米的圆圈并将排球摆放其中；将学生分成人数相等的甲、乙两队，各队每两人一组，一人作为"马头"，双手握棍把（棍梢斜朝下）站在前面，另一人作为"马身"站在其身后并用双手紧扶其腰部两侧。教师指定一方开球后，双方即用手中的棍去拨、捅、扫球，并通过配合设法将球攻入对方的球门；游戏分为上下半场，各5分钟；中场结束时，双方的"马头"与"马身"交换位置；在规定的时间内，进球多的队为胜。

图12-3-6　打马球

游戏规则：

（1）"马头"与"马身"散开为犯规并要小罚下场休息30秒。

（2）球出边线或端线要由另一方在出界的位置重发；进球后，要由另一方在中圈重新开球。

（3）棍梢始终不得高于小腿，不得挥扫棍或用棍击打对方，否则直接罚下场退出游戏。

（4）教师作为裁判负责判罚并宣布游戏结果。

教学建议：

（1）游戏前要讲清规则并强调安全。

（2）根据教学需要，可增减游戏时间。

（3）如果人数较多，在场地许可的情况下，也可分组游戏。

7. 拉扯双棍比稳

游戏目的：熟悉棍的特性，发展学生身体的平衡能力，培养良好的竞争意识。

场地器材：30米×20米的松软平整场地1个，武术棍若干。

游戏方法：如图12-3-7所示，学生两人一组，双方面向站立，各用双手握住两根棍的两端。教师发令后，两人互用双手推、拉、拧棍等动作，迫使对方失去平衡，脚步移动或棍脱手；游戏采取三局两胜，脚步移动或棍脱手者为输。

图12-3-7 拉扯双棍比稳

游戏规则：

（1）脚步滑动、跳动以及摔倒均为失败。

（2）有一根棍从手中脱手也为失败。

（3）握棍的双手只能握住棍端，不能挪位。

教学建议：如学生人少，也可分成两队一对一地进行比赛，每胜一局得1分，积分多的队为胜。

8. 仰身传接棍

游戏目的：熟悉棍的特性，发展学生的反应能力及腰部的灵活性。

场地器材：30米×20米的松软平整场地1个，武术棍2根。

游戏方法：如图12-3-8所示，在场地上画一直线，将学生分成人数相等的甲、乙两队成两列纵队间隔4米并排站于线端；每人前后间隔一臂距离，两脚自然分开；各队排头双手与肩同宽平握棍置于体前并做好准备。教师发令后，各队排头迅速身体后仰，用双手将手中的棍传给身后的队员，该队员接过棍后，依排头的方法继续快速后传棍，直至棍传到本队最后一名队员手中；最后一名队员接棍后迅速持棍跑向排头所在的线端并完成冲线；先到达的队得1分，三局两胜。

图12-3-8 仰身传接棍

游戏规则：

（1）只能仰身双手后传棍，否则为犯规须重做。

（2）传接棍掉落地面须捡起来重做。

（3）教师作为裁判负责判罚并宣布游戏结果。

教学建议：游戏前要强调安全问题。

9. 持棍巧较力

游戏目的：熟悉棍的基本使用方法和技巧，提高身体的平衡能力，培养良好的竞争意识和攻防意识。

场地器材：30米×20米的松软平整场地1个，武术棍若干。

游戏方法：如图12-3-9所示，学生两人一组，两人双脚前后自然分开间隔一臂距离面向站立，双手与肩同宽各自握棍一根，两棍呈"斜十字"形交叉靠贴于各自体前。教师发令后，双方采用推棍或借助对方推棍的力量"引劲落空"等技巧方法，以迫使一方失去平衡或脚步移动；在规定的时间内，获胜次数多的一方为胜。

图12-3-9 持棍巧较力

游戏规则：

（1）脚步滑动、手撑地以及摔倒都算失败。

（2）棍若接触地面或作为附加支撑即算失败。

（3）双方不能有身体接触；棍不能击打对方。

（4）学生自己兼任游戏裁判。

教学建议：

（1）游戏前要强调安全问题。

（2）此游戏也可以团体赛、挑战赛或淘汰赛的方式进行游戏。

10. 长龙赛跑

游戏目的：发展学生身体、器械合一的协调能力和奔跑能力，培养相互协作的团队意识和集体主义精神。

场地器材：30米×20米的松软平整场地1个，武术棍若干。

游戏方法：如图12-3-10所示，在场地上画两条相距20米的平行线，一条作为起点线，一条作为终点线；将学生分成人数相等的甲、乙两队，每人各持棍一根成两列纵队间隔3米站立于起跑线后；各队排头作为"龙头"右手握住自己棍的一端，第二名队员在其身后右手握住该棍的另一端，同时用左手握住自己棍的一端；后面的队员依第二名队员的握棍方法链接成"龙身"，最后一名队员一手握棍成为"龙尾"。教师发令后，两条龙在各自"龙头"的带领下，由起点出发并迅速跑向终点，率先到达终点线的队为胜。游戏采取三局两胜制。

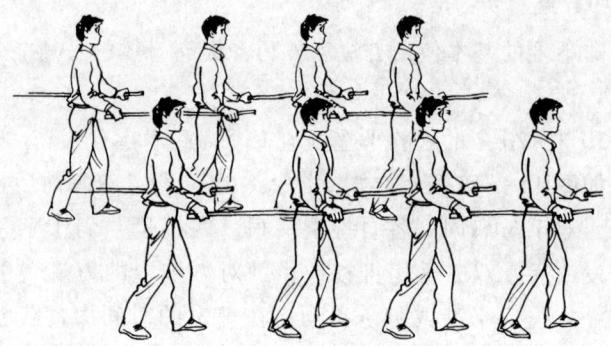

图 12-3-10　长龙赛跑

游戏规则：

（1）跑动中，"龙头""龙身""龙尾"不得散脱，否则须重新接好后才能继续游戏。

（2）跑动中，双方允许叫"号子"，以统一步伐或节奏。

（3）教师作为裁判负责判罚并宣布游戏结果。

教学建议：

（1）如果人数过多、"龙"过长，也可多分几组进行游戏。

（2）游戏中要注意安全。

11."棍舞花"接力

游戏目的：发展学生身体、器械合一的协调能力，提高棍舞花的熟练程度与动作规格，培养集体主义精神。

知识窗

棍舞花是棍术中最基本的棍法之一，舞动起来呼呼有声，体现棍的演练风格。

场地器材：30 米×20 米的松软平整场地 1 个，武术棍若干。

游戏方法：如图 12-3-11 所示，在场地上画两条相距 10 米的平行线，一条作为起点线，一条作为折返线；将学生分成人数相等的甲、乙两队，每人各持棍一根成两列纵队间隔 3 米站立于起跑线后。教师发令后，各对排头即从起跑线"舞花"出发，向折返线前行，当"舞花"至折返线时迅速转身，朝起跑线的方向"舞花"返回；越过起跑线后，第二名队员出发；以后依此进行，先完成的队为胜。

游戏规则：

（1）棍在"舞花"前行掉落时，需捡棍舞动起来后再继续前行，否则为犯规须重新开始。

（2）到达折返线时，可停下舞花转身后再继续，也可不停。

（3）往返必须过线，否则为犯规。

（4）教师作为裁判负责判罚并宣布游戏结果。

图 12-3-11 "棍舞花"接力

教学建议：

（1）此游戏最好是在学生学会"棍舞花"后再进行。

（2）游戏前要强调安全问题。

12. 对抛接棍

游戏目的：熟悉棍的特性，发展学生的反应速度及判断能力，培养集体主义精神。

场地器材：30米×20米的松软平整场地1个，武术棍2根，白石灰。

游戏方法：如图12-3-12所示，在场地上画两条相距4米的平行线，将学生分成人数相等的甲、乙两个队，各个队又分成两个组，分别成两列纵队相对站立于两条平行线后，甲、乙两队间隔3米；教师指定某一平行线后两队各组的排头双手平握棍一根，并摆放于体前。教师发令后，持棍的排头迅速将手中的棍平抛至本队另一组的排头并转身跑至本组队尾站立；另一组的排头双手接棍后再将棍平抛过来并返回队尾；后面队员依此法继续进行，先完成抛接棍的队为胜。游戏采取三局两胜制。

图 12-3-12 对抛接棍

游戏规则：

（1）棍只能双手平抛和双手接，否则为犯规须重做。

（2）抛接棍时，若棍掉落地面，须捡起后重做。

（3）抛接棍时不能越线。

（4）教师作为裁判负责判罚并宣布游戏结果。

教学建议：

（1）此游戏也可改为两人一组持棍互抛接棍的组与组间的比赛游戏，两人在互抛接过程中棍掉落地面的一组即为输。

（2）游戏中要强调安全问题。

13. 搂腰拔棍

游戏目的：发展学生全身力量素质，培养集体主义精神。

场地器材：30米×20米的松软平整场地1个，武术棍2根。

游戏方法：在场地上画两条相距1.5米的平行线作为标志线；将学生分成人数相等的甲、乙两队，分别成纵队相对站立于标志线后；两队排头用两手分别牢牢抓握住两根棍的两端，后面的人则依次用双手搂抱住前面人的腰，串连成一个整体。教师发令后，各队齐心协力用劲向后拉，直到将对方的棍拉到规定的标志线后为胜。游戏采取三局两胜制。

游戏规则：

（1）双棍过对方线即为输。

（2）若棍脱手也为输。

（3）教师作为裁判负责判罚并宣布游戏结果。

教学建议：此游戏每队以5~8人为宜，如果人数过多，可多分几组进行游戏。

14. 跳棍接力

游戏目的：熟悉棍的特性，发展学生的灵敏性及纵跳能力，培养集体主义精神。

场地器材：30米×20米的松软平整场地1个，武术棍2根。

游戏方法：在场地上画两条相距3米的平行线；将学生分成人数相等的两队，各成纵队站在两条平行的线上，排头手持棍面对本方队员站好。教师发令后，各队排头应使棍的一端触线，向队尾方向快速跑动；各队从排头起，依次在原地跳起，避免被棍触击到；当最后一人跳过后，排头站到排尾，并将棍交由本方队员从后传递到本队新的排头；游戏照此法依次进行，全队每人轮流一次，最后一名队员做完后持棍表示完成，游戏以先完成的队为胜。

游戏规则：

（1）棍的一端必须贴地触线运行。

（2）棍经过脚下线时，双脚必须用原地向上跳的方法躲过棍，同时脚不得偏离线，否则为犯规要重做一次。

（3）教师作为裁判负责判罚并宣布游戏结果。

教学建议：此游戏也可将棍触地的一端离地抬高，以增加游戏的难度和趣味性。

15. 扶棍接力

游戏目的：熟悉棍的特性，发展学生的奔跑、急停起动能力，培养集体主义精神。

场地器材：30米×20米的松软平整场地1个，武术棍4根。

游戏方法：在场地上画两条相距20米的平行线，一条为起点线，一条为折返线；将学生分成人数相等的甲、乙两队，间隔3米分别成纵队站在起跑线后；各队先指定两人到两条平行线的中间位置和折返线处扶棍站立，中间位置为"一号位"，折返处位置为"二号位"。教师发令后，各队排头迅速跑向"一号位"接替扶棍，而"一号位"的队员则迅速跑向"二号位"接替扶棍，"二号位"的队员则迅速返回本队，在起点线同下一个队员击掌后到队尾；全队照此法依次进行，先完成的队为胜。游戏采取三局两胜制。

游戏规则：

（1）棍不能倒地，否则重做。

（2）队员必须与返回者击掌后才能起跑出发。

（3）教师作为裁判负责判罚并宣布游戏结果。

教学建议：沿途也可多安排几根棍做连续接替的扶棍前进。

16．起重机

游戏目的：发展学生手腕的力量及灵活性，培养两人间的相互协作精神。

场地器材：30米×20米的松软平整场地1个，武术棍若干，红砖若干，一米长的结实细绳若干。

游戏方法：如图12-3-13所示，学生两人一组，棍一根；用长绳的一端捆绑上红砖一块，另一端系紧在棍的中间；学生两人相对站立，两手分别各握住棍的一端并使棍、绳自然绷紧，红砖吊落地面。教师发令后，各组的两人手腕同时朝一个方向拧转棍，让绳子缠绕在木棍上从而带动红砖上升，直到红砖抵达棍棒才算完成任务，先完成的小组为胜。

图12-3-13 起重机

游戏规则：

（1）红砖与棍紧靠一起才算完成。

（2）两人的双手只能握住棍端，不能接触棍的其他部位。
（3）先完成的小组须率先举手向教师示意，以便确认。
（4）教师作为裁判负责判罚并宣布游戏结果。

教学建议：

（1）此游戏也可用其他重物代替红砖；为了增加游戏的趣味性、娱乐性，也可递增重物的重量。
（2）此游戏也可采用挑战赛、淘汰赛的方式进行游戏。
（3）游戏中要注意安全问题。

17. 绕绳较腕力

游戏目的：熟悉枪的基本方法，发展学生手腕的力量及灵活性，培养竞争意识。

场地器材：30米×20米的松软平整场地1个，武术棍若干，20厘米长红绳若干。

游戏方法：如图12-3-14所示，学生两人一组，棍一根用以代替枪，棍的中间系上红绳；两人分别错身成半马步站在棍的两边并左脚尖相对；各人右手在后握棍端，左手在前握棍身，成马步端枪姿势站立。游戏开始，两人后手各自将棍贴紧腹部沿逆时针方向向怀里转动棍，前手辅助，让绳子朝自己转动棍的方向往棍上缠绕；红绳缠绕上棍后，其缠绕方向若与某一方转动棍的方向一致，则该方获胜。游戏采取三局两胜制。

图12-3-14 绕绳较腕力

游戏规则：

（1）游戏中双脚不能离地，双手不能向其他方向牵扯棍以获得非法利益。
（2）后手转动棍时，棍不得离开腹部。
（3）学生自己兼任游戏裁判。

教学建议：

（1）游戏前准备活动要充分，尤其是手腕部位。
（2）此游戏也可进行一对一的挑战赛或淘汰赛。

18. "短兵"击脚

游戏目的：熟悉刀、剑的基本使用方法，提高学生的反应能力和步法的灵活性，培养良好的竞争意识和攻防意识。

场地器材：30米×20米的松软平整场地1个，"短兵"若干。

游戏方法：如图12-3-15所示，学生两人一组，右手各持"短兵"一根；两人右脚在前，间隔两臂距离，错肩成半马步面向而立。教师发令后，两人即快速移动步法，寻机用手中的"短兵"击打对方的脚部；进攻一方可采用点、刺、劈、砍等方法进行攻击，而防守一方可采用躲闪、用手中的"短兵"格防等方法进行防守并伺机反攻；击中对方脚部得1分钟，在规定的时间内，得分多的一方为胜。

知识窗

短兵是一项民族色彩浓郁的竞技格斗项目，其技击方法以刀、剑等短兵器的技击方法为主，主要招法有劈、撩、点、剪、崩、挑、斩、砍、刺等。

图12-3-15 "短兵"击脚

游戏规则：

（1）"短兵"要清晰有效地击打到脚部才算击中。

（2）"短兵"不能击打对方身体的其他部位，否则为犯规（不管是有意还是无意），要扣1分。

（3）未持"短兵"的手只能用于维持身体平衡，不能接触或拉扯对方。

（4）学生自己兼任游戏裁判。

教学建议：

（1）此游戏是练习武术短器械攻防方法的良好手段，但游戏中一定要注意安全。

（2）此游戏也可进行分队对抗赛或挑战赛。

（3）如果条件有限，也可用充气的塑料棒代替短兵进行游戏。

19. 纸棒击头

游戏目的：发展学生头、颈及全身的灵活性，提高自我保护意识和攻防技能。

场地器材：30米×20米的松软平整场地1个，报纸若干。

游戏方法：如图12-3-16所示，学生两人一组，每人手拿用报纸卷成的纸棒一根，距离一步相对站立。教师发令后，每组学生一手拿着纸棒，另一只手可护前额各自走动或突然上前跑动，在规定的场地内，伺机用自己手中的纸棒击打对方的头部（不许打脸部）；被打者则进行灵活的躲闪、格防，同时以守为攻，寻机反击；在教师规定的游戏时间内，以击打中对方头部次数多者为胜。

图12-3-16 纸棒击头

游戏规则：

（1）进攻者的纸棒只能击打对方的头顶、头后，否则为犯规，判对方胜一次。

（2）进攻者击打头时，身体不能触及对方身体，否则判对方胜一次。

（3）进攻者击打头时，可以原地打、追打、跳打。

（4）进攻者、防守者不可跑出场外，否则减去一次。

（5）游戏中学生两人兼任裁判，自己计数。

教学建议：

（1）教师在游戏前讲清规则，并做好头颈部的准备活动。

（2）此游戏也可将学生分成人数相等的甲、乙两队，游戏开始后，甲、乙双方进行一对一的对打。在规定时间内，以打头次数多的队为胜。

20. 躲闪流星锤

游戏目的：发展学生的灵敏性、协调性及快速反应判断能力，培养攻防意识。

场地器材：30米×20米的松软平整场地1个，排球1个，网兜1个，4米长绳1根。

游戏方法：将排球装在小网兜内系在长绳的一端作为"流星锤"；在场地上画一直径4米的圆圈，学生间隔一臂距离站在圆圈线上，教师手持长绳的另一端站在圆心。游戏开始后，教师将"流星锤"抡起平行于地面转动飞行，"流星锤"离地面的高度和转动快慢由教师酌情掌握；当"流星锤"经过时，圆圈上的学生必须跳起或低头躲闪开；如被"流星锤"缠住或击中，则躲闪失败，须罚做收腹跳5个。

> 流星锤是武术中软兵器的一种，"招法多变、收发自如"是其最大的运动特点。

游戏规则：

（1）不得离开圆圈线站立。

（2）"流星锤"只要擦到身体的任何部位即算击中。

（3）教师作为裁判负责判罚并宣布游戏结果。

教学建议：

（1）抡转"流星锤"可采用变速方式进行。

（2）抡转"流星锤"者最好由教师担当。

复习思考题

1. 什么是武术游戏？按运动形式可分为哪几类？

2. 武术游戏的特殊性体现在哪几个方面？与其他体育游戏相比，它有哪些独特的作用？

3. 武术徒手基础类游戏、武术徒手攻防技击类游戏及武术器械类游戏的侧重点各是什么？

4. 自编一个武术徒手基础类游戏。

5. 自编一个武术徒手实用攻防方法类游戏。

6. 自编一个武术器械类游戏。

7. 自编一个三者结合的复合性游戏。

8. 通过武术游戏的学习，谈谈对武术有哪些深刻的认识。

► # 第十三章
室内类游戏

本章共介绍 33 个在室内做的游戏。

室内游戏又称课室游戏或教室游戏，在雨雪天操场上无法上体育课时，在课室内用游戏的形式进行的一种上课方式。它的特点是形式生动活泼，不受气候、场地等条件的影响。室内游戏的内容主要有：① 活动范围不大、运动负荷中等或较小的活动性游戏。② 以传授体育知识为目的的智力游戏，如体育谜语等。③ 棋类与牌类游戏。

在组织室内游戏时要注意：① 要时时控制学生的喧闹声，以免影响隔壁教室的上课。② 要教育学生爱护公物，防止在游戏中损坏课桌、椅及窗户玻璃，不要做球类的传接争夺游戏，以免打破玻璃及灯泡。③ 注意安全，由于在课室内人多地小，又有课桌椅，游戏的动作容易发生碰撞而受伤，教师在设计与组织游戏时要注意游戏的安全性。

1. 掰手腕

游戏目的：发展学生的上肢肌肉力量与肌肉耐力。

场地器材：桌子1张，凳子两把。

游戏方法：两人在课桌的两侧面对面坐好，双方用右手互握，肘部顶在桌面上，相距约20厘米；前臂保持竖直，左手可抵住课桌底板或抓住课桌的脚以固定身体。发令后，双方用力将对方手腕往左下扳压，直至将对方手背压在桌面上为胜。

游戏规则：

（1）开始双方手臂要竖直，不能偏向一边。

（2）比赛过程中，肘部不能离开课桌。

（3）采用三局两胜制，第二局可用左手做。

教学建议：

（1）注意学生的年龄，年龄太小不适宜进行掰手腕。

（2）掰手腕前要做上肢准备活动。

2. 踢毽子接力

游戏目的：锻炼学生的下肢灵活性与平衡能力。

场地器材：毽子若干个。

游戏方法：如图13-1所示，将课桌稍向教室后面移动，在讲台与课桌间挪出一块空地，按座位行次每两行组成一个队，每队一个毽子。游戏开始，各队排头到前面踢毽子，踢至失误为止，记下次数，回到自己座位，接着第二人出来踢，直至全队踢完为止。累计次数多的队为胜。

游戏规则：

（1）只能采用脚内侧与脚外侧两种踢法。

（2）不许妨碍别队学生的动作。

教学建议：

（1）低年级与不会踢毽子的学生，也可规定用脚踢起来用手接住，然后再抛

图 13-1　踢毽子接力

再踢的方法踢。

（2）可在各组中选数名学生交叉到其他组计数。

3. 综合素质比赛

游戏目的：锻炼学生的腹肌、上肢力量以及下肢弹跳力。

场地器材：垫子 2 块。

游戏方法：如图 13-2 所示，将课桌稍向教室中间移动，使四周挪出一定的空位置，在讲台与课桌之间放两块垫子。按座位行次分成人数相等的两个队，游戏开始，两队学生按座次依次完成以下素质练习：

图 13-2　综合素质比赛

（1）在垫子上做 10 次"两头起"（仰卧起坐同时举腿）。

（2）在侧面过道上做 10 次（女生 4 次）俯卧撑。

（3）在教室后面做 10 次纵跳摸高。

做完后，回到自己的座位。在第一人做练习 2 时，第二人就开始做练习 1，如此依次进行，直至全队做完为止，以按要求先做完的队为胜。

游戏规则：

（1）必须按规定的顺序、动作要求和数量完成各项练习。

（2）如一次不能完成，可分几次完成，但一定要完成前一项练习之后，才能做下一项练习。

（3）动作不符合要求，不予计数。

教学建议：可选 6 名较负责的学生专门计数。

4. 脚抛球比高

游戏目的：锻炼学生的腰腹肌力量和协调力。

场地器材：1 千克重的实心球 4 个。

游戏方法：如图 13-3 所示，将课桌稍向后移，在课桌与讲台之间空出一个地方做练习。按座位行次将学生分成 4 个队，每次各队出一名学生站在课桌前，用两脚内侧夹住实心球，跳起收腹将球向上抛起，每人做 3 次，按抛起的高度记分，然后换一名学生再做，直至全队做完，累积得分最多的队为胜。

图 13-3 脚抛球比高

游戏规则：

（1）球抛的高度在膝以上，但没超过腰，计 1 分；抛的高度在腰以上，但没超过头，计 2 分；抛的高度超过头，计 3 分。

（2）只能用两脚内侧夹住球往上抛，不能用单脚或双脚勾住球往上抛，否则不计成绩。

教学建议：此练习可以锻炼学生的腹肌与弹跳力。

5. 传递实心球比赛

游戏目的：培养学生间的相互配合能力。

场地器材：实心球若干个。

游戏方法：学生按座位每纵行为一队，在每行的第一个课桌上放 5 个实心球。教师发令后，各队迅速将球往后传，当 5 个球均传到最后一张课桌上放好后，最后一人马上举手，第二次比赛时从后向前传。传得最快的队为胜。

游戏规则：

（1）只能依次往后传，不能隔位传或抛接。

（2）一次传球的个数不限，可以传一个，也可传几个。

教学建议：可以适当地调整实心球的重量来增加游戏的难度。

6. 小球追大球

游戏目的：培养学生的配合能力与手部的灵活性。

场地器材：乒乓球与排球各 1 个。

游戏方法：学生坐在各自的座位上，第一行第一名学生拿一个乒乓球，第六名学生拿一个排球。教师发令后，大球小球都向后传递，当传至第一行最后一人时，接着将球传给旁边的第二行的最后一人，再往前传，依此法成"之"形来回传递，直至小球追上大球为止。当大球与小球都传到一个人手中时，罚该学生表演一个节目，然后小球退后 5 个座位，游戏继续进行。

游戏规则：

（1）只许依次传递，不许隔位传递或抛接。

（2）不许故意拖延时间。

教学建议：

（1）高年级学生可用实心球与乒乓球。

（2）也可成向内的螺旋形传递。

7. 组画接力

游戏目的：培养学生的相互间的配合能力。

场地器材：黑板 1 块，粉笔若干。

游戏方法：如图 13-4 所示，学生坐在座位上，每一纵行为一个队，各队第一名学生拿一支粉笔，游戏之前，教师先用粉笔在黑板上画一幅简笔样板画。然后学生用接力的方式，每人照着教师的样图画一部分（或一人画一笔），直至画出一幅完整的图，画得最好最快的队为胜。

游戏规则：

（1）前一人回到自己座位坐好后，后一人才能跑出。

（2）粉笔要递交，不能抛给下一人。

教学建议：所组的画应采用较简单易画的简笔画为宜。

图 13-4 组画接力

8. 组句接力

游戏目的：培养学生的思维反应能力。

场地器材：粉笔若干，黑板 1 块。

游戏方法：学生坐在座位上，每一纵行为一个队，各队的排头拿一支粉笔。教师发令后，各队排头跑到黑板前写上第一个字，然后跑回本队，将粉笔交给第二人后，回到座位坐好。第二人跑上去紧接在后面写第二个字，跑回将粉笔交给第三人，依此法直至全队写完为止。写完进行评比：

（1）全队的几个字能否组成一个完整通顺的句子，如不能组成完整的语句或语句不通，则将其淘汰。

（2）在句子完整通顺的基础上，以组句最快的队为胜。

游戏规则：

（1）前一人回到座位坐好后，后一人才能跑出。

（2）粉笔只能递交，不能抛给下一人。

教学建议：

（1）学生书写的句子，如果内容不好，教师要注意进行教育。

（2）此游戏也可改为"组字接力"：教师先规定一个短句，例如"讲究卫生"，每个学生一次写一画以接力的方式写完。

9. 飞镖比准

游戏目的：投掷的准确度。

场地器材：飞镖数支，飞镖靶 1 个。

游戏方法：如图 13-5 所示，将中间两行前面的几个座位搬走，空出一块位置投飞镖，在离黑板 2.5~3.0 米处放一课桌作为投掷时的限制线，在黑板上挂一块飞镖靶。学生按座位纵行分队，游戏从各队排头在桌后瞄准靶投掷飞镖，按投中的区域在黑板上记下各队的得分，然后各队第二人再做，直至全队投完为止。累积分多的队为胜。

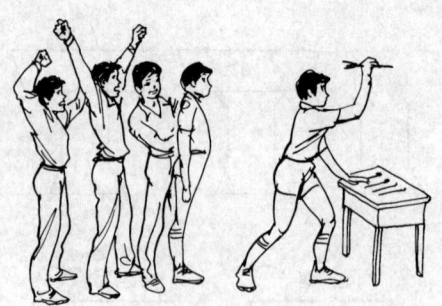

图 13-5 飞镖比准

游戏规则：

（1）如飞镖插在线上，算高分区的分。

（2）投中但没插稳，不算分。

教学建议：飞镖及靶在商店可买到，也可自己做。做靶时，可做成普通的环靶即可。

10. 乒乓球打靶

游戏目的：提高学生投掷的准确度与投掷的力量。

场地器材：乒乓球若干个，空饮料瓶6个。

游戏方法：如图13-6所示，将课室中间前面的两行课桌搬开，空出一块位置做游戏，在这空位置上，离讲台3~4米处，放一张课桌作为投掷线。学生按座位纵行分队，各队第一人拿一个乒乓球站在投掷线后。在讲台上，成一横排竖立放6个饮料瓶。游戏开始，学生站在投掷线后用乒乓球瞄准饮料瓶投掷，将饮料瓶打倒者得1分。掷完后，将球捡起交给第2人再做，直至全队做完为止。得分多的队为胜。

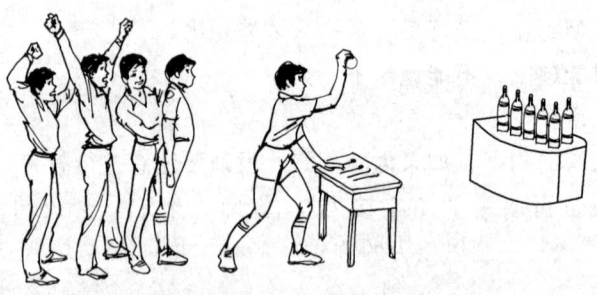

图 13-6 乒乓球打靶

游戏规则：击中饮料瓶，但未将其打倒不计分。

教学建议：也可用羽毛球、板羽球或小沙包代替乒乓球。

11. 沙包投课桌

游戏目的：提高学生投掷的准确度与本体的感受器的感应能力。

场地器材：小沙包若干个。

游戏方法：如图13-7所示，将第一排课桌前移，其他课桌则稍向后移，使最前一排课桌与第二排课桌相距 3 米左右，学生按座位纵行分队。各队排头拿 3 个小沙包站在第二排课桌后。游戏开始，学生将沙包投向本行的第一张课桌，每投中并停在课桌上一个沙包得 1 分，投完后，等教师计完分，捡起沙包交给第二人再做，直至全队做完为止。得分多的队为胜。

图 13-7　沙包投课桌

游戏规则：投中课桌但又滚落地上不计分。

教学建议：

（1）可以拉远课桌之间的距离，增大难度。

（2）可以在课桌上画上区域来规定的分区。

12. 拦击导弹

游戏目的：培养学生的投掷力量与速度。同时也培养持乒乓球拍手的反应能力。

场地器材：乒乓球拍 4 个，乒乓球 15~20 个。

游戏方法：

选出 4 人各拿一个乒乓球拍，站在黑板前，作为"防空部队"，其他人拿 15~20 个乒乓球当作"地对地导弹"。游戏开始，拿乒乓球的学生用乒乓球掷击黑板，而拿球拍的学生则用球拍进行拦击，如拦截住了，则是"导弹被击毁了"，如让乒乓球漏过去击中黑板，则是"导弹击中了目标"。游戏一轮之后，再换 4 个人防守。击下"导弹"多者为胜。

游戏规则：

（1）乒乓球没打中黑板不算击中目标。

（2）拦击时，只能用乒乓球拍，不能用手拦击。

教学建议：也可用羽毛球、板羽球或小沙包代替乒乓球。

13. 扑克牌分类

游戏目的：培养学生的记忆力与观察能力。

场地器材：扑克牌 4 副。

游戏方法：如图 13-8 所示，将 4 张课桌成一直线摆在课室前面，每张课桌上放一副洗乱了的扑克牌（将大、小王抽出）。将学生分成 4 个队，每队出一人站在一张放牌的课桌前。教师发令后，4人拿起扑克牌迅速分成黑桃、草花、红杏、方块4类各放一处。然后教师进行检查，给先分完而又没错的前3名分别计4分、2分和1分。然后又将牌洗乱再做，以得分多的队为胜。

图13-8 扑克牌分类

游戏规则：

（1）分得快但分错了不计分。

（2）分牌时，手上不许沾水。

教学建议：此游戏能很好地锻炼学生的观察与判断能力。

14. 室内运动会

游戏目的：使学生对体育产生兴趣，增加体育的娱乐性。

场地器材：泡沫塑料球5个，圆的硬纸片5块，狗尾草茎5条，橡皮筋10根，直尺2条。

游戏方法：将学生按座位纵行分队，各队每次派5名学生参加5个项目的比赛，每个项目比赛的前4名分别记5分、3分、2分和1分，比赛完毕，得分多的队为胜。

（1）推铅球。用包装泡沫塑料做几个铅球大小的球，各队派一名运动员推"铅球"比远。

（2）掷铁饼。将包装盒的硬纸片剪成直径约4厘米的圆形，比赛时用左手食指托住纸片中央，用右手的中指将纸片弹出，弹得远者为胜。

（3）掷标枪。准备数条狗尾草或者蟋蟀草的草茎（25～30厘米长），比赛时，用右手的大拇指与食指捏住，用掷标枪的方法掷出，掷得远者为胜。

（4）射击。将两个空饮料瓶放在一张课桌上，将一条橡皮筋框在左手的大拇指与食指上，再将一个2厘米长的小纸卷从中间折转扣在橡皮筋上，用右手的拇指与食指捏住，然后拉长橡皮筋，站在2米外，将纸卷弹向饮料瓶，弹中者得1分。

（5）拔河。在课桌上画一条决胜线，将一条直尺与决胜线交叉成"十"字形放在桌上，游戏的2人各用右手的食指压在直尺的一端并往后拖，将直尺拖过决胜线者胜。

游戏规则：严格按比赛要求记分，犯规两次扣1分。

教学建议：在比赛中要遵守游戏规则与比赛的秩序。

15. 弹棋

游戏目的：培养学生的手部的灵活性。

场地器材：象棋若干副。

游戏方法：两个人一对一地进行游戏。甲、乙两人在一张课桌的两边，先用粉笔在课桌上画一条中线，将课桌划分为甲、乙两个区，各将 10 颗象棋子摆放在自己的区域内，摆的形式由自己设计，摆好后，两人猜拳，猜胜了的先弹，用右手大拇指扣住中指在己方的一颗棋子后面，瞄准对方的某颗棋子弹出，如将对方的棋子弹落地面，而自己的棋子没有掉下去，接着还可以继续弹；如是其他的情况，则轮到乙方弹。游戏至一方棋子全部落地为止，桌上还剩有棋子的一方胜。

游戏规则：

（1）摆棋时，只能摆放在本方区域内，不能压中线。

（2）弹棋后，以下情况不能继续弹而要换由对方弹：双方的棋都没掉下去；只有己方的棋掉下去了；双方的棋都掉下去了。

教学建议：遵守游戏规则。

16. 弹百分

游戏目的：训练学生手指的灵活性与肌肉对力量的感受能力。

场地器材：象棋子 2 个。

游戏方法：如图 13-9 所示，两个人一对一进行游戏。在课桌上画一个五角星，在五角星的各区写上分数（中间 5 分，5 个角内 10 分）。离五角星约 40 厘米处画一个小圆圈作为"发子区"，里面放一颗象棋子。游戏开始，两人先猜拳，胜者先弹，用右手的大拇指扣住中指置于象棋子后面，将棋子瞄准五角星弹出，记下分数后，由对方再弹。直至一方累计分满 100 分为止。

图 13-9　弹百分

游戏规则：棋子压线不计分。

教学建议：遵守游戏规则。

17. 接后语

游戏目的：培养学生的大脑反应能力与考察平时对词汇的积累。

游戏方法：学生坐在座位上，由第一行排头随便说一个词汇，例如"今天"，接着第二个学生以排头所说词汇的后一个字打头，又组成一个词汇，例如"天气"，依此法一直往下传，"气候""候补""补救"等，一直到某一学生组不成词汇为止，罚该学生表演一个节目后，又由该学生重新起头再做。

游戏规则：

（1）前一个人说了某个词汇之后，后一人在 5 秒之内没接上去，也算失败，要罚其表演节目。

（2）如有人提醒，则罚提醒的人。

教学建议：高年级做此游戏也可用成语接，如"不遗余力""力不从心""心平气和"等。但接成语比接词汇困难得多，允许在10秒之内接上。

18. 传口令

游戏目的：培养学生传达语言的准确度与语言表达能力。

游戏方法：学生坐在座位上，按座位纵行组成队，游戏开始，各队排头到教师那里接受秘密口令后，回到自己座位上坐好。教师发令后，各队将口令一个接一个轻声地往后传，最后一人听到口令后，立即用纸条写下来，跑到前面交给教师，以先送到而没传错的队为胜。

游戏规则：

（1）传口令要轻声，不要被别队听到。

（2）口令要依次往下传，不要隔人传，也不能下座位传。

（3）口令传错了的队不参加评比。

教学建议：

（1）各个队可采用同一的口令，也可用不同的口令，如用不同的口令时，几个口令的字数应相等，笔画也尽量做到相等或相差不多。

（2）为增加游戏的难度与趣味性，可采用一些容易听错的词作为口令来传，如广东学生常将"猪肝"的口令传成了"珠江"。

（3）为使第一名学生明确口令，教师可预先将要传的口令写在纸条上，分别给他们看过之后再传。

19. 拍电报

游戏目的：培养学生的记忆能力。

场地器材：纸张若干。

游戏方法：学生坐在座位上，按座位的纵行分队。各队学生身体稍向右转，用手前后牵成一串。游戏开始，教师召集各队排头，将一组数字（不多于3位数，最大数不大于4）给排头看过并记住，然后回到原位坐好。教师发令后，各队排头立即用捏手的方式依次一个接一个往后传电报，手捏一下表示1，连续捏两下表示2……排尾收到电报后，立即跑到前面用粉笔将这组数字写在黑板上，以没有传错而又最快的队为胜。

游戏规则：

（1）只许用捏的方式手传，不许讲话，否则不参加评比。

（2）各队排头看过电文回到座位后，不能立即传，要等教师发令后才能传。

教学建议：各队的电文数字可采用相同的数字，也可采用不同的数字。如果采用相同的数字时，则排尾学生要将数字写在纸上交给教师。

20. 提问猜人

游戏目的：培养学生的逻辑思维能力。

游戏方法：学生坐在座位上，选一名学生做领头人站到前面背向大家，这时教师在学生中另外指定一人，让大家都知道，但不让领头人知道。然后让领头人转过身来，根据范围的大小向其他同学提几个问题，根据得到的答案将教师所指定的人猜出来。例如，游戏者所在班共有52个学生，男生28人，女生24人。这时要猜班上的某一学生，可以这样提问：

问：这个人是男同学吗？
答：不是（范围缩小为24个女生，领头人注意到女生中有3人留长发，9人留短发）。
问：这个女生是留短发吗？
答：是（范围又缩小到9个留短发的女生中，领头人发现这9人中有6人穿短袖衣，3人穿长袖衣）。
问：她现在穿的是短袖衣？
答：是（范围缩小到6人，6人中有2人是班干部）。
问：她是班干部？
答：是（范围缩小到2人，再找差别，发现其中的学习委员是戴眼镜的，另一个不戴）。
问：她是戴眼镜的？
答：是。

领头人这时就可以猜出教师指定的人是学习委员。

游戏规则：
（1）提问时不能直接问指定人的姓名。
（2）一次提问中不能有两个问题。例如，"是不是前四排中的一个女生？"这个问题中就有两问，只能问："这个同学是不是在前四排中？"，或者问："是女生吗？"

教学建议：可以规定领头人问问题的次数来增加难度。

21. 猜个性

游戏目的：促进同学间的相互了解。

场地器材：每人一张小纸条。

游戏方法：学生坐在座位上，按座位纵行分队。游戏前，每人在小纸条上写上以下内容：

我最喜欢的人：＿＿＿＿＿＿＿＿。
我最喜欢的课：＿＿＿＿＿＿＿＿。
我最喜欢的运动：＿＿＿＿＿＿＿＿。
我最喜欢的花：＿＿＿＿＿＿＿＿。
我的优点是：＿＿＿＿＿＿＿＿。
我的缺点是：＿＿＿＿＿＿＿＿。

然后写上自己的姓名，交给老师。游戏时，教师从中任意抽取一张纸条念给大家听，然后让大家猜写纸条的是谁。猜中者，给该学生所在的组计1分。然后又从中抽出一张念给大家猜，最后以积分多的一队为胜。

游戏规则：

（1）写纸条的人，不许告诉别人。

（2）自己的个性要写得真实。

教学建议：参与者间相互配合，进行讨论。同时规定猜人的时间。

22. 三子棋

游戏目的：提高学生大脑的逻辑思维能力。

场地器材：每人3枚围棋子。

游戏方法：如图13-10所示，学生坐在座位上，每两人一组面向进行游戏。在纸上画一个3×3格的棋盘，甲、乙两人各执3枚围棋子（最好是3黑3白），轮流在格中放棋子，尽量使自己的3枚棋子连成一直线（横、竖、对角线都可以），谁先使自己的3枚棋子连成一直线谁胜。如自己无法连成一直线，则要阻止对方的3枚棋子连成一直线。放完棋子后，如双方都不能连成一直线，则进入走棋阶段，2人轮流走棋，谁先3子连成一线谁胜。

图13-10　三子棋

游戏规则：

（1）每次开始时，两人轮流先走。

（2）走棋时，每次只能横向或竖向走一格，不能斜向走。

教学建议：教师可以进行指导，提高棋艺。此外观看的人不能在下棋时对比赛的人进行指棋。

23. 牛角棋

游戏目的：培养学生的逻辑思维能力。

场地器材：每两人一组，每组3只棋子。

游戏方法：如图13-11所示，先在纸上画一个如牛角形的棋盘，1黑2白3个棋子摆放成图1状，2人对弈，白方2子，黑方1子，双方轮流走棋，黑子先走。走棋时，每次沿线走一格，横、竖、斜行都可以，可进可退。黑子如冲破白子的包围，走到底线其中的一个点上为胜；如黑子被白子围至牛角尖上，则为白方胜。

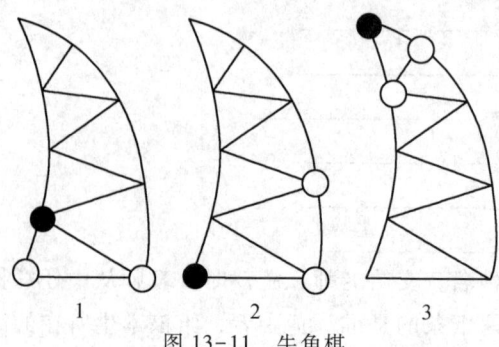

图13-11　牛角棋

游戏规则：前方有子，不能跨越。

教学建议：教师可以进行指导，提高棋艺。此外观看的人不能在下棋时对比赛的人进行指棋。

24．分割包围

教学目的：培养学生的逻辑思维能力。

场地器材：每两人一组，每组 6 枚围棋子。

游戏方法：如图 13-12 所示，画一个"米"字外加方框的棋盘，3 黑 3 白共 6 个围棋之摆成图 1 的形状，双方轮流走棋，每次走一格，横向、竖向、斜向走都可以，当一方的 3 枚棋子在棋盘上的任何 3 点上连成一直线时，即算完成分割包围而取得胜利。其中 3 枚棋子在对角线上连成一直线获 3 分；在中线上连成一直线获 2 分；在边线上连成一直线获 1 分。每次决出胜负后记下分数，以先达到双方预先商定的积分为胜。

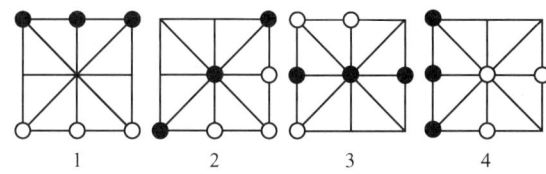

图 13-12　分割包围

游戏规则：两人轮流先走。

教学建议：教师可以进行指导，提高棋艺。此外观看的人不能在下棋时对比赛的人进行指棋。

25．添鼻子

游戏目的：提高游戏的趣味性，调节气氛。

场地器材：黑板 1 块，粉笔若干，长布 1 条。

游戏方法：学生坐在座位上，按座位纵行分队。游戏前，在黑板上画几个没有鼻子的人头像，将课室的讲台搬开，将课桌稍向后移，各队派一人站在离黑板上的人头像前约 3 米处，拿一支粉笔，蒙上眼睛，教师发令后，各自走向自己面向的人头像，用粉笔将鼻子添上，然后教师进行评比，比哪个队添得准确，并进行评分。接着各队第二人再做，最后得分多的队为胜。

游戏规则：

（1）每次取前 3 名，分别计 4 分、2 分与 1 分。

（2）鼻子画到头像外，不予计分。

（3）偷看者倒扣 1 分。

教学建议：

（1）严格遵守游戏规则。

（2）为增加游戏难度可以在画鼻子前先让参与者转几周后再进行画鼻子。

（3）注意安全。

26. 盖方块

游戏目的：培养学生的逻辑思维能力。

场地器材：两人一组，每组 8 张 2 厘米×4 厘米的长方形纸片。

游戏方法：如图 13-13 所示，画一张 4×4 格（每格 2 厘米见方）的棋盘，甲乙 2 人轮流用长方形纸片在棋盘上盖方块，每次盖住棋盘中相邻的任意两格，如甲方放下一张方块后，乙方已没有相邻的两格放方块，则甲方胜。

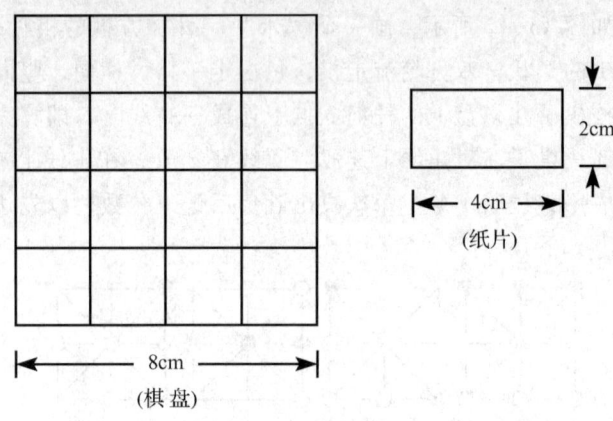

图 13-13　盖方块

游戏规则：每次盖棋盘只能为盘中相邻的任意两格。

教学建议：教师可以进行指导，提高棋艺。此外观看的人不能在下棋时对比赛的人进行指棋。

27. 友谊携手

游戏目的：锻炼学生的注意力、反应能力、奔跑能力。

场地器材：在教室里，把座位摆成数量均等的若干纵行（偶数），每相邻的两行编成一组，然后各行由前向后依次报数，每人记住自己的号码。

游戏方法：游戏开始，老师在讲台上任意呼喊一个号码（如"4"号），此时各组的两名"4"号同学立即从本行左（右）侧纵向走道跑到本组前，互相携手，最先携手的一组取胜，取胜者得 1 分，老师将得分记录在黑板上。重复游戏若干次，游戏结束，按积分数值排列名次。

游戏规则：被喊到号数的同学才能离开座位。

（1）各组两名被喊到号数的同学必须在本组前携手会合。

（2）游戏时，不准碰撞座位。

（3）喊号时旁人不得提醒或暗示。

教学建议：

（1）为了增强学生的注意力，此游戏可改为用手势代替口呼号数。做手势前应向学生说明各种不同的手势所代替的不同号数，在做手势时应将手臂举起。

（2）报号数时必须语词清楚，声音洪亮有力。

（3）在游戏过程中，室内必须保持安静，不得喧哗。

28. 抢种种子

游戏目的：提高学生的奔跑能力。

场地器材：在各队左侧纵向走道的地面上，每相隔一定距离画1个圆圈，共画4个，然后教师把4粒"种子"（代用品可以是手绢、植物种子模型等）交给各队排头的同学。

游戏方法：把全班分成两队。游戏开始，各队排头的同学沿逆时针方向围绕本队跑动，并把"种子"分别放进4个圆圈内（即播种），第二人按顺时针跑动，将4个圈内的"种子"回收交给第三人。第三人按第一人的方法再"播种"，第四人按第二人的方法再"抢收"，直至全队做完。最先做完的一队取胜。

游戏规则：

（1）种子必须放在圆圈内。

（2）前面的一人回原位后，下一人才能离开座位。

（3）必须按规定路线前进。

教学建议：

（1）种子可以用各种抓取方便的代用品。

（2）游戏中注意座位的排放，避免撞伤事故的发生。

29. 室内网鱼

游戏目的：锻炼学生的灵活性、提高躲闪能力和奔跑能力。

场地器材：把座位沿教室四周墙壁摆成长方形或正方形，将全班学生分成人数相等的若干队，并分成逃者和围捕者。

游戏方法：逃者都站在场内不同的地方，围捕者在座位摆成的长方形或正方形内任意地点手牵手，排成横队。其中两组先开始游戏，围捕者设法形成包围圈把逃者包围起来，被围捕住的人应立即退出游戏场地，逃者在场地内的走道上设法躲避围捕，游戏直至逃者被捕完为止。

游戏规则：

（1）游戏时，围捕者不得松手。

（2）逃者应在场地内回避围捕，不得强行取道和攀登桌椅。

（3）围捕者只准形成包围圈围捕逃者，不准推或拉人。

教学建议：由于教室空间所限，各队人数应根据教室实际情况而定。游戏结束，以在较短的时间内捕完逃者为胜。

30. 以物换物

游戏目的：提高学生的奔跑能力。

场地器材：各队一行排头和排尾的桌面上分别放置一件不同的小物件（如排头桌面上放置小沙包，排尾桌面上放置小石子），在讲台前画一条终点线。

游戏方法：全班分成人数相等的若干队站在讲台。老师发口令后，各队排头立即拿起排头桌面上的小沙包，从座位左侧纵向走道跑向排尾，交换排尾桌面上的小物件，持小石子围绕本行座位跑一周后，再在排尾交换小物件，持小沙包跑向排头，把小沙包放置在排头桌面上，围绕座位跑两周，然后跑回终点线。先到达终点的同学取胜，得1分。排头做完后，各队换第二人做，依此方法，直至各队做完。得分多的一队获胜。

游戏规则：

（1）游戏前必须站在起跑线后，不得踏线。

（2）老师发令后才能开始跑。

（3）在排尾桌面上交换物件时应把物件放稳，如物件失落，必须重新拾起放好。

教学建议：

（1）游戏时不得高声喧哗。

（2）不要冲撞座位，注意人身安全。

31. 避障追拍

游戏目的：发展学生的灵敏素质、曲线奔跑能力。

场地器材：扩宽左右座位之间的距离，各条纵向走道的正中间和教室的前端各放置一个凳子。

游戏方法：全班分成人数相等的若干队。教师喊"开始"后，学生在走道上围绕凳子曲线跑动，各自追拍前面一人，被追拍到的人应立即退出游戏场地。在规定的时间内结束游戏。然后更换学生在本队中的位置，重新开始游戏。

游戏规则：

（1）必须按规定路线跑进。

（2）追拍时不得冲撞座位。

（3）不得用力拍击前面的同学。

教学建议：

（1）各条纵向走道的正中间所放置的凳子数可多可少。

（2）可以采用接力的方式进行。

32. 助你前行

游戏目的：提高负重奔跑能力。

场地器材：在教室的前后两端各画一条横线。

游戏方法：按纵行座位分成人数均等的若干队，各队分成人数均等的两个小组，甲组学生背对讲台成纵行在本组左（或右）侧纵向走道的前端横线外，乙组学生面对讲台站在纵向走道后端线外。教师发令后，各队甲组排头的一名学生跑向本队乙组，把乙组排头的一名学生背回到甲组（越过横线），然后自己站到本队排尾，被背的乙组排头则把甲组的排头背回到乙组……如此进行，最先做完的组取胜。

游戏规则：背人时应在横线外背起。

教学建议：

（1）可以采用背、抱等方式进行负重。

（2）注意安全，不要碰到他人或桌椅。

33. 往返赛跑

游戏目的：提高学生的奔跑能力。

场地器材：黑板，教室后墙壁。

游戏方法：在教室里按纵行座位分组并由前向后报数。教师发令后，各组号码小的同学迅速向教室后端跑去，手触墙壁后迅速跑回，手拍黑板后再往回跑，往返共跑4次。最先做完并跑回自己座位的同学得1分。然后各组换一人，重复游戏，每人做一次，直至各组做完。按积分多少排列名次。

游戏规则：

（1）发令前，游戏的同学应在自己的座位上坐好。

（2）若两组或两组以上的积分相等，可并列名次。

（3）游戏时手触墙壁或黑板后才能回跑，否则无效。

教学建议：

（1）往返跑的次数应根据学生年龄大小而定。

（2）应保持纵向走道的宽度。

（3）可事先在教室后墙壁上贴上纸张，以免弄脏了墙壁。

复习思考题

1. 在组织室内游戏时，要注意什么问题？
2. 自编一个以发展跳跃能力为主的室内游戏。
3. 自编一个以发展腹部能力为主的室内游戏。
4. 自编一个以小沙包为教具的室内游戏。

第十四章
户外类游戏

 **内容提要**

本章介绍了在沙滩、草地及山坡做的游戏。

户外游戏是在郊游时做的一种助兴游戏,目的是娱乐,是为了在郊游时玩得更开心。学生们由于离开了封闭式的教室,回到了广阔的大自然,无拘无束地在大自然的怀抱中奔跑嬉闹,无疑是他们最开心的事情。但做野外游戏时,由于野外环境复杂,在游戏时容易发生意外事故,因此教师在带学生们做野外游戏时,组织一定要严密,对游戏场地要进行仔细的检查,以防止意外事故的发生。

1. 仰爬接力

游戏目的:练习手脚配合的能力。

场地器材:沙滩或草地,空饮料瓶2个。

游戏方法:如图14-1所示,在沙滩或草地上画一条起点线,将学生分成人数相等的两个队,成纵队站在起点线后,间隔3米,在各队前方5~8米处,竖立放一个空饮料瓶;各队另派一名学生站在饮料瓶旁,负责将倒下的瓶子扶起。游戏开始,各队排头学生在起点线后,以手脚撑地做成屈体仰撑姿势(脚在前,头在后)。发令后,排头学生迅速向脚的方向仰爬,爬至饮料瓶处,用脚踢倒饮料瓶后,立即又退着爬回来(站在瓶子旁的学生立即将瓶子竖立放好),爬过线后,第二人接着继续做。先做完的队为胜。

图14-1 仰爬接力

游戏规则:

(1)没踢倒瓶就退爬回来,算少做一次,最后要补做一次。

(2)前一人退爬回来要两脚过起点线后,后一人才能出发。

教学建议:做此游戏时,要注意保护学生的手掌,要先将地上的石子捡干净,将坑洼处填平。

2. 跳篱笆

游戏目的:培养学生的灵活性。

场地器材:沙滩或草地,接力棒2根。

游戏方法:如图14-2所示,将学生分成人数相等的两个队,成两列横队面对面坐在沙滩或草地上。两队距离4米,各队学生左右间隔1米,两臂侧举拉手搭成"篱笆",排尾手拿一根接力棒。发令后,排尾手持接力棒依次从组成"篱笆"的学生手臂上跳过，成"之"字形地跳向排头，跳过最后一个"篱笆"后，也坐下与排头拉手做"篱笆"，并将接力棒向后传到排尾，排尾接棒后继续做，直至全队做完恢复原来队形为止，先完成的队为胜。

图 14-2　跳篱笆

游戏规则：

（1）跳"篱笆"时，要依次地跳过每两个相邻人拉着的手臂，要用双脚跳，不能用单脚跨过。

（2）做"篱笆"的队员手臂要举平。

（3）接力棒回传时，要依次传到排尾，不能隔人传或抛掷。

教学建议：对场地进行检查，保证场地没有硬物，并注意跳跃时的安全。

3. 斗牛

游戏目的：培养学生的平衡能力及腰背的协调用力。

场地器材：沙滩或草地。

游戏方法：如图 14-3 所示，学生分散在场地上，两人一组，相距约 1 米面对面站立，上体前屈用两手握住脚踝做成"牛"。教师发令后，两人互相用肩冲撞对方，以使对方倒地或松手为胜。

游戏规则：

（1）不许用手推拉，不许用脚绊，也不许用头顶人，违者为输。

（2）比赛采用三局两胜制。

图 14-3　斗牛

教学建议：

（1）在进行游戏前准备活动要充分，注意碰撞时力量不要过大而造成身体上的伤害。

（2）学生身上不要带小刀、钥匙等金属物件，以免造成对别人或自己的不必要的伤害。

4. 摔跤比赛

游戏目的：促进学生身体的协调发展。

场地器材：沙滩。

游戏方法：两人在沙滩上相距1米面向而立，教师发令后，双方即伺机运用抱、推、拉、扭、绊等动作，将对方摔倒为胜。

游戏规则：

（1）不许用拳、掌打人及用脚踢人。

（2）不许抓头发与拉扯衣服。

（3）个人赛三局两胜；团体赛算总分。

教学建议：注意场地没有硬物，摔跤前要注意将身体的各关节活动开。

5. 蹲跳推手

游戏目的：促进学生身体的协调发力。

场地器材：沙滩或草地。

游戏方法：如图14-4所示，学生分散在场地上，两人一组相距1米面向站立。教师发令后，两人下蹲，两臂向前平伸，以前脚掌跳动，并与对方推手，使对方臀部着地或手撑地者得1分，三局两胜。

图14-4 蹲跳推手

游戏规则：只许推手，不许推其他地方，也不许拉人。

教学建议：一定遵守游戏的规则。

6. 倒跑接力

游戏目的：培养学生的平衡能力与协调能力。

场地器材：沙滩或草地，接力棒2根。

游戏方法：将学生分成人数相等的两个队，成纵队站在起点线后，两队间隔4米，在各队正前方15米处插一面小旗作为回转点标志，游戏开始，排头手拿接力棒背向跑的方向站好。教师发令后，各队排头背向前进方向倒着跑，跑至回转点，绕过小旗再倒着跑回来，将棒交给第二人继续做，直至全队做完为止。先做完的队为胜。

游戏规则：

（1）在跑中，可回头看，但不许将身体转过来。

（2）踩倒小旗要插好再跑。

教学建议：倒着跑时要注意身体平衡，不要跌倒，在进行游戏前检查场地没有突出的硬物。

7. 坐卧传球

游戏目的：发展学生腰腹肌的力量。

场地器材：沙滩或草地，排球2个。

游戏方法：如图14-5所示，将学生分成人数相等的两个队，成纵队站立，队与队间隔3米，学生前后相距约2米，游戏开始，两队学生都坐在地上，排头手拿一个球。教师发令后，排头双手持球向后仰卧将球传给第二人，第二人接球后，以同样方法依次往下传，直至最后一人接球后，双手将球举起，传得最快的队为胜。

图14-5 坐卧传球

游戏规则：只许传递，不许抛接，更不能隔人抛接。

教学建议：

（1）为使竞赛平等，可在纵队的前后各画一条线，规定排头的脚要踏在线上，排尾的臀部要坐在线上。

（2）此游戏也可采用下面的做法：球每次传到排尾时，排尾抱球跑到排头2米处坐下又将球往后传，直至游戏开始时的排头再次成为排头为止。

（3）如在沙滩上做此游戏，向后仰卧时，要闭上眼睛，以防沙子掉入眼中。

8. 盲人接力赛

游戏目的：培养学生对口令的反应力。

场地器材：沙滩，毛巾4条。

游戏方法：如图14-6所示，将学生分成人数相等的两个队，成纵队站在起点线后，两队间隔5米，各队前面的两人用毛巾蒙上眼睛准备。另派两名学生站在各队前方20米处，作为引导人。发令后，各队排头在引导人的指挥下前跑，跑至引导人处，击引导人的手掌后，又在引导人的指挥下跑回本队击第二人的手掌，第二人依法继续做，排头回来后立即将毛巾给第三人蒙眼准备。直至最后一人做完为止。先做完的队为胜。

图 14-6　盲目接力赛

游戏规则：

（1）各队只准引导人一人指挥引导，其他人不许开口。

（2）两端都要击手掌后，才能往回跑。

（3）偷看算该队输。

教学建议：遵守游戏规则，不能抢跑。

9."高尔夫球"

游戏目的：培养学生击球的准确性。

场地器材：草地，1米长的竹棍2条，乒乓球2个。

游戏方法：画一条起点线，将两个乒乓球相隔1米放在起点线上，在起点线前约20米处，挖1个比乒乓球稍大的洞。参加游戏的2人每人拿1条竹棍，两人猜拳后，由猜赢的学生开始，两人轮流用竹棍击球，直到将球击入洞中为止。击球次数少的为胜。

游戏规则：

（1）只能击自己的球，不能击对方的球。

（2）只能用棍击球，不能用手或脚触球。

（3）三局两胜，如两人击球次数相同，则算平局。

教学建议：如有棒球，可用棒球代替乒乓球。

10.罚人与救人

游戏目的：培养参与者的投掷的准确度以及队员的心理素质。

场地器材：沙滩或草地，空饮料瓶，小石块。

游戏方法：如图14-7所示，画一条投掷线，在投掷线前方10~15米处，竖立1个空饮料瓶。将学生分成人数相等的两个队，两队队员轮流在投掷线后用小石块掷击饮料瓶，如击中了，则可任意指定对方一名队员罚其跪在一旁，然后继续掷，直至未击中为止。如本队有队员被罚，击中瓶子的队员也可解放本队的一名队员继续参加游戏。

图 14-7　罚人与救人

游戏规则：

（1）每击中一次，只能罚对方一人，或解放本队一人，不能又罚又救。

（2）石块直接击中有效，落地后再击中无效。

教学建议：可以拉远离瓶子的距离来增加游戏的难度。

11．丢手帕

游戏目的：发展学生跑的能力。

场地器材：沙滩或草地，手帕 1 条。

游戏方法：如图 14-8 所示，全体学生面向内围成 1 个圆圈坐下，选一名学生做领头人，手拿 1 条手帕在圆圈外绕圈行走或慢跑，并伺机偷偷地将手帕放在某一同学的后面，然后继续绕圈跑或走，绕完一圈到丢手帕的同学处，将其抓住并罚他表演节目。如坐着的人发现了，可捡起手帕追赶领头人，在一圈之内追上，则罚原领头人；如没追上，则相互交换。

图 14-8　丢手帕

游戏规则：

（1）围圈坐着的人可以用手到身后摸索，但不能回头看。

（2）不许相互提醒，否则罚提醒者。

教学建议：可用纸巾代替手帕。

12．钻山洞

游戏目的：发展学生手脚协调工作的能力。

场地器材：沙滩或草地。

游戏方法：如图 14-9 所示，将学生分成人数相等的两个队，成纵队站立，前后相距 1 米，除排尾外，其他学生均俯撑并将身体向上弓起，做成一个个"山洞"。发令后，排尾马上按"之"字形的路线，俯身依次钻过各个"山洞"，当钻过最后一个"山洞"后，立即举手，示意排尾的第二人可以出发，然后接在排头前面也做成"山洞"。游戏继续进行，直至排头钻过各个"山洞"为止。先完成的队为胜。

图 14-9　钻山洞

游戏规则：

（1）要钻完全部"山洞"才能举手；前一人举手后，后一人才能出发。

（2）不能从"洞"外绕过，钻"洞"时，做"山洞"的学生不能将手脚抬起。

教学建议：

（1）注意地面没有较硬的突出物。

（2）学生身上不要带钥匙或小刀等金属器具。

13．导游

游戏目的：培养学生对口令反应的能力。

场地器材：沙滩，毛巾 2 条。

游戏方法：如图 14-10 所示，将学生分成人数相等的两个队，成纵队站在起点线后，两队间隔 5 米，在起点线前 20 米处画一条终点线，在两线之间无规律地挖若干个宽 20~30 厘米、深 20 厘米的坑，每次各队派两人参加游戏，其中的一人蒙上眼睛，游戏开始，蒙眼者背上另一人站在起点线后，发令后，蒙眼者在上面人的指挥引导下，绕过各个沙坑，向终点行进，先到达终点者计 2 分，然后各队又派出两人继续做，直至全队做完为止。得分多的队为胜。

游戏规则：

（1）脚踩入坑中算失败；背人者偷看算失败。

（2）只许被背人指挥，其他人不许开口指挥。

教学建议：蒙面者要遵守游戏规则。

图 14-10　导游

14. 打水漂

游戏目的：发展学生投掷方面的能力。

场地器材：江边或湖边，瓦片或薄石片。

游戏方法：用右手的拇、食、中3个手指拿住一块瓦片（瓦片的凸面向下），食指扣在瓦片的边缘上，然后将手臂在身侧从后向前甩动，将瓦片击向水面，瓦片受水面阻力的作用而在水面一跳一跳地前进，民间叫"打水漂儿""打漂漂"，两人一对一进行比赛或几个人在一起比赛，打水漂个数多者为胜。

游戏规则：手臂必须在身侧从后向前甩动，否则判犯规。

教学建议：在水边要注意安全，做好必要的安全防范措施。

15. 盲人击鼓

游戏目的：培养学生的方向感。

场地器材：小鼓2个，鼓槌2个，毛巾2条。

游戏方法：如图14-11所示，将学生分成人数相等的两个队，成纵队站在起点线后，两队间隔4米，在各队前面约10米处，放一个小鼓。游戏开始前，各队排头用毛巾蒙上眼睛，手拿一个鼓槌准备着。发令后，排头估计着方向与距离走向小鼓，并用鼓槌击鼓，击中者得2分，然后拉开毛巾回到起点线交给本队第二人再做，直至全队做完。得分多的队为胜。

图 14-11　盲人击鼓

游戏规则：
(1) 第 1 次击中算，第 2 次击中不算。
(2) 击鼓前偷看倒扣 1 分。
(3) 在击鼓之前，身体碰到鼓即算失败。
(4) 不许先量步点。

教学建议：可用球或饮料瓶代替鼓，用竹棍代替鼓槌。

16. 击鼓传球

游戏目的：培养学生手的灵活性，同时放松学生的精神。

场地器材：沙滩或草地，球 1 个，鼓和鼓槌各 1 个。

游戏方法：全体学生坐成圆形，其中一名学生拿一球，另选一名学生在圈外背向大家准备击鼓。游戏开始，击鼓的学生开始击鼓，随着鼓声，学生们将球按顺时针（或逆时针）方向依次传递，鼓声停止时，球在谁的手中，谁就表演一个节目。

游戏规则：
(1) 不能故意将球放在手中拖延时间。
(2) 球只能依次传递，不能隔人抛接。
(3) 鼓声停止后，再将球传给别人无效。

教学建议：没有鼓可用收录机放音乐代替；也可采一朵野花做"击鼓传花"。如花也没有，则可任意传递一件物品。

17. 走靶

游戏目的：培养学生的大脑记忆能力以及方向与位置感。

场地器材：沙滩。

游戏方法：如图 14-12 所示，在沙滩上画 4 个同心圆作为"靶"；4 个圆的直径分别为 1、2、3、4 米，分数分别为 4、3、2、1 分。游戏时，一名学生站在圆心上，闭上眼睛，向外走 10 步，向后转，再往回走 10 步，睁开眼睛。看自己站在哪个圈中，应得几分。

图 14-12　走靶

游戏规则：
(1) 脚踩线按里圈分数计算。

(2) 脚站靶外计 0 分，睁眼偷看倒扣 1 分。

教学建议：此游戏也可分两队进行比赛。累积分多的队为胜。

18. 夜过雷区

游戏目的：培养学生的大脑记忆能力以及方向与位置感。

场地器材：沙滩，空饮料瓶 20~30 个。

游戏方法：如图 14-13 所示，在沙滩上画两条相距 6 米的线，一条为起点线，另一条为终点线，在两线之间，画一条宽一米的通道，作为"雷区"，在通道上无规律地竖立放 20~30 个空饮料瓶，作为埋设的"地雷"。游戏时，将学生分成两个队，各队学生依次站在起点线后蒙上眼睛通过雷区，如碰倒饮料瓶，即"触发地雷炸死了"，如安全通过，则计 1 分。得分多的队为胜。

图 14-13　夜过雷区

游戏规则：

(1) 踩上通道的线或走出通道外都算失败。

(2) 偷看倒扣 2 分。

教学建议：

(1) 遵守游戏规则。

(2) 注意游戏时的安全，不要用玻璃瓶来做障碍物。

19. 海豹回窝

游戏目的：发展学生上肢的力量。

场地器材：沙滩。

游戏方法：如图 14-14 所示，在沙滩上画一条起点线，离起点线约 10 米画两个直径 1 米的圆圈为"海豹窝"。学生分成两列纵队站在起点线后，每次各队出一名学生一对一地进行比赛。游戏开始前，两名学生在起点线后做成"海豹"：身体成俯撑姿势，上体抬起，用两手将身体撑起，脚面向后绷直与小腿同时平贴在沙地上。发令后，"海豹"快速地用手支撑着向"海豹窝"爬去，先到达"海豹窝"为胜，胜队计 1 分，然后换人再做。累积分多的队为胜。

游戏规则：

(1) 爬行时，脚只能被动地拖在后面，不能帮助蹬地前进。

图 14-14　海豹回窝

（2）手只要接触到海豹窝的边线即算到达。

教学建议：低年级学生也可用猜拳的方法做，即每次猜拳胜了可向前爬5步。先到达者为胜。

20. 一脚踢中

游戏目的：培养学生的大脑记忆能力以及方向与位置感。

场地器材：沙滩或草地，足球2个。

游戏方法：如图14-15所示，将学生分成人数相等的两个队，成纵队站在起点线后，两队间隔3米，在各队前方3米处，画一个直径30厘米的小圆圈，两个圈内各放一个足球。游戏开始，各队排头先看准方向，估计好距离后，蒙上眼睛，走向足球，然后一大脚向足球踢去。踢得准、踢得远者为胜。

图 14-15　一脚踢中

游戏规则：

（1）两人都踢中，踢得远的计2分，近的计1分；只有1人踢中，踢中者计2分，未踢中者计0分。

（2）偷看者倒扣2分；同队旁人提示踢中无效，并扣1分。

教学建议：可用以下方法加难：游戏者看准球的方向与距离后，闭上眼睛在原地转一圈后再向前踢球。

21. "激光打靶"

游戏目的：培养学生对声音的反应能力。

场地器材：无月的夜晚，沙滩或草地，手电筒2个。

游戏方法：如图14-16所示，将学生分成人数相等的甲、乙两个队，相隔6米成面向的2列横队坐下，各队排头拿一个手电筒。游戏开始，甲队任一学生击一次掌，乙队排头立即用手电筒瞄准该学生脸部并打开电筒，如刚好照到脸部，则为"激光已打中靶"，计1分；然后轮到乙队排头"打靶"。各队每人打一次后，累积分多的队为胜。

图14-16 激光打靶

游戏规则：

（1）击掌声音不能太小，否则对方可要求重新击掌。

（2）击掌学生被电筒照准，不能否认是自己击的掌。

（3）电筒打开之后，不能移动，否则无效。

教学建议：遵守游戏规则。

22. 看影猜人

游戏目的：促进学生之间的相互了解。

场地器材：夜晚有月亮的场地。

游戏方法：如图14-17所示，将学生分成两队，成倒"八"字形面向月亮坐下，选一名学生在前面20米处横向走出来，走至有月亮光处，转体面向月亮站立，坐着的学生根据看到的影子，抢着回答该学生是谁。猜中了计该队1分，猜错了倒扣1分，然后再找一名学生走出来，游戏继续进行。

图14-17 看影猜人

游戏规则：同上。

教学建议：此游戏可在走出来的学生头上戴一顶帽子，以加大难度。

23. 爬山夺旗

游戏目的：培养学生跑的能力。

场地器材：坡度较缓的山头，旗帜3面。

游戏方法：选择一处不很陡峭的山坡，根据学生的体力，可以在10~15分钟爬上去的地方，插上3面旗帜，旗帜上标明1、2、3号。教师守在旗帜处计分，另选一名学生在山下发令。学生根据体力分成人数相等的两个队，站在山下的起点线后。发令后，两队学生奋力爬山跑向旗帜处，第二个跑到的学生夺1号旗，并计该队10分，夺2号旗的计9分，夺3号旗的计8分，后面的在前10名之内的7名学生分别计7、6、5、4、3、2、1分。得分多的队为胜。

游戏规则：爬山时不许有意妨碍对方队员前进。

教学建议：

（1）如男女生都有，应将男生与女生分开比赛。

（2）对前10名学生可适当给予物质奖励。

24. 排雷比赛

游戏目的：放松学生的心情。

场地器材：较平坦的山坡，3厘米×3厘米的硬纸卡片50张，卡片的一面画一个地雷，另一面写上编号，4面小旗。

游戏方法：在游戏之前，将"地雷"卡片分散地藏在游戏场地所在山坡的石块下、草丛中以及小树杈上，并在游戏区域用4面小旗（或石灰）在四角标出范围。将学生带到游戏场地后，先给学生看"地雷"的样品，告诉他们地雷的数量，然后分散排"雷"。在规定时间内，检查并记下各人的排"雷"数，用糖果及其他物质奖励"排雷英雄"。

游戏规则：同上。

教学建议：上下山时要注意安全。同时参与者身上不要带钥匙或小刀等金属物。

25. 伏击战

游戏目的：培养学生心理素质，同时也能放松学生的心情。

场地器材：地形较复杂，大石块或矮树丛较多的山坡。

游戏方法：每次6~8人参加游戏，每两人一组，一对一地进行伏击。游戏开始，学生各自找地方进行隐蔽。教师吹哨后，学生一面隐蔽自己，一面设法移动位置伏击对方。当发现对方时，马上叫出对方姓名，并举起右手做成手枪瞄准他，即伏击成功。

游戏规则：没有发现对方时，不许叫姓名以引对方出来。

教学建议：要遵守游戏的规则，同时在隐藏时要注意安全。

26. 军棋战

游戏目的：使学生放松心情。

场地器材：地势较平坦的山坡；军棋1副；彩旗2面。

游戏方法：按军棋子的数目（两只军旗棋子不要），将学生分成甲、乙两个队，各自在相隔约30米处建立司令部，选出一人为司令员（司令员不一定手拿司令的棋子）部署兵力，将本方的棋子发给本队队员。游戏开始，各队队员在场地中相互追逐，当追拍上时，两人互示棋子，职位小的充当俘虏，押送至本方司令部后的俘虏营中，直到一方全部被俘，就可夺走对方的军旗而获胜。

游戏规则：

（1）在押送俘虏途中，对方不能追拍抢救俘虏。

（2）军职相同，都进对方的俘虏营。

（3）碰上炸弹与地雷，二者同归于尽，2人都进对方的俘虏营。

（4）如俘虏向本队队员泄漏对方的军职，则被泄漏职务的队员立即自动升职为司令。

教学建议：要遵守游戏的规则。

27. 偷袭敌营

游戏目的：培养学生团队合作的精神。

场地器材：春夏晴朗的夜晚，草地或较平坦的山坡上的露宿营地。

游戏方法：这是一个在野外露宿时做的军事游戏。两个班（也可一个班）分成两个"敌对"的营地，两个营地相距50～100米，在两个营地之间确定一条军事分界线（最好利用山坡上生长的两棵树木之间的连线做分界线），游戏之前，双方各派两名"军事首长"至分界线商定"军事作战的规则"（游戏规则），包括如何俘获对方的人员，如何缴获敌方的装备（露宿的用具），以什么条件释放被俘人员与赎回装备等。入夜之后，双方制定各自的识别口令，派出岗哨，在共同商定的时间利用夜色开始做偷袭游戏，并在共同商定的时间结束。

游戏规则：

（1）整个游戏中不许用手电筒。

（2）在偷袭中，被敌方哨兵发现回答不出口令，即算被俘。俘虏关在帐篷内（不要让敌方知道是哪个帐篷），派专门的哨兵看守。

（3）如口令被敌方探听到，敌方也可在夜色的掩护下利用敌方的口令偷袭。

（4）如乙方人员被甲方偷入营地的人员用手指（表示"枪"）顶住背即被甲方俘虏，要随甲方回俘虏营。

（5）如甲方看守俘虏的哨兵被乙方用以上方法抓住，又没被其他甲方人员发现，乙方即可将己方被俘人员救走。同样也可在不被敌方人员发现的情况下劫走敌方的装备。

教学建议：

（1）注意安全，要选择那些少坑洼，无陡陂的地方作为营地。

（2）如有军号，最好用军号声来指挥游戏的开始与结束。

（3）在游戏中，为接近与偷入敌方营地，可用匍匐前进等低姿动作。

（4）赎回俘虏与装备时，失败的一方可用糖果等食品作为赔偿。

复习思考题

1. 自编一个适合在沙滩做的体育游戏。
2. 自编一个适合在草地做的体育游戏。
3. 自编一个适合在山坡做的体育游戏。

参考文献

[1] 卢元镇. 体育社会学 [M]. 北京：高等教育出版社，2001.

[2] 曲宗湖，顾渊彦. 基础教育体育课程改革 [M]. 北京：人民体育出版社，2004.

[3] 于振峰. 体育游戏 [M]. 郑州：河南科学技术出版社，1994.

[4] 陈恣. 学生心理健康与社会适应 [M]. 北京：国际文化出版公司，教育科学出版社，2002.

[5] 孟刚. 和谐运动与健康 [M]. 贵阳：贵州人民出版社，2005.

[6] 方青. 社会学概论 [M]. 合肥：安徽大学出版社，2005.

[7] 李大春. 中小学体育课程实施与案例分析 [M]. 桂林：广西师范大学出版社，2005.

[8] 杜存锋. 体育新课程教学法 [M]. 北京：开明出版社，2003.

[9] 李秉德. 教学论 [M]. 北京：人民教育出版社，1991.

[10] 邵瑞珍. 教育心理学 [M]. 上海：上海教育出版社，2000.

[11] 刘焱. 儿童游戏的当代理论与研究 [M]. 成都：四川教育出版社，1998.

[12] 刘焱. 幼儿园游戏教学论 [M]. 北京：中国社会出版社，2003.

[13] 郑名. 学前游戏论 [M]. 兰州：甘肃人民出版社，2006.

[14] 刘福林. 体育游戏 [M]. 北京：北京体育大学出版社，2006.

[15] 邓树勋. 体育与健康 [M]. 广州：中山大学出版社，2002.

[16] 季浏. 体育锻炼与心理健康 [M]. 上海：华东师范大学出版社，2006.

[17] 毛振明，王长权. 学校心理拓展训练 [M]. 北京：北京体育大学出版社，2005.

[18] 许世岩. 体育 [M]. 北京：未来出版社，2006.

[19] 马启伟. 体育心理学 [M]. 北京：高等教育出版社，1996.

［20］甘学林. 轻松一刻：快乐体育游戏精粹［M］. 北京：北京体育大学出版社，2002.

［21］陈玉霞. 体育心理学新论［M］. 兰州：甘肃教育出版社，2003.

［22］蔡锡元，李淑芳. 体育游戏［M］. 北京：人民体育出版社，2001.

［23］卓国能，李瑶章，丁立. 体育游戏手册［M］. 北京：北京教育出版社，1988.

［24］蔡仲林，周之华. 武术［M］. 北京：高等教育出版社，2005.

［25］国家武术研究院. 中国武术史［M］. 北京：人民体育出版社，1996.

［26］王崇喜. 球类运动——足球［M］. 北京：高等教育出版社，2005.

［27］鲍泽惠，李崇岗. 中外体育游戏大全［M］. 济南：山东教育出版社，1995.

［28］李永智，朱波涌. 体育游戏［M］. 桂林：广西师范大学出版社，2005.

［29］周绍忠. 体育游戏［M］. 武昌：华中师范大学出版社，1990.

［30］赵其林，高建新. 体育游戏［M］. 保定：河北大学出版社，1994.

［31］李明强. 中外体育游戏精粹［M］. 北京：人民体育出版社，1999.

［32］体育游戏教材编写组. 体育游戏［M］. 北京：高等教育出版社，2006.

［33］王小英，等. 近十年来国外游戏研究新进展［J］. 心理科学. 2004（5）.

［34］季浏，等. 体育与健康课程五个领域强调什么？［J］. 中国学校体育，2003（2）.

［35］李杰凯. 游戏及体育游戏原理探析［J］. 武汉体育学院学报，1999（1）.

［36］孟刚. 体育游戏与人的社会化［J］. 贵州师范大学学报（社会科学版），1995（5）.

［37］刘明宪. 体育教学中"角色品德个性"的培养［J］. 北京：中国学校体育 2003（1）.

［38］孟刚. 游戏实质略论［J］. 体育与科学，1996（1）.

［39］栗冰伦. 体育游戏素材的采集［J］. 中国学校体育，2003（1）.

［40］亓效国. 体育游戏创编六法［J］. 中国学校体育，2003（4）.

［41］季浏. 体育（与健康）课程标准（实验稿）解读［M］. 武汉：湖北教育出版社，2002.

［42］丁海东. 学前游戏论［M］. 沈阳：辽宁师范大学出版社，2003.

［43］体育游戏教材编写组编. 体育游戏［M］. 北京：高等教育出版社，1996.

［44］体育课程教材研究开发中心课程教材研究所编著. 体育与健康［M］. 北京：人民教育出版社，2001.

［45］许世岩. 体育［M］. 西安：未来出版社，2007.

［46］高发民. 体育心理学［M］. 济南：山东大学出版社，2001.

［47］毕淑敏. 心灵游戏［M］. 北京：北京十月文艺出版社，2004.

［48］曹中平. 游戏功能的再认识［J］. 学前教育研究. 2005（Z1）.

［49］丁海东. 儿童游戏的生活素质［J］. 山东师范大学学报（人文社会科学版）

2003（3）．

[50] 王勇．游戏创编与实施中应注意的四个问题［J］．中国学校体育 2003（2）．

[51] 翁兴和．注意的转移在游泳教学中的运用［J］．中国学校体育 2002（3）．

[52] 严志平，范平．创造性思考的发问技巧五则［J］．中国学校体育 2002（3）．

[53] 夏锋．听听学校体育改革中的不同声音［J］．中国学校体育 2003（5）．

郑重声明

高等教育出版社依法对本书享有专有出版权。任何未经许可的复制、销售行为均违反《中华人民共和国著作权法》，其行为人将承担相应的民事责任和行政责任；构成犯罪的，将被依法追究刑事责任。为了维护市场秩序，保护读者的合法权益，避免读者误用盗版书造成不良后果，我社将配合行政执法部门和司法机关对违法犯罪的单位和个人进行严厉打击。社会各界人士如发现上述侵权行为，希望及时举报，我社将奖励举报有功人员。

反盗版举报电话　　（010）58581999　58582371
反盗版举报邮箱　　dd@hep.com.cn
通信地址　　北京市西城区德外大街4号
　　　　　　高等教育出版社法律事务部
邮政编码　　100120

防伪查询说明
用户购书后刮开封底防伪涂层，使用手机微信等软件扫描二维码，会跳转至防伪查询网页，获得所购图书详细信息。
防伪客服电话
　（010）58582300